Grundkurs des Steuerrechts
Band 16
Soziale Kompetenzen

SCHÄFFER
POESCHEL

Grundkurs des Steuerrechts

Band 16

Soziale Kompetenzen

Sozialwissenschaftliche Grundlagen
des Verwaltungshandelns

Arbeits- und Selbstorganisation
sowie Verwaltungsmanagement

von

Dietrich Wendland

Professor an der Fachhochschule Ludwigsburg
Hochschule für öffentliche Verwaltung und Finanzen

2004 SCHÄFFER-POESCHEL VERLAG STUTTGART

Bibliografische Information Der Deutschen Bibliothek
Die Deutsche Bibliothek verzeichnet diese Publikation in der
Deutschen Nationalbibliografie; detaillierte bibliografische
Daten sind im Internet über <http://dnb.ddb.de> abrufbar.

ISBN 3-7910-2164-8

www.schaeffer-poeschel.de
info@schaeffer-poeschel.de

Typografie: Hans Peter Willberg und Ursula Steinhoff
Satz: primustype Hurler GmbH, Notzingen
Druck und Bindung: Kösel, Krugzell · www.koeselbuch.de

Gedruckt auf chlorfrei gebleichtem, säurefreiem und alterungs-
beständigem Papier.

Printed in Germany
November/2004
Schäffer-Poeschel Verlag Stuttgart
Ein Tochterunternehmen der Verlagsgruppe Handelsblatt

Vorwort

Die Umsetzung des bundeseinheitlichen Lehrplans für die neuen Fächer im Steuerstudium in einem Lehrbuch gestaltete sich sehr komplex. Der Grund liegt darin, dass die zu vermittelnden Inhalte der sozialen Kompetenzen sehr heterogen sind und daher theoretische Grundlagen aus den unterschiedlichsten wissenschaftlichen Bereichen wie Psychologie, Sozialpsychologie, Soziologie, Organisationstheorie, Betriebswirtschaft, Juristische Methodenlehre, Steuerrecht bis hin zur Germanistik zu einer Gesamtdarstellung zusammengetragen werden mussten.

Das Ziel bei der Konzeption für dieses Buch war es, eine vertiefte und theoretisch gut fundierte Darstellung der Zusammenhänge zu liefern, die über klausurrelevantes Faktenwissen deutlich hinausgeht. Nur durch ein gutes Verständnis des theoretischen Hintergrunds empfohlener Verhaltensreaktionen und durch die damit verbundene Einsicht in die Notwendigkeit von Veränderungen entsteht eine Chance auf positive Verhaltensmodifikationen.

Bei der Gliederung des Buches wurde weitgehende Annäherung an die Vorgaben des Musterlehrplans gesucht, um die Verwendung als vorlesungsbegleitendes Medium zu erleichtern. Allerdings waren teilweise auch deutliche Abweichungen erforderlich, um wichtige zusätzliche Theorieteile einzubauen oder Widersprüche beim Aufbau aufzulösen. Inhaltlich wurden die Vorgaben des Musterlehrplans in weiten Teilen umfassend erfüllt.

Obwohl sich dieses Lehrbuch primär an Studenten des Steuerrechts wendet und die Beispiele auch überwiegend aus diesem Bereich gebildet worden sind, kann es sicher auch von Studenten anderer Fachrichtungen sinnvoll genutzt werden, da die meisten Ausführungen ohne Qualitätsverlust auch auf andere Studien und andere berufliche Organisationen übertragen werden können.

Ludwigsburg, im September 2004   Dietrich Wendland

Inhaltsverzeichnis

Teil C Arbeits- und Selbstorganisation sowie Verwaltungsmanagement

Teil A Grundlagen sozialer Kompetenz

1 Studium in der Wissensgesellschaft

Unsere Gesellschaft verändert sich in den zentralen Bereichen Wissenschaft, Technik, Wirtschaft und Medien mit hoher Geschwindigkeit. Das verfügbare Wissen verdoppelt sich in immer kürzeren Zeitabschnitten und entsprechend hoch sind die Anforderungen an die Menschen in ihren Berufen. Wenn unser Bildungssystem diesen Anforderungen gerecht werden will, muss es nicht nur seine Inhalte der neuen Wissensgesellschaft anpassen, sondern auch seine Methoden der Wissensvermittlung hinterfragen. Es ist daher eine wichtige Frage, welche Veränderungen Bildungsexperten für die Zukunft erwarten.

1.1 Die »Delphi-Studie«: Lehr- und Lernformen der Zukunft

Eine vorläufige Antwort auf diese Frage kann die »Delphi-Studie« geben, die im Auftrag des Bundesministeriums für Bildung und Forschung von einem Forschungsverbund (Infratest Burke Sozialforschung, Deutsches Institut für Internationale Pädagogische Forschung und Fraunhofer Institut für Arbeitswirtschaft und Organisation), erarbeitet worden ist.

Die Delphi-Studie 1996/1998 ist eine Expertenbefragung im Auftrag des Bundesministeriums für Bildung und Forschung über die durch die neuen Medien und das Internet entstehende Wissensgesellschaft und ihre Folgen für Bildung, Wissenschaft und Lehre, bei der Prognosen für die Zeit bis zu den Jahren 2005 und 2020 entwickelt worden sind. Diese Studie hat erheblichen Einfluss auf die künftige Entwicklung der Ausbildung an Schulen und Hochschulen.

Die wichtigsten Ergebnisse dieser Untersuchung (Kuwan u. Waschbüch 1998, S. 14 f, 52 f, 58 ff) sind:

1. Der Erwerb von Kompetenzen zur Aneignung und Erschließung von Wissen hat vorrangige Bedeutung im Bildungssystem.
2. Problemlösungswissen ist wichtiger als reines Fachwissen, da die Halbwertszeiten erlernten Wissens immer kürzer werden.
3. Die »klassische« Rollenverteilung zwischen Lehrenden mit einem Wissensmonopol und den Lernenden weicht einem neuen Rollenverständnis mit den Lehrenden als Moderatoren von Lernteams.
4. Die fast universale Verfügbarkeit von Wissen als Folge medialer Vernetzung ergibt eine Vielfalt von Lernorten.
5. Eine zunehmende Eigenverantwortung des Lernenden führt zu mehr Selbstorganisation, Eigeninitiative und Selbststeuerung beim Lernen.
6. Das Prinzip des lebenslangen Lernens wird sich immer stärker durchsetzen.
7. Der Erwerb psycho-sozialer Kompetenzen gilt als Schlüssel, um sich in unterschiedlichen sozialen Strukturen und Aufgabenbereichen zurechtfinden zu können.
8. Mediengestützte Lernformen werden Präsenzveranstaltungen nicht ersetzen, aber immer mehr an Bedeutung gewinnen.
9. Fachübergreifende und projektbezogene Lernformen mit Praxisbezug werden die klassischen Lehr- und Lernmethoden, bei denen das Einzeltraining im Vordergrund steht, ablösen.

10. Der Erwerb der meisten Kernkompetenzen für die Wissensgesellschaft erfolgt in Teamkonzepten.

1.2 Die Studienreform 2002 im Steuerstudium

Die Studienreform 2002 der Ausbildung der Steuerbeamten im gehobenen Dienst hat eine massive Aufwertung der sozialwissenschaftlichen Fächer zu Lasten der steuerrechtlichen Fächer gebracht. Während früher nur im Wahlpflichtbereich jeweils 34 Stunden Vorlesungen in den Fächern Sozialpsychologie bzw. Betriebssoziologie angeboten worden sind, sieht der neue Studienplan 200 Stunden im Pflichtbereich und weitere 60 Stunden im Wahlpflichtbereich vor. Die steuerrechtlichen Fächer und andere juristische Fächer wie Öffentliches Recht und Privatrecht wurden entsprechend gekürzt.

Die Studienreform 2002 setzt die Erkenntnisse der Studie »Bildungs-Delphi« nur teilweise um. Man beschränkte sich darauf, die sozialwissenschaftlichen Fächer, einschließlich der Thematik Lerntechniken, zu Lasten der anderen Fächer zu stärken, hielt dabei aber an der klassischen Lehrform durch Vorlesungen weitgehend fest, allenfalls etwas aufgelockert durch praktische Übungen. Dabei bieten gerade die sozialwissenschaftlichen Fächer in besonders hohem Maße die Möglichkeit, Frontalunterricht und die Vermittlung theoretischen Wissens zu ersetzen durch persönliche Erfahrungen im Bereich von Schlüsselkompetenzen wie Kommunikation, Verhandlungsführung, Rhetorik, Medienkompetenz, Projektarbeit, Teamfähigkeit, Kreativität, innovatives und vernetztes Denken, Konfliktkompetenzen und Selbsterfahrung.

2 Lebenslanges Lernen

2.1 Fachkompetenz

Die meisten Menschen akzeptieren die Forderung nach lebenslangem Lernen für den Bereich der fachlichen Kompetenz. Das Steuerrecht ist ein Musterbeispiel für die schnellen Verfallzeiten eines erlernten Faktenwissens. Jährliche Veränderungen erheblicher Teile der gesetzlichen Vorschriften, eine Flut von Gerichtsentscheidungen auf vielen Ebenen bis hin zum Europäischen Gerichtshof, ausufernde Fachliteratur und immer raffiniertere Vertragsgestaltungen erfordern von Steuerbeamten und Steuerberatern die Fähigkeit, ständig neuen Problemstellungen gerecht zu werden. Die Betriebsprüfer müssen immer komplexere Sachverhalte aufklären und steuerrechtlich würdigen. Ziel eines guten Studienangebots muss daher immer auch eine hohe fachliche Qualifikation sein. Diese hängt aber nicht nur vom Umfang des erworbenen Faktenwissens, sondern in höherem Maße von der erworbenen Kompetenz ab, die gesetzlichen Regelungen und das erworbene Wissen auch auf neuartige Sachverhalte richtig anzuwenden.

2.2 Medienkompetenz

Bei der Anwendung neuer Medien zeigt sich sowohl bei vielen älteren Menschen als auch bei einem Teil der jungen Stundenten eine erschreckende Scheu und Zurückhaltung gegenüber dem Einstieg in neue Technologien und andere Arbeitsformen. Dabei haben viele Menschen eine sachlich nicht gerechtfertigte Schwellenangst vor neuen Medien, nach deren Überwindung schnelle Fortschritte möglich sind. Ein guter Studienerfolg und überdurchschnittliche berufliche Qualifikation sind aber künftig ohne umfassende Medienkompetenz kaum noch erreichbar, da der Fortschritt auf diesen Gebieten sehr groß ist und immer mehr Berufsfelder erfasst. Die schnell fortschreitende Entwicklung virtueller Lernangebote wird dazu führen, dass Studenten künftig immer mehr Studienzeit für die Arbeit an Lern- und Kommunikationsplattformen verwenden. Dies gilt nicht nur für das E-Learning (hierunter versteht man alle Formen des Lernens mit Hilfe von elektronischen Medien), sondern auch für Projektmanagement und Teamwork auf entsprechenden Arbeits- und Lernplattformen. Allerdings werden diese Lernformen aus heutiger Sicht die Präsenzveranstaltungen niemals ganz ersetzen können, sondern in vielen Gebieten nur eine unterstützende und ergänzende Funktion übernehmen, weil persönliche Vermittlung des Lehrstoffes immer noch die effektivste Lehrform zu sein scheint.

2.3 Soziale Kompetenzen

2.3.1 Die Notwendigkeit der Verbesserung sozialer Kompetenzen

Vielen Menschen ist nicht wirklich bewusst, dass auch im Bereich sozialer Kompetenzen lebenslanges Lernen erforderlich ist, um den vielfältigen Anforderungen einer sich schnell verändernden Welt gerecht zu werden.

Die meisten Menschen sind nicht die klug handelnden rationalen Wesen, die sie nach ihrem Selbstverständnis gerne wären; ihr soziales Handeln ist vielmehr in hohem Maße vom Unterbewusstsein beeinflusst und oft auch dann gefühlsgesteuert, wenn rationale Entscheidungen erfolgreicher wären. Intuitives und gefühlsgesteuertes Handeln kann im Einzelfall durchaus erfolgreich sein, es bedarf aber einer kritischen Kontrolle, die in Teamkonzepten besser zu leisten ist, als in der Auseinandersetzung mit der eigenen Persönlichkeit. Im Bereich der persönlichen Schwächen und Ängste besteht zudem das Risiko starrer Verhaltensmuster mit der Folge, dass erfolgreichere Handlungsalternativen vermieden werden und somit ein erhebliches Leistungspotenzial verschenkt wird.

Dies liegt sicher zum Teil auch daran, dass in unserem staatlichen Schulsystem jahrzehntelang die Vermittlung sozialer Kompetenzen vernachlässigt worden ist. Stattdessen wurde in vielen Fächern Fachwissen eingepaukt, das im Internet und in der Fachliteratur jederzeit verfügbar ist, ohne zu hinterfragen, ob dieses Wissen für das künftige Studium oder den künftigen Beruf der Schüler von Bedeutung ist. Es bleibt zu hoffen und ist zu erwarten, dass die Pisa-Studie hier zu einem Umdenken führt.

Ein anderer wichtiger Grund für das Übergewicht emotionaler Handlungen und Entscheidungen ergibt sich daraus, dass Menschen im Verlauf ihrer Sozialisation solche Verhaltensmuster bevorzugt übernehmen und verinnerlichen, die mit ihrem Charakter und ihrer Gefühlsstruktur am besten übereinstimmen. Es fällt ihnen dann schwer, in schwierigen Situationen, in denen die normalerweise positiven Verhaltensmuster ungünstig sind, abweichend zu handeln.

BEISPIEL

Hilfsbereitschaft und Großzügigkeit sind sicher sehr positive menschliche Eigenschaften. Wenn diese Charaktermerkmale aber bei einem Beamten, dessen Aufgabengebiet die Vollstreckung und Einziehung von Steuerrückständen ist, das Verhalten zu stark beeinflussen, werden seine beruflichen Erfolgserlebnisse nicht allzu groß sein.

Beobachtungen bei vielen Verhandlungen in der Praxis der Steuerverwaltung sowie bei Rollenspielen im Studium zeigen ganz deutlich, dass viele Menschen große Schwierigkeiten haben, den Bürgern negative Entscheidungen ins Gesicht zu sagen und konsequente Verhandlungsergebnisse zu erzielen. Dies kommt bei Studentinnen und Studenten zum Teil daher, dass sie in ihrem Leben noch nie Gelegenheit hatten, in vergleichbaren Situationen Erfahrungen zu sammeln. Bei vielen Aufstiegsbeamtinnen und Aufstiegbeamten kann man dagegen in diesem Bereich schon deutlich bessere soziale Kompetenzen beobachten, was zeigt, dass die praktische Erfahrung ein sehr guter Lehrmeister sein kann, wenn Menschen bereit sind, sich zu verändern und aus Fehlern zu lernen.

Trotz allem werden aber auch von erfahrenen Beamtinnen und Beamten in der Steuerverwaltung in mündlichen Verhandlungen mit Steuerpflichtigen und ihren Beratern, insbesondere bei Schlussbesprechungen im Anschluss an eine Betriebsprüfung, in erschreckend hohem Maße Zugeständnisse gemacht, die nach dem Erkenntnisstand über den Sachverhalt und nach der Rechtslage nicht angebracht wären. Dadurch wird nach den Erfahrungen vieler Praktiker in den Verwaltungen weitaus mehr Geld verschwendet als durch unrichtige Rechtsanwendungen. Es genügt eben nicht, die richtige Entscheidung zu kennen, man muss auch in der Lage sein, sie in Verhandlungen durchzusetzen.

Bei großen Wirtschaftsunternehmen ergeben sich auf allen Ebenen vergleichbare Probleme, sodass die Verbesserung sozialer Kompetenzen auch dort ein Fortbildungsschwerpunkt ist.

Die Notwendigkeit des lebenslangen sozialen Lernens besteht aber auch bei Lehrkräften. Viele lehren in den Formen, die sie selbst als Schüler und Studenten erlebt haben und die ihren emotionalen Empfindungen am besten entsprechen. Dabei könnte schon durch den Einsatz moderner Medien die Struktur und die Anschaulichkeit vieler Vorlesungen deutlich verbessert werden.

2.3.2 Möglichkeiten der Verbesserung sozialer Kompetenzen

Die wichtigsten Ursachen für das rigide (starre) Festhalten der meisten Menschen an nicht optimierten Verhaltensmustern müssen in der Persönlichkeitsstruktur der einzelnen Personen gesucht werden. Diese wiederum ist bei erwachsenen Menschen das Ergebnis ererbter Anlagen verbunden mit einer komplexen individuellen Lerngeschichte. Unter diesen Voraussetzungen stellt sich die Frage, ob und wieweit derart verfestigte Verhaltensstrukturen überhaupt veränderbar sind. Dabei geht es überhaupt nicht um eine Veränderung der Persönlichkeit als solcher, sondern um den Erwerb verbesserter und zusätzlicher Handlungskompetenzen, um die individuellen Möglichkeiten zu erweitern.

Es ist ein weit verbreitetes Vorurteil, dass viele soziale Kompetenzen wie Rhetorik, Kommunikation, Führungsverhalten, Organisationsfähigkeit usw. fast ausschließlich von der Begabung abhängig und kaum erlernbar seien. Dabei muss man beachten, dass in unserer Gesellschaft sowohl an Schulen auch als an Hochschulen die Vermittlung sozialer Kompetenzen, abgesehen von einigen pädagogischen und sozialen Studiengängen, traditionell gering ausgeprägt ist und somit auch nur begrenzte praktische Erfahrungen über die Erlernbarkeit vorliegen. Wissenschaftliche Untersuchungen über den Erfolg von Veranstaltungen mit dem Ziel der Verhaltensänderung ergeben widersprüchliche Aussagen, besonders dann, wenn es um Langzeitwirkungen geht. Grundsätzlich kann man aber feststellen, dass die individuelle Begabung einen Entwicklungsbereich bestimmt, in dem man sich durch theoretisches Wissen und durch praktische Übungen fortentwickeln und verbessern kann. Selbstvertrauen, Selbstbild, Motivation und die Bereitschaft zur Veränderung sind dabei wichtige Faktoren von denen es abhängt, ob und wieweit der Einzelne sein Leistungspotenzial ausschöpft.

Vieles hängt davon ab, mit welcher Einstellung ein Mensch durchs Leben geht. Wer als Student glaubt, die Persönlichkeitsentwicklung sei weitgehend abgeschlossen und es genüge, die noch fehlenden fachlichen Kompetenzen zu erwerben, wird sein großes Entwicklungspotenzial verschenken.

Die meisten Verhaltensmuster, die in der Zeit bis zum Beginn des Studiums erworben worden sind, waren gut für die Rolle als Kind in der Familie und in der Schule. Studium und insbesondere der Beruf, aber auch Partnerbeziehungen und eigene Familie, erfordern in noch stärkerem Maße Fähigkeiten, wie Selbstständigkeit, Verantwortung, Eigeninitiative, Teamfähigkeit, Kritikfähigkeit, Durchsetzungsvermögen und Kommunikation.

Junge Menschen werfen ihren Eltern oder anderen erwachsenen Menschen häufig vor, sie seien starr geworden und könnten sich nicht an neue und veränderte Bedingungen anpassen. Das Risiko eines Tages selbst ein vorsichtiger und pedantischer Beamter zu werden, ist für viele Studenten größer als sie jetzt wahr haben wollen, weil auch der Beruf die Menschen prägt. Nur wer immer wieder selbstkritisch das eigene Verhalten hinterfragt und verändert, wird solchen Fehlentwicklungen besser widerstehen können.

MERKSATZ

▌ Wer aufhört sich zu verbessern, hört auf gut zu sein.

2.3.3 Eigenes Verhalten kritisch überprüfen und ändern

Viele Menschen wären durchaus bereit, ihr Verhalten zu verändern, wenn sie überhaupt wüssten, wo die Schwachstellen sind und wie sie sich günstiger verhalten könnten. Nun ist es ein eigenartiges Phänomen, dass die meisten Personen erstaunlich gute Menschenkenntnis bei der Beurteilung anderer Menschen zeigen; in Bezug auf die eigene Persönlichkeit sind sie dagegen ausgesprochen unkritisch, nehmen Fehler nicht bewusst wahr und übersehen z. B. in Partnerbeziehungen selbst starke Warnsignale, aus denen sie Kritik an ihrem Verhalten erkennen könnten. So sind auch die meisten Vorgesetzten von ihrem Führungsstil überzeugt und sie würden sich sehr wundern, wenn sie das genaue Urteil ihrer Mitarbeiter kennen würden. Die in der Steuerverwaltung inzwischen eingeführten Mitarbeitergespräche sind hier ein wichtiger Schritt in die richtige Richtung, aber es wird noch lange dauern, bis die erforderliche Offenheit in solchen Gesprächen entsteht.

Die Ursachen für den unkritischen Umgang mit der eigenen Persönlichkeit sind vielschichtig. Teilweise werden die eigenen Fehler überhaupt nicht als solche wahrgenommen, teilweise werden sie zwar erkannt, aber sofort verdrängt und schließlich werden gute Rechtfertigungen entwickelt, warum das eigene Verhalten gut ist oder warum man gar nicht anders handeln könnte. Insgesamt ist dies ein wirkungsvolles System, notwendige Veränderungen und damit Verbesserungen zu verhindern.

Man spricht bei der fehlenden Rückmeldung von einem »blinden Fleck« in Bezug auf die eigene Außenwirkung. Es wird daher in der Sozialpsychologie versucht, durch Feedback-Prozesse (Feedback bedeutet Rückkopplung, hier über die eigene Außenwirkung) bei diesem Problem gegenzusteuern. Einzelheiten zum »blinden Fleck« und zur Bedeutung von Feedback finden sich im Teil über Feedback-Modelle (B. 1.4.2).

Die meisten sozialen Kompetenzen können nur in begrenztem Umfang durch das Lesen von Büchern oder durch theoretische Instruktionen verbessert werden. Neben der Erfahrung bei der beruflichen Tätigkeit sind praktische Übungen in der Ausbildung und im Studium wie Rollenspiele zur Verhandlungsführung, freie Reden, Projektarbeit und Selbsterfahrungs-übungen wichtig. Diese werden umso wirkungsvoller sein, je besser die Gruppen gelernt haben, kritisches und konstruktives Feedback zu geben.

2.3.4 Die einzelnen sozialen Kompetenzen

Die sozialen Kompetenzen, die für eine erfolgreiche berufliche Tätigkeit, insbesondere in Führungspositionen, notwendig sind, werden häufig auch als Schlüsselqualifikationen bezeichnet. Im Folgenden werden die wichtigsten Schlüsselqualifikationen für Steuerbeamte und Steuerberater aufgeführt.

a) Kommunikation

Kommunikation ist nicht nur ein Oberbegriff für Verhandlungsführung und Rhetorik, sondern auch Oberbegriff für alle anderen Formen des Informationsaustausches, einschließlich der Körpersprache, als wichtige nonverbale Form der Kommunikation. Das Wissen über grundlegende sozialpsychologische Kommunikationsmodelle gewinnt, besonders bei Kommunikationsstörungen, an Bedeutung und ist auch ein wichtiger Schlüssel für die Analyse und die Behandlung von Konflikten.

b) Rhetorik

Die rhetorischen Fähigkeiten bestimmen die Außenwirkung eines Menschen sowohl im beruflichen als auch im privaten Bereich in hohem Maße. Gute rhetorische Fähigkeiten suggerieren für viele Beobachter fachliche Kompetenz selbst dann, wenn die Qualität der Argumentation und der Informationsgehalt relativ gering sind. Viele Menschen schöpfen aus Schüchternheit und wegen fehlender Übung ihr rhetorisches Potenzial nicht aus und »verkaufen« sich daher in Gruppensituationen weit unter Wert. Es ist eine erschreckende Erfahrung, dass viele Abiturienten Schwierigkeiten und Angst haben, vor einer kleinen Gruppe zehn Minuten lang wirkungsvoll über ein selbst gewähltes Thema zu sprechen: Eine Mindestanforderung an ein funktionierendes Schulsystem. Ein gutes Wissen über die theoretischen Grundlagen der Rhetorik und viele Übungen mit gutem Feedback können hier weiterhelfen.

c) Verhandlungsführung

Es wurde oben schon ausgeführt, welche großen Schwierigkeiten bei der Verhandlungsführung bestehen und welche erheblichen finanziellen Nachteile auch auf schlechte Verhandlungsergebnisse zurückzuführen sind. Sowohl bei Steuerberatern als auch bei Steuerbeamten hängt der berufliche Erfolg stark von den Fähigkeiten auf diesem Gebiet ab. Fachliche Kompetenz, Rhetorik, Willensstärke und Persönlichkeit sind die wichtigsten Faktoren, die hier zu guten Ergebnissen führen.

d) Kooperation und Teamarbeit

In unserer schnelllebigen Zeit werden die Anforderungen im beruflichen Bereich immer komplexer und schwieriger. Je komplexer die beruflichen Probleme werden, umso wichtiger werden Kooperation und Teamarbeit, da diese Arbeitsformen bei schwierigen Aufgaben dem Leistungspotenzial einer einzelnen Person deutlich überlegen sind. Erstaunlich viele Studenten haben Schwierigkeiten mit selbst organisierter Teamarbeit, sofern sie nicht durch Jugendarbeit, Mitarbeit in den Vorständen von Vereinen oder anderen Gremien entsprechende Vorerfahrungen gewonnen haben. In allen gesellschaftlichen Bereichen wie Wirtschaft,

Wissenschaft und Forschung, Verwaltung und Organisationen ergeben sich die größten Leistungsreserven aus dem Übergang zu echter Teamarbeit.

e) Kreativität und innovatives Denken

Entsprechend den gängigen gesellschaftlichen Vorurteilen sind Kreativität und innovatives Denken keine Eigenschaften, die die Bürger mit dem Bild von Beamten oder gar Finanzbeamten verbinden. Es erstaunt daher schon, dass der neue Studienplan die Förderung solcher Kompetenzen vorsieht. Wenn man aber die Tätigkeit eines Betriebsprüfers näher betrachtet, kann man leicht erkennen, dass er nur wenig erfolgreich sein wird, wenn er immer nur die ausgetretenen Pfade weitergeht. Da der Erfindungsreichtum vieler Bürger in Sachen Steuerhinterziehung recht groß ist und sie dafür auch viel Zeit aufwenden, muss ein guter Prüfer die eigene Kreativität entgegensetzen können. Kreativität und innovatives Denken sind Kompetenzbereiche, die in Schulen und Hochschulen lange Zeit viel zu wenig berücksichtigt worden sind, vielleicht auch mangels eigener Kreativität. Es ist eben leichter Wissen abzufragen, als Kreativitätsprozesse zu entwickeln und zu bewerten.

f) Konfliktlösungskompetenzen

Zu den stark vernachlässigten Bereichen in unserem Bildungssystem gehören auch Kompetenzen für den Umgang mit Konflikten. Dabei sind es weniger die rationalen Formen von Konflikten, wie Interessengegensätze, als vielmehr die emotionalen Konflikte mit ihren oft irrationalen Handlungen und Folgen, die Schwierigkeiten bereiten. Die Schule und eine intakte Familie sind oft noch ein Stück heile Welt im Vergleich zur Realität im Berufsleben. Junge Beamte in der Steuerverwaltung müssen sich erst daran gewöhnen und darauf einstellen, dass sie von vielen Bürgern systematisch belogen werden. Bei schlechtem Betriebsklima sind auch Intrigen, Rivalitäten, Mobbing und andere emotionale Störungen in den Verwaltungen und Betrieben nicht zu unterschätzen. Schlussendlich gehören Kompetenzen im Umgang mit Konflikten im privaten Bereich zu den wichtigsten und entscheidenden Fähigkeiten für die erfolgreiche Gestaltung von Partnerbeziehungen.

g) Organisation und Führungsverhalten

Wer sich nicht mit einer Tätigkeit auf der Ebene eines Sachbearbeiters zufrieden geben will, wird früher oder später Führungspositionen anstreben. Dabei vollzieht sich inhaltlich ein Wechsel in der Tätigkeit, sodass Probleme der Fachkompetenz immer stärker hinter Organisations- und Führungsaufgaben zurücktreten. Auch beim Führungsstil zeigen sich Probleme dergestalt, dass das Handeln der meisten Menschen stark emotional getönt ist und das eigene Verhalten nicht hinterfragt wird oder viele Vorgesetzte Feedback-Gespräche mit ihren Mitarbeitern aus Angst vor Kritik scheuen und so die Chance auf Verbesserungen verpassen. Dabei wurde in vielen Untersuchungen nachgewiesen, dass das Führungsverhalten von Vorgesetzten einen großen Einfluss auf die Motivation und die Arbeitsleistung der Mitarbeiter hat.

h) Multikulturelle Kompetenz

Durch den Abbau der Grenzen, die Erweiterung der Wirtschaftsräume, die Internationalisierung des Warenverkehrs und die erhöhte Mobilität der Menschen werden auch für die Beamten der Steuerverwaltung multikulturelle Kompetenzen immer wichtiger. Die Kontakte mit ausländischen Bürgern gewinnen immer stärker an Bedeutung. Auch wenn sich viele Einwanderer relativ schnell an unsere Kultur gewöhnen und anpassen, könnten doch viele Missverständnisse und Aggressionen vermieden werden, wenn die unterschiedlichen kulturellen Werte und Gepflogenheiten angemessen berücksichtigt würden.

Teil B Sozialwissenschaftliche Grundlagen des Verwaltungshandelns

1 Kommunikation

1.1 Kommunikationsmodelle und der zwischenmenschliche Kommunikationsprozess

1.1.1 Begriff der Kommunikation

Kommunikation kann wohl am besten als Prozess des Informationsaustausches mit Hilfe eines Zeichensystems beschrieben werden. Dabei bezieht sich nur die Humankommunikation auf einen Informationsaustausch zwischen Menschen. Kommunikation kann auch mit und zwischen Tieren oder technischen Systemen stattfinden. In der einfachsten Form besteht ein Kommunikationsprozess aus einem Sender, einem Empfänger, einem gemeinsamen Zeichensystem und der übermittelten Nachricht.

Im zwischenmenschlichen Bereich sind einseitige Formen der Kommunikation selten und wohl nur denkbar, wenn der Sender keinen Kontakt zum Empfänger aufnehmen kann und von diesem beobachtet wird. In allen anderen Fällen zwischenmenschlicher Kommunikation ist jede beteiligte Person zugleich Sender und Empfänger und es findet eine wechselseitige Beeinflussung mit starken Rückkopplungen statt. Selbst die Zuhörer eines Vortrages kommunizieren über ihre Körpersprache mit dem Redner. **Massenkommunikation** ist dadurch gekennzeichnet, dass ein Sender eine Vielzahl von Empfängern erreicht.

Kommunikation ist nicht auf den sprachlichen Informationsaustausch (verbale Kommunikation) beschränkt. Auch nonverbale Signale wie die Körpersprache haben eine große Bedeutung für den Kommunikationsprozess, zumal sie oft in erheblichem Umfang unterbewusst gesendet werden.

Für jeden Kommunikationsprozess sind folgende sechs Bestandteile erforderlich, vgl. Wenninger G. u. a. (2001):

1. Je ein Sender und Empfänger, wobei nicht nur Menschen, sondern auch Tiere und Maschinen, insbesondere Computer, in Betracht kommen.
2. Nachrichten (Informationen)
3. Ein gemeinsames Zeichensystem (meistens Sprache, Schrift, Gebärden usw.), das Sender und Empfänger verstehen.
4. Die Fähigkeit zur Kodierung (»Verschlüsselung«) beim Sender und zur Dekodierung (»Entschlüsselung«) beim Empfänger. Gedanken werden beim Sender in Sprache transformiert und vom Empfänger wird im Prozess der Wahrnehmung die Bedeutung dieser Signale entschlüsselt. Im technischen Bereich und bei Computern erfolgen Kodierung und Dekodierung mit Hilfe von Programmen und Geräten.
5. Einen »Kanal«, auf dem die Nachricht weitergegeben (gesendet) werden kann. Medium hierfür sind Lichtwellen beim Lesen und visuellen Beobachten, akustische Wellen beim Hören, aber auch Bücher, Zeitschriften, Fernseher und Computer. Kommunikationsprozesse verlaufen besonders günstig, wenn mehrere Kanäle (z. B. optische und akustische) benutzt werden.

6. Einen Kontext, d.h. ein soziales Umfeld in dem die Kommunikation stattfindet. Es macht einen großen Unterschied, ob Beleidigungen im Rahmen eines Streites oder einer Büttenrede an Fasching ausgesprochen werden.

Metakommunikation bedeutet die Kommunikation über Kommunikation. Bei Verhandlungen können durch Gespräche auf der Metaebene emotionale Störungen und Blockaden günstig beeinflusst werden, indem man über den Stil der Verhandlung, das gemeinsame Ziel (z. B. Vermeidung einer gerichtlichen Auseinandersetzung im beruflichen Bereich oder Verantwortung für die gemeinsamen Kinder im privaten Bereich) und dergleichen spricht.

1.1.2 Das Modell von Shannon und Weaver mit Erweiterungen

Das grundlegende Modell der Kommunikation wurde von Shannon und Weaver (1949) entwickelt:

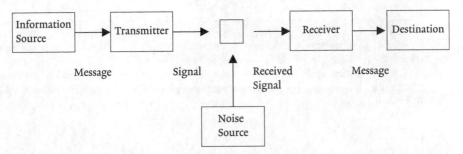

Das Gehirn ist im mündlichen Gespräch die Informationsquelle, wobei die Informationen aus einer großen Vielzahl von Möglichkeiten ausgewählt werden. Der Sprachapparat überträgt diese Signale, die beim Empfänger zunächst aufgenommen und dann entschlüsselt werden. Durch Störungen werden die Informationen angereichert und müssen beim Empfänger wieder reduziert werden, damit der Informationsgehalt erfasst werden kann.

Häufig findet sich die folgende Darstellung des Modells mit der die Doppelfunktion als Sender und Empfänger deutlich gemacht werden soll:

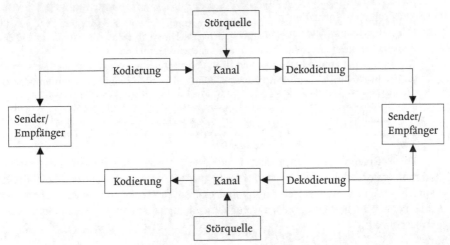

Shannon und Weaver haben durch ihr Modell gezeigt, dass Kommunikation einen Informationsfluss benötigt und dieser stark durch Prozesse der Kodierung und Dekodierung beeinflusst und beeinträchtigt wird. Gute Kommunikation ist nur dann möglich, wenn Sender und Empfänger die gleichen Codes gebrauchen und verstehen sowie Störquellen minimiert werden.

Erweitert man das Modell von Shannon und Weaver um die Elemente, die beim Sender der sprachlichen Kodierung vorausgehen, und um die Reaktionen des Empfängers auf die erhaltenen Informationen, ergibt sich ein Modell, mit dessen Hilfe häufige Kommunikationsstörungen systematisch eingeordnet werden können. Dabei wird hier eine Darstellung bei Althoff und Thielepape (1995) übernommen und erweitert.

Soziales und reales Umfeld						
Sender Person 1			Kanal		Empfänger Person 2	
Intention: Gedanken, Gefühle, Pläne, die übermittelt werden sollen	Kodierung in sprachliche oder nonverbale Signale	Sendung in schriftlicher, mündlicher oder anderer Form	Lichtwellen, akustische Wellen, Internet, Medien	Rezeption (Aufnahme): Lesen, Sehen, Hören, Empfinden	Dekodierung durch Wahrnehmungsprozesse	Interpretation durch gedankliche Verarbeitung
Empfänger Person 1			Kanal		Sender Person 2	
Interpretation	Dekodierung	Rezeption	wie oben	Sendung	Kodierung	Reaktion
Soziales und reales Umfeld						

BEISPIEL

Ein Student, der stark übermüdet ist, fängt während der Vorlesung an, auffallend zu gähnen. Der Dozent fragt daraufhin, ob der Student das Thema als langweilig empfinde und empört sich über die offenkundige Missachtung seiner Ausführungen.

LÖSUNG Der Student hat durch sein Gähnen nonverbale Signale ausgesendet, die der Dozent als Anzeichen für Langeweile wahrgenommen und die er dann gedanklich dahingehend interpretiert hat, dass die Qualität seiner Ausführungen die Ursache für das Verhalten des Studenten sein müsste. Da der Student aber stark übermüdet war, lag seinem Verhalten eine ganz andere Intention, nämlich die unbewusste Reaktion auf die Übermüdung zu Grunde. Die Reaktion des Dozenten war daher unangemessen und wird der Situation nicht gerecht.

Das Beispiel zeigt deutlich, dass fehlerhafte Interpretationen eine Hauptursache für Kommunikationsschwierigkeiten sind. Dies liegt daran, dass sprachliche und besonders stark nonverbale Signale oft nicht eindeutig sind und so zu Missverständnissen führen. Solche Fehler können am besten vermieden werden, indem man die Intention des Kommunikationspartners erfragt.

Im Folgenden einige Beispiele für die verschiedenen Störquellen:

BEISPIELE

a) **Intention**
Bei klarer Gedankenführung werden in der Regel die gesendeten Signale mit der Intention des Senders übereinstimmen. Sobald aber die Gedanken wirr und unklar werden oder Gedankensprünge auftreten, entstehen Fehler, die zu falschen Nachrichten führen. Dies ist eine typische Situation in Klausuren, wenn ein Student bei schwierigen Problemen anfängt, keine klare Gedankenführung mehr zu entwickeln und sich später selbst wundert, was für eine wirre Argumentation er in der Stresssituation der Klausur ausgeführt hat. Gute Kommunikation und gute Rhetorik können also nur entstehen, wenn die Gedankenführung des Senders klar ist.
Soweit der Intention starke Gefühle wie Freude, Begeisterung, Enttäuschung, Ärger; Wut und Trauer oder unterbewusste Reaktionen zugrunde liegen, ergibt sich ein besonders großes Fehlerrisiko, weil die rationale Kontrolle bei der Informationsauswahl, der Gewichtung und der Richtigkeitsüberprüfung eingeschränkt ist.

b) **Kodierung**
Bei der Kodierung wirken sich besonders Formulierungsschwierigkeiten, falsche Schwerpunkte, eine unangemessene Sprache (Fachchinesisch, Beamtendeutsch), mehrdeutige Formulierungen, fehlende Strukturierung und Widersprüche zwischen Körpersprache und der verbalen Kommunikation negativ aus.

c) **Sendung**
Beim Senden der Nachrichten ergeben sich Schwierigkeiten z. B. durch undeutliche Aussprache oder Schrift, das Sprechtempo, geringe Lautstärke des Sprechenden oder gehemmte Körpersprache.

d) **Kanal**
Im Bereich der Kanäle sind Übertragungsfehler durch hohen Lärmpegel, geringe Lautstärke oder schlechte Qualität des Übertragungsmediums sowie Interferenzen mit anderen Informationsquellen (Lesen und Zuhören) typisch.

e) **Rezeption**
Lesefehler, Hörfehler, erschöpfte Aufnahmekapazität, Ablenkungen, fehlende Konzentration, fehlendes Interesse und emotionale Missstimmungen sind Ursachen für Störungen bei der Rezeption.

f) **Dekodierung**
Unterschiedliches Sprach- oder Intelligenzniveau, unterschiedliches Fachwissen, offene und verdeckte Missverständnisse und Konzentrationsschwächen sind die wichtigsten rationalen Gründe für fehlerhafte Dekodierungen. Besonders wichtig sind aber Fehler im Bereich der Wahrnehmung: Durch eine selektive Auswahl der Informationen und Verzerrungen entsteht ein abweichendes Bild der Informationen im Vergleich zu den gesendeten Nachrichten. Vorurteile führen zu entsprechenden Verzerrungen. Emotionalisierende Informationen erzielen eine erhöhte Aufmerksamkeit und werden deshalb bevorzugt aufgenommen. Es kommt zu Reduzierungen kognitiver Dissonanzen, d. h. Informationen werden dahingehend verändert, dass sie besser in die eigene Gedankenwelt passen.

g) **Interpretation**
Bei der Interpretation liegt die Hauptschwierigkeit darin, dass der Empfänger im Wege der Kommunikation immer nur ein beschränktes und verfälschtes Abbild der Intentionen des Senders erhält und er dann versucht, durch Techniken der Ergänzung und der Verallgemeine-

rung aus wenigen Informationen eine Vorstellung von den Intentionen zu entwickeln. Wie das Beispiel mit dem gähnenden Studenten zeigt, können dadurch völlig falsche Reaktionen ausgelöst werden. Fehlinterpretationen treten dann besonders häufig auf, wenn die gesendeten Signale mehrdeutig sind, wie bei der Körpersprache, oder wenn Widersprüche zwischen verbaler und nonverbaler Sprache auftreten.

Entsprechendes gilt für die Einschätzung des Charakters anderer Menschen. Oft führen einzelne ungünstige Reaktionen zu Vorurteilen bei den Bezugspersonen, die später nur schwer wieder abgebaut werden können.

Verständnisprobleme beim Lernen und in Klausuren beruhen meistens ebenfalls auf fehlerhaften Interpretationen der erhaltenen Informationen. Voraussetzung ist, dass die Nachrichten richtig gesendet wurden.

1.1.3 Die fünf Axiome von Watzlawick, Beaven und Jackson

Ein komplexeres Modell der Kommunikation haben Watzlawick, Beaven und Jackson (1967) (künftig zitiert als »Watzlawick 1967«) entworfen. Die Autoren entwickeln ihren theoretischen Ansatz aus der **Kybernetik**, d. h. der Wissenschaft über Steuerung, Regelungen und Rückkopplungen in Systemen zur Übertragung und Verarbeitung von Informationen, aus der **Systemtheorie**, einer Disziplin, in der die strukturellen und funktionalen Eigenschaften von natürlichen, sozialen und technischen Systemen untersucht werden sowie aus der **Pragmatik** d. h. der Lehre vom sprachlichen Handeln, bei der die Beziehung zwischen sprachlichen Zeichen und den Zeichennutzern als Teil eines komplexen sozialen und kommunikativen Prozesses angesehen wird.

Die Autoren fassen ihre Erkenntnisse in fünf Axiomen zusammen. Axiome sind einsichtige Grundsätze, die nicht von anderen Sätzen abgeleitet und somit nicht bewiesen werden können.

1. Es ist unmöglich, nicht zu kommunizieren.
2. Jede Kommunikation hat einen Sach- und einen Beziehungspunkt.
3. Interpunktion von Ergebnisabläufen.
4. Digitale und analoge Kommunikation.
5. Symmetrische und komplementäre Kommunikationsabläufe.

a) Es ist unmöglich, nicht zu kommunizieren.

Menschen kommunizieren ständig. Selbst wenn eine Person keinen Kontakt aufnehmen will, drückt sie durch ihre Körperhaltung entsprechende Signale aus. Schweigen, Absonderung, Vermeidung des Blickkontaktes usw. sind immer Teil einer Kommunikation.

Reaktionen auf unerwünschte Kommunikationsversuche sind:

- **offene Abweisung**, für die vielen Menschen aber der Mut fehlt,
- **Annahme** der Kommunikation, begleitet von starker Verärgerung über die eigene Schwäche,
- **Entwertung**, d. h. Gestaltung des Gesprächs in ungünstigen Formen, die den Unwillen indirekt signalisieren: kurze oder unvollständige Antworten und Sätze, überempfindliche Reaktionen, Themenwechsel, Widersprüchlichkeit, absichtliches Missverstehen, Ironie,
- **»Symptome«**, damit sind Reaktionen wie das Vortäuschen von Müdigkeit, Krankheit, fehlenden Sprachkenntnissen, Taubheit und Geistesabwesenheit gemeint.

b) Jede Kommunikation hat einen Sach- und einen Beziehungsaspekt

Bei einer Kommunikation wird nicht nur eine Sachaussage, sondern immer auch eine Aussage über die Beziehung zwischen Sender und Empfänger transportiert.

BEISPIEL

Ein Vorgesetzter erteilt dem Sachbearbeiter den Auftrag, vor Abschluss eines Falles weitere Ermittlungen vorzunehmen. Dadurch signalisiert er indirekt auf der Beziehungsebene, dass er mit der Arbeit des Sachbearbeiters nicht zufrieden ist, selbst wenn er dies nicht offen anspricht.

Watzlawick (1967) vergleicht die Sachebene mit den Daten. Die Beziehungsebene vergleicht er mit dem Programm in einem Computer, das angibt, wie die Daten zu verarbeiten sind, da der Beziehungsaspekt einer höheren logischen Ebene angehören würde. Im vorgenannten Beispiel enthält die Beziehungsebene somit den Auftrag, sich mehr Mühe bei der Bearbeitung eines Falles zu geben. Zwischen Sachebene und Beziehungsebene sind folgende Kombinationen denkbar:

- **Sender und Empfänger sind sich auf der Sach- und der Beziehungsebene einig.** Dies ist nach Watzlawick der Idealfall einer guten Kommunikation.
- **Beide verstehen sich weder auf der Sach- noch auf der Beziehungsebene.** Kommunikationsprozesse werden dann schnell in Streit ausarten. Dies ist eine typische Situation bei fortgeschrittenen Konflikten und bei Beziehungen kurz vor der Trennung.
- **Es gibt Meinungsverschiedenheiten auf der Sachebene, die aber die Beziehung nicht belasten.** Für Watzlawick ist das die menschlich reifste Form der Auseinandersetzung.
- **Die Partner sind auf der Sachstufe einig, auf der Beziehungsstufe dagegen nicht.** Gemeinsame Ziele (z. B. Aufbau eines Betriebes, Erziehung der Kinder) können die Beziehungsprobleme verdecken. Spätestens nach Wegfall oder Erreichung der gemeinsamen Ziele werden die Differenzen aber massiv aufbrechen.
- **Vermischung der Sach- und der Beziehungsebene.** Emotionale Störungen auf der Beziehungsebene werden als Streit über Sachprobleme ausgetragen ohne das Beziehungsproblem zu klären oder anzusprechen.

BEISPIELE

a) Zwei Führungspersonen streiten über die Zweckmäßigkeit einer Organisationsänderung und führen dafür sachliche Argumente an. Auf der Beziehungsebene geht es aber um Machtpositionen und um größeren Einfluss.

b) Vergleichbare Probleme finden sich in Partnerbeziehungen. Es wird über die Attraktivität und die Kosten einer Urlaubsreise gestritten, tatsächlich fühlt sich aber ein Partner in der Beziehung unwohl und er will daher den gemeinsamen Urlaub vermeiden.
LÖSUNG Probleme auf der Beziehungsebene können nicht auf der Sachebene, sondern immer nur auf der Beziehungsebene gelöst werden.
Je größer die Probleme auf der Beziehungsebene sind, umso häufiger kommt es zu verfälschenden Interpretationen und Missverständnissen auf der Sachebene.

c) Auch umgekehrt wird der Versuch unternommen, Sachproblemen über die Beziehungsebene zu lösen. Beispiel (nach Watzlawick 1967):
»Wenn du mich liebtest, würdest du mir nicht widersprechen.« Dieses Verhalten löst bei vielen Kommunikationspartnern erhebliche Irritationen aus, weil sie ja nur ein Sachproblem lösen wollen und die Einbeziehung der Beziehungsebene als Störung der Kommunikation auffassen. Allerdings fehlt bei ihnen dann oft die Sensibilität für die Belastungen der Beziehungsebene durch das Sachproblem, weil sie zu sehr auf die Sachebene fixiert sind.

- Eine andere Reaktion erfolgt in der Weise, dass eine Person die eigene Wahrnehmung auf der Sachebene anzweifelt, um die Beziehungsebene nicht zu gefährden. Watzlawick zitiert hierzu die Experimente von Asch (1956).

Experiment:

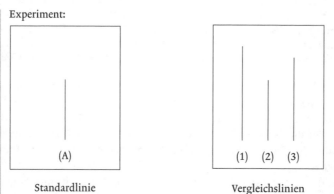

Standardlinie Vergleichslinien

Die Standardlinie (A) entspricht der Vergleichslinie (2).

ERGEBNIS Ergebnis Bei den Experimenten von Asch wurden acht Studenten aufgefordert anzugeben, welche von mehreren parallelen Linien an der Tafel gleich lang wie die Standardlinie seien. Sieben Studenten waren eingeweiht und gaben vorsätzlich übereinstimmend falsche Antworten. Die Versuchspersonen, die jeweils als vorletzte oder letzte Person raten mussten, misstrauten dann häufig ihrer eigenen Wahrnehmung und schlossen sich der Gruppenmeinung an. Nach Aschs Untersuchungen blieben nur 25 % der Studenten absolut stabil, während sich 75 % mehr oder weniger stark beeinflussen ließen. Im Verhältnis zwischen Vorgesetzten und Mitarbeitern können täglich ähnliche Phänomene beobachtet werden, z. B., wenn sich die Mitarbeiter der falschen Meinung des Vorgesetzten anschließen, um einen Kompetenzkonflikt zu vermeiden.

c) Die Interpunktion von Ereignisabläufen

Watzlawick (1967) bezeichnet die Festlegung des Ausgangspunktes einer Kausalkette als Interpunktion und führt aus, dass solche Interpunktionen die soziale Beziehung der Beteiligten bestimmen.

Wer selbst an einem Kommunikationsprozess beteiligt ist, kann den Ablauf nicht überblicken. Er wird daher sein Verhalten meistens als Reaktion auf das Verhalten des anderen Partners interpretieren und sich so seine eigene Wirklichkeit schaffen. Beide Partner gehen dann von unterschiedlichen Ausgangspunkten des Geschehens aus. Dies wird besonders deutlich beim Streiten. Jeder schiebt dem Gegner das auslösende Fehlverhalten zu. Watzlawick betont dagegen, dass Kommunikation und Interaktionen nicht linear, sondern kreisförmig sind (Rückkopplungsprozesse), sodass jedes Verhalten sowohl Ursache als auch Wirkung ist. Dies liegt als zentraler Gedanke systemischen Kommunikationstheorien zu Grunde.

d) Digitale und analoge Kommunikation

Digitale Kommunikation bildet den sprachlichen Inhalt durch Begriffe, Zeichen, Zahlen ab, die keinen Bezug zum Inhalt haben, die aber durch die vereinbarte Konvention verstanden werden. Das Wort K A T Z E hat keinerlei Ähnlichkeit mit dem dadurch bezeichneten Tier. Die digitale Sprache ist abstrakt und logisch und betont den Inhaltsaspekt der Information. Sie gibt keine Hinweise darauf, wie die Informationen auf der Beziehungsebene interpretiert und bewertet werden sollen. Automatische Sprachsysteme sind Beispiele für reine digitale Kommunikation.

Analoge Kommunikation dagegen arbeitet mit dem Prinzip der Ähnlichkeit, so wie bei der Zeichnung einer Katze eine Ähnlichkeit mit dem Tier besteht. Die Beziehung zwischen dem beschriebenen Objekt und der Ausdrucksform ist enger und direkter. Körpersprache ist typische analoge Kommunikation. Dies gilt auch für Metaphern, Lautmalerei, Bilder usw. Analoge Kommunikation wird durch Assoziationen entschlüsselt. Sie kennt keine Negation, ist oft unklar, widersprüchlich und fehlerhaft.

Unterschiede: Nur im menschlichen Bereich finden sich beide Kommunikationsformen. Tiere haben nach Watzlawick nur eine analoge Kommunikation.

Digitale Kommunikationen haben eine komplexe und vielseitige logische Syntax, aber eine auf dem Gebiet der Beziehungen unzulängliche Semantik (Syntax beschreibt das Verhältnis der Zeichen und Signale zueinander und die formalen Regeln, wie sie zusammengefügt werden. Semantik ist die Lehre der Bedeutung der Sprache und erklärt die Beziehung zwischen den Zeichen und dem gemeinten Objekt).

Analoge Kommunikationen besitzen dagegen dieses semantische Potential, ermangeln aber einer für eine eindeutige Kommunikation erforderlichen Syntax und können daher abstrakte Sachverhalte oder logische Aussagen nur schlecht oder überhaupt nicht übermitteln. Statt dessen gelten sie als glaubhaft, weil sie die Beziehungsebene unverschlüsselt wiedergeben.

Digitale Kommunikation eignet sich besonders für den Inhaltsteil, analoge Kommunikation für den Beziehungsteil der Kommunikation.

e) Symmetrische oder komplementäre Kommunikationsabläufe

Die Beziehung zwischen den Kommunikationspartnern kann so gestaltet sein, dass die Kommunikation symmetrisch oder komplementär abläuft. Bei symmetrischer Kommunikation begegnen sich die Partner auf der gleichen Ebene und es gibt ein Bestreben nach Gleichheit und Verminderung der Unterschiede. Bei komplementärer Kommunikation ergibt sich dagegen eine ergänzende Funktion wie in den Beziehungen zwischen Eltern und Kind oder zwischen Lehrern und Schülern. Beide Formen der Kommunikation entwickeln eine Tendenz zur Stabilisierung der Beziehung bei Störungen. Aus den Situationen ergibt sich, ob es günstiger ist, sich symmetrisch oder komplementär zu verhalten.

BEISPIEL

Ein Mitarbeiter kann einem autoritären Vorgesetzten keine symmetrische Kommunikation aufzwingen, andererseits ist ein kluger Vorgesetzter gut beraten, Gelegenheit zu symmetrischer Kommunikation zu geben, um Kritik und abweichende Überlegungen nicht durch seine Stellung und seinen Gesprächsstil zu unterdrücken. Allerdings kann das Angebot einer symmetrischen Kommunikation durch einen Vorgesetzten zunächst auch auf Misstrauen stoßen, da dies für viele Mitarbeiter oft noch ein ungewohnter Kommunikationsstil ist.

1.1.4 Das Modell von Schulz von Thun

Schulz von Thun (1981) hat ein Modell entwickelt, das bei der Analyse von konkreten Gesprächssituationen wie Verhandlungen oder Rollenspielen recht hilfreich ist und bei sozialpsychologischer Gruppenarbeit im Bereich der Kommunikation häufig angewandt wird. Schulz von Thun bezieht sich dabei auf die Unterscheidung zwischen Inhalts- und Beziehungsaspekt bei Watzlawick und auf das folgende Organon-Modell von Karl Bühler (1934).

Nach Bühler ist Sprache ein Werkzeug, ein Organon, um einer anderen Person etwas über die Dinge mitzuteilen. Sprachliche Zeichen stellen eine Verbindung her zwischen zwei Personen und den Dingen.

Betrachtet man diese Beziehungen genauer, so ergeben sich drei Funktionen eines Zeichens: Darstellungsfunktion, Ausdrucksfunktion und Appellfunktion.

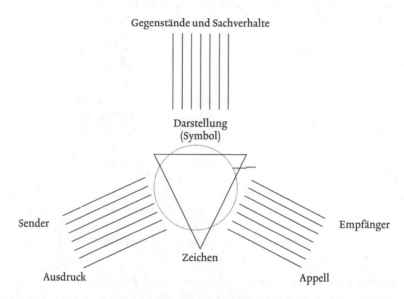

Der gestrichelte Kreis in der Abbildung bedeutet das konkrete Schallphänomen, das Dreieck das sprachliche Zeichen. Nur ein Teil des Schallphänomens ist sprachliches Zeichen und somit relevant. Soweit das Dreieck über den Kreis hinausgeht, wird ausgedrückt, dass bei dem Empfänger eine urteilende Ergänzung erfolgt.

Die drei Seiten des Dreiecks zeigen die drei Funktionen der Zeichen:
1. Darstellungsfunktion,
2. Ausdrucksfunktion und
3. Appellfunktion.

Die Linienscharen weisen auf die entsprechenden semantischen Zuordnungen hin.

Bei der **Darstellungsfunktion** weist der Sender den Empfänger durch sprachliche Zeichen auf ein bestimmtes Objekt hin, d. h. er stellt dem Empfänger einen Sachverhalt dar. Die **Ausdrucksfunktion** stellt die Beziehung zwischen Sender und Zeichen dar. Durch die Zeichen werden auch Aussagen über den Sender vermittelt. Die **Appellfunktion** gibt die Beziehung zwischen den Zeichen und dem Empfänger wieder. Sie zeigt, wie der Empfänger reagieren sollte.

Schulz von Thun kommt durch die Kombination der Überlegungen von Bühler und von Watzlawick dann zu einem Modell, bei dem vier Seiten einer Nachricht hervorgehoben werden:

	Sachinhalt	
Selbst-kundgabe	**Nachricht**	Appell
	Beziehung	

Der **Sachaspekt** umfasst die inhaltlichen Teile der Nachricht. Sie können unter den Kriterien Wahrheit/Unwahrheit, Relevanz (bedeutsam oder nicht) und Hinlänglichkeit (sind ausreichende und verständliche Informationen vorhanden oder nicht?) überprüft werden.

Der **Selbstkundgabeaspekt** beinhaltet eine **gewollte Selbstdarstellung** (wie der Sender gesehen werden will) und eine **unfreiwillige Selbstenthüllung** (was die Empfänger aus der Kommunikation schließen können).

> **BEISPIEL**
>
> Wenn der Sender erklärt, er habe sich gerade einen teuren neuen Porsche gekauft, enthält seine Selbstdarstellung möglicherweise die gewollte Aussage über seine finanzielle Leistungskraft und bei seiner unfreiwilligen Selbstenthüllung die Wirkung von Prahlerei.

Der **Beziehungsaspekt** zeigt, wie der Sender zum Empfänger steht und was er von ihm hält. Aus der Art der Kommunikation sind wechselseitiger Respekt, Vertrauen, Über- und Unterordnung und viele andere Aspekte einer Beziehung zu erkennen. Während die Selbst-offenbarung Ich-Botschaften enthält, finden sich bei der Beziehungsseite Du- und Wir-Botschaften.

Der **Appellaspekt** enthält die Aufforderungen des Senders an den Empfänger. Die meisten Nachrichten enthalten einen solchen Appell, selbst wenn dies nicht ausdrücklich ausgesprochen wird. Lehrer erwarten, dass die Schüler den Stoff aufnehmen und behalten, Partner zielen auf die Übernahme von Gefühlen ab, die Darstellung von Meinungen und Werturteilen enthält die Aufforderung, diese Wertungen zu übernehmen. Hier ist das weite Feld der Du-Botschaften.

Eine Nachricht enthält viele Botschaften, wobei auf allen vier Seiten einer Nachricht **explizite** (ausdrücklich formulierte) und **implizite** (enthaltene) **Botschaften** möglich sind.

> **BEISPIEL**
>
> Die Aussage eines Dozenten: »In diesem Hörsaal ist die Luft aber sehr verbraucht« enthält explizit beim Sachaspekt eine Feststellung über die Qualität der Luft im Raum, implizit die Selbstoffenbarung, dass er sich daran stört, den Appell sofort und künftig besser zu lüften und auf der Beziehungsebene die Botschaft, dass das Verhältnis zur Gruppe unter solchen Ärgernissen leiden kann. Aber auch der Sachaspekt kann implizit befördert werden. Die Aussage: »Es ärgert mich immer, wenn ich in einen Raum mit schlechter Luft komme« enthält eine explizite Selbstoffenbarung des Ärgers und die implizite Inhaltsbotschaft, zu überprüfen ob die Luft im Raum noch gut genug ist und den impliziten Appell zu lüften.

Kommunikationsstörungen beruhen nach Schulz von Thun häufig darauf, dass wichtige Botschaften nur implizit weitergegeben und dadurch vom Empfänger oft nicht richtig gedeutet werden können. Der Sender wundert sich dann gleichwohl, warum seine Botschaften nicht ankommen. Menschen, die ihre Botschaften überwiegend implizit weitergeben verstecken sich hinter ihrer Sprache und sind in Diskussionen und Verhandlungen oft nur schwer zu greifen. Es ist daher wichtig, die verschiedenen Seiten einer Botschaft herauszufinden, um die Intention des Senders auch wirklich zu erkennen.

Nonverbale Kommunikation enthält überwiegend implizite Botschaften. Ausnahmen: Kopfnicken, Kopfschütteln oder eindeutige Gesten. Häufig entsteht auch ein Widerspruch zwischen verbalen und nonverbalen Informationen. Man unterscheidet daher zwischen kongruenten und inkongruenten Signalen, wobei den nonverbalen Signalen eine höhere Glaubwürdigkeit zugesprochen wird.

So wie der Sender bei jeder Nachricht vier verschiedene Botschaftsarten übermittelt, sollte auch der Empfänger vier verschiedene Botschaftsarten erkennen. Schulz von Thun nennt diesen Vorgang: »mit vier Ohren empfangen«. Das Sach-Ohr versucht den Inhalt der Nachricht zu verstehen. Das Beziehungs-Ohr beschäftigt sich dagegen mit Einschätzungen über Machtsstrukturen (wechselseitige Über- Unterordnung), Sympathie/Antipathie und gegenseitigen Respekt. Das Selbstoffenbarungs-Ohr nimmt die Selbstdarstellung und die Selbstenthüllung des Senders wahr und versucht, den Sender einzuschätzen. Das Appell-Ohr schließlich versucht herauszufinden, was der Empfänger auf Grund der Kommunikation denken, fühlen oder tun soll.

Ironisch kann man die Reaktionen der vier verschiedenen Ohren so beschreiben:

Während das Sach-Ohr meistens relativ normal zuhört, ist das Selbstoffenbarungs-Ohr besonders spitzfindig und eigenwillig in den Interpretationen, das Beziehungs-Ohr ist besonders feinfühlig und registriert auch kleinste Störungen und auf dem Appell-Ohr sind die meisten Menschen ziemlich taub.

Die Botschaften zwischen Sender und Empfänger können wie folgt dargestellt werden:

Sender	Ebene	Empfänger
Worüber ich informiere. (Überwiegend verbale und explizite Botschaften)	SACHE	Wie ist der Sachverhalt zu verstehen?
Wie ich dich und unsere Beziehung sehe. (Überwiegend implizite und nonverbale Botschaften)	BEZIEHUNG	Wie steht der zu mir? Wie redet der mit mir? Wie sieht der unsere Beziehung?

Sender	Ebene	Empfänger
Solch ein Mensch bin ich. So denke und empfinde ich. (Überwiegend implizite und nonverbale Botschaften)	SELBSTOFFENBARUNG	Was ist das für einer? Wie ist der einzuschätzen? Kann man ihm vertrauen? Warum nervt der so?
Was ich durch meine Mitteilung bei dir erreichen will. (Explizite und implizite, verbale und nonverbale Botschaften)	APPELL	Was soll ich tun, denken oder fühlen auf Grund seiner Mitteilung?

Schulz von Thun führt einen Teil der Kommunikationsstörungen darauf zurück, dass die meisten Empfänger einseitige Empfangsgewohnheiten haben. Wer den Sachaspekt überbewertet erkennt Beziehungsstörungen nur schwer. Dieses Risiko ist besonders bei vielen Männern gegeben, die häufig nicht merken, wenn sie auf der Sachebene zwar im Rechts sind, durch ihre Rechthaberei aber die Gefühle der Partnerin verletzen.

Manche Empfänger reagieren überempfindlich auf der Beziehungsebene und belasten dadurch die Sachebene (sachliche Meinungsverschiedenheiten werden als Angriff auf die eigene Person empfunden) oder sie weichen der Sachdiskussion aus, in dem sie das Gespräch auf die Beziehungsebene ziehen (wenn du mich liebtest, würdest du mir Recht geben).

Häufig treten auch Vermischungen zwischen Selbstoffenbarung und Beziehungsaspekt auf. Das Gähnen des Studenten war Selbstoffenbarung von Müdigkeit und wurde vom Dozenten als Störung der Beziehung durch Kritik an der Qualität der Vorlesung interpretiert. Das Selbstoffenbarungs-Ohr kann helfen, die Nachricht richtig zu interpretieren. Wer bei einem Wutausbruch des Senders herauszufinden sucht, warum dieser so schlecht gelaunt ist (z. B. Ärger aus einer anderen Situation), kann sich Selbstvorwürfe und Schuldgefühle ersparen und dem Streitpartner ein gewisses Verständnis entgegenbringen.

Wenn das Appell-Ohr mit Überempfindlichkeit reagiert, wird der Empfänger neutral gemeinte oder auf andere Personen gerichtete Sachinformationen auf sich selbst beziehen und als Aufforderung zum Handeln oder gar zur Veränderung interpretieren.

Die Wirkung von Nachrichten auf einen Empfänger hängt stark von seiner Persönlichkeit und seiner psychischen Verfassung ab. Während Kritik bei einer selbstsicheren Person kritisches Nachdenken erzeugt, kann sie bei einer unsicheren und aktuell belasteten Person Verwundung oder Aggressionen verursachen. Besonders dynamisch sind die Reaktionen auf verborgene Schlüsselreize. Wenn ein Punkt angesprochen wird, den der Empfänger selbst unterbewusst als Schwachpunkt empfindet, kann es zu überproportionalen oder explosiven Reaktionen kommen.

Ein Empfänger sollte sich immer bemühen, streng zwischen Wahrnehmung, Interpretation und eigenen Gefühlen zu unterscheiden. Nur so kann eine innere Klarheit entstehen, die Voraussetzung für eine gute zwischenmenschliche Kommunikation ist, denn die Interpretationen und die ausgelösten Gefühle verfälschen die Nachrichten und führen zu Fehlreaktionen. Sofern die Interpretationen sich sehr weit von den Nachrichten entfernen, spricht Schulz von Thun von Phantasien, in denen sich der Empfänger wie in einem Käfig verfangen und isolieren kann, die aber auch als Kontaktbrücken genutzt werden können, wenn man sie ausspricht und durch den Kommunikationspartner überprüfen lässt.

BEISPIEL ▌

Wer bei einer schwierigen Aufgabe aus Angst, Schwächen zu zeigen, Selbstsicherheit vorspielt, gerät unter hohen Erfolgsdruck. Das Eingeständnis von Unsicherheit kann dagegen eine Kontaktbrücke zu größerer Hilfestellung durch andere Personen werden.

Bei den meisten Menschen findet sich eine Selbstoffenbarungsangst, die schon in frühester Kindheit aus dem Zusammenstoß zwischen kindlicher Eigenart und gesellschaftlichen Normen, dem Konflikt zwischen kindlicher Unzulänglichkeit und den Leistungsanforderungen der Umwelt sowie aus Konkurrenzsituationen entsteht. Hierauf reagieren sie gerne mit Selbstdarstellung und Selbstverbergung. Hierbei werden Imponier- und Fassadentechniken, aber auch das Mittel der Selbstverkleinerung eingesetzt. Solche Techniken sind ungünstig für die Sachebene der Kommunikation (z. B. wenn der Kommunikationspartner auf die Leistungsfähigkeit vertraut), eine Barriere für zwischenmenschliche Solidarität (man kann meistens nur jemandem helfen, der seine Schwächen auch eingesteht) und eine Gefahr für die seelische Gesundheit, da aus einer latenten Angst vor Entlarvung eine ständige innere Spannung entsteht.

Zur Vermeidung dieser Nachteile empfiehlt Schulz von Thun die Regeln zur Kongruenz von Carl Rogers (1970), einem Pionier in der Arbeit mit Selbsterfahrungsgruppen. Rogers unterscheidet zwischen innerem Erleben (was ich empfinde), dem Bewusstsein (was ich davon bemerke) und der Kommunikation (was ich mitteile). Kongruenz ist gegeben, wenn diese drei Merkmale der Persönlichkeit übereinstimmen.

Es werden folgende Regeln empfohlen:

- Je kongruenter ein Sender kommuniziert, desto eindeutiger sind die Nachrichten zu verstehen. Inkongruente Nachrichten erzeugen Misstrauen und Unsicherheit.
- Je weniger Selbstdarstellung und je offener ein Sender seine Gedanken und Gefühle preisgibt, desto weniger Spannung entsteht und desto besser kann der Empfänger zuhören.
- Je stärker der Empfänger zuhört, desto besser fühlt sich der Sender verstanden und er entwickelt eine positive Wertschätzung zum Empfänger.
- Dadurch fühlt sich der Sender akzeptiert und verstanden und er wird selbst kongruenter kommunizieren, so dass sich die Gesprächspartner wechselseitig positiv beeinflussen.

1.1.5 Systemische Kommunikation

1.1.5.1 Begriff der systemischen Kommunikation

Als »systemisch« werden solche Modelle und Theorien bezeichnet, bei denen der Schwerpunkt der Analyse nicht bei der Erklärung der inneren psychischen Vorgänge der einzelnen Personen, sondern bei den Beziehungsprozessen zwischen den Beteiligten liegt. Grundlagen dieser Theorien sind Kybernetik und Systemtheorie. Wichtige Erkenntnisse systemischer Theorien wurden in der Familientherapie gewonnen, als man erkannte, dass die Veränderung von Familiensituationen oft wichtiger ist, als die Therapie eines einzelnen Mitglieds.

Entscheidenenden Einfluss auf die Entwicklung systemischer Theorien hatte die Palo-Alto-Gruppe in Kaliforniern, in der in den fünfziger und sechziger Jahren Wissenschaftler verschiedener Disziplinen zusammenarbeiteten, um neue Erkenntnisse im Bereich der Kommunikation, insbesondere pathologischer Familienkommunikation, zu gewinnen. Die Palo-Alto-Gruppe bestand aus einem Kreis um Bateson und einer jüngeren Gruppe um Jackson, der sich Watzlawick 1960 anschloss.

1.1.5.2 Der systemische Ansatz bei Watzlawick

Der systemtheoretische Ansatz bei Watzlawick (1969) soll noch anhand der folgenden zentralen Begriffe erläutert werden:

Rückkopplung (Feedback) ist der wichtigste Begriff in der systemischen Kommunikationstheorie, da er die kreisförmigen Prozesse der Kommunikation erklärt. Gemeint ist damit die Rückwirkung eines Ereignisses auf den weiteren Fortgang des Geschehens. Watzlawick vergleicht den Vorgang mit der Wirkung eines technischen Regelkreises, dessen Aufgabe es ist, physikalische Größen in einem System trotz äußerer Störungen konstant zu halten. Der Regler einer Heizung schaltet die Heizung immer dann ein, wenn die Temperatur unter einen vorgegeben Wert sinkt und schaltet die Heizung dann wieder aus, wenn ein ausreichend hoher Wärmewert erreicht ist, d. h. es wird sichergestellt, dass immer ein erwünschter Temperaturbereich eingehalten wird. Dementsprechend sorgen wechselseitige Rückkopplungen in einem sozialen System (Gruppe, Familie, Arbeitsteam) für Stabilität, Leistungsfähigkeit und Ausgleich emotionaler Störungen.

BEISPIEL

> Ein Sender erlebt, dass die Empfänger sehr negativ auf eine überspitzte Aussage reagieren. In der Folgezeit wird er wahrscheinlich die Aussage entweder abschwächen oder nicht mehr weiter vertreten, um die Beziehungen in der Gruppe nicht zu belasten. Entsprechendes gilt für unerwünschte Verhaltensmuster.

Ganzheit bedeutet, dass alle Teile eines Systems so verbunden sind, dass jede Änderung eines Teils auch Änderungen in den anderen Teilen verursacht. Jeder Teilnehmer einer Kommunikation beeinflusst alle anderen, er wird aber auch von allen anderen durch Rückkopplungen beeinflusst.

BEISPIEL

> Die Empfänger einer Nachricht werden unterschiedlich reagieren, je nachdem ob der Sender zu einem Problem positiv oder negativ Stellung nimmt. Ihre Reaktionen wiederum beeinflussen die weiteren Nachrichten des Senders, der bei positiven Reaktionen der Empfänger bestärkt und bei negativen Reaktionen vorsichtiger agieren wird.

Homöostasis meint die Stabilität und das Gleichgewicht in einem System. Dabei wird einerseits ein Endzustand gesucht, der das System (z. B. die Familie) gegen Veränderungen und Erschütterungen von außen schützt, andererseits wirkt die Homöostasis dahingehend, dass negative und belastende Veränderungen im System durch Rückkopplungsmechanismen ausgeglichen werden. Die bestmöglichen Anpassungsformen im System werden beibehalten, um nicht immer wieder neuartige Anpassungsprozesse vornehmen zu müssen. Zunehmende Informationen stabilisieren das System.

Streit, Wutausbrüche, Aggressionen sind Belastungen des Systems, die durch Rückkopplungen wie Aussprache, Entschuldigung, Kompromisse ausgeglichen werden. Erfolgreiche streitmindernde Techniken (z. B. Rückzug) werden beibehalten. Das Wissen um die Intention bei solchen Techniken stabilisiert das System. Ein Rückzug wird dann akzeptiert und nicht als Belastung der Situation empfunden.

Redundanz beschreibt die Tatsache, dass die im Kommunikationsprozess ausgetauschten Mitteilungen eine Vielzahl von überflüssigen und sich wiederholenden Elementen enthalten, die für den Decodierungsprozess nicht unbedingt notwendig sind. Das betrifft sowohl die Struktur der Sätze (syntaktische Redundanz) als auch deren Bedeutungsgehalt (semantische Redundanz).

Ausschweifende Redner schmücken ihre Reden durch besonders viele gleichartige Informationen aus (semantische Redundanz). Diese Tendenz wird durch die Tatsache verstärkt, dass Zuhörer in der Regel einige Zeit benötigen, um die eingehenden Informationen wahrzunehmen und zu verstehen. Sehr kurz gehaltene und wenig redundante Informationen würden oft keine Wirkung erzielen. Ausschweifende Redner übertreiben aber oft und verärgern ihre Zuhörer durch überzogene Redundanz.

Als **pragmatische Redundanz** bezeichnet Watzlawick die Fähigkeit Verhalten zu verstehen, zu beeinflussen und vorherzusehen, wobei dies auch ohne Kenntnis entsprechender Regeln funktioniert. Menschen reagieren besonders empfindlich auf Verhalten, das im Widerspruch zu seinem Kontext steht, das pragmatische Regeln verletzt oder dem ein Mindestmaß pragmatischer Redundanz fehlt.

Ein Teil der Erwartungen über künftiges Verhalten wird durch das gemeinsame Normensystem bestimmt, da eine Grunderwartung besteht, dass der andere Kommunikationspartner sich auch normgerecht verhält. Ein Verhandlungsteilnehmer, der plötzlich ausrastet und schimpfend und ohne sachliche Erklärung den Raum verlässt, hinterlässt verstörte Verhandlungspartner, weil sein Verhalten nicht vorhersehbar und nicht mehr beeinflussbar ist.

Kalibrierung bedeutet die Einstellung eines Kommunikationssystems auf bestimmte Sollwerte, die aus den übernommenen gesellschaftlichen Normen und den gruppenspezifischen Normen (z. B. familientypische Verhaltensregeln) bestehen.

1.1.5.3 Systemische Kommunikation im Rahmen des NLP

Neurolinguistisches Programmieren (NLP) entstand in den siebziger Jahren aus den Arbeiten von John Grinder und Richard Bandler, die herauszufinden versuchten, warum die Therapeuten Fritz Perls (Gestalttherapie), Virginia Satir (Familientherapie) und Milton Erikson (Hypnotherapie) besonders erfolgreich waren und welche gemeinsamen Strategien und Kommunikationstechniken, trotz ihrer sehr unterschiedlichen Ansätze, ihren Methoden zu Grunde liegen. Daraus entwickelten sie ein eigenständiges anwendungsorientiertes System der Kombination verschiedener Therapien und Kommunikationsmodelle, das mit den meisten aktuellen psychologischen Theorien kompatibel ist, ständig ausgebaut wird und in sozialpsychologischer Gruppenarbeit häufig angewandt wird, da es auch relativ leicht verständlich ist, obwohl es sehr viele eigenständige Fachausdrücke verwendet.

Eine der zentralen Aussagen in NLP ist der Satz: »Die Landkarte ist nicht das Gebiet«. Diese Formulierung geht auf Alfred Graf Korzybsky (1933) zurück, der ausgeführt hat, dass eine Landkarte nicht identisch mit dem Gebiet ist, das sie repräsentiert. Er wendet sich damit gegen die Vorstellung, dass es die Identität zweier Ereignisse oder eine Identität zwischen Wirklichkeit und ihrer Beschreibung gäbe. Diese falschen Vorstellungen würden zu inadäquaten Modellen und Handlungsentwürfen führen.

Wenn zwei Menschen dasselbe Wort (z. B. Spinne) verwenden verbinden sie damit völlig unterschiedliche Assoziationen, da sie unterschiedliche Erfahrungen haben. Für eine gute Kommunikation ist es wichtig die unterschiedlichen Erfahrungen zu erfragen. Die Bedeutung eines Wortes beruht

- auf der individuellen Erfahrung
- auf der kulturell erworbenen Erfahrung und
- auf dem Kontext, in dem das Wort verwendet wird.

Die Strukturen zwischen Landkarte und Gebiet gleichen sich aber, woraus sich die Brauchbarkeit einer Landkarte ergibt. So ist auch die Sprache nicht identisch mit den Erfahrungen und Gefühlen des Senders. Gute Landkarten und dementsprechend eine gute Sprache zeichnen sich dadurch aus, dass vergleichbare Strukturen wiedergegeben werden. Wissenschaftliche Theorien sind gut, wenn sie den empirischen Daten entsprechen.

Bei NLP wird dementsprechend herausgestellt, dass die Welt von jedem Menschen individuell wahrgenommen wird, da jeder Mensch einzigartig ist und jeder sein eigenes Modell entwickelt. Dieses innere subjektive Modell der Welt beeinflusst sein Denken, Empfinden und Verhalten auch dann, wenn es von der äußeren Realität abweicht. Ein Ziel bei NLP ist es, die inneren Landkarten zu erkennen, zu würdigen und entsprechend den Wünschen und Zielen der Person zu erweitern.

Darauf aufbauend haben Bandler und Grinder (1975) das **Meta-Modell der Sprache** entwickelt, ein Modell der Prozesse mit denen Menschen auf unbewusste Weise ihre Erfahrungen und Empfindungen in Sprache transformieren. Dabei werden drei Ebenen unterschieden, die miteinander in Wechselwirkung stehen:

1. eine vorsprachliche Ebene der Erfahrung und des inneren Erlebens,
2. eine Tiefenstruktur der Sprache und
3. eine Oberflächenstruktur der Sprache.

Die Unterscheidung zwischen Tiefenstruktur und Oberflächenstruktur der Sprache wurde von Chomsky entwickelt. Er geht davon aus, dass beide Strukturen durch Überführungsregeln zusammenhängen, die Rückschlüsse auf die jeweils andere Struktur zulassen (Transformations-Grammatik). Bandler und Grinder haben diese Idee vereinfacht für ihr Meta-Modell der Sprache übernommen.

Nach Bandler und Grinder ist die Tiefenstruktur der Sprache eine Sprache, die der ursprünglichen Erfahrung sehr nahe kommt und viele sinnliche Informationen enthält. Die Tiefenstruktur ist überwiegend unterbewusst und enthält alle in Sprache codierten Erfahrungen, Gedanken und Empfindungen. Die Oberflächenstruktur der Sprache ist hiervon weit entfernt und enthält das, was wir tatsächlich aussprechen.

BEISPIEL

Eine Person mit großer Angst vor Hunden wird diese Angst wahrscheinlich in unvertrauten Situationen sprachlich nur vorsichtig andeuten, indem sie den Hundebesitzer auffordert seinen Hund an die Leine zu nehmen und weiter entfernt zu halten.

> **LÖSUNG** Hinter dieser Oberflächenstruktur verbergen sich in der Tiefenstruktur sprachlich codierte Erinnerungen und Gedanken an eine angstauslösende Situation in der Kindheit: Hunde sind gefährlich, Hunde haben mich schon einmal gebissen, auch dieser Hund kann beißen. Das angstauslösende Erlebnis ist zusätzlich in nichtverbaler Form im Gedächtnis gespeichert.

Unterhaltungen wären sehr langatmig, wenn die Tiefenstruktur der Sprache nicht verkürzt würde. Auf dem Weg von der Tiefenstruktur zur Oberflächenstruktur laufen drei oft unterbewusste Prozesse ab:

1. Tilgung,
2. Verallgemeinerungen und
3. Verzerrungen.

Eine **Tilgung** liegt vor, wenn aus der Tiefenstruktur nur ein Bruchteil der vorhandenen Gedanken zur Oberflächenstruktur gebracht wird. Ausgesprochen wird nur eine selektive Auswahl, das übrige wird getilgt. (Es wäre wohl auch sehr riskant, immer alle Gedanken über eine andere Person zu offenbaren).

Verallgemeinerungen (Generalisierungen) sind die Übertragungen einer einzelnen Erfahrung auf eine ganze Klasse von Erfahrungen. (Ein Beamter behauptet aus Verärgerung über einen konkreten Fall, alle Steuerpflichtigen seien Hinterzieher).

Verzerrungen liegen vor, wenn sich eine Person in ihrer inneren Landkarte ein falsches Bild von der realen Welt macht, also falsche Modelle erzeugt, oder wenn sie die Umwelt falsch wahrnimmt, weil alte Modelle der objektiven Welt, die durch die Erfahrungen der Person entstanden sind, so dominant sind, dass sie durch neue Fakten nur schwer zu korrigieren sind.

Das Meta-Modell besteht bei seiner praktischen Anwendung aus einer Vielzahl von Fragen, mit denen man versucht, die Tilgungen, Verzerrungen und Verallgemeinerungen der Sprache zu entwirren, um so zu einer präziseren Kommunikation und einer Annäherung an die Tiefenstruktur zu gelangen. Dies ist besonders hilfreich bei der genauen Problem- und Zielbestimmung.

Es ist wichtig zu beachten, dass schon bei der Wahrnehmung die entsprechenden Prozesse, nämlich Selektion, Generalisierung und Verzerrungen, ablaufen (vgl. unten B 1.2). Erlebnisse und Beobachtungen unterliegen also sowohl bei der Aufnahme als auch bei der Wiedergabe gleichartigen Veränderungsprozessen. Das Modell der systemischen Kommunikation wird bei NLP sowohl zur Verbesserung der zwischenmenschlichen Kommunikation als auch für therapeutische Zwecke eingesetzt.

1.2 Einstellungen und Einstellungsveränderungen

1.2.1 Begriff der Einstellung

Definition: Die **Einstellung** einer Person zu einem Objekt ist ihre subjektive Bereitschaft, auf bestimmte Objekte mit bestimmten Gedanken, Gefühlen oder Handlungen zu reagieren.

Der Begriff ist ein hypothetisches Konstrukt, das nur indirekt erschlossen werden kann, das aber als Denkmodell gut geeignet ist, die darin beschriebenen Prozesse zu erklären. Dabei kommen Personen, Gruppen, Gegenstände, Institutionen, Aussagen, Meinungen, Ideologien, also alle Objekte die einer rationalen oder emotionalen Bewertung unterworfen werden können, als Meinungsobjekte in Betracht. Einstellungen haben eine kognitive Komponente, aus der sich der rationale Bezug zum Objekt ergibt, eine affektive Komponente, aus der sich die gefühlsmäßige Beziehung ableiten lässt, und eine konative Komponente, bei der es um die

Relation zwischen Einstellung und Handlung geht. Der Zusammenhang kann wie folgt dargestellt werden (s. Abb.). Allerdings sind die Beziehungen zwischen Einstellungen und Verhalten nicht allzu eng, d.h. Einstellungen führen nicht automatisch zu einem entsprechenden Verhalten.

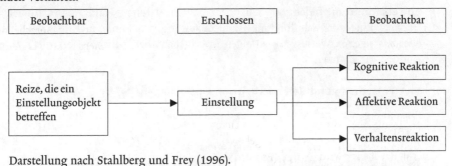

Darstellung nach Stahlberg und Frey (1996).

BEISPIEL

Als einige Jahre nach der ersten Ölkrise Personen nach ihrer Einstellung zu einem freiwilligen autofreien Sonntag befragt wurden, ergab sich eine recht hohe Zustimmung. Zur Überraschung der Initiatoren hat dann aber nur ein sehr geringer Prozentsatz der Bevölkerung freiwillig auf die Autonutzung verzichtet. Selbst bei präziser Frage nach dem konkret beabsichtigten Verhalten würden sich deutliche Unterschiede ergeben, da nach dem alten Bibelspruch »Der Geist ist willig, doch das Fleisch ist schwach« Vorsatz und Handlung oft auseinanderfallen werden.

Einstellungen werden mit Hilfe von Einstellungsskalen gemessen, d.h. mit standardisierten Tests in denen Fragen zum Einstellungsobjekt so gestaltet sind, dass die Bewertungen zwischen den Polen sehr negativ über neutral bis sehr positiv (Richtung der Einstellung) gemessen und verglichen werden können. Entsprechendes gilt für die Intensität (stark/schwach) und die Zentralität (zentral/peripher, d.h. wichtig/unwichtig) der Einstellung zu einem Objekt. Bei hoher Intensität und Zentralität einer Einstellung ist die Wahrscheinlichkeit einer Einstellungsänderung gering.

BEISPIEL

Ein Vorgesetzter kann der Fortbildung seiner Mitarbeiter negativ (Richtung der Einstellung) gegenüberstehen, weil er einen Verlust an aktiver Arbeitszeit befürchtet. Diese Einstellung kann er mit schwacher oder starker Intensität vertreten, je nachdem wie sehr er sich über einen solchen Zeitverlust ärgert. In Zeiten mit hoher Arbeitsbelastung wird diese Frage für ihn wichtiger (zentraler) sein, als bei geringer Belastung. Bei geringer Arbeitsbelastung kann er wahrscheinlich auch besser von den Vorteilen einer qualifizierenden Fortbildung überzeugt werden.

1.2.2 Funktion von Einstellungen

Einstellungen haben verschiedene Funktionen:
- **Nützlichkeitsfunktion,** indem sie durch die Übernahme von Gruppennormen oder der Erwartungen der Vorgesetzten oder anderer Bezugspersonen die soziale Anpassung erleichtern.
- **Selbstverwirklichungsfunktion,** da jede Person ihr eigenes persönliches Wertesystem (ihre eigen Landkarte) entwickelt.

- **Orientierungsfunktion,** weil die Bewertung von Objekten die Systematisierung erleichtert und so die Komplexität und die Vielzahl der eingehenden Informationen verringert werden kann. Dadurch entsteht auch eine größere Sicherheit im Handlungsbereich.
- **Abwehrfunktion,** indem sie helfen vor den Erwartungen und Anforderungen der Umwelt (Eine gute Schulbildung ist nicht wichtig, ich werde auch so Erfolg haben) oder des eigenen Wertesystems (Lügen ist schlecht, aber manchmal braucht man eine Notlüge) zu schützen.

1.2.3 Entstehung und Veränderung von Einstellungen

Einstellungen entstehen und werden durch folgende Prozesse verändert:
- **Lernprozesse**
- **Generalisierung** (Verallgemeinerung) erlernten Verhaltens
- **Kognitive** (die Erkenntnis betreffende) **Prozesse:** Wahrnehmung, Denken, Gedächtnis
- **Kommunikation**
- **Emotionen**

Eine **Stabilisierung** der Einstellungen erfolgt durch:
- **Selektion:** Mit dem eigenen Wertesystem übereinstimmende Einstellungen werden bevorzugt übernommen, andere abgeblockt. Ein sehr auffallender Prozess in Bezug auf politische Einstellungen.
- **Umdeutung:** Verzerrung und Verfälschung der eingehenden Informationen, um das eigene Wertesystem zu bestätigen.
- **Abwehr:** Der Wahrheitsgehalt widersprechender Informationen wird bestritten oder bagatellisiert.

Es stellt sich die Frage, welche Faktoren die **Veränderung von Einstellungen** beeinflussen.

a) Individuelle Faktoren

Der **Zeitpunkt des Erwerbs:** Je früher Einstellungen erworben worden sind, desto fester ankern sie und umso schwerer sind sie zu verändern.

Die **Art der Verknüpfung in Teilsystemen:** Verschiedene Einstellungen einer Person bilden Teilsysteme. Je stärker diese miteinander verbunden sind, umso stabiler bleiben sie, weil jede Änderung einer einzelnen Einstellung viele andere Einstellungen ebenfalls beeinflussen würde.

> **BEISPIEL**
>
> Ein Beamter der Steuerverwaltung hat eine Vielzahl von Einstellungen in Bezug auf seinen Beruf, seine Arbeit und die Kollegen. Auch aktuelle Konflikte mit einem Vorgesetzten werden die anderen Einstellungen erst dann negativ beeinflussen, wenn die Konflikte sehr stark sind und über einen längeren Zeitraum andauern, da er sonst seine Einstellung zur konkreten Stelle oder zum Beruf verändern müsste.

Die **Persönlichkeitsstruktur eines Menschen:** Personen mit einem geringen Selbstwertgefühl werden eher bereit sein im Zuge der Anpassung andere Einstellungen zu übernehmen. Anderseits kann das geringe Selbstwertgefühl auch zu Abwehrreaktionen führen, die Veränderungen abblocken. Dagegen ist die Bereitschaft andere Einstellungen zu übernehmen oft auch ein Zeichen von Offenheit und Veränderungsbereitschaft. Umstritten ist die Frage, in welchem Umfang individuelle Unterschiede bei der Beeinflussbarkeit gegeben sind. Die

Schwierigkeit experimenteller Überprüfung ergibt sich aus der schwierigen Trennbarkeit von situativen und persönlichkeitsspezifischen Faktoren (Herkner 1996).

Das **Alter des Menschen:** In der Jugend ist Veränderung der Einstellungen Teil der Persönlichkeitsentwicklung. Die Einstellungen alter Menschen sind oft sehr starr, was zu Konflikten zwischen den Generationen führen kann.

b) Gesellschaftliche Faktoren

Das **Wertesystem der Gesellschaft** hat erheblichen Einfluss auf die Entstehung und Veränderung von Einstellungen, da solche Einstellungen, die mit dem Wertesystem der Gesellschaft übereinstimmen leichter übernommen und stabiler beibehalten werden, als Einstellungen, die im Widerspruch stehen.

Entsprechendes gilt für den Einfluss von **Gruppennormen.** Auch sie beeinflussen die Einstellungen ihrer Mitglieder. Häufig sind allerdings die Normen von Kleingruppen, zumindest für einige Zeit, attraktiver als die gesellschaftlichen Normen. Dies gilt besonders für so genannte »Peergroups«, d. h. Gruppen von gleichaltrigen Jugendlichen, die oftmals einen deutlich stärkeren Einfluss haben, als Eltern und Schule.

BEISPIELE

a) Die Mitglieder einer Jugendbande empfinden die Normen ihrer Bande mit den darin enthaltenen Rechtfertigungen von Gesetzesübertretungen als attraktiver, als die gesellschaftlichen Normen des Strafrechts und werden entsprechende Einstellungen entwickeln.

b) Familien in Gastländern können die Traditionen ihrer Heimatländer (Kleidung, Kopftücher) oft noch über längere Zeiträume bewahren.

Gruppeneinflüsse haben eine besonders starke Wirkung bei Erwerb und Veränderung von Einstellungen. Dies zeigt sich in den erwähnten Experimenten von Asch (1956) (oben B. 1.1.3). In Folge von Anpassungsprozessen werden die Gruppennormen übernommen, wobei verschiedenartige Bezugsgruppen in Konkurrenz treten können.

BEISPIEL

Das Aufgeben der Traditionen der Heimatländer (Kleidung, Stellung der Frauen und Mädchen, religiöse Bindungen) erfolgt hauptsächlich deshalb, weil die Attraktivität von Bezugsgruppen wie Schulklassen, Freundeskreis und Vereinen höher ist, als die Attraktivität der Familie.

c) Einstellungsänderungen durch Kommunikation

Eine Vielzahl empirischer Untersuchungen hat sich mit der Frage beschäftigt, welche Faktoren bei der Kommunikation für Einstellungsänderungen bedeutsam sind.

Die Zusammenstellung der Ergebnisse erfolgt nach Müller und Thomas (1974):

a) Glaubwürdigkeit des Senders
b) Vertrauenswürdigkeit des Senders
c) Sachkenntnis des Senders
d) Attraktivität des Senders
e) Ähnlichkeit zwischen Sender und Empfänger
f) Bekanntschaft und Sympathie
g) Macht des Senders
h) Emotionale Appelle sind wirkungsvoller als rationale, deshalb arbeitet Werbung stark emotional.
i) Ein Mittelmaß an erzeugter Angst ist effektiver als geringe oder sehr hohe Angst.

j) Platzierung des Höhepunktes der Rede am Ende ist wirkungsvoller als die Platzierung am Anfang oder in der Mitte, wohl weil keine neuen Informationen kommen und das Gehörte dadurch besser verarbeitet werden kann.

k) Zweiseitige Argumentation, die auch Positionen der Gegenseite aufnimmt ist effektiver als einseitige, insbesondere bei Zuhörern mit höherer Bildung. Derart veränderte Einstellungen bleiben stabiler, weil die Gegenargumente schon berücksichtigt worden sind.

l) Schlussfolgerungen der Zuhörer führen eher zu Änderungen als ausdrückliche Vorgaben des Senders. Es wird oft übersehen, dass eben nicht der Wortschwall des Redners, sondern die eigenen Überlegungen des Empfängers den Meinungswechsel auslösen. Daher darf auch das Sprechtempo nicht zu hoch sein, damit die Empfänger Zeit haben, ihre eigenen Schlüsse zu ziehen.

1.2.4 Theorie der kognitiven Dissonanz

Eine interessantes Modell mit dessen Hilfe besonders wichtige Aspekte der Einstellungsänderung erklärt werden können und das eine Beziehung zwischen Einstellungen und Verhalten herstellt, ist die Theorie der kognitiven Dissonanz von Festinger (1957).

Ausgehend von dem Begriff der kognitiven Elemente oder Kognitionen, die er als Gedanken, Meinungen, Einstellungen über Objekte, Menschen und Aussagen bezeichnet und den Relationen (Beziehungen) zwischen ihnen postuliert er, dass Menschen ein Bedürfnis haben, möglichst viele konsonante (übereinstimmende) und möglichst wenig dissonante (widersprechende) Kognitionen zu entwickeln. Dissonant ist eine Relation, wenn die Einheiten »ich rauche viel« (A) und »Rauchen ist sehr gesundheitsschädlich« (B) bei einer Person vorkommen, da die Einheit A eine Negation der Einheit B sei. Es handelt sich aber hierbei nicht um logische Negationen, sondern eher um psychische Unverträglichkeiten oder Widersprüche. Festinger geht nun davon aus, dass Menschen Dissonanzen als unangenehm empfinden und ein Bedürfnis zur Reduktion entwickeln, also ein Bedürfnis nach Harmonie und Konsistenz.

Dissonanzen lassen sich auf dreierlei Weise reduzieren:

1. Durch Änderung eines Elementes (Rauchen aufgeben oder Gesundheitsgefahr leugnen).
2. Durch Hinzufügen weiterer Elemente, die mit einem bestehenden Element übereinstimmen (viele Raucher werden sehr alt, Rauchen entspannt, beim Rauchen kann man besser denken, Rauchen verhindert Übergewicht).
3. Verminderung der Bedeutung eines der dissonanten Elemente (Lungenkrebs ist heilbar).

Nachentscheidungskonflikte liegen vor, wenn eine Person zwischen zwei Alternativen entschieden hat, wird sie die gewählte Alternative in der Regel attraktiver empfinden als die abgelehnte. Dieser Vorgang wird auch als Divergenz-Effekt bezeichnet, weil die Unterschiede zwischen den Alternativen nach der Entscheidung größer werden.

BEISPIEL

Ein Käufer schwankt bei seiner Kaufentscheidung für ein Auto zwischen den Marken Mercedes und BMW. Er wird zunächst etwa gleich viele Argumente für jede Marke entwickeln. Nach seiner Entscheidung für eine Marke wird er positive Informationen über die gewählt Marke selektiv stärker wahrnehmen, die Argumente für die gewählte Marke stärker bewerten und die Argumente für die andere Marke abwerten.

Eine gegenläufige Entwicklung wäre allerdings zu erwarten, wenn das gewählte Auto erhebliche Mängel aufweist. Dann würde er wahrscheinlich die Dissonanzen durch Abwertung des gekauften Typs verringern und bei nächster Gelegenheit möglicherweise anders entscheiden und die Dissonanzen somit in der anderen Richtung reduzieren.

Rechtfertigungen des Aufwandes führen dann zu einer Reduktion der Dissonanzen, wenn ein besonders hoher Aufwand schlecht belohnt wird.

EXPERIMENT (VON ARONSON UND MILLS (1959))

Psychologiestudentinnen mussten eine Aufnahmeprüfung machen, um an einer Gruppendiskussion über Sexualität teilnehmen zu dürfen. Für eine Gruppe der Versuchspersonen war diese Aufnahmeprüfung besonders schwer, für die andere relativ leicht und die Kontrollgruppe musste keine Aufnahmeprüfung machen. Die schwierige Prüfung (hoher Aufwand) bestand darin, dem männlichen Versuchsleiter eine Liste derber erotischer Wörter und entsprechende Stellen aus Romanen ohne Zögern und Erröten vorzulesen. Die zweite Gruppe (geringer Aufwand) musste lediglich eine Liste sexbezogener, aber anständiger Wörter vorlesen. In der folgenden Phase des Experiments mussten die Teilnehmerinnen per Kopfhörer eine Gruppendiskussion über Sexualität anhören, die absichtlich besonders langweilig, langatmig und inhaltsarm gestaltet war.

ERGEBNIS Eigentlich sollte man meinen, dass die Personen mit der schwierigen Prüfung stärker enttäuscht sein müssten und daher die Diskussion abwerten würden. Bei der Beurteilung der Diskussion und der Diskussionsteilnehmer durch die Versuchspersonen ergab sich aber, dass die Personen mit der schwierigen Aufnahmeprüfung die Diskussion als deutlich positiver beurteilt hatten, als die beiden anderen Gruppen, da sie die größte Dissonanz zwischen Aufwand und Ertrag reduzieren mussten.

Selbst in Tierexperimenten mit Ratten konnten Lawrence und Festinger (1962) Dissonanzreduktionen bei hohem Aufwand nachweisen. Je größer der Aufwand ist, den man betreibt, desto größer auch die Wertschätzung in Bezug auf den Erfolg. Eine Erfahrung die Bergwanderer immer wieder machen, wenn sie den Gipfel erreicht haben. Auch wer sehr viel Energie für den schulischen oder beruflichen Erfolg aufgewendet hat, wird umso stolzer darauf sein.

Erzwungene Einwilligungen zu einem Verhalten, das im Widerspruch zu den persönlichen Einstellungen steht, erzeugen ebenfalls Dissonanzen.

EXPERIMENT (VON FESTINGER UND CARLSMITH (1959))

Studenten wurden nach einer äußerst langweiligen Tätigkeit aufgefordert, künftigen Teilnehmern zu sagen, es handele sich um eine sehr interessantes Experiment, um angeblich eine positive Stimmung für das Experiment zu schaffen. Für diese kleine Lüge wurde den Versuchspersonen der einen Gruppe 20 Dollar und denen der anderen Gruppe nur 1 Dollar als Entschädigung versprochen.

ERGEBNIS Nicht die größere Belohnung, sondern die geringere Entschädigung führte zu der positiveren Einschätzung der Tätigkeit, weil die schlecht belohnten Personen die größere kognitive Dissonanz reduzieren mussten.

Vertiefende Untersuchungen von Frey und Irle (1972) zeigen aber, dass Dissonanzen bei erzwungener Einwilligung nur dann entstehen, wenn eine Zielbindung vorliegt, d.h. wenn die Dissonanz durch eine eigene Handlung der Person erzeugt worden und wenn dieses Verhalten öffentlich geworden ist. Fehlen beide Faktoren tritt eher ein Belohnungseffekt ein. Entsprechendes gilt bei sehr hohen Belohnungen.

Kritisch muss allerdings angemerkt werden, dass kognitive Dissonanzen nicht immer nur negative Empfindungen auslösen. Wissenschaftliches Arbeiten zeichnet sich durch die ständige Auseinandersetzung mit dissonanten Situationen und Problemen aus. Dissonanzen haben oft einen Herausforderungscharakter. Entsprechendes gilt für den künstlerischen und zwischenmenschlichen Bereich. Individuelle Unterschiede im Umgang mit Dissonanzen sind deutlich erkennbar. Autoritätsgläubige Menschen ertragen weniger Dissonanzen als kritische Menschen.

Für den Kommunikationsprozess sind folgende Überlegungen wichtig, weil sie zeigen, wie selbst bei stark verfestigten Meinungen Veränderungen entstehen können: Kognitive Dissonanzen führen zu einem inneren Spannungszustand, der meistens durch Einstellungs- änderungen so abgebaut wird, dass wieder Konsistenz entsteht. Oft sind aber die dissonanten Informationen so eindeutig, dass sie nicht abgeblockt, abgewertet oder bezweifelt werden können. Dadurch entstehen dann Zweifel über die Richtigkeit der eigenen Position, mit der Folge, dass auch Gegenargumente sensibler wahrgenommen werden. Weitere stark dissonante Informationen können dann ein Übergewicht bekommen mit der Folge der Dissonanzreduk- tion zugunsten der Gegenposition.

BEISPIEL

Politische Meinungen sind oft sehr stark verfestigt. Argumente der Gegenseite haben dann lange Zeit kaum eine Chance auf Akzeptanz und werden so verändert oder abgewertet, dass die eigene politische Meinung beibehalten werden kann. Wenn aber sehr dissonante Informatio- nen über die eigene Partei bekannt werden, wie z. B. Bestechungsvorwürfe auf hoher Ebene, dann entseht eine höhere Sensibilität für weitere dissonante Informationen. Häufen sich solche Informationen, wie z. B. politische Fehler, schlechte Wirtschaftslage oder Angriffe auf den finanziellen Besitzstand, besteht eine immer größere Wahrscheinlichkeit für eine Disso- nanzreduktion zu Gunsten der gegenteiligen Meinung, möglicherweise auch mit Konsequen- zen in Form von Parteiaustritten und beim Wahlverhalten, obwohl viele stark verwurzelte Parteianhänger oft die Wahlenthaltung bevorzugen. Die Parteistrategen versuchen daher auch meistens, selbst krasse Fehlleistungen noch zu rechtfertigen.

MERKSATZ

Wer im Kommunikationsprozess die Gegenseite wirklich überzeugen will, muss möglichst viele glaubhafte und für die Gegenseite stark dissonante Informationen, die nur schwer reduziert werden können, übermitteln.

1.3 Probleme der Wahrnehmung

Betrachtet man den Kommunikationsprozess genauer, zeigt sich, dass erhebliche Probleme mit dem Prozess der Wahrnehmung beim Empfänger verbunden sind. Es ist ein weitverbreiteter Trugschluss vieler Sender, zu glauben, ihre Botschaften würden unverändert beim Empfänger ankommen. Tatsächlich entstehen aber sehr vielfältige und komplexe Veränderungen während der Informationsaufnahme durch den Empfänger. Soweit diese Prozesse für das Verständnis und die Gestaltung von Kommunikationssituationen von Bedeutung sind, werden sie im Folgenden näher dargestellt.

1.3.1 Begriff der Wahrnehmung

Wahrnehmung ist ein Prozess, durch den mit Hilfe der Sinnesorgane Reize und Infor- mationen aus der Außen- und Innenwelt aufgenommen und verarbeitet werden. Die Bewer- tung und Verarbeitung der aufgenommenen Informationen im Gehirn erfolgt unter dem

Einfluss von Gedächtnis, Denkprozessen und Gefühlen und führt dann zum Ergebnis des Wahrnehmungsprozesses, einer subjektiven Wahrnehmung der einwirkenden Reize. Wahrnehmung ist also nicht auf den Prozess des Sehens, Hörens, Riechens, Tastens und Schmeckens beschränkt, sondern umfasst immer auch eine erste Verarbeitung der eingehenden Reize (erweiterter Begriff der Wahrnehmung). Man kann Wahrnehmung auch als einen Prozess der Sinngebung bezeichnen.

BEISPIEL

> Wenn ein Beamter bei einer privaten Feier einem Bürger begegnet, mit dem er vor einiger Zeit dienstlich einen Konflikt ausgetragen hat, beschränkt sich die Wahrnehmung nicht auf die Zusammensetzung der eingehenden Lichtwellen zu einem äußeren Bild von dieser Person, sondern er wird den Menschen wiedererkennen, an die Streitsituation erinnert, negative Gefühle empfinden, ihn in die Gruppe der schwierigen Bürger einordnen und sich überlegen, ob er auf diese Person mit Vorsicht reagieren sollte. Keine andere Person bei dieser Feier wird den Bürger in gleicher Weise wahrnehmen wie der Beamte.

Wahrnehmung wird durch die Leistungsfähigkeit der Sinnesorgane und des Nervensystems beschränkt, durch bestimmte Gesetzmäßigkeiten strukturiert und beeinflusst, durch individuelle Faktoren subjektiv gestaltet, durch soziale Normen der Gesellschaft und von Bezugsgruppen beeinflusst und außerdem vermischen sich die Eindrücke der verschiedenen Sinnesorgane (z. B. optische und akustische Reize). Wichtige Prozesse in Zusammenhang mit der Wahrnehmung sind Selektion und Inferenz. **Inferenz** bedeutet, dass der Empfänger über die tatsächlichen gegebenen Informationen hinausgeht und unterbewusst Schlüsse auf weitere nicht beobachtete oder nicht beobachtbare Eigenschaften des Objekts zieht.

1.3.2 Selektion der eingehenden Reize

Auf die Rezeptoren des peripheren Nervensystems wirken pro Sekunde einige Millionen Reize ein, von denen der größte Teil auf physiologischem Weg herausgefiltert wird. Nur ein geringer Teil gelangt in die Hirnrinde und wird zu bewussten Wahrnehmungen verarbeitet. Diese »Filterung« ist absolut notwendig, weil sonst die Fülle der Reize eine sinnvolle Verarbeitung unmöglich machen würde.

BEISPIEL

> Erst wenn wir uns auf unsere Füße konzentrieren, werden wir im Ruhezustand die auf diesen Bereich einwirkenden Reize registrieren, obwohl sie auch vorher vorhanden waren.

Aufmerksamkeit ist daher ein wichtige Voraussetzung für bewusste Wahrnehmung. Aufmerksamkeit ist als einer der Filter für die Einschränkung der Reizfülle anzusehen. Dabei erfolgt die Selektion der Reize nicht nur aus Gründen der Kapazitätsbegrenzung, wie lange Zeit angenommen worden ist, sondern auch zur sinnvollen Strukturierung und Differenzierung der Informationen. Wichtige Informationen bahnen sich Gedächtnisstrukturen, durch die sie bevorzugt wahrgenommen werden.

Nur wenn die eingehenden Reize eine bestimmte Stärke oder Qualität erreichen, wird die **absolute Schwelle der Wahrnehmung** überschritten und sie können als Empfindung auf den Menschen einwirken. Zu hohe, zu tiefe, zu leise Töne, ultraviolettes Licht und dergleichen können überhaupt nicht oder erst ab einer gewissen Stärke wahrgenommen werden. Gering unterschiedliche Reize lösen die gleiche Empfindung aus, wenn die **Unterschiedsschwelle** nicht überschritten wird. Wahrnehmung wird also biologisch schon durch die individuell unterschiedlichen Aufnahmefähigkeiten der Sinnesorgane und durch notwendige Selektion beschränkt.

1.3.3 Gestaltpsychologische Wahrnehmungsgesetze

Grundlegende Überlegungen zur Wahrnehmung finden sich in der von Max Wertheimer (1922, 1923) begründeten Gestaltpsychologie. Grundaussage ist die Feststellung, dass das Ganze immer mehr ist als die Summe seiner Teile. So kommt die Melancholie eines Musikstükkes nicht in den einzelnen Noten oder Tönen, sondern nur in der gespielten Melodie zum Ausdruck.

Gestaltpsychologen haben eine Reihe von so genannten Gestaltgesetzen der Wahrnehmung formuliert:

- Prägnanzgesetz,
- Gesetz der Ähnlichkeit,
- Gesetz der Nähe,
- Gesetz der Geschlossenheit,
- Gesetz von der Vertrautheit.

Das **Prägnanzgesetz** (auch Gesetz der guten Gestalt oder Gesetz der Einfachheit) besagt, dass jedes Reizmuster so gesehen wird, dass die resultierende Struktur so einfach wie möglich ist und bekannten Formen entspricht.

BEISPIEL

Das Gebilde a) wird als Kombination der in b) dargestellten Elemente Quadrat und Ellipse wahrgenommen, obwohl auch andere Deutungen denkbar sind: c) und d). Darstellung nach Goldstein (2002).

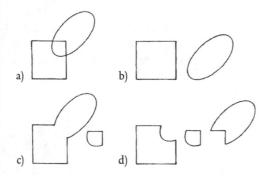

In vergleichbarer Weise wird ein Zuhörer einen komplizierten Redebeitrag in subjektiv verstehbare Elemente, die mit seinem Gedächtnisinhalten übereinstimmen, zerlegen, um ihn besser zu verarbeiten.

Das **Gesetz der Ähnlichkeit** weist darauf hin, dass ähnlich aussehende Dinge zu zusammengehörenden Gruppen geordnet werden.

BEISPIEL

Die Buchstaben im linkem Feld werden als eine senkrechte Strukturierung wahrgenommen, wogegen im rechten Feld die waagrechte Struktur klar dominiert.

OAOAOAO   OOOOOO
OAOAOAO   AAAAAA
OAOAOAO   OOOOOO
OAOAOAO   AAAAAA
OAOAOAO   OOOOOO
OAOAOAO   AAAAAA

Auch im Kommunikationsprozess werden ähnliche Informationen vom Empfänger in Gruppen zusammengefasst und durch Assoziationen, verknüpft um sie rationeller abzuspeichern.

Das **Gesetz der Nähe** zeigt, dass Dinge, die sich nahe beieinander befinden, als zusammengehörig erscheinen.

BEISPIEL

Selbst abgesehen von unserer Konvention, Worte näher zusammenzuschreiben und durch Lücken zu trennen, ist es auffallend, welche unterschiedlichen Wirkungen durch die Nähe entstehen. Man kann sich dem unterschiedlichen Bedeutungsgehalt kaum entziehen.

O KO KO K   K OK OK O
O KO KO K   K OK OK O
O KO KO K   K OK OK O

O O O   K K K

K K K   O O O
O O O   K K K

K K K   O O O
O O O   K K K

K K K   O O O

Bei Objekten und Personen, die häufig zusammen beobachtet werden, entsteht die Vermutung einer Beziehung oder eines Zusammenhanges.

Im Bereich mündlicher Kommunikation ergeben sich sehr oft Verständnisschwierigkeiten, weil der Sender keine ausreichend großen Pausen oder Einschnitte macht, wenn er von einem Argument zum nächsten wechselt. Durch die zeitliche Nähe entstehen beim Empfänger dann schnell völlig falsche Bezüge.

Das **Gesetz der Geschlossenheit** bezieht sich auf die Tendenz zur Ergänzung unvollständiger Strukturen und besagt, dass unvollendete Reize als vollendet wahrgenommen werden.

BEISPIEL

Die Ansammlung von Punkten und Strichen wird zu einem geschlossenen Kreis ergänzt.

Es ist schon erstaunlich, in welch hohem Maße diese Prozesse bei den Zuhörern eines Vortrages ablaufen. Mündliche Rede verträgt, im Gegensatz zur Schriftform, sehr viele unvollständige Formulierungen, die von den Zuhörern automatisch richtig ergänzt werden, ohne dass dies als störend empfunden wird.

Das **Gesetz von der Vertrautheit** besagt, dass Dinge mit größerer Wahrscheinlichkeit Gruppen bilden, wenn die Gruppen vertraut erscheinen oder etwas bedeuten.

BEISPIEL

Als Beispiel können die Suchbilder in Zeitschriften und Rätselheften dienen. Im Gewirr von Bäumen und anderen Teilen der Zeichnungen können Gesichter, Personen und sonstige Gegenstände wahrgenommen werden, weil entsprechende Formen als vertraut und bedeutsam im Gedächtnis abgespeichert sind. Sobald man sie einmal erkannt hat, fällt es sogar schwer sie nicht mehr zu sehen. Im Kommunikationsprozess zeigen sich entsprechende Vorgänge bei der Bevorzugung bekannter und verinnerlichter Argumente sowie bei der Ablehnung dissonanter Informationen.

Kritiker wenden ein, dass die Gesetze der Gestalttheorie Wahrnehmung nur beschreiben und nicht erklären können. In späteren Forschungen wurde daher versucht, die Wahrnehmung stärker als Verarbeitungsprozess zu untersuchen und herauszufinden, wie dieser Prozess funktioniert.

1.3.4 Systematisierung der Informationen

Eine Strategie zur Bewältigung der Informationsmenge ist die **Kategorisierung,** d. h. die Systematisierung der Informationen in zusammenhängende Gruppen. **Prototypen** sind dabei die Idealwerte oder Mittelwerte einer Gruppe. **Kern** einer Kategorie sind die notwendigen und genügenden Bedingungen für die Zugehörigkeit zur Gruppe, d. h. naive Theorien über die Eigenschaften einer Gruppe. Kategorisierung erfolgt durch Zuordnung auf Grund der Ähnlichkeit mit einem Prototypen oder durch logische Verbindung mit dem Kern, vgl. Leyens und Dardenne (1996).

> Eine Fledermaus kann auf Grund der Ähnlichkeit nur schwer zwischen den Kategorien Vögel und Säugetiere abgegrenzt werden, da sie weder dem Prototyp Vogel noch dem Prototyp Säugetier eindeutig entspricht. Da der Kern der Kategorien Säugetiere unter anderem durch die Tätigkeit des Säugens definiert wird, kann aber eine Zuordnung erfolgen.

Kognitive **Schemata** enthalten gedankliche Vorstellungen einer Person über ein Objekt, Ereignis oder eine Handlung. Sie sind Ordnungsmuster, die in verschiedenen Situationen und auf verschiedene Inhalte beim Denken und Handeln angewandt werden und aus denen sich eine Ordnungsstruktur für inhaltliches Wissen und gedankliche Operationen bildet. Schemata entwickeln sich durch persönliche Erfahrungen und Rückkopplungsprozesse der Umwelt, aber auch durch Generalisierungen. Sie wirken dann wieder filternd auf die Informationsverarbeitung ein. Dabei enthält ein Schema nicht das gesamte Wissen und alle persönlichen Erfahrungen, sondern nur einen aktuell abrufbaren Anteil, der systematisch und hierarchisch geordnet ist und die wichtigsten Kategorien für einen Begriff enthält. So umfasst das Schema »Gebäude« Kategorien wie Arbeiten, Wohnen, Schlafen, Dach, Keller, Fenster, Türen. Schemata enthalten variable Merkmale, so genannte Leerstellen (slots), die durch unterschiedliche Eigenschaften gefüllt werden können. Beim Schema »Auto« können unterschiedliche Farben, Formen, Größen, Motorenarten oder Typen (Bus, LKW, PKW) eingefügt werden.

Mehrere Schemata können zu einem **semantischen Netzwerk** verbunden sein. Je enger die Verbindung ist, umso größer ist die Wahrscheinlichkeit, dass sie gleichzeitig aktiviert werden.

Abgrenzung: Während Einstellungen die positiven und negativen Bewertungen eines Objektes betreffen, bezieht sich der Begriff des Schemas auf die systematische Einordnung eines Objektes oder einer Handlung bei der Erkennung, bei der Zuordnung zu übergeordneten Kategorien, bei der Verknüpfung mit anderen Gedächtnisinhalten sowie bei der Verbindung zum Verhalten.

Schemata haben folgende Funktionen, dargestellt nach Herkner (1996):

- Sie beeinflussen die **Wahrnehmung,** da von ihnen abhängt, ob und was wir verstehen. Nur wenn ein Schema über ein Objekt aktiviert ist, können Informationen dazu sinnvoll verarbeitet werden. Wer ein Gespräch verfolgt und dabei den Anfang verpasst hat, wird möglicherweise völlig falsche Bezüge herstellen. Er hatte kein geeignetes Schema aktiviert.
- Schemata beeinflussen die **Gedächtnisleistung.** Zu einem aktivierten Schema können konsistente und inkonsistente Informationen besser behalten werden, als Informationen für die aktuell kein Schema aktiviert ist. Wer in einer Vorlesung mangels Wissen oder mangels Konzentration kein Schema aktivieren kann, das den Bezugsrahmen zum Inhalt der Vorlesung enthält, wird sich auch den Inhalt nicht gut merken können. Gedächtnisleistungen hängen stark von der Einbindung in ein Bezugssystem ab.
- Schemata **wecken Erwartungen,** aus denen Schlussfolgerungen gezogen werden. Wer einen Unfall beobachtet, wird Schemata über typische Unfallverläufe abrufen und mit Hilfe eines solchen Schemas wird er versuchen, die Schuldfrage für sich zu klären.
- Schemata **steuern das Verhalten.** Eine besondere Form eines Handlungsschemas ist ein **Skript,** das Verhalten zeitlich und hierarchisch gliedert. Das oft zitierte Skript »Restaurantbesuch« speichert die Komponenten Platz suchen, Setzen, Bestellen, Essen, Zahlen usw. In einem Teilschema »Bestellen« sind die Elemente Speisekarte lesen, Auswählen und Bestellen abgespeichert.

- Auch die oben dargestellten Prototypen werden als Schemata angesehen.

Schema-Modelle werden wegen der etwas ungenauen Beschreibung der inneren Prozesse und der zu allgemeinen Darstellung der Vorgänge beim Erwerb kritisiert. Die Grundannahme der Vorstrukturierung von Gedächtnisinhalten und Handlungen und die Auswirkungen bei der Wahrnehmung und bei Handlungen ist aber gleichwohl ein sinnvolles Modell, das viele Prozesse verständlicher erklären kann.

1.3.5 Soziale Wahrnehmung

1.3.5.1 Einfluss individueller Faktoren

Die soziale Wahrnehmung umfasst nicht nur die Personenwahrnehmung, sondern auch die Wahrnehmung sozialer Interaktionen. Im Gegensatz zur reinen Objektwahrnehmung, ist die Wahrnehmung von Personen und der sozialen Umwelt noch stärker von den persönlichen Erfahrungen, Einstellungen, Fähigkeiten, Motiven, Bedürfnissen und Gefühlen abhängig, die eingehende Informationen filtern und verändern.

Objekte der Wahrnehmung	Filterung und Veränderung durch	Folgen sind beeinflusste
Beobachtetes Verhalten	Erfahrungen	Speicherung im Gedächtnis
Sprachliche Informationen	Einstellungen	Sprachliche Reaktionen
Andere Objekte	Fähigkeiten	Handlungen
Fremde und eigene Gefühle	Motive	Gefühle
	Bedürfnisse	
	Gefühle	

Wenn ein Eindruck gebildet wird, ist er immer von der Erwartungshaltung geprägt, die im Verlauf der Sozialisation erworben wurde, und die das Ergebnis der persönlichen **Erfahrungen** ist. Die Wahrnehmung einer Spinne wird sehr unterschiedliche Gefühle auslösen, je nachdem welche Erfahrungen die betreffende Person früher mit diesem Objekt gemacht hat und ob dabei in der Kindheit angstauslösende Situationen erlebt worden sind oder nicht.

Im Abschnitt über **Einstellungen** (B. 1.1.6.3) wurde schon auf die selektive und verändernde Wirkung sowie die Orientierungs- und die Abwehrfunktion des erworbenen Einstellungssystems hingewiesen. Aus den Erfahrungen in der Schule haben viele Menschen ihre Einstellungen gegenüber Lehrern entwickelt, die dann die Personenwahrnehmung anderer Lehrer beeinflussen werden. Stereotypische Vorstellungen oder gar Vorurteile beeinträchtigen dann die Wahrnehmung.

Aus individuellen **Fähigkeiten** aller Art, wie Intelligenz, Sprachgefühl, räumliches Sehen, Sensibilität usw. ergeben sich Unterschiede bei der Wahrnehmung. Ein gutes Beispiel ist die Fähigkeit zum räumlichen Sehen von Körpern, die sicher sehr verschieden ausgeprägt ist. Einige Untersuchungen legen die Vermutung nahe, dass es in diesem Bereich auch geschlechtsspezifische Unterschiede gibt. Frauen wird eine geringere Sensibilität beim räumlichen Sehen, dafür eine größere Sensibilität bei der Wahrnehmung emotionaler Stimmungen zugeschrieben.

Die **Motivation** hat einen wichtigen Anteil am Wahrnehmungsprozess, da sie unmittelbaren Einfluss auf die Aufmerksamkeit hat, die eine Person einem Objekt zuwendet. Wer bei einer Vorlesung über Steuerrecht mit einem Sachverhalt konfrontiert wird, der für ihn selbst von Bedeutung ist, wird meist ungleich aufmerksamer sein und die Problematik besser verstehen, als jemand der diesen Sachverhalt nur als theoretisches Problem kennen lernt.

Erwartungshaltungen, die durch innere **Bedürfnisse** wie Hunger oder Durst ausgelöst werden, beeinflussen die Attraktivität und damit die Wahrnehmung von Objekten zur Bedürfnisbefriedigung. Je stärker ein Bedürfniszustand ist, umso intensiver wird eine Person ihre Wahrnehmung auf entsprechende Objekte in der Umwelt konzentrieren.

Der Einfluss von **Gefühlen** auf die Wahrnehmung zeigt sich in der Tatsache, dass Objekte oder Örtlichkeiten, die zusammen mit glücklichen Stunden und damit mit positiven Gefühlen wahrgenommen worden sind, oft lebenslang deutlich positiver erinnert und dass bei der Wahrnehmung mit negativen Gefühlen verbundene Objekte wie Unfallorte lange Zeit vermieden werden.

In positiver Stimmungslage werden positive Informationen wesentlich wirkungsvoller wahrgenommen, verarbeitet und abgerufen als in negativer Stimmung. Positive Gemütszustände fördern Kreativität, produktives Denken und ungewöhnliche Wortassoziationen. Umgekehrt werden negative Informationen in negativem Gemütszustand besser wahrgenommen und verarbeitet, vgl. Fiedler in Stroebe u. a. (1996). Es scheint, dass die entsprechende assoziative Verknüpfung der Gedächtnisinhalte die Leistungsfähigkeit des Gedächtnisses erhöht.

Da eine zu große Abhängigkeit von Gefühlen problematisch wäre, gibt es unterschiedliche kognitive Techniken, die verhindern, dass positive Stimmung in zuviel Euphorie ausartet und dass Menschen in negativer Stimmung sich zu sehr hinunterziehen lassen. Beides wird durch intensive Prozesse der gedanklichen Verarbeitung geleistet.

1.3.5.2 Einfluss sozialer Faktoren

Wahrnehmung ist, wie oben (B. 1.2.1) ausgeführt, auch ein Prozess der Bewertung eingehender Informationen. Diese Bewertungen orientieren sich in einem erheblichen Umfang an den gesellschaftlichen Normen, selbst dann, wenn diese nicht verinnerlicht und damit nicht Teil des eigenen Wertesystems geworden sind. Das Mitglied einer Jugendbande wird einen Gesetzesverstoß auch dann mit gesteigerter Aufmerksamkeit wahrnehmen und als Straftat würdigen, wenn es selbst die Anwendung von Gewalt oder einen Diebstahl akzeptiert.

Die Wahrnehmung von Interaktionen ist ein ständiger Abgleich zwischen dem Verhalten der beobachteten Personen und den gesellschaftlichen Normen. Abweichendes Verhalten wird dabei besonders intensiv und kritisch wahrgenommen. Angepasstes Verhalten wird, je nach Einstellung des Beobachters, mehr oder weniger positiv registriert.

In entsprechender Weise beeinflussen Gruppennormen die Wahrnehmung. In allen Bereichen wie Beruf, Studium, Familie und Freundeskreis finden sich spezifische Gruppennormen, die Einfluss auf die Wahrnehmung haben.

Einige Untersuchungen weisen auf kulturelle Unterschiede bei der Wahrnehmung hin, vgl. Bleuler M. und Bleuler R. (1935) und Cook (1942). So wurden beim Vergleich der Ergebnisse von Rorschach-Tests (Tests, bei denen die projektiven Wirkungen von Tintenkleksbildern erfasst werden) deutliche Unterschiede zwischen europäischen Versuchspersonen und Vertretern anderer Kulturen festgestellt. Wüstenbewohnerinnen in Marokko interpretierten selbst winzige und für europäische Augen unwichtige Kleinigkeiten als Krieger, wohl weil in der marokkanischen Kunst und Religion feine Kleinigkeiten große Bedeutung haben oder weil in der Eintönigkeit der Wüstenlandschaft der Blick für selbst kleinste Unterschiede geschärft sein muss. Im Gegensatz dazu sehen Samoaner relativ wenig kleine Details und dafür mehr das Objekt als Ganzheit. Interessant auch, dass die weiße Flächen, die Europäer als Leerstellen deuten würden, von ihnen interpretiert werden, weil bei ihnen Weiß eine hochbewertete symbolische Farbe ist.

Bedenkt man, dass das gesamte Normensystem einer Gesellschaft Einfluss auf die Wahrnehmung hat, ist es nicht überraschend, dass auch die in langen Zeiträumen entwickelten kulturellen Besonderheiten einer Kultur die Wahrnehmung ihrer Mitglieder beeinflussen.

1.3.5.3 Weitere Effekte bei der Wahrnehmung

1.3.5.3.1 Anfangseffekt und Endeffekt

Als Anfangseffekt (Primacy-Effekt) wird das Phänomen bezeichnet, dass der erste Eindruck eine besonders starke Wirkung hinterlässt.

> **EXPERIMENT (VON ASCH (1946))**
>
> Studenten wurden als Versuchspersonen aufgefordert, ihren Eindruck über eine fiktive Person darzulegen, von der sie zunächst eine kurze Liste von Eigenschaften erhalten hatten, z. B. intelligent, fleißig, impulsiv, kritisch, hartnäckig, neidisch. Auf einer zweiten Liste mit 18 Persönlichkeitsmerkmalen sollten sie dann angeben, welche Merkmale die geschilderte Person hat. Bei einer zweiten Gruppe enthielt die kurze Liste die identischen Adjektive in umgekehrter Reihenfolge, beginnend mit der Eigenschaft neidisch.
> **ERGEBNIS** Die Auswertung der Zuordnung ergab, dass die fiktive Person von der ersten Gruppe ungleich positiver bewertet worden war.
> Dieser Anfangseffekt wurde in weiteren Untersuchungen im Prinzip bestätigt, er kann allerdings reduziert werden, wenn man die Versuchspersonen auffordert, alle Informationen gleichmäßig zu werten, vgl. Luchins (1957). Andere Autoren vermuten, dass die Aufmerksamkeit im Laufe des Lesens nachlassen würde. Dies erscheint allerdings in Anbetracht der relativ kurzen Listen bei Asch relativ unwahrscheinlich zu sein. Möglicherweise gelangen die ersten Informationen besser in den Langzeitspeicher des Gedächtnisses, vgl. Wessels (1994).

Als **Endeffekt** (Recency-Effekt) wird das Phänomen bezeichnet, dass die zuletzt dargebotenen Informationen besonders gut erinnert werden. Bei der Eindrucksbildung in Bezug auf die Personenwahrnehmung konnte dieser Effekt bisher nicht nachgewiesen werden. Allerdings treten bei Gedächtnisexperimenten durchaus Recency-Effekte auf.

Für den Kommunikationsprozess sind der Anfangseffekt und der Endeffekt deshalb wichtig, weil die Strukturierung der Redebeiträge beim Empfänger offensichtlich Einfluss auf Motivation, Aufmerksamkeit und Verankerung im Gedächtnis hat.

1.3.5.3.2 Priming

Als Priming wird die Voraktivierung des Gedächtnisses durch Hinweisreize bezeichnet. Diese Aktivierung beeinflusst die Wahrnehmungsprozesse besonders dann, wenn die folgenden Reize mehrdeutig und interpretierbar sind. Im Alltagsleben treten solche Phänomene auf, wenn je nach Stimmungslage auf einen gleichwertigen Reiz (z. B. die Aufforderung des

Vorgesetzten, eine bestimmte unangenehme Aufgabe vorrangig zu bearbeiten) positiv oder negativ reagiert wird. In positiver Grundstimmung wird jemand Verständnis für eine solche Aufforderung aufbringen, in negativer Stimmung dagegen wird er sich relativ hart gegen diese Einmischung in seine Angelegenheiten wehren. Ein ähnliches Problem ist die unangemessen negative Reaktion auf eine humorvolle Anmerkung, bei der die humorvolle Absicht des Senders nicht erkannt wird.

»Das Schicksal eines Reizes kann davon abhängen, welche Kategorien gerade im Gedächtnis des Wahrnehmenden für die Interpretation und das Verstehen der Ereignisse zugänglich sind. (...) Durch Priming wird die Aufmerksamkeit des Empfängers auf eine ganz bestimmte Kategorie gelenkt.«, Klaus Fiedler (1996, S. 149).

In Experimenten werden durch Kurzgeschichten oder durch andere Stimuli entsprechende Gedächtnisinhalte voraktiviert und die Reaktionen auf die folgenden Reize hinsichtlich der Reaktionszeit oder der Bewertungen untersucht.

Priming-Experimente zeigen, dass auch unterbewusst aufgenommene Informationen verarbeitet werden, dass sie zeitgleiche und folgende Wahrnehmungen und Denkprozesse beeinflussen, dass Primingreize nichts mit der Stimulusperson zu tun haben müssen, dass unterbewusst aufgenommene Informationen nicht willkürlich abgerufen werden können und dass unterbewusstes Priming wirkungsvoller ist als bewusstes Priming. Die Effekte sind sogar nach einem Zeitraum von 10 bis 14 Tagen oftmals stärker als unmittelbar nach dem Experiment. Wird allerdings die Priming-Situation durchschaut, treten gegenteilige Effekte auf.

Für den Kommunikationsprozess ist es wichtig zu beachten, dass in zerstrittenen Verhandlungssituationen eine wirkungsvolle Beeinflussung der Gegenseite nicht mehr möglich ist, weil Argumente nicht mehr akzeptiert werden und selbst Vergleichsangebote negativ ausgelegt werden. Umgekehrt kann sich eine freundliche und gelockerte Atmosphäre positiv auf die gegenseitige Kompromissbereitschaft auswirken.

Bei freier Rede kann ein eine geschickt aufgebaute Sensibilisierung der Zuhörer zu Beginn der Rede wie ein Priming-Effekt wirken und die Zuhörer beeinflussen. Bei Konflikten treten Priming-Effekte in der Form auf, dass häufig Streit aus einer Situation in eine neue völlig andere Situationen mit andere Personen übertragen wird.

1.3.5.3.3 Wahrnehmungsfehler

Als **Halo-Effekt** (Heiligenschein-Effekt) wird die Tendenz bei der Personenwahrnehmung bezeichnet, auf Grund weniger beobachteter Eigenschaften einer Person ein Gesamtbild über den Charakter der Person zu bilden. Die Tendenz zu diesen Reaktionen ergibt sich aus der Notwendigkeit, andere Menschen oft schnell beurteilen zu müssen, um sich auf sie einstellen zu können. Dabei wird aber oft übersehen, dass Verhalten situationsspezifisch ist und im Einzelfall möglicherweise eine untypische Situation beobachtet worden ist. Weitere Wahrnehmungsfehler beruhen auf Stereotypen und Vorurteilen.

Stereotypen sind vereinfachende Verallgemeinerungen, wie »Beamte sind stur und unfreundlich«, die eine Hypothese über Eigenschaften von Gruppenmitgliedern darstellen. Stereotypen können durchaus häufig richtig sein, durch die Verallgemeinerung entstehen aber oft fehlerhafte Aussagen über die Eigenschaften einzelner Personen oder von Teilgruppen. Stereotypen beeinflussen als Sonderformen des Schemas dabei nicht nur die Wahrnehmung, sondern auch alle anderen kognitiven Prozesse. Die meisten Stereotypen ankern stabil und werden oft trotz gegenteiliger Beweislage beibehalten. Die Wahrscheinlichkeit für die Veränderung von Stereotypen ist dann am größten, wenn widersprechende Informationen über ein typisches Gruppenmitglied bekannt werden. **Vorurteile** sind negative Wertungen, die der Wahrheit nicht entsprechen.

Beide Fehler beruhen auf Generalisierungen und beziehen sich häufig auf Angehörige fremder Nationalitäten, Berufsgruppen (Lehrer, Beamte) oder auf andere soziale Gruppen (Frauen, Studenten, Alte, Jugendliche). Bei der Personenwahrnehmung führen Kategorisierungen leicht zur Bildung von Stereotypen und Vorurteilen. Dabei kommt es zu Akzentuierungen in der Form, dass die Unterschiede zwischen den Mitgliedern einer Gruppe (Türken, vorbestrafte Jugendliche) unterschätzt und die Unterschiede zwischen Mitgliedern verschiedener Gruppen überschätzt werden, vgl. Herkner (1996)

1.4 Praktische Kommunikationstechniken

1.4.1 Nicht-direktive Gesprächsführung

Anwendungsbereich

Die nicht-direktive Gesprächsführung ist nicht nur im psychologischen Gespräch, sondern allgemein bei der Bearbeitung von zwischenmenschlichen Problemen eine wichtige und gute Technik. Dabei ist die Aufarbeitung sowohl im Gespräch mit unbeteiligten Dritten als auch mit dem Konfliktpartner selbst möglich und sinnvoll.

Im beruflichen Bereich sollte diese Gesprächsform bei der Bearbeitung von Konflikten und bei der Sachverhaltsaufklärung in Verhandlungen genutzt werden, weil eine nicht-direktive Gesprächstechnik ungleich mehr Informationen hervorlocken kann, als direktive Verhaltensmuster. Allerdings darf dieses Verhaltensmuster nicht dazu führen, dass einem die Verhandlung entgleitet. Die nicht-direktive Gesprächsführung ist außerdem auch immer dann sinnvoll, wenn man Menschen näher kennen lernen will. Führungskräfte in Wirtschaft und Verwaltung werden sowohl für Vorstellungsgespräche von Stellenbewerbern als auch für andere Führungsgespräche in dieser Richtung geschult.

a) Handlungsziel

Die nicht-direktive Gesprächsführung, oft auch als klientenzentrierte Gesprächsführung bezeichnet, ist eine Verhaltensform, durch die der fragende Partner ein günstiges Gesprächsklima und eine Atmosphäre des Vertrauens schaffen kann, um dem antwortenden Partner die Möglichkeit zu geben, möglichst offen und unbeeinflusst über seine Gedanken und Probleme zu sprechen. Das Idealbild eines nicht-direktiven Gesprächs ist erreicht, wenn der Sender sprudelt wie ein Wasserfall und der Empfänger sich als Persönlichkeit so stark zurücknimmt, dass er nur noch durch kurze Fragen dafür sorgt, dass der Gesprächsfluss erhalten bleibt und der Sender seine Gedanken möglichst unverfälscht entwickeln kann.

b) Gegensatz

Der Gegensatz hierzu ist eine direktive autoritäre Gesprächsführung wie sie in unserer Gesellschaft früher besonders in Über- und Unterordnungsverhältnissen zwischen Vorgesetzten und Untergebenen, Lehrern und Schülern, Eltern und Kindern, Beamten und Bürgern üblich war. Diese Gesprächsform kann allenfalls im kriminaltechnischen Verhör oder beim Militär eine sinnvolle Anwendung finden, sie widerspricht in anderen Gesellschaftsbereichen unserem modernen demokratischen Verständnis von zwischenmenschlichen Beziehungen. Autoritäre Verhaltensmuster, so stark sie zunächst auch wirken mögen, sind im Grunde häufig ein Zeichen von Schwäche, Überheblichkeit oder von Gedankenlosigkeit.

c) Entstehung

Die nicht-direktive Gesprächsführung wurde von C. R. Rogers und von anderen amerikanischen Psychologen entwickelt und beruht auf dem psychologischen Ansatz, dass Menschen ihre Probleme selbst lösen können und müssen, dass Ratschläge dabei wenig hilfreich sind, dem Gespräch über Probleme dagegen selbst therapeutische Wirkung zukommt. Aktives Zuhören und nicht-direktive Gesprächsführung gehen vom gleichen psychologischen Ansatz aus und sie überschneiden sich teilweise in den hier dargestellten Regeln. Genaugenommen ist aktives Zuhören ein Teilaspekt des umfassenderen Konzepts der klientenzentrierten Gesprächsführung. Beide Techniken haben aber unterschiedliche Schwerpunkte und die dargestellten Regeln wurden so zusammengestellt, dass das aktive Zuhören mehr die psychologischen Aspekte und die nicht-direktive Gesprächsführung stärker die Aspekte der Kommunikation im Alltagsleben berücksichtigt.

Die Technik erscheint **zunächst leicht erlernbar**, bedarf aber wie jede Verhaltensänderung, ständiger **Übung** und kritischer Überprüfung.

CHECKLISTE

Regeln

1. **Vertrauen entsteht durch Verständnis** für das Verhalten und die Gedanken der anderen Person. Dies fällt dann besonders schwer, wenn man selbst am Konflikt beteiligt ist. Rechtfertigungen für das eigene Verhalten sind nicht vertrauensfördernd, Kritik am Partner und seinen Einstellungen zerstören das Vertrauen. Wichtig ist es, eigene gegensätzliche politische, religiöse, weltanschauliche oder zwischenmenschliche Einstellungen zurückzuhalten und auch nicht durch Fragen in das Gespräch einzuführen, weil nur durch Verständnis und Toleranz Vertrauen wachsen kann. Es kommt also entscheidend darauf an, den anderen Menschen ohne Bedingungen in seinem Anderssein zu akzeptieren und sich in seine Welt einzufühlen.
2. **Korrigieren Sie nicht** die Aussagen des Gesprächspartners. Er allein weiß, was er empfindet und was er sagen will. Dies geht so weit, dass auch offenkundige Versprecher nicht korrigiert werden sollen, solange man noch erkennt was gemeint ist. Soweit doch Missverständnisse auftreten, kann man sie durch Fragen aufklären, Korrekturen dagegen sind Ausdruck eines autoritären Verhaltens.
3. **Bewerten Sie Äußerungen nicht negativ,** weil Sie sonst den Gesprächsfluss stoppen und den Inhalt verfälschen. Positive Bewertungen verfälschen zwar auch, sie haben aber wenigstens den Vorteil, dass sie die Gesprächsbereitschaft fördern.
4. **Je kürzer die Fragen desto länger die Antworten,** denn umgekehrt gilt, je länger die Fragen desto kürzer die Antworten, weil bei langen Fragen der Sender keine Gelegenheit findet, sich freizusprechen und statt dessen der Empfänger das Gespräch dominiert. Themen bei der Gesprächseröffnung und bei Fragen daher nur kurz andeuten, denn der andere soll die Schwerpunkte setzen, weil nur er weiß, was ihm wichtig ist. Je weniger Fragen erforderlich sind, desto günstiger ist es für das Gespräch.
5. **Ausreden lassen.** Keine Frage ist so wichtig, dass sie nicht bis zur nächsten Gesprächspause zurückgestellt werden kann. Wer den anderen unterbricht, stellt sich über ihn, versucht ihn zu dominieren. Selbst wenn Sie das Risiko eingehen, Ihre Fragen zu vergessen, ist dies besser, als der anderen Person durch eine solche Unterbrechung zu signalisieren, dass Sie sich nur auf Ihre eigenen Fragen konzentrieren und tatsächlich überhaupt nicht ernsthaft zuhören.
6. **Offene Fragen stellen,** denn geschlossene Fragen, die nur mit ja oder nein oder einer kurzen Antwort beantwortet werden können, hemmen den Redefluss. Nur starke Persönlichkeiten setzen sich über die einengenden Grenzen geschlossener Fragen hinweg. Allerdings kommt es letztendlich weniger auf die Form der Frage, als vielmehr auf den

Aufforderungscharakter der Frage an. Auch geschlossene Fragen können so gestellt werden, dass der Empfänger eine Aufforderung zur umfassenden Antwort erkennt.

7. **Keine suggestiven Fragen stellen.** Im Problemgespräch verfälschen sie den Gesprächsinhalt, in einer Verhandlungssituation sind sie deutlich weniger erfolgreich, als viele Menschen glauben. Außerdem sind sie ein Versuch der Manipulation.

8. **Keine Alternativfragen stellen.** Eine weit verbreitete und besonders einengende Technik sind Suggestivfragen, bei denen schon zwei Alternativen als Antwort vorgegeben werden. Sie verkürzen das Problem meistens in unzulässiger Weise und lassen wenig Freiraum für die Antworten. Ein extrem autoritäres und bevormundendes Verhaltensmuster, das häufig bei ungeduldigen Eltern und Lehrern zu finden ist und bei dem unterschwellig Zweifel an der Fähigkeit des Gesprächspartners, eigene Antworten zu finden, transportiert werden.

9. **Stillschweigen,** wenn man das Gefühl hat, der Partner wird nach einer Pause selbst fortfahren, er grübelt noch oder ist mit seinen Gedanken noch nicht am Ende. Schweigen und Mitfühlen fördern ein Gespräch weitaus besser, als viele noch so kluge Fragen.

10. **Aktives Zuhören** zeigt sich durch Konzentration auf das Gespräch und den Partner, durch Blickkontakt und körperliche Zuwendung sowie die anderen (B. 1.4.2) aufgeführten Elemente.

11. **Bei den Themen nicht springen,** weil sonst die aufgebauten Assoziationsfelder zerstört werden. Knüpfen Sie an die Äußerungen des Partners an und versuchen Sie ihn dazu zu bringen, seine Gedanken zu vertiefen. Bei einem guten Gespräch folgen die Fragen den vorangegangenen Antworten.

12. **Verstärkungen** erfolgen durch Kopfnicken, »hm«, »ja«, »so«, »das verstehe ich gut« usw.

13. **Wiederholung mit eigenen Worten,** aber nur, wenn Sie nicht sicher sind, ob Sie den Gesprächsinhalt richtig verstanden haben, damit Sie dem Partner nicht unnötig die Gesprächsinitiative wegnehmen.

14. **Widersprüche ansprechen,** wenn sie der Partner nicht selbst erkennt, damit dieser seine Einstellungen und Gefühle klären kann. Bei Problemgesprächen aber niemals Widersprüche ansprechen, um sich dadurch zu rechtfertigen, falls Sie selbst betroffen sind!

15. **Gefühle ansprechen,** weil diese oft unterbewusst oder ambivalent (widersprüchlich doppelwertig) sind und geklärt werden sollten. Gefühle sind ein Schlüssel zum Unterbewusstsein.

16. **Vorsichtige Gesprächsführung** auf die schwierigeren und tiefergehenden Themen. Erst wenn der Partner sich deutlich freigesprochen hat, können solche Bereiche angesprochen werden. Andernfalls riskiert man starke Blockaden.

17. **Nicht** in den Gesprächspartner **eindringen oder weiterbohren,** da wo Abwehr, Ängste oder ausweichende Reaktionen erkennbar werden. Weisen Sie im Zweifel auf die Freiwilligkeit der Antwort hin: »Darf ich fragen …?«

Ergänzende Hinweise bei Gesprächen über schwere Konflikte oder persönliche Probleme:

18. **Keine vorschnellen Hilfen oder Lösungen anbieten.** Besser weiterfragen, bis sich das Problem beim Gesprächspartner ausreichend geklärt hat. Er wird dann selbst Lösungen finden, die seiner Persönlichkeit besser entsprechen. Letztere sollte man dann aber durchaus kritisch hinterfragen, um die subjektiven Verzerrungen zu hinterfragen und aufzudecken, z. B.: Woran erkennst du, dass er/sie dich noch liebt?

19. **Keine vergleichbaren (eigenen) Erlebnisse einbringen.** Das Gespräch kann sonst schnell auf die Bearbeitung des anderen Problems abgleiten und Sie können nicht zwei Probleme auf einmal lösen. Außerdem wird dann jeder der Beteiligten sich stärker mit seinem eigenen Problem beschäftigen, statt zuzuhören.

1.4.2 **Aktives Zuhören**

Für einen erfolgreichen Kommunikationsprozess ist die Technik beim Zuhören genauso wichtig, wie die Qualität der Redebeiträge. Allerdings ist die Fähigkeit gut zuhören zu können bei vielen Menschen nicht besonders gut ausgeprägt. In vielen Gesprächssituationen versuchen einzelne Teilnehmer immer wieder fast gebetsmühlenartig die eigene Position durch ständige Wiederholungen einzubringen, sind selbst aber nicht bereit, eine angemessene Zeit lang zuzuhören. Bevor rhetorische Techniken angesprochen werden, ist es daher wichtig, sich erst einmal mit dem Zuhören zu beschäftigen.

Die Grundannahmen des aktiven Zuhörens gehen auf die nicht-direktive Gesprächsführung nach C. R. Rogers (1976) zurück, sie finden sich auch bei Gordon (1972) sowie in Deutschland bei Tausch (1990). Gordon unterscheidet zwischen Schweigen als passivem Zuhören und aktivem Zuhören. Nach Gordon ist es wichtig, dass der Empfänger seinen Gesprächspartner **annimmt,** d. h. akzeptiert, so wie er ist. Auch passives Zuhören vermittelt Annahme, aber beim aktiven Zuhören versucht der Empfänger den Sender zu verstehen und sendet die verstandene Bedeutung zurück. Er darf aber keine eigene Botschaft, kein Urteil, keine Bewertung, keinen Ratschlag, kein weiteres Argument zurücksenden. Der Verzicht auf solche Mechanismen fördert die Beziehung zwischen Sender und Empfänger und ermöglicht, dass der Empfänger unbeeinflusst seine eigene Problemlösung findet, da Sprechen über Probleme weiterhilft als reines Nachdenken. Für Rogers sind drei Handlungskompetenzen besonders wichtig für das Aktive Zuhören: Echtheit (Kongruenz), positive Wertschätzung des Gesprächspartners und einfühlendes Verstehen.

Die **Kongruenz** wurde oben (B. 1.1.4) schon dargestellt. Sie ist Voraussetzung dafür, dass andere Menschen Vertrauen fassen können und dass auch der andere selbst sich um Echtheit bemüht. Nicht nur für private Kontakte, auch für die meisten beruflichen Situationen ist es wichtig, dass sich positive Beziehungen entwickeln, die auf dem Vertrauen in die Echtheit des Gesprächspartners gründen, denn selbst schwierige Interessengegensätze können leichter einer einvernehmlichen Lösung zugeführt werden, wenn durch Kongruenz eine persönliche Wertschätzung entsteht. Ein gegenteiliges Verhalten mit Verstellungen, unfairen Tricks, Halbwahrheiten dagegen führt zu einer Verhärtung der Fronten, die oft in gerichtlichen Auseinandersetzungen endet.

Positive Wertschätzung ist ein Grundbedürfnis eines jeden Menschen. Eine Weisheit, die Schmeichler gerne für ihre Ziele nutzen. Aber ihnen fehlt die Echtheit. Wenn positive Wertschätzung und Echtheit dagegen gleichmäßig vorhanden sind, wenn also ein Gesprächspartner Fehler, Schwächen und Unzulänglichkeiten akzeptieren kann, ohne negative Vorurteile zu bilden, dann steigt schrittweise durch die entsprechenden Gespräche auch die Selbstachtung des Partners. Eine hohe Selbstachtung ist entscheidend für eine positive Persönlichkeitsentwicklung, da sie die Leistungsfähigkeit im fachlichen und im sozialen Bereich erhöht, das Selbstvertrauen stärkt, eigenständiges Handeln im Gegensatz zu konformistischem Verhalten fördert, optimistischere Einstellungen ermöglicht und so viele innere Spannungen abbaut. Die Zerstörung vieler Partnerbeziehungen ist oft die Folge des Wandels von einer wechselseitigen positiven Wertschätzung zu einem System ständiger wechselseitiger Kritik.

Einfühlendes Verstehen, oft auch als Empathie bezeichnet, bedeutet nach Rogers, sich so in das Erleben der anderen Person einzufühlen, dass man die Dinge aus der Sicht des Senders sehen und werten kann, ohne selbst eine kritische Distanz zu verlieren. Konkret werden folgende Techniken für das Aktive Zuhören vorgeschlagen:

CHECKLISTE

1. **Nonverbale Aufmerksamkeit und Akzeptierung.** Sie zeigen sich durch körperliche Zuwendung, Blickkontakt, Kopfnicken und volle Konzentration auf das Gespräch. Störungen von außen sollen nicht beachtet werden. Die Anteilnahme soll überwiegend nonverbal ausgedrückt werden, weil dies echter und wirkungsvoller ist als verbale Techniken.

2. **Verbale Akzeptierung.** Hierfür schlägt Gordon so genannte Türöffner, kurze verbale Bekräftigungen und Aufforderungen vor: »Das ist eine gute Idee«, »Das haben Sie gut gemacht«, »Das war aber eine schwierige Situation«.

3. **Paraphrasieren.** Kurze verdeutlichende Wiederholung des Gesagten mit eigenen Worten. Dadurch kann abgeglichen werden, ob der Inhalt richtig verstanden worden ist. Dabei ist aber zu beachten, dass diese Technik nicht dazu verwendet werden sollte, das Gespräch zu übernehmen. Daher ist paraphrasieren am ehesten dann angesagt, wenn der Sender einen vorläufigen Abschluss erreicht hat oder wenn Zweifel über die empfangenen Informationen bestehen sowie dann wenn die Ausführungen zu ausschweifend werden.

4. **Verbalisierung von Gefühlen.** Die Entschlüsselung erfolgt in der Form, dass der Empfänger mitteilt, welche Gefühle er in der geschilderten Situation beim Sender vermutet. **Die Gefühle werden gespiegelt.** »Sie waren sehr enttäuscht.«

5. **Wahrnehmungsüberprüfung** beinhaltet Fragen über die aktuellen Empfindungen: »Das Erlebnis ärgert Sie immer noch?«.

6. **Informationssuche** meint sachliche weiterführende und klärende Fragen zur Vertiefung des Verständnisses, insbesondere bei missverständlichen Ausführungen.

7. **Vorsichtige Lenkung** des Gesprächs durch weiterführende oder zurückführende Fragen. Soweit sich der Sender in Nebenthemen verloren hat, können zurückführende Fragen ihn wieder zum Hauptproblem zurückbringen. Lenkung darf allerdings niemals dazu führen, dass die eigenen Interessen oder Probleme des Empfängers ins Spiel kommen.

8. **Zuhören um zu verstehen, nicht um zu antworten.** Wer sich beim Zuhören eine Antwort oder seine nächste Frage überlegt, kann nicht wirklich zuhören. Ein aufmerksamer Sender bemerkt dies und wird es als fehlendes Interesse interpretieren. Dadurch wird der weitere Gesprächsfluss gehemmt.

1.4.3 Störende Gesprächsmuster

Aktives Zuhören und nicht-direktive Gesprächsführung sind schwieriger zu erlernen, als die oben dargestellten Regeln vermuten lassen, da der Erwerb solcher veränderter Handlungskompetenzen ein langwieriger Prozess ist. Abgesehen von einigen Personen, die eine natürliche Begabung als gute Zuhörer/innen haben, fällt es den meisten Menschen schwer, ihre sprachlichen Verhaltensmuster zu verändern. Insbesondere die Unsitten der Suggestivfragen, der Alternativfragen und der langatmigen Begründungen von Fragen sind nur schwer abzubauen. Es wäre daher schon viel gewonnen, wenn es gelingt die schlimmsten Gesprächsstörer zu vermeiden. Die Zusammenstellung folgt Weisbach (2001). Überprüfen Sie beim Lesen bitte, wie sehr Sie sich selbst an solchen Mustern bei anderen Personen stören und hinterfragen Sie, ob Sie nicht doch auch im Risiko sind, ähnliche Fehler zu machen.

a) Befehlen

Die meisten Menschen würde viele Aufgaben gerne auch freiwillig übernehmen, sofern sie sachlich gerechtfertigt sind und der notwendige Freiraum bei der Durchführung verbleibt. Das Selbstverständnis vieler Vorgesetzter führte und verführt auch heutzutage oft noch dazu, Positionsunterschiede auch formal zu betonen und Arbeitsgebiete durch Befehle zu leiten. Sicher ist es die unvermeidbare Aufgabe einer Führungsperson, den Mitarbeitern Anweisungen zu erteilen. Aber der Ton macht die Musik und es kommt ganz entscheidend darauf an, wie man mit solchen Situationen umgeht. In den meisten Organisationen sind die Aufgabenbereiche durch formale Regeln beschrieben und abgegrenzt. Der Eingriff eines Vorgesetzten ist daher nur dann erforderlich, wenn eine Schlechterfüllung vorliegt oder weitere Aufgaben zu übernehmen sind. Notwendige Anweisungen sollten in höflicher Form, sachlich gut begründet und ohne überflüssige Restriktionen erteilt werden.

Auf einer gleichgestellten Ebene bedeuten Befehle immer eine Überordnung über eine andere Person und lösen demzufolge Störungen auf der Beziehungsebene aus, weil es für die angewiesene Person nicht einzusehen ist, dass sie sich einer gleichgestellten Person unterordnen soll. Sehr viele Menschen reagieren auf die Bevormundung durch Befehle entsprechend ihren Lernerfahrungen aus der Kindheit mit Trotzreaktionen. Hinter der formalen Aufgabenerfüllung verbergen sich dann oft Schlechterfüllung oder gar vorsätzliche Behinderungen der Aufgaben. Besonders negativ ist dieses autoritäre Verhalten, wenn Beamte im Gespräch mit den Bürgern ihre Macht ausspielen, anstatt die belastenden Entscheidungen sachlich gut zu begründen.

b) Überreden

Beim Überreden besteht das Handlungsziel des Senders in dem Versuch, den Empfänger zu einem Verhalten zu bewegen, das dieser nicht von sich aus machen will. Im Gegensatz zum Befehlen werden beim Überreden Schmeicheleinheiten eingesetzt und der anderen Person wird deutlich gemacht, welche Vorteile das vom Sender erwünschte und aus seiner Sicht richtige Verhalten für den Empfänger angeblich hat. Aber welches Bild vom Gesprächspartner verbirgt sich hinter einem solchen Verhalten? Ein Mensch, der gar nicht weiß, was für ihn gut ist, jemand der selbst nicht die richtige Entscheidung treffen kann, eine Person, die man zu ihren Glück zwingen muss und die man für hinreichend schwach einschätzt, dass sie den Überredungskünsten erliegen wird. Auch hier ist die Wahrscheinlichkeit groß, dass der Empfänger abblockt oder mit Trotz reagiert. Dabei ist es dann oft typisch, dass der Sender selbst nicht bereit ist, sein eigenes Handlungsziel zu verändern und den Wünschen des Empfängers zu entsprechen. Allein der Respekt vor der anderen Persönlichkeit sollte dazu führen, solche Techniken zu vermeiden. Wie soll sich ein Bürger fühlen, zu dem der Steuerbeamte sinngemäß sagt: »Es ist das Beste für Sie, wenn Sie die Steuer in voller Höhe bezahlen.«?

c) Warnen und Drohen

Eine andere Technik, die ihre Wurzeln in der eigenen Erziehung hat, ist Warnen und Drohen. Diese von vielen Eltern in der Kindheit angewandten Mittel finden sich bei manchen Menschen noch im Erwachsenenalter wieder. Leere Drohungen stumpfen aber schnell ab und häufig fehlen zwischen erwachsenen Menschen auch die Möglichkeiten, Konsequenzen zu ziehen, falls das erwünschte Verhalten nicht eintritt. Letztendlich geht es aber auch hier um die Frage, welches Bild man von seinem Gesprächspartner entwickelt hat und welchen Respekt man ihm entgegenbringt. Der Schaden auf der Beziehungsebene ist ungleich größer, als die möglichen Vorteile durch den Erfolg einer Drohung.

d) Schuldzuweisungen und Vorwürfe

Im Gegensatz zu den zuvor erwähnten Gesprächsstörern, die auf die Zukunft einwirken wollen, beschäftigen sich Schuldzuweisungen und Vorwürfe mit der Vergangenheit. Jeder Mensch verbindet mit solchen Gesprächsinhalten die Erinnerung an sehr negative Erlebnisse, die im Unterbewusstsein assoziiert werden. Er wird daher auf diese Verhaltensmuster mit Spannung und Abwehr reagieren und sehr schlecht gelaunt sein. Eine rationale Problemlösung ist dann aber kaum noch möglich. Dabei ist zu beachten, dass die Vergangenheit überhaupt nicht mehr verändert werden kann und diese Verhaltensmuster daher eine sehr zerstörerische Tendenz entwickeln, weil sie den durch Selbstvorwürfe oft schon vorhandenen psychischen Druck weiter verstärken. In beruflichen und privaten Beziehungen in denen immer wieder Probleme hinsichtlich der Aufarbeitung der Vergangenheit entstehen, sollte man einen Konsens entwickeln, unveränderbare Dinge nicht ständig wieder aufzuwühlen und sich besser auf die Gestaltung künftiger Situationen zu konzentrieren. Oft genügt dann schon ein kurzer Hinweis, um eine unfruchtbare Auseinandersetzung abzubrechen.

Langfristig zerstören viele Vorwürfe das Selbstvertrauen eines Menschen und sie sind eine Ursache für den Bruch zwischenmenschlicher Beziehungen. Bei genauerer Betrachtung kann man erkennen, dass Schuldzuweisungen und Vorwürfe selbst ein Zeichen für den hohen inneren Druck beim Sender sind, der unterbewusst starke emotionale und materielle Nachteile oder eine Blamage befürchtet, sonst hätte er überhaupt kein Bedürfnis so auf seinen Gesprächspartner einzuwirken.

e) Bagatellisieren

Eine schlecht Angewohnheit ist es, die Bedeutung von Belastungen beim Gesprächspartner herunterzuspielen. Dieses Verhalten, das beim Umgang mit kleinen Kindern, denen die notwendige Lebenserfahrung für die angemessene Einschätzung von Schmerzen und negativen Situationen fehlt, noch vertretbar sein mag, führt bei erwachsenen Menschen zu Verärgerung und zu dem Gefühl, mit seinen Ängsten und Sorgen nicht ernst genommen zu werden. Verzweiflung, Trauer, Mutlosigkeit sind Ausdruck starker Emotionen, bei denen Schweigen und Mitfühlen oft mehr bewirken können, als billiger Trost.

f) Ironisieren und Verspotten

Ironie und Spott gehören zu den verletzendsten Verhaltensmustern in einem Gespräch, weil sich ein Empfänger gegen diese Mittel meistens nur schwer wehren kann. Besonders in Gruppensituationen, in denen der Sender dann oft noch die (oberflächlichen) Lacher auf seiner Seite hat, können die Reaktionen des Empfängers aus Verärgerung leicht misslingen und die Situation verschlimmern. Daher reagieren viele Menschen relativ duldsam auf solche Angriffe, um nicht noch mehr Angriffsfläche zu bieten. Äußerlich betrachtet, wirken diese Sender zunächst stark und überlegen. Nur selten wird eine Person, die sich als schwächer empfindet, eine stärkere Person mit Ironie oder Spott angreifen, solange sie nicht wenigstens das Gefühl hat, zusammen mit den Lachern ein Übergewicht zu gewinnen. Schaut man allerdings hinter die Fassaden, kann man erkennen, dass Ironie und häufiger Spott oft stark antrainierte Verhaltensmuster sind, die eingesetzt werden, um die eigenen Schwächen und Unsicherheiten zu überspielen. Auffallend oft greifen Sender ihre eigene Schwäche bei den Empfängern an. Oft sind viele Sender, die stark mit Ironie oder Spott arbeiten, nicht stark genug, um in schwierigen Situationen angemessen und ohne solche unfairen Hilfsmittel zu reagieren. Wer wirklich stark ist, hat es nicht nötig, sich durch Ironie oder Spott über andere Personen zu stellen. Oft sind die verletzenden Gesprächstechniken auch zur Gewohnheit geworden und werden nicht mehr hinterfragt.

Wechselseitiger Spott in fröhlicher Runde ist selbstverständlich anders zu werten.

g) Ausfragen

Ein gutes Gespräch bedeutet nicht, dass die befragte Person ihr Innerstes nach außen kehren und sich total öffnen soll. Jeder Mensch benötigt einen seelischen Intimbereich, den er für andere Personen nicht öffnet. Je nach dem Umfang des Vertrauens zum Gesprächspartner wird dieser Bereich größer oder kleiner sein. Unterscheiden Sie daher genau zwischen dem Öffnen in einem nicht-direktiven Gespräch und dem Ausfragen bei dem die persönliche Neugier des Fragenden befriedigt wird. Es ist daher wichtig, Signale wie ausweichende Antworten und langes Zögern vor der Antwort richtig zu deuten. Auch nonverbal sind viele kleine Zeichen zu erkennen, die eine Verletzung des Schutzbereiches signalisieren.

h) Von sich selbst reden

Der Respekt vor der anderen Persönlichkeit gebietet es, die Ausführungen des Senders nicht ständig durch den Bericht eigener Erlebnisse in vergleichbarer Situation zu unterbrechen. Viele (egozentrische) Menschen sind aber nahezu unfähig, sich in der geforderten Form zurückzunehmen und benützen jedes Stichwort, um selbst eine Geschichte zum Besten zu geben. Dies zeigt sich auch daran, dass sie sich meistens sehr frühzeitig ins Gespräch drängen und sich nicht so lange zurückhalten können, bis der Gesprächspartner am Ende seiner Ausführungen ist. Durch diesen Egoismus bekommen sie dann aber auch oft Probleme in ihren Gruppenbeziehungen, weil sie als schwieriger und anstrengender Gesprächspartner gelten. Im beruflichen Bereich, in dem solche Situationen auch recht häufig sind und in dem diese Selbstanpreisungen oft die Sacharbeit stark behindern, werden solche Personen meistens nur wegen ihrer starken Stellung als Vorgesetzter ertragen, aber nicht weil man sie menschlich akzeptiert. Die anderen Gesprächsteilnehmer schalten dann auch schnell ab, insbesondere wenn sie diese Heldengeschichten schon längst kennen. Die fehlende Sensibilität für die Gefühlslage der anderen Gesprächspartner und die beständige Verdrängung der Tatsache, dass die Geschichten längst bekannt sind, ist typisch für dieses Verhaltensmuster, das möglicherweise auf fehlender Anerkennung in der Kindheit oder einem geringen Selbstwertgefühl beruht.

i) Ratschläge und Lösungen anbieten

Ratschläge sind auch Schläge. Viele Menschen glauben gleichwohl andere Menschen mit ihren gutgemeinten Ratschlägen bemuttern zu müssen. Sie verkennen dabei, dass bei einem Problemgespräch nicht die Suche nach einer einfachen Lösung, die es ohnehin meistens nicht gibt, im Vordergrund steht, sondern dass das Gespräch über Probleme selbst eine Aufarbeitung der inneren Spannungen bedeutet. Wer in einem Gespräch über Liebeskummer empfiehlt, sich halt einen andere Partner/in zu suchen und ergänzt, auch andere Mütter hätten schöne Töchter, übersieht, dass die Schwierigkeit gerade in der aktuellen Unfähigkeit, sich neu zu verlieben, liegt. Lange Gespräche, in denen immer wieder die ganze Leidensgeschichte erzählt wird, haben dagegen auf Dauer gesehen entlastende Wirkung. Jeder Mensch trägt die beste Lösung seiner Probleme in sich selbst, der Gesprächspartner kann aber bei diesem Prozess der Selbstfindung durch seine Fragen helfen.

j) Rückzug aus dem Gespräch

Ein Rückzug aus dem Gespräch liegt vor, wenn ein Gesprächspartner abgeschaltet hat und nur noch formal zuhört. Dies zeigt sich an abnehmendem Blickkontakt, stereotypen Bejahungen und unkonzentrierten Antworten.

Ein Teilrückzug ist gegeben, wenn ein Gesprächspartner nur noch die für ihn interessanten Teile aus dem Gespräch filtert und nur auf diese Teile positiv reagiert. Dies zeigt sich an Ungeduldsreaktionen wie Teilfortführung der Aussagen des Partners, um langatmige Ausführungen abzukürzen, Unterbrechungen, steuernden Fragen und thematischen Sprüngen.

1.4.4 Nonverbale Kommunikation

1.4.4.1 Begriff und Wirkungen

Nonverbale Kommunikation, oft auch als Körpersprache bezeichnet, umfasst die gesamten Ausdrucksformen eines Menschen, soweit sie nicht sprachlicher Inhalt sind. Hierzu gehören: Mimik, Gestik, Körperhaltung und Gang. Meistens werden auch Kleidung, Abstandsverhalten sowie sprachliche Merkmale wie Sprechtempo, Lautstärke, Klang und Deutlichkeit der Aussprache hinzugerechnet.

Nonverbale Kommunikation hat folgende Wirkungen:

- Sie verstärkt und ergänzt die verbale Kommunikation. Körpersprache unterstreicht die verbalen Ausführungen und malt sie aus.
- Sie ersetzt teilweise verbale Kommunikation.
- Körpersprache ist Ausdruck innerer Emotionen.
- Körpersprache ist ein Abbild der Persönlichkeit. Wichtige Teile der Außenwirkung einer Person beruhen auf der Wirkung der Körpersprache. Die Personenwahrnehmung wird durch die Körpersprache stärker beeinflusst, als durch den sprachlichen Inhalt.
- Empfänger, die Körpersprache gut entschlüsseln können, gewinnen viele verborgene Informationen über den Sender, wie Einschätzung von Gefühlen, Absichten und Glaubwürdigkeit.

Viele **bewusste Körpersignale** haben eine gesellschaftlich übereinstimmende **Symbolik,** beispielsweise, wenn jemand mit dem Finger an die Stirn tippt oder mit der Faust droht, weil er sich über eine andere Person besonders stark geärgert hat. Solche symbolischen Gesten sind von Kultur zu Kultur sehr unterschiedlich und haben oftmals gegensätzliche Bedeutungen. Selbst innerhalb einzelner Kulturen sind gegensätzliche und mehrfache Bedeutungen anzutreffen, sodass die Bedeutung aus der Kenntnis der Kultur und dem Kontext der Situation erschlossen werden muss.

Unterbewusste Körpersignale werden aus dem Unterbewusstsein gesteuert und sind daher der willentlichen Beeinflussung weitgehend entzogen. Sie sind für den Empfänger besonders aufschlussreich, weil sie innere Empfindungen des Senders unverfälscht widerspiegeln. Viele unterbewusste Körpersignale sind über die Kulturen hinweg von gleicher Bedeutung, so der Ausdruck starker Gefühle wie Freude und Trauer. Argyle (1975), ein englischer Psychologe, der sehr intensiv über nonverbale Kommunikation gearbeitet hat, führt dies darauf zurück, dass einige mimische Ausdrucksformen, wie Lachen und Weinen, aber auch für einige andere Gefühle angeboren sind. Er belegt dies durch den Hinweis auf blindgeborene Menschen, bei denen ohne entsprechende Lernerfahrungen bei entsprechenden Stimmungen vergleichbare Gesichtsausdrücke entstehen. Er geht aber mit Hinweis auf Japaner davon aus, dass die Beherrschung und die Unterdrückung von Gefühlen kulturell sehr unterschiedlich ausgeprägt ist sowie die Situationen in denen Gefühle öffentlich gezeigt werden können. Der konkrete Gefühlsausdruck ergibt sich häufig aus dem Konflikt zwischen den grundlegenden biologischen Ausdrucksmustern und den kognitiven Versuchen diese zu beherrschen.

Vegetative Körpersignale werden vom vegetativen Nervensystem gesteuert und können daher ebenfalls nicht willentlich gesteuert werden. Hierzu zählen: Erbleichen, Erröten, Zittern, Schweißausbruch, Erstarren.

Eine interessante Klassifikation von Körpersignalen findet sich bei Ekman und Friesen (1969). Sie unterscheiden Embleme, Illustratoren, Regulatoren, Emotionsausdrücke und Adaptoren.

Embleme sind nonverbale Symbole, für die es in einer Gruppe oder einer Kultur eine direkte sprachliche Übersetzung oder Definition gibt: Das V mit den Fingern für victory, die geballte Faust für Kraft und Gewaltandrohung, die herausgestreckte Zunge für Schadenfreude. Embleme ersetzen oder ergänzen das Sprachverhalten, manchmal widersprechen sie auch dem sprachlichen Inhalt. Die Bedeutung der Symbole ist den Mitgliedern der Gruppe oder der Kultur bekannt und sie werden meistens auch bewusst eingesetzt.

Illustratoren sind überwiegend körperliche Bewegungen der Hände und Arme (Gestik), die das Sprechverhalten begleiten und dabei veranschaulichen. Grundsätzlich können aber auch andere Körpersignale, wie Mimik, Blickkontakt oder Abstandsverhalten den Illustratoren zugerechnet werden, soweit sie im Zusammenhang mit der Sprache eingesetzt werden.

Regulatoren sind Signale, die das Wechselspiel im Gespräch steuern. Typische Regulatoren sind das Kopfnicken beim Zuhören, der Wechsel der Körperhaltung zwischen Zuhören und Sprechen, Handbewegungen um das Gespräch zu unterbrechen oder eine fremde Unterbrechung zu verhindern.

Emotionsausdrücke begleiten die Gefühle wie Angst, Freude, Überraschung, Ärger, Ekel, Trauer und Interesse und zeigen sich überwiegend in der Mimik.

Adaptoren dienen überwiegend dem Spannungsabbau. Selbst-Adaptoren sind dabei Abwehrgesten bei Unsicherheit oder Angst, Kopfkratzen oder Nasezupfen bei Verlegenheit, Bewegungsdrang bei innerer Erregung. Fremd-Adaptoren beziehen sich auf andere Personen und sind überwiegend Berührungshandlungen, wie Umarmung nach einer schwierigen Situation. Objekt-Adaptoren beziehen sich auf den Spannungsabbau mit Hilfe von Objekten, wie Spielen mit Schreibutensilien und Schmuckgegenständen.

In einer Gesprächssituation ergeben sich oft Widersprüche zwischen verbaler und nonverbaler Sprache. Nonverbale Signale, insbesondere die unterbewussten Zeichen, sind schlechter steuerbar und daher glaubwürdiger als verbale Aussagen. Viele Menschen können verbal lügen, die Steuerung der Körpersprache in spontanen Situationen gelingt aber nur wenigen Personen, es sei denn sie haben ein größeres schauspielerisches Talent.

Nach Argyle (1975) werden widersprüchliche Signale zwischen Tonfall und sprachlichem Inhalt unterschiedlich bewertet:

1. In feindlichem Ton gesprochene freundschaftliche Botschaften werden als unaufrichtig interpretiert.
2. In freundlichem Ton gesprochene feindliche Botschaften gelten als verwirrend.
3. In schroffem Ton übermittelte angenehme Botschaften werden als Sarkasmus empfunden.
4. Personen mit übertrieben freundlichen Einstellungen verdecken häufig innere Abneigungen. Sie verraten sich aber meistens durch den Tonfall.

BEISPIEL

Der süßliche Tonfall von Verkäuferinnen in sehr exquisiten Geschäften, denen das anstrengende Verkaufsgespräch auf die Nerven geht, ist oft unaufrichtig.

Geschlechtsspezifische Unterschiede: Nach Argyle können Frauen nonverbale Botschaften besser entschlüsseln als Männer und sie drücken ihre Gefühle auch sehr viel stärker durch nonverbale Signale aus.

1.4.4.2 Körpersprache beim Denken und Sprechen

Die Körpersignale, insbesondere Gestik und Mimik, haben eine enge Verbindung zum Denken und Sprechen. Soweit Gestik nicht aus Unsicherheit oder Schüchternheit stark unterdrückt wird, kommt sie bei fast jedem Menschen während des Sprechens zum Ausdruck. Auch bei der gedanklichen Aufarbeitung von Problemen oder der Vorbereitung auf schwierige Situationen kann man oft bei sich selbst und bei anderen Personen vielfältige Gesten beobachten, bis hin zum Vogel-Zeichen bei der Erinnerung an besonders unangenehme Situationen.

EXPERIMENTE

a) Die Verbindung zwischen Sprache und Gestik zeigt sich auch in einem interessanten Experiment von Rimé et al. (1984), Rimé und Schiaratura (1991), zitiert nach Hübler (2001). Die Versuchspersonen saßen in einem Sessel, in dem die Bewegungen von Kopf, Armen, Händen, Beinen und Füßen unterbunden werden konnten. Sie hatten in diesem Sessel ein Gespräch von 50 Minuten Länge zu bestreiten, bei dem in den ersten und letzten 15 Minuten freie Bewegungen möglich waren, während bei der mittleren Phase von 20 Minuten alle Bewegungen von Kopf und Gliedmaßen unterbunden wurden.

ERGEBNIS Die Auswertung der Videoaufzeichnungen ergab, dass während der Phase der Unbeweglichkeit Ausdruck und Inhalt der Sprache sich verschlechterten und dass Augen, Mund, Augenbrauen und Finger eine gesteigerte Aktivität zeigten. Letztere Effekte traten immer nur dann auf, wenn die Versuchspersonen gerade sprachen. Es scheint also, dass für Denken und Sprechen eine Transformation in körperliche Bewegung wichtig ist.

b) Zu ähnlichen Ergebnissen kommt eine Untersuchung von McNeill (1992), zitiert nach Hübler (2001). Die Versuchspersonen mussten einem Zuhörer Szenen einer Cartoon-Geschichte erzählen, die sie zuvor gesehen hatten.

ERGEBNIS Aufgrund der Analyse der Videoaufzeichnungen kommt McNeill zu folgenden Ergebnissen:

aa) Gesten treten fast nur beim Redner und nicht beim Zuhörer auf.

bb) Gesten, die sprachliche Äußerungen begleiten, drücken Ähnliches aus, wie der sprachliche Inhalt. So erfüllen anschauliche Gesten selbst eine erzählende Funktion.

cc) Sprache und Gestik sind insoweit synchron, dass der Zeitpunkt der Geste mit dem entsprechenden sprachlichen Teil zusammenfällt.

dd) Die Gestik wird hauptsächlich von einer dominanten Hand übernommen.

Die Darstellung der komplexen psychophysiologischen Erklärungen bei McNeill würde den Rahmen dieses Buches sprengen. Für den Kommunikationsprozess und insbesondere den Teil der Rhetorik ist aber folgendes zu beachten:

Gestik ist ein Teil des menschlichen Verhaltens, der in allen Menschen von Natur aus angelegt ist, der also nicht künstlich antrainiert und eingeübt werden muss, sondern der sich frei entwickelt, wenn die einzelnen Personen den Mut aufbringen, ihre Angst und ihre Unsicherheit zu überwinden und ihrer natürlichen Gestik freien Lauf zu lassen. Mit zunehmender Selbstsicherheit entwickelt sich auch immer stärker eine natürliche Körpersprache. Antrainierte Gestik würde dagegen künstlich und unecht wirken. Wichtiger ist es aber, sich ungünstige Gesten abzugewöhnen.

BEISPIEL

Statt wie Hitler oder Demosthenes Gestik einzuüben, ist es wichtiger, sich immer wieder Situationen mit rhetorischen Anforderungen zu stellen, um über die Erfahrung immer mehr Selbstsicherheit beim Reden zu gewinnen. Die fehlende Gestik entwickelt sich mit der Zeit dann von selbst.

Fehlender Blickkontakt in Verhandlungen ist oft ein Zeichen von Unsicherheit und Scheu vor der direkten Konfrontation. Dies zeigt sich besonders dann, wenn schüchterne Beamte eine negative Entscheidung treffen müssen. Sicher kann man sich in gewissen Grenzen zwingen, den Blickkontakt aufzunehmen. Langfristig wird eine Verbesserung aber nur eintreten, wenn der Beamte so an seinem Selbstbewusstsein arbeitet, dass schwierige Entscheidungen für ihn keine Belastung mehr sind.

1.4.4.3 Körpersprache und Personenwahrnehmung

In einer Vielzahl von Untersuchungen ist die Wirkung der Gestik bei der Personenwahrnehmung untersucht worden, wobei besonders häufig Verkaufsgespräche, Stellenbewerbergespräche und die Wirkung von Werbespots näher betrachtet worden sind.

Bei den untersuchten **Persönlichkeitseigenschaften** werden oft **Beziehungsbotschaften,** wie Dominanz/Unterwerfung, Sympathie/Abneigung, Vertrauen/Misstrauen, emotionale Erregung und Ähnlichkeit, **Glaubwürdigkeitszeichen,** wie Kompetenz, Offenheit, Tiefgang/Oberflächlichkeit, Geselligkeit, die **Attraktivität,** fachlich, gesellschaftlich und körperlich sowie die **Überzeugungskraft** ermittelt.

Generell kann gesagt werden, dass Personen mit einer Vielzahl nonverbaler Signale als attraktiver gelten, als zurückhaltendere Personen. Übertriebene Gestik in Verbindung mit negativer Außenwirkung wirkt dominant und autoritär. Allerdings wird selbst bei übertriebener Gestik häufig Sachkompetenz unterstellt. Starke Gestik drückt auch ein großes Engagement aus.

Umgekehrt werden zurückhaltende Menschen, die daher auch nur wenig Gestik verwenden, unverhältnismäßig negativ beurteilt. Oft werden ihnen sogar positive Charaktereigenschaften, wie Tiefgang, die auf Grund der Zurückhaltung überhaupt nicht beurteilt werden können, abgesprochen.

Sicheres und sozial angemessenes Auftreten, verbunden mit einer direkten und ehrlichen Art, ist eine der wichtigsten Eigenschaften, die von Stellenbewerbern für gehobene Positionen erwartet wird. Diese Eigenschaft wird sowohl verbal als auch nonverbal ausgedrückt. Wegen der Bedeutung solcher Fähigkeiten gibt es jede Menge Bücher als Ratgeber mit Vorschlägen zur Verbesserung der Körpersprache. Ratschläge wie »Erzeugen Sie einen positiven Eindruck durch Haltung, Gestik und Mimik« sind gutgemeint aber letztlich unbrauchbar. Jeder Mensch ist stark und wirkungsvoll, wenn er seine eigene Persönlichkeit möglichst unverfälscht nach außen bringt, also Authentizität im Sinne von Rogers zeigt. Jedes Verbiegen des eigenen Charakters und das Antrainieren von aufgesetzten Techniken verfälscht die Außenwirkung, wird als unecht wahrgenommen und zerstört die Kreativität und Spontanität.

1.4.4.4 Die Bedeutung der Körpersignale

Die **Mehrdeutigkeit von Körpersignalen** ist eine der häufigsten Ursachen für Fehlinterpretationen. Es ist daher falsch, Körpersignale schematisch zu deuten. Eine richtige Deutung ergibt sich meistens erst dann, wenn mehrere gleichgerichtete Signale übereinstimmen sowie aus dem Gesamtzusammenhang der Situation und des sprachlichen Inhalts. Das Kratzen am Kopf kann ein Ausdruck von Verlegenheit oder Nachdenken, aber auch die Folge eines Juckreizes sein. Es ist daher riskant und fehlerhaft voreilige Schlüsse aufgrund der Beobachtung einzelner oder weniger Signale zu ziehen. Missdeutungen entstehen besonders dann, wenn sich die beobachtete Person in Gedanken mit ganz anderen Problemen beschäftigt, der Empfänger aber die nonverbalen Reaktionen auf sich selbst bezieht. In einer offenen Beziehung, aber durchaus auch in beruflichen Situationen, sollte die Bedeutung der Körpersignale daher im Zweifel erfragt werden.

BEISPIEL

Wenn man erkennt, dass sich das Gesicht des Gesprächspartners plötzlich verfinstert, kann man durchaus fragen: »Hat Sie mein Vorschlag verärgert?«

Die folgenden Hinweise beschränken sich auf die wichtigsten Signale in Kommunikationssituationen:

Dem **Gesicht** kommt aufgrund seiner großen Ausdruckskraft und der Verbindung zu den inneren Gefühlen eine hervorgehobene Stellung bei der Deutung der Körpersprache zu. Während einem Gespräch ergibt sich, sowohl beim Redner als auch beim Zuhörer, eine schnelle Abfolge wechselnder Gesichtsbewegungen in denen eine Vielzahl innerer Empfindungen zum Ausdruck kommt. Aus diesen Gründen konzentrieren sich bei einem guten Gespräch die Teilnehmer sehr stark auf die Beobachtung der gegenseitigen Mimik, um den verbalen Teil des Gesprächs den nonverbalen Reaktionen der Gegenseite anpassen zu können. Bei negativer Reaktion des Empfängers werden dann oft die Aussagen abgemildert, relativiert oder gar ganz zurückgenommen, selbst wenn keine entsprechende verbale Äußerung erfolgt ist.

Lächeln ist eine der vielseitigsten Ausdrucksforen des Gesichts. Normalerweise ist Lächeln ein Ausdruck von Freundlichkeit, eine Sympathiebrücke, die zwischenmenschliche Interaktionen erleichtert. Man sollte aber die vielen abweichenden Bedeutungsinhalte nicht übersehen. Verlegenheit wird häufig durch ein Lächeln überspielt, das »überlegene« Lächeln von manchen Vorgesetzten bedeutet oft Überheblichkeit und Abwertung der anderen Person, andere Menschen verdecken ihre Feindseligkeit hinter einem Lächeln nach dem Motto, man müsse dem Gegner die Zähne zeigen.

Die **Gesichtsfarbe** ändert sich auf Grund innerer Gefühle. **Erröten** kann Folge von Verlegenheit, einer peinlichen Situation, eines Kompliments, großer Anstrengung oder von Wut und Zorn sein. **Erbleichen** dagegen ist ein typisches Zeichen für Angst oder Schrecken. Bei manchen Menschen zeigen sich Stress und Aufregung durch **weiß-rote Flecken am Hals oder im Gesicht**.

Der **Blickkontakt** ist ebenfalls sehr aufschlussreich und von großer Bedeutung für den Kommunikationsprozess. Untersuchungen zeigen, dass der Blickkontakt beim Zuhören etwa doppelt solange ausgeführt wird, als beim Sprechen. Guter Blickkontakt durch den Empfänger signalisiert Interesse und Verständnis für den Sender. Redner, die guten Blickkontakt halten, gelten als sicher und überzeugend. Fehlender Blickkontakt, insbesondere Blick auf den Boden, gilt als Unsicherheit und Verlegenheit oder als Ausdruck eines schlechten Gewissens.

Dem Blickkontakt kommt bei der Herstellung von Beziehungen eine besondere Bedeutung zu. So wird häufiges Anschauen als Versuch einer Kontaktaufnahme interpretiert und als Folge der eigenen Attraktivität gewertet. Übertriebener Blickkontakt in unpassenden Situationen wird als Anstarren negativ gewertet und kann bei wenig selbstbewussten Empfängern Abwehr und Unsicherheit hervorrufen. Auch die **Dauer** des Blickkontaktes ist kulturell unterschiedlich. Südeuropäer halten mehr Blickkontakt als Nordeuropäer und Amerikaner.

Die **Pupillen** weiten sich beim Anblick von Personen, die einem attraktiv erscheinen. Bei Frauen weiten sie sich auch beim Anblick von Säuglingen. Auch attraktive Gegenstände wie Schmuck führen zu Pupillenerweiterungen. Starke Pupillenreaktionen können als Folge von emotional stark negativ erregenden Situationen auftreten, wenn z. B. eine Äußerung spontan sehr negativ gewertet wird.

Bestimmte Charakterzüge graben sich im Laufe des Lebens in älteren Gesichtern ein, so die Lachfalten bei den Augen humorvoller Menschen oder die heruntergezogenen Mundwinkel unzufriedener und oft überheblich denkender Menschen.

Bei der **Stimme** sind Klang, Lautstärke, Sprachmelodie und Flüssigkeit der Sprache Ausdruck innerer Gefühle. Angst und Unsicherheit zeigen sich bei einer Rede durch eine leise monotone und zitternde Stimme, zu schnelles Sprechtempo und Versprecher. Letztere treten meistens am Anfang einer Rede oder bei besonders wichtigen Aussagen auf, sie verschwinden aber, sobald sich die Person freigesprochen hat. Entsprechendes gilt bei plötzlichen Verunsicherungen in Verhandlungen. Großer Selbstsicherheit zeigt sich durch klare Aussprache, angemessen laute Stimme und ausdrucksstarke Sprachmelodie.

Bei der **Gestik** kommt den Händen besondere Bedeutung zu. Nach oben offene Hände drücken eine positive Wertung aus, Handflächen nach unten und die wegwerfende Handbewegung demonstrieren Abwertung. Handflächen nach vorne sind ein deutliches Zeichen der Abwehr. Die geballte Faust steht für Wut und Zorn. Weit ausgebreitete Arme drücken Sicherheit und Offenheit aus. Vor dem Oberkörper verschränkte Arme sind ein relativ sicheres Zeichen für Abwehr, Rückzug und Vorsicht.

Bei der **Körperhaltung** ist ein gebückter Gang häufig ein Zeichen aktueller psychischer Belastungen, der aufrechte Gang signalisiert dagegen Selbstsicherheit. Eingezogener Kopf und hochgezogene Schultern zeigen Angst oder/und Schuldgefühle.

Wer im Gespräch den Oberkörper plötzlich nach vorne nimmt, signalisiert gesteigertes Interesse, den Wunsch das Gespräch zu übernehmen oder den Beginn eines verbalen Angriffs. Die plötzliche Rücknahme des Oberkörpers kann auf Beeindruckung durch die Argumentation der Gegenseite, Ablehnung, Abwehr oder Desinteresse zurückzuführen sein. Das Zurücksetzen des Stuhles aus einem Stuhlkreis kann ein Zeichen von Resignation sein.

Beim **Abstandsverhalten** gelten zu nahe Abstände als Aufdringlichkeit, ein weiterer Abstand als andere in einem Gesprächskreis als Schüchternheit.

Nervosität und Aufregung können sich durch folgende Körpersignale zeigen: Zitternde Hände, trommelnde Finger, wippende Füße, Spielen mit Gegenständen (Bleistift, Halskette, Uhr, Armband, Brille, Haaren, Zerkleinern von Papier), reibende Hände, zitternde Stimme, Hand vor dem Mund beim Sprechen, Blinzeln, schnell wechselnde Blicke, öfteres und hastigeres Rauchen, dabei besonders aufschlussreich die Situationen und Stichworte, bei denen die nächste Zigarette angesteckt wird, bei Kindern zusätzlich Fingerknacksen und Nägelkauen.

Plötzliche **Verlegenheit** äußert sich im Gespräch oft durch eine Schreckreaktion im Gesicht, einen kurzen Griff an die Nase oder an den Hinterkopf, durch ein Zurückweichen mit dem Oberkörper sowie durch eine leisere Stimme in der Folgezeit.

Aggressive Stimmungen sind an größerer Lautstärke und einem speziellen Klang in der Stimme sowie an Drohgebärden zu erkennen.

Beim **Lügen** haben manche Menschen die Angewohnheit, sofort danach mit der Hand kurz über den Mund zu wischen, als wollten sie das Gesagte wieder wegnehmen. Diese Bewegung wird auch oft eingesetzt um ein Verplappern ungeschehen zu machen. Eine andere Reaktion beim Lügen ist ein »falsches« Lachen, das in diesem Zusammenhang unmotiviert ist oder zulange oder zu intensiv erfolgt, bei dem auch das restliche Gesicht keine Fröhlichkeit ausdrückt. Auffällige Vermeidung des Blickkontaktes ist auch ein Indiz. Im Übrigen haben die meisten Menschen ihre Gesichtsmuskulatur bei Unwahrheiten recht gut unter Kontrolle, sodass nur bei spontanen Lügen für einen sehr kurzen Zeitraum eine Veränderung des Gesichtsausdrucks oder eine Puppillenreaktion zu erkennen sind. Aufschlussreich auch Nervositätssignale wie nervöses Händereiben und andere Verlegenheitsreaktionen. Aber wie immer bei der Interpretation von mehrdeutigen Körpersignalen ist große Vorsicht geboten und es lohnt sich eine Vielzahl von Reaktionen zu beobachten und viele Informationen zusammenzutragen. Selbst eidliche Beteuerungen (Hand aufheben, drei Finger heben und die Hand auf dem Herz) haben sich oftmals als falsch erwiesen.

1.5 Konstruktive Gestaltung des Kommunikationsprozesses

1.5.1 Zielorientierung und Beziehungsgestaltung

Zwischenmenschliche Kommunikation ist, wie das meiste menschliche Handeln, zielorientiert. Selbst solche Gespräche, bei denen nach außen ein klares Handlungsziel nicht zu erkennen ist, werden geführt, um innere Bedürfnisse zu befriedigen. Solche unterbewussten Ziele können Entspannung, Bestätigung, Aufarbeitung von Ärger und Problemen, Suche nach Geselligkeit und dergleichen sein. Soweit Gespräche im Beruf nicht dienstlichen Themen dienen, werden sie oft als Zeitverschwendung angesehen. Man darf dabei aber nicht verkennen, dass solche Entlastungen durch ein Gespräch oft notwendig sind, um wieder eine hohe Arbeits- und Leistungsfähigkeit herzustellen. Viele Menschen verlieren sich allerdings in solchen Gesprächen und behindern dabei ihre Gesprächspartner bei der Arbeit. Eine Fehlreaktion, die auch bei vielen Vorgesetzten anzutreffen ist.

Die Psychologen Blake und Mouton (1980) haben diese Dimension des Führungsverhaltens näher untersucht. Sie gehen davon aus, dass sich Führungspersonen hinsichtlich ihrer Gewichtung der Faktoren Mitarbeiterorientierung und Aufgabenorientierung stark unterscheiden und dieses unterschiedliche Führungsverhalten Auswirkungen auf die Arbeitsleistung hat.

Ihr System kann in einem Verhaltensgitter mit den beiden Parametern »Aufgabenorientierung« und »Mitarbeiterorientierung« dargestellt werden:

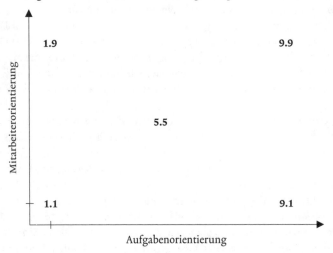

Die einzelnen Erscheinungsformen des Verhaltens werden wie folgt beschrieben:

1.1.: Weder Sachorientierung noch Mitarbeiterorientierung sind erkennbar. Ein chaotischer Führungsstil, bei dem der Vorgesetzte weitgehend abtaucht und sich zurückzieht.

9.1.: Hohe Aufgabenorientierung ohne Sensibilität für zwischenmenschliche Beziehungen. Bei hoher Fachkompetenz werden die anderen Bedingungen für gute Leistungen vernachlässigt Der kurzfristig größere Erfolg zahlt sich langfristig nicht aus, weil gestörte emotionale Beziehungen und schlechtere Motivation die Leistungen der Mitarbeiter dauerhaft beeinträchtigen.

1.9.: Die hohe Mitarbeiterorientierung eines solchen Vorgesetzten geht eindeutig auf Kosten der Leistung. Einem geringen Zeitaufwand für Sachthemen steht ein übertriebener

Zeitaufwand für gesellschaftliche Gespräche gegenüber. Ein Vorgesetztentyp, der in der Praxis erschreckend oft anzutreffen ist.

5.5.: Gleichgewicht zwischen beiden Eigenschaften auf mittlerem Niveau. Durch Kompromisse werden Ziele der Organisation und der Mitarbeiter ausgeglichen.

9.9.: Das Idealbild, die Kombination aus hoher Sensibilität für die Mitarbeiter und starker Sachorientierung. Hoch motivierte Mitarbeiter erbringen gute Leistungen.

Bei beruflichen Gesprächen ohne Positionsunterschiede tritt die dargestellte Problematik ebenfalls auf. Hier kann man die Mietarbeiterorientierung am besten durch den Begriff zwischenmenschliche Orientierung ersetzen. Es ist dann die Unterscheidung zwischen Sachebene und Beziehungsebene bei Watzlawick und bei Schultz von Thun wieder zu erkennen. In allen Gesprächssituationen sollte eine Ausgewogenheit zwischen der sachlichen Zielorientierung und dem zwischenmenschlichen Bereich hergestellt werden. Die zwischenmenschliche Orientierung ist besonders in den Anfangsphasen eines Gespräches von Bedeutung, um gerade bei kontroversen Verhandlungen die Spannungen frühzeitig abzubauen und bietet sich auch in der Schlussphase an.

Es ist wichtig, sich selbst realistisch in Bezug auf die eigenen Handlungstendenzen einzuschätzen und daran zu arbeiten, durch Veränderung des Arbeitstils sich dem Stil 9.9 mit hoher Aufgabenorientierung, verbunden mit hoher Mitarbeiterorientierung, anzunähern. Sofern und soweit die Selbstanalyse Schwierigkeiten bereitet, bietet sich die im folgenden Teil dargestellte Feedback- Technik als Ergänzung an.

1.5.2 Feedback-Modelle

1.5.2.1 Begriff und Bedeutung von Feedback

Eine der wichtigsten Techniken zur Beeinflussung zwischenmenschlichen Verhaltens ist Feedback, ein bewusst eingesetzter Prozess gegenseitiger Rückkopplungen über die eigene Außenwirkung. Oben (Teil A) wurde ausführlich dargelegt, wie wichtig die Veränderung und die Verbesserung sozialer Kompetenzen für die Persönlichkeitsentwicklung ist. Nur in den seltensten Fällen werden Menschen ohne Anstoß aus der sozialen Umwelt bereit und fähig sein, eingefahrene Verhaltensmuster zu verändern. Es gelingt manchmal bei besonders negativen Erlebnissen, aber dies ist dann oft auch mit sehr schmerzhaften Erfahrungen verbunden. Wer dagegen Feedback, sowohl im privaten als auch im beruflichen Bereich, zu einem ständigen Mittel der Überprüfung der eigenen Außenwirkung macht, kann Verhaltensänderungen früher einleiten und sich so viele Frustrationen und negative Erlebnisse ersparen. Dabei wird er auch bald die wichtige Erfahrung machen, dass es meistens keine großen Dinge sind, die verändert werden sollten, sondern viele Kleinigkeiten, die durch Selbstdisziplin und Sensibilität auch beeinflussbar sind.

Der Begriff Feedback oder Rückkopplung stammt aus der Kybernetik und hat Eingang in alle Bereiche gefunden, in denen die Selbststeuerung von Systemen über Regelkreise eine Rolle spielt. Das gilt für Technik und Computerwissenschaft ebenso, wie für das Verständnis lebender Organismen in Biologie und Psychologie. Dieser zirkuläre Prozess wechselseitiger Beeinflussung sichert die Funktionsfähigkeit der Systeme.

BEISPIEL ▓▓▓

Erfahrene Sachbearbeiter der Vollstreckungsstellen der Finanzämter bekommen immer wieder junge Regierungsassessoren als Sachgebietsleiter, bei denen das Vollstreckungssachgebiet der erste eigenverantwortliche Bereich beruflicher Tätigkeit ist, nachdem sie den Elfenbeinturm der Universitäten und die relativ heile Welt der Referendarzeit verlassen haben. Bei den mündlichen Verhandlungen treffen sie dann auf Vollstreckungsschuldner, die meistens langjährige Erfahrungen im Umgang mit vielen Gläubigern und ihren Vertretern wie Banken, Lieferanten, Gerichtsvollziehern und Vollstreckungsbeamten der Behörden entwickelt haben und demzufolge auch ein umfangreiches Repertoire an Techniken zur Vermeidung von Vollstreckungsmaßnahmen beherrschen. Wenn die Sachgebietsleiter dann aus Gutmütigkeit und fehlender Erfahrung auf die Versprechungen, Lügen, Drohungen oder Tränen der Schuldner hereinfallen, zerstören sie oft einen Teil der langjährigen Arbeit der Sachbearbeiter. Wenn sich ein Sachbearbeiter nach solch einer Besprechung wortlos in sein Zimmer zurückzieht und dort gegenüber dem Mitarbeiter über den unfähigen Sachgebietsleiter schimpft, kann keine Verbesserung der Situation eintreten.

LÖSUNG Bringt er dagegen den Mut auf und sagt dem Sachgebietsleiter: »Ich halte Ihre Entscheidung für falsch!«, besteht die Chance, dass dieser bei künftigen Verhandlungen seine beabsichtigten Entscheidungen kritischer überprüft. Ein kluger Vorgesetzter wird dieses unkonventionelle Verhalten seines Sachbearbeiters bestärken, zu vermehrtem Feedback auffordern und so dessen langjährigen Erfahrungen für seine Entscheidungen nutzen können. Das wechselseitige Feedback verhindert Fehlentscheidungen und sichert erfolgreiche Arbeitsleistungen.

Das ist der Idealfall. Aber wie viele Sachbearbeiter haben wirklich den Mut ihren Vorgesetzen Feedback zu geben und wie viele Vorgesetzte haben den Mut, die Selbstsicherheit und das Problembewusstsein ihrer Mitarbeiter und Sachbearbeiter zu offenem Feedback zu ermuntern? Bei der Einführung der Mitarbeitergespräche in der Verwaltung waren oft sehr große Ängste der Vorgesetzten zu überwinden. Bei unsicheren Vorgesetzten besteht auch das Risiko, dass sie die Kritik persönlich nehmen, künftig abblocken und immer weniger Gelegenheiten für entsprechende Gespräche anbieten. Eine Negativspirale, durch die Beziehungen dauerhaft gestört werden können, weil sich immer mehr Verärgerung anhäuft.

Bei Partnerbeziehungen ergeben sich entsprechende Probleme. Wenn wechselseitiges Feedback und die innere Bereitschaft zur Veränderung nicht entwickelt werden, wird die Aufarbeitung von Ärger und Problemen bei dritten Personen oder im Streit stattfinden, weil der Mut fehlt, Störungen frühzeitig anzusprechen. Beides ist nicht geeignet, um notwendige Veränderungen und eine Stabilisierung der Beziehung zu erreichen.

Feedback hat folgende Funktionen und Wirkungen:

- Feedback unterstützt und **fördert günstige Verhaltensweisen**, weil diese anerkannt und dadurch verstärkt werden.
- Feedback problematisiert, **beeinflusst** und korrigiert **ungünstige Verhaltensweisen**, die der Empfänger selbst nicht oder nur schwer erkennen kann, weil der Empfänger mit einer anderen Sichtweise konfrontiert wird.
- Feedback **klärt Beziehungen** zwischen den beteiligten Personen, weil emotionale Störungen offen angesprochen, die subjektiven Gründe für diese Empfindungen dargelegt und gegenseitige Fehlinterpretationen aufgedeckt werden.
- Feedback schafft in Gruppenbeziehungen ein **Klima des Vertrauens und der Offenheit,** weil die Kenntnis der Empfindungen und Reaktionen anderer Gruppenmitglieder Verhaltenssicherheit erzeugt und wechselseitig zu einer höheren Wertschätzung führt.

- Bei der Bearbeitung fachlicher Aufgaben und Probleme kann eine entwickelte Feedback-Kultur hilfreich sein, Fehlentscheidungen auf Grund hierarchischer Strukturen, fehlendem Mut zur Kritik, ungünstiger Kommunikationstechniken und emotionaler Störungen zu vermeiden.

Die konkreten Regeln für Feedback werden unter 1.5.2.5 dargestellt.

1.5.2.2 Das Johari-Fenster und der blinde Fleck

Die Autoren Joe Luft und Harry Ingham (Luft 1970) haben eine schematische Darstellung verschiedener Aspekte der Persönlichkeit entwickelt, in der sie danach unterscheiden, welche Teile der Person selbst bekannt oder unbekannt und welche Teile anderen Personen bekannt oder unbekannt sind. Mit Hilfe dieses Schemas können Veränderungen der Selbst- und der Fremdwahrnehmung im Verlauf von Gruppenprozessen analysiert und dargestellt werden.

Verhaltensbereiche ⟶ **mir selbst**

	bekannt	**unbekannt**
bekannt	A Öffentliche Person	C Blinder Fleck
unbekannt	B Privat- person	D Unbekanntes

anderen Personen

Die vier Bereiche werden wie folgt beschrieben:

A: Der Bereich der öffentlichen Sachverhalte und Tatsachen, der anderen Personen aber auch der betroffenen Person selbst bekannt ist. Hierzu gehören nicht nur äußere Merkmale, sondern auch innere Eigenschaften wie Ehrgeiz oder Ängstlichkeit, soweit sie nach außen hervortreten. Selbstverständlich variiert der Umfang dieses Bereiches je nach Nähe der Bekanntschaft.

B: Der Bereich der Privatsphäre, in dem all das verborgen wird, was der Person selbst bekannt ist, was sie aber nach außen nicht preisgeben will. Durch freiwillige und unfreiwillige Selbstmitteilungen wird dieser Bereich zugunsten des Bereichs A verkleinert.

C: Der blinde Fleck ist der Bereich, der für andere Personen sichtbar und oft auch verstehbar ist, den die betroffene Person aber selbst nicht erkennt und nicht richtig einschätzen kann. Schon ein erster Blick zeigt, dass auch dieser Bereich bei jeder Person vorhanden sein muss. Feedback setzt hier an und versucht eine realistischere Selbsteinschätzung zu erzeugen.

D: Das Unbekannte, ein Bereich der weder der Person selbst, noch den anderen Personen bekannt ist. Wichtigster Teil ist das Unterbewusstsein mit seiner großen Dynamik und seinem starken Einfluss auf unser Verhalten. Auch dieser Bereich unterliegt Veränderungen, denn durch Selbstanalyse in Verbindung mit Feedback-Prozessen kann vieles bewusst und damit einem rationaleren Umgang zugeführt werden.

Im ersten Schema wurden die vier Bereiche gleich groß dargestellt. Bei Beginn einer sozialpsychologischen Gruppenarbeit könnten die Relationen vielleicht so aussehen:

```
┌──────────────┬───────────────────┐
│      A       │                   │
│  Öffentliche │        C          │
│    Person    │     Blinder       │
│              │     Fleck         │
│              ├───────────────────┤
│              │                   │
│      B       │                   │
│   Privat-    │        D          │
│   person     │     Unbekanntes   │
│              │                   │
│              │                   │
└──────────────┴───────────────────┘
```

Nach einem Gruppentraining könnten eine Verschiebung der Relationen stattgefunden haben, mit der Folge der Verkleinerung der Bereiche B, C, und D zugunsten von A:

```
┌──────────────┬───────────────────┐
│              │        C          │
│              │     Blinder       │
│      A       │     Fleck         │
│  Öffentliche ├───────────────────┤
│    Person    │                   │
│              │                   │
│              │        D          │
├──────────────┤     Unbekanntes   │
│      B       │                   │
│   Privat-    │                   │
│   person     │                   │
└──────────────┴───────────────────┘
```

1.5.2.3 Selbstwahrnehmung und Fremdwahrnehmung

Selbstwahrnehmung und Fremdwahrnehmung beeinflussen sich gegenseitig, beide beeinflussen das Verhalten einer Person und letzteres wirkt wieder auf beide Formen der Wahrnehmung zurück.

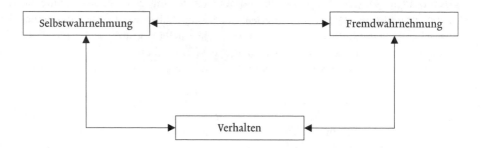

BEISPIELE

a) Wenn eine Person erkennt, dass sie von anderen Menschen positiv wahrgenommen wird, wird auch ihr Selbstwertgefühl steigen und sich ihre Selbstwahrnehmung positiver entwickeln. »Ich bin ein wertvoller Mensch«.

b) Entsprechende gegenteilige Wirkungen ergeben sich durch eine negative Fremdwahrnehmung, sie untergräbt das Selbstwertgefühl und führt zu negativer Selbstwahrnehmung. »Ich bin ein Versager und mir gelingt überhaupt nichts.«

Selbstverständlich variiert die Fremdwahrnehmung von Person zu Person. Wer die betroffene Person näher kennt, kommt in der Regel zu deutlich realistischeren und oft auch positiveren Einschätzungen, weil störendes Verhalten besser verstanden wird. Es gibt also keine einheitliche Außenwirkung, sondern allenfalls Mittelwerte, bei denen sich doch relativ häufig viele Übereinstimmungen im Kernbereich ergeben.

Solche Selbsteinschätzungen können sich im Grunde nur über die Fremdwahrnehmung entwickeln, weil dies ein Vergleichsprozess ist, der ohne fremde Hilfe schlecht funktioniert. Ein Läufer kann seine Laufzeit nur vergleichen, wenn er konkret gegen den Konkurrenten startet. Läuft er allein oder sind die Konkurrenten in verschiedenen Trainingsgruppen oder auf verschiedenen Strecken, muss der Trainer die Zeiten nennen und übermitteln. Im Leben »laufen« Menschen auch nur selten direkt nebeneinander, weil sie ständig verschiedene Aufgaben mit unterschiedlichsten Schwierigkeitsgraden bewältigen müssen, da ergibt die Fremdwahrnehmung der Beobachter die Orientierung.

Wenn Bezugspersonen erkennen, dass jemand ein hohes Selbstwertgefühl, also eine positive Selbstwahrnehmung hat, so wird allein diese Wahrnehmung schon zu einer positiveren Einschätzung dieser Person führen. Umgekehrt verhält es sich bei negativem Selbstwertgefühl.

Positive Selbstwahrnehmung gibt mehr Selbstvertrauen und führt damit zu erfolgreicherem Handeln auf vielen Gebieten. Dieser Erfolg beim Handeln wirkt auf die Selbstwahrnehmung zurück. Die anderen Personen beobachten das erfolgreiche Verhalten und so verbessert sich auch die Fremdwahrnehmung.

1.5.2.4 Verzerrungen zwischen Selbst- und Fremdwahrnehmung

Betrachtet man den blinden Fleck näher, kann man erkennen, dass auf Grund der Subjektivität jeder Wahrnehmung, sowohl bei der Selbstwahrnehmung als auch bei der Fremdwahrnehmung, Verzerrungen oft vorkommen und eine realistische Einschätzung nicht selbstverständlich ist.

Die folgenden Einschätzungen beziehen sich auf einzelne bewertbare Fähigkeiten und Eigenschaften einer Person. Auch eine Gesamteinschätzung einer Person könnte auf der Grundlage dieses Schemas erfolgen, sie wäre aber keinesfalls eine einfache Summierung der Einschätzung von einzelnen Fähigkeiten oder Eigenschaften, da bei der Personenwahrnehmung manche Eigenschaften als wichtiger angesehen werden als andere.

	Selbstbild		
Fremdbild	**Unterschätzung**	**Realistische Einschätzung**	**Überschätzung**
Überschätzung	**C** **Überkompensation:** Vermeintliche Schwächen werden nach außen besonders erfolgreich verdeckt.	**D** **Image; Prestige: durch geschicktes Verhalten erzeugte** günstige Außenwirkung	**E** **Günstige** Außenwirkung, an die **selbst geglaubt** wird
Realistische Einschätzung	**B** Fehlendes Selbstvertrauen führt zur **Unterschätzung der eigenen Leistungsfähigkeit**, bei realistischer Einschätzung durch Dritte.	**I** **Echter Teil der Persönlichkeit** mit angemessenem Verhalten und realistischer Außenwirkung	**F** **Verzerrungen** durch Träume Hoffnungen, Wünsche. Die realistischen Grenzen der eigenen Leistungsfähigkeit werden verkannt.
Unterschätzung	**A** **Fehlendes Selbstvertrauen** führt zu Misserfolgen und schlechten Leistungen, die zur **Unterschätzung durch Dritte** führen	**H** **Understatement:** Aus Schüchternheit, Zurückhaltung oder Freude am »Understatement« wird die eigene Persönlichkeit stark zurückgenommen	**G** **Gedankliche Überkompensation** ausgelöst durch die Verdrängung von eigenen Fehlern und Schwächen

a) Selbstunterschätzung, Bereiche A und B

Die Unsicherheit und das fehlende Selbstvertrauen (»Ich kann das nicht«) bei den Bereichen A und B wirken sich oft als selbsterfüllende Prophezeiungen (self-fullfilling prophecies) negativ auf die Handlungsergebnisse aus und führen zu einem Vermeidungsverhalten. Die fehlende Übung wiederum ergibt dann eine weitere Verschlechterung der Ergebnisse. Diese Negativspirale ist nur schwer zu durchbrechen und führt dazu, dass aus der Unterschätzung der eigenen Leistungsfähigkeit tatsächlich auch objektiv schlechtere Ergebnisse entstehen. Im Extremfall können starke Ängste gegenüber entsprechenden Leistungsanforderungen entstehen. Zu beachten ist, dass die Fremdwahrnehmung in der Regel ebenfalls zu einer Unterschätzung (Bereich A) führen wird, weil normalerweise nur wenige Anhaltspunkte für eine realistische Einschätzung vorhanden sind, solange die Handlungen vermieden werden.

BEISPIEL

> In Vorlesungen bei kleineren Gruppen versuchen Dozenten anhand der mündlichen Mitarbeit sich ein Bild von der Leistungsfähigkeit der einzelnen Studenten zu machen. Schüchterne Studenten/innen, die die Qualität ihrer Antworten unterschätzen, werden sich nur selten melden und unterliegen somit zunächst einer negativen Fremdwahrnehmung, bis anhand erfolgreicher Klausuren das tatsächliche Leistungsvermögen erkannt wird.

LÖSUNG Dieser Wahrnehmungswechsel ist für Dozenten eine vertraute Erfahrung. Das Problem besteht aber darin, dass in vielen Bereichen des Lebens eine objektive Wahrnehmungsüberprüfung meistens überhaupt nicht stattfinden kann und eine Veränderung der negativen Fremdwahrnehmung somit nicht möglich ist.

Eine Möglichkeit die Negativspirale zu durchbrechen besteht darin, angstbesetzte Aufgaben mit besonders viel Energie anzugehen, denn Ängste können niemals durch Vermeidungsverhalten, sondern immer nur durch Erfolgserlebnisse abgebaut werden.

BEISPIEL

Als von den Studenten verpflichtend der Vortrag einer freien Rede verlangt wurde, ergab sich bei einigen Studenten/innen folgende Negativspirale: Wer Angst vor der freien Rede hatte und sich diese Leistung auch nicht zutraute, entwickelte schon beim Gedanken an diese Verpflichtung negative Gefühle. Diese ließen sich am besten vermeiden, wenn man sich möglichst wenig mit dieser Aufgabe beschäftigte. Das Ergebnis war dann oft eine besonders schlecht vorbereitete Rede, die die eigene Prophezeiung, man könne keine freien Reden halten, auch bestätigte. Andere schüchterne Studenten erkannten dagegen den Herausforderungscharakter dieser Aufgabe, bereiteten sich besonders intensiv vor und erhielten dann das positive Feedback der Gruppe für ihre gute Rede, verbunden mit dem Hinweis, dass man ihnen diese Leistung niemals zugetraut hätte.

An diesem Beispiel wird auch deutlich, welche wichtige Funktion positives Feedback beim Abbau negativer Selbstwahrnehmung in Form der Unterschätzung der eigenen Leistungsfähigkeit hat. An dieser Stelle sei darauf hingewiesen, dass man folgende zwei Formen von Feedback deutlich unterscheiden sollte. Das förmliche Feedback, das in einem Gruppentraining oder in einer anderen Gruppensituation, als bewusste Technik der Beurteilung eingesetzt wird und die vielen spontanen Äußerungen in informellen Gesprächen, die als Rückkopplungen über die eigenen Außenwirkung meistens eine noch intensivere Wirkung haben. Wenn in der auf die Rede folgenden Pause jemand auf den Redner zugeht und erklärt, wie sehr ihn die gehaltene Rede beeindruckt hat, so enthält dieses Feedback oft noch mehr Glaubwürdigkeit, weil es spontan und ohne Aufforderung erfolgt ist, als das Feedback der Gruppe. Einzelne besonders gelungene Äußerungen von Feedback können lebenslang fortwirken und das Selbstwertgefühl nachhaltig beeinflussen, sehr negatives Feedback leider auch.

b) Selbstunterschätzung und Fremdüberschätzung, Bereich C

Das beschriebene Verhalten, bei Fehlern oder Schwächen besonders intensiv gegenzusteuern, führt zu einer typischen Technik im Bereich C. Manche Menschen entwickeln ein Bedürfnis, Schwächen so stark zu verdecken und zu kompensieren, dass diese von außen nicht mehr erkennbar sind. Bei Überkompensation führt dies zu einer Überschätzung durch andere Personen, die nicht erkennen können, welcher Aufwand sich tatsächlich hinter der beobachteten Leistung verbirgt. Als Beispiel kann Demosthenes dienen, der seine Sprachstörungen so intensiv bekämpft hat, dass er einer der berühmtesten Redner der Antike wurde. Dies ist eine positive Form der Überkompensation, weil sie das Verhalten selbst verbessert. Manche Menschen neigen allerdings nur zu gedanklicher und verbaler Überkompensation und brüsten sich im Gespräch mit ihren Fähigkeiten und Plänen und erzeugen so eine meistens nur vorübergehende Fremdüberschätzung, die zusammenbricht, wenn die versprochenen Erfolge ausbleiben. Viele Vorgesetzte haben Blender erst nach einigen Monaten durchschaut und manche gutgläubige Ehefrau hat die Täuschung erst nach einigen Ehejahren entdeckt, womit nicht gesagt sein soll, dass überwiegend nur Männer als Blender in Betracht kommen.

c) Fremdüberschätzung im den Bereichen D und E

Betrachtet man den **Bereich D,** die Kombination aus realistischer Selbsteinschätzung und Überschätzung bei der Fremdwahrnehmung, so handelt es sich hier um den Bereich einer geschickt aufgebauten Außenwirkung. In vielen Berufen, insbesondere im Verkauf, ist es absolut notwendig, durch eine wirkungsvolle Selbstpräsentation einen guten Eindruck auf die Kunden oder andere Gesprächspartner zu machen. Dies betrifft nicht nur das äußere Outfit, sondern auch die Selbstdarstellung im Gespräch. Fachliche Schwächen oder Nachteile des eigenen Produkts werden überspielt, um das Handlungsziel Vertragsabschluss zu erreichen. Dies gilt selbstverständlich auch für alle anderen Lebensbereiche und Berufssituationen. Es kann von keinem Menschen erwartet werden, dass er seine Schwächen und Nachteile ständig offen zeigt. Im Grunde benötigt jeder Mensch derartige Fassaden. Aber auch hier ist die Dosierung entscheidend. Wer sich beim Fassadenbau zu weit von den Realitäten entfernt, wer bei der Selbstdarstellung zu dick aufträgt, verliert an Glaubwürdigkeit und damit an Wirkung. Das Risiko, durchschaut und damit abgewertet zu werden, wird immer größer. Je stabiler eine Persönlichkeit ist, umso weniger künstliches Prestige ist erforderlich, um akzeptiert zu werden. Ohne ausgeprägtes Selbstwertgefühl und Fachkompetenz könnten nur wenige Professoren in Jeans zur Vorlesung erscheinen. Der souveräne Umgang mit den eigenen Fehlern und Schwächen ist auch ein Signal der Stärke und macht Menschen sympathischer.

Problematisch wird die Fremdüberschätzung besonders dann, wenn die betreffende Person, verwöhnt und geblendet durch die eigenen Erfolge, zu einer Selbstüberschätzung kommt, wie dies in **Bereich E** dargestellt ist. Ein Phänomen, das bei prominenten Menschen oft zu beobachten ist, die von den Medien erst hochgejubelt werden und die dann den Absturz bei einer Negativkampagne nur schwer verkraften. Aber auch wer nicht prominent ist, muss aufpassen, dass ihn Erfolge nicht übermütig machen. Eine Niederlage zur rechten Zeit kann helfen, derartige Fehler zu vermeiden, weil Selbstüberschätzung unvorsichtig macht und zu Fehlern führt.

BEISPIEL

> In einem Bürgermeisterwahlkampf, wurde ein Kandidat auf Grund seiner Außenwirkung und seiner Rhetorik von einer solchen Welle der Sympathie getragen, dass er einen souveränen Sieg erreichte. Er erklärte im Wahlkampf selbst politischen Gegnern, es sei das Beste für die Gemeinde, ihn zu wählen. Da waren keine Selbstzweifel und keine Selbstkritik erkennbar. Nach acht Jahren Amtszeit verlor er die nächste Wahl klar im ersten Wahlgang gegen einen unbekannten, rhetorisch schwerfälligen Gegner, weil er seine durch Erfolg entstandene Selbstüberschätzung zu deutlich nach außen getragen hatte.

d) Selbstüberschätzung bei realistischer Fremdeinschätzung, Bereich F

Ein mittelmäßiger Student erklärte vor Jahren, am liebsten würde er Bundeskanzler werden. Verblüfft hat dabei weniger die große Selbstüberschätzung, die in diesen Worten zum Ausdruck kam, als die fehlende Kontrolle bei der Äußerung ganz persönlicher Träume und Phantasien. Erfolgsphantasien sind ein ganz wichtiger Teil menschlicher Psyche. Sie sind der Motor, der hilft, die eigene Trägheit zu überwinden und schwierige Handlungsziele anzugehen. Das Problem besteht aber darin, dass Menschen bei solchen Erfolgsphantasien meistens nur die positiven Aspekte erkennen und die Grenzen der eigenen Leistungsfähigkeit und die objektiven Schwierigkeiten unterschätzen. Bei sehr pessimistischen Einstellungen werden allerdings die Schwierigkeiten überproportional gesehen und gewertet, mit der Folge, dass schwierige Aufgaben dann oftmals überhaupt nicht angegangen werden.

BEISPIEL

> Wer sich an die Arbeit macht, ein altes Bauernhaus zu renovieren, sieht in seinen Träumen das fertige Haus vor sich, er plant und strukturiert in seiner Phantasie die einzelnen Arbeitsschritte, er unterschätzt meist den Zeitaufwand, die körperlichen Kraftanstrengungen, die ausufernden Kosten, die verdeckten Mängel in der Bausubstanz und überschätzt die Hilfsbereitschaft seiner Freunde und Familienmitglieder. Er wird Tiefpunkte erleben, an denen er fast aufgeben will, am Ende aber, wenn das Werk vollendet ist, wird der Stolz über die eigene Leistung überwiegen und die Erinnerung an die vielen Schwierigkeiten wird verblassen. Es ist aber wichtig, schwierige Aufgaben anzugehen und sich nicht durch Pessimismus zu hemmen.

Es bleibt festzuhalten, dass Träume und Phantasien oft trotz Selbstüberschätzung ein wichtiger Motor für menschliches Handeln sind. Leichtsinnig ist es allerdings, solche Träume unkontrolliert nach außen zu tragen. Sonst besteht schnell das Risiko, als Phantast, Sprücheklopfer oder Angeber zu gelten. Es gibt daher auch erfolgreiche Strategien solche Effekte zu vermeiden, indem man Phantasien und Träume als solche bezeichnet, auf die Schwierigkeiten bei der Umsetzung hinweist und sie erst dann nach außen trägt, wenn auch die Realisierung wahrscheinlich ist. Ein kluger Kopf hat einmal gesagt, Denken sei Probehandeln ohne Risiko. Demzufolge lohnt es sich schon, Techniken zu entwickeln, um Restriktionen frühzeitig bei seinen Planungen zu berücksichtigen. Die Auseinandersetzung im Gespräch mit Kollegen oder mit Freunden und das damit verbundene Feedback können viel dazu beitragen, die subjektiven Verzerrungen abzumildern und realistische Planungen zu sichern.

e) Selbstüberschätzung bei Fremdunterschätzung, Bereich G

Fremdunterschätzungen lösen, sofern sie von der betroffenen Person wahrgenommen werden, starke innere Spannungen aus. Aus dem Bedürfnis heraus, dieser Unterschätzung entgegenzuwirken, neigen manche Menschen dazu, mit Selbstüberschätzung zu reagieren. Es kommt dann zu Übertreibungen in Bezug auf die eigenen Leistungsfähigkeit, einer Art gedanklicher Überkompensation. Diese Fehlreaktionen können nur schwer gesteuert werden, weil sie oft die Folge der Verdrängung der eigenen Fehler und Schwächen sind.

BEISPIEL

> In einem Gespräch über die Chancen und Risiken einer geplanten Unternehmensgründung wird der Betriebsgründer mit aller Vorsicht darauf hingewiesen, dass kaufmännisches Denken nicht gerade eine seiner Stärken sei. Darauf antwortete er, er sei ein eiskalter Rechner. Die Unternehmensgründung kam zustande, führte aber jahrelang zu erheblichen Verlusten, weil die betreffende Person recht resistent gegen gutgemeintes Feedback war und die eigenen Schwächen immer wieder verdrängte. Selbst das zuständige Finanzamt ermittelte unter dem Gesichtspunkt der Liebhaberei.

Schwächen als solche sind oft nicht übermäßig schädlich, da sie meistens auch durch Stärken auf anderen Gebieten ausgeglichen werden. Gefährlich ist meist nur die Verdrängung der eigenen Fehler, weil sie alle Chancen auf eine bewusste rationale Gegensteuerung nimmt.

f) Understatement, Bereich H

Die Zurücknahme der eigenen Persönlichkeit aus Schüchternheit oder Freude am Understatement gehört zu den sympathischen Formen des Verhaltens. Dadurch wird eine übergroße Dominanz vermieden und man erhält sich Leistungsreserven für wirklich entscheidende Situationen. In vielen Lebenssituationen kann es günstig sein, erst anderen Personen den Vortritt zu lassen und ihre Argumente anzuhören, um dann mit einem ausgewogenen Urteil, das viele verschiedene Argumente berücksichtigt, Einfluss auf die Ergebnisse zu nehmen.

g) Echte Persönlichkeit Bereich I

Handlungsziel bei der Persönlichkeitsentwicklung muss es sein, den übereinstimmenden Bereich zwischen Fremdwahrnehmung und Selbstwahrnehmung möglichst stark auszuweiten. Dadurch entsteht Authentizität im Sinne von Rogers und man kann spannungsfrei kommunizieren und interagieren. Formelles und informelles Feedback ist dabei eine wichtige Technik, um die Verzerrungen der Selbstwahrnehmung und der Fremdwahrnehmung zu erkennen. Die Entscheidung, ob eine Verhaltensänderung versucht wird, liegt immer bei der betroffenen Person selbst und ihren Entscheidungen. Aber ohne Kenntnis der Verzerrungen ist eine bewusste Veränderung sicher nicht möglich. Die Bereiche B, D, F und H, die zusammen mit I das Balkenkreuz bilden, sollten nach Möglichkeit zugunsten der echten Persönlichkeit im Bereich I verkleinert werden, sie haben aber auch alle ihre positiven Aspekte und sind in der Regel weitaus weniger problematisch als die Eckbereiche A,C, E und G.

1.5.2.5 Thomann-Riemann-Kreuz

Christoph Thomann, ein Kommunikationspsychologe, der sich intensiv mit der Moderation von Konflikten beschäftigt, hat aufbauend auf Fritz Riemann (1977) ein Modell über Grundstrebungen der Persönlichkeit entwickelt (Thomann und Schulz von Thun 2003), um die Ursachen für besonders schwierige Gesprächsstörungen besser zu verstehen.

Riemann unterscheidet (a. a. O. S. 15):

- die Angst vor der Selbsthingabe, als Ich-Verlust und Abhängigkeit erlebt,
- die Angst vor der Selbstwerdung, als Ungeborgenheit und Isolierung erlebt,
- die Angst vor der Wandlung, als Vergänglichkeit und Unsicherheit erlebt,
- die Angst vor der Notwendigkeit, als Endgültigkeit und Unfreiheit erlebt.

Diesen Ängsten entsprechen bei Thomann vier Grundstrebungen des Menschen, die er als Wunsch nach Nähe, Distanz, Dauer und Wechsel definiert. Diese Grundstrebungen kommen bei keinem Menschen in unverfälschter Form vor, es gibt bei vielen Personen aber Tendenzen zu einem Übergewicht einzelner Ausprägungen. Auch können gegensätzliche Strebungen bei einem einzelnen Menschen vorhanden sein.

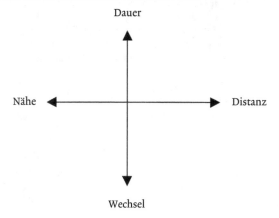

Distanz: Hier steht der Wunsch nach Abgrenzung, Einmaligkeit, Freiheit und Unabhängigkeit im Vordergrund. Diese Menschen sind meist gute Theoretiker und ziehen sich gerne zurück. Sie besitzen eine große Konfliktfähigkeit. Die Angst vor der Selbsthingabe führt zur Distanz, dadurch wirken sie oft kühl, unpersönlich, abweisend, misstrauisch und grundlos aggressiv. Im Extremfall können Arroganz, Ironie und Zynismus auftreten. Je stärker unerwünschte Kontakte auf sie eindringen, um so heftiger werden ihre Gegenreaktionen. Probleme wollen diese Menschen mit sich selbst bereinigen und sie ziehen sich daher in solchen Situationen zurück, um sich zuerst selbst zu erforschen.

Nähe: Hier zeigen sich Bedürfnisse nach Geborgenheit, Liebe, Harmonie, aber auch Mitleid und Selbstaufgabe. Solche Menschen haben den Wunsch geliebte Menschen glücklich zu machen, brauchen aber auch besonders viel Liebe. Aus der Angst vor fehlender Geborgenheit und Isolierung können diese Menschen extrem bescheiden, selbstlos und opferbereit sein; sie übernehmen die Dulderrolle bis hin zum Masochismus. Sie können nur schwer »Nein« sagen oder Aggressionen abwehren und werden daher auch oft ausgenutzt. Sie fühlen sich abhängig von anderen Personen und sind bei Konfliktsituationen schnell überfordert. Probleme werden am liebsten im Gespräch mit andere Personen bearbeitet. Körperkontakt und/oder Kuscheltiere sind wichtig. Sie verkriechen sich gerne und haben ein starkes Anlehnungsbedürfnis.

Dauer: Menschen mit dieser Grundtendenz neigen zu Planung, Vorsicht, Ordnung, Zielstrebigkeit und Ausdauer, aber auch zu Macht und Kontrolle. Die Angst vor Veränderungen ergibt ein Streben nach Sicherheit und Absicherung, sie führt zu konservativen, autoritären und dogmatischen Tendenzen. Im Extremfall wirken diese Menschen stur und pedantisch. Ihre Regeln und Vorschriften engen sie selbst oft so ein, dass sie es versäumen, das Leben zu genießen und spontan zu handeln. Probleme werden äußerlich durch ordnende Arbeiten wie Aufräumen oder Putzen bearbeitet, auch bei der inneren Aufarbeitung sind Regeln und Prinzipien wichtig.

Wechsel: Diese Menschen werden von dem Wunsch nach Abenteuer und Abwechslung, dem Zauber des Neuen, getrieben. Sie sind oft sehr spontan, kreativ, risikofreudig und visionär. Sie passen sich neuen Situationen gut an, ihr Optimismus wirkt ansteckend, ihre Kontaktfreude macht sie zu beliebten Gesprächspartnern. Ordnungssysteme und Regeln wecken ihre Angst vor Einschränkungen und Einengungen. Sie sind in ihrem Verhalten recht sprunghaft und unverbindlich. Sie haben Angst vor dauerhaften Verpflichtungen und übernehmen nicht gerne Verantwortung. Sie sind für jede Abwechslung und Ablenkung dankbar und können, besonders in statischen Situationen, launenhaft und schnell unzufrieden reagieren. Im Extremfall neigen sie zu Narzismus, Hysterie und Selbstglorifizierung. Dabei sind sie meistens auf der Suche nach Bestätigung. Bei Problemen ist Abwechslung angesagt, Kleider wechseln, Haare färben, Wohnung umstellen. Reisen, neue Bekanntschaften und Beziehungen sind bei ihnen typische Fluchttendenzen.

Selbstverständlich hat jeder Mensch Teile der anderen Grundtendenzen in seinem Verhalten und besitzt entsprechende Bedürfnisse, es gibt aber meistens einen Schwerpunkt, der durch sein bisheriges Handeln und Erleben geprägt ist. Entsprechend den Prinzipien systemischer Theorien bleibt die Frage nach den Ursachen außen vor.

Grafisch können die Tendenzen und die Schwerpunkte wie folgt dargestellt werden, wobei die Formen im Einzelfall völlig unterschiedlich sein können.

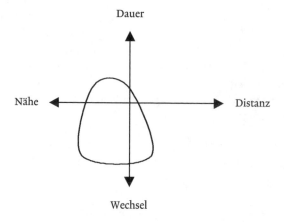

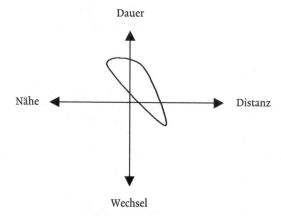

Die dargestellten Grundtendenzen dürfen aber nicht nur monokausal als Persönlichkeitsmerkmale angesehen werden, sie sind Teil eines systemischen Beziehungsmodells, weil viele Konflikte ihren Ursprung in gegensätzlichen Grundtendenzen haben und weil die Beziehung selbst Einfluss auf diese Handlungstendenzen nimmt und sie verändert.

Je weiter die Ausprägung einer Handlungstendenz im Schema nach außen geht, umso problematischer und extremer ist sie. Bei der Partnerwahl unterstellt Thomann eine Tendenz zur Suche nach dem über den Nullpunkt gespiegelten Gegenpol, mit der Folge, dass in der Beziehung entsprechende Konflikte vorprogrammiert sind. Besser ist es wohl anzunehmen, dass Beziehungen mit sehr gegensätzlichen Grundtendenzen ein besonders hohes Konfliktpotenzial enthalten.

BEISPIEL

Wenn ein Distanz-Mensch sich von einem Nähe-Mensch angezogen fühlt, wird sein schroffes Zurückweisen von Nähekontakt den Nähe-Menschen verletzen.

Dieses Beziehungsmodell ist für den Feedback-Prozess hilfreich, weil bei Kenntnis von Beziehungsstrukturen die wechselseitigen Einflüsse besser verstanden und neue weniger konfliktträchtige Verhaltensformen entwickelt werden können.

1.5.2.6 **Feedback-Regeln**

Die Feedback-Technik enthält, obwohl früher entstanden, viele Elemente systemischen Denkens Fengler (1998), weil sie nicht nach Ursachen und Wirkungen sucht, sondern Wechselwirkungen betrachtet, Kommunikation als zirkulären Prozess versteht und die Gleichwertigkeit aller Gruppenteilnehmer bei Feedback-Prozessen betont. Allerdings achtet beim systemischen Ansatz der Helfer stark darauf, nicht Teil des Systems zu werden, während dies beim Feedback bewusst gefördert wird, um über die Gleichrangigkeit der Teilnehmer den Gruppenprozess und den Kommunikationsprozess zu fördern.

Wendet man das Modell der vier Seiten einer Nachricht von Schulz von Thun auf Feedback an, enthält jede Äußerung des Feedbackgebers mehr oder weniger deutlich vier Botschaften:

1. die (möglichst) sachliche Wiedergabe des beobachteten Verhaltens des Empfängers,
2. eine Selbstenthüllung des Senders, wie dieses Verhalten auf ihn gewirkt hat,
3. eine oft implizite Botschaft über die Beziehung zwischen Sender und Empfänger,
4. eine Handlungsaufforderung an den Empfänger in Bezug auf künftiges Verhalten.

Die mehr oder weniger implizite Handlungsaufforderung des Senders an den Empfänger darf nicht falsch verstanden werden. Sie sollte meistens nur als Denkanstoss, als Hinweis auf Handlungsalternativen, verstanden werden. Ein Empfänger wäre eine sehr schwache Persönlichkeit und ein sehr angepasster Mensch, wenn er als Reaktion auf Feedback sein Verhalten sofort verändern würde. Wichtiger ist es, dass er ein Problembewusstsein entwickelt, weiteres Feedback einholt, das eigene Verhalten genauer beobachtet bis in ihm selbst der Entschluss reift, etwas zu verändern.

Für alle Beteiligten des Feedback-Prozesses ist es wichtig, sich immer wieder klar zu machen, dass keine absoluten Wahrheiten verkündet werden, sondern jedes Feedback ein völlig subjektiver Eindruck ist, der als subjektive Empfindung nicht falsch sein und daher vom Empfänger auch nicht korrigiert werden kann. Der Sender sollte die Subjektivität seiner Beobachtungen und Empfindungen durch sein Sprachverhalten zum Ausdruck bringen. Falls der Empfänger sich missverstanden fühlt, sollte er hinterfragen, warum ein aus seiner Sicht »falscher« oder unerwünschter Eindruck entstanden ist. Durch Feedback von anderen Personen kann er dann schnell erkennen, ob die geschilderte Außenwirkung auch bei anderen Personen aufgefallen ist.

Grundsätzlich sollte Feedback eher beschreibend als bewertend, eher konkret als allgemein, eher verhaltensbezogen als charakterbezogen sein. Die folgenden Regeln sind für formales Feedback in Gruppensituationen entwickelt worden. Als Grundprinzipien gelten sie aber auch für alle Formen spontanen Feedbacks.

CHECKLISTE ▬▬▬▬▬▬▬▬▬

Regeln für Feedback

Sender

1. **Verkünden Sie keine** absoluten **Werturteile.** Vermeiden Sie daher Formulierungen wie »Du **bist...**«. Niemand weiß, wie ein Mensch wirklich ist. Gestalten Sie ihre Formulierungen besser so, dass die Subjektivität Ihrer Beobachtungen und ihrer Empfindungen auch sprachlich zum Ausdruck kommt: »ich meine, ich empfinde, ich habe den Eindruck, du wirkst auf mich.« Dadurch geben sie zu erkennen, dass Ihr Eindruck subjektiv verfälscht sein kann und mindern den Druck auf den Empfänger.

2. **Vermeiden Sie Verallgemeinerungen.** Wir gewinnen unsere Erkenntnisse über andere Personen aus ganz konkreten Situationen, deren Bedingungen und Einflussfaktoren wir meistens nur teilweise erkennen können. Durch Verallgemeinerung spezieller Situationen und Reaktionen kann man einem Menschen in hohem Maße Unrecht tun. Oft werden die so entstandenen Vorurteile erst nach langer Zeit wieder abgebaut. Verallgemeinerungen werden häufig durch Formulierungen wie »immer«, »meistens«, »ständig« usw. ausgedrückt und sollten daher vermieden werden. Beschränken Sie sich statt dessen immer auf die konkrete Situation, es sei denn, es wird nach weiteren Beispielen für das angesprochene Verhalten gefragt.

3. **Interpretationen sind streng verboten.** Die Motive und Ursachen für ein konkretes Verhalten sind selbst für Psychologen nur schwer zu erkennen. Jede falsche Interpretation, aber auch viele richtige Interpretationen, können einen Menschen schwer verletzen. Erklärungen für Ursachen und Motive kann der Empfänger selbst am besten herausfinden, wenn er über Feedback in Bezug auf seine Außenwirkung sensibilisiert wird.

4. **Feedback** darf sich **nur auf veränderbares Verhalten beziehen,** weil sonst nur Kritik ohne Chance auf Verbesserung geübt und der Empfänger frustriert wird.

5. **Feedback muss angemessen sein.** Jeder Sender steht in der Verantwortung abzuschätzen, ob der Empfänger das Feedback auch positiv verarbeiten kann. Bei unsicheren und überempfindlichen Personen kann zu starkes Feedback zerstörend wirken. Versuchen Sie daher Ihre Offenheit langsam zu steigern und beobachten sie die Körpersprache des Empfängers. Unterschätzen Sie aber auch die Belastbarkeit des Empfängers nicht. In beruflichen Situationen und im Studium sind die meisten Sender zu vorsichtig mit Feedback, im privaten Bereich viele zu rücksichtslos mit Kritik.

6. **Feedback muss konstruktiv sein.** Der Empfänger soll immer das Gefühl haben, dass Sie ihm durch Ihre Offenheit helfen wollen oder falls ein Streit vorausgegangen war, dass Sie einen Weg suchen, die angespannte Beziehung zu klären und zu verbessern. Keinesfalls darf unter dem Deckmantel von Feedback ein Streit ausgetragen oder fortgeführt werden.

7. **Beginnen Sie immer mit dem positiven Teil** und führen Sie erst danach den verbesserungsbedürftigen Teil aus. Je kritischer Ihr Feedback ausfallen soll, umso wichtiger ist es, dass Sie vorher auch positive Aussagen machen. Dann vermitteln Sie den Eindruck eines ausgewogenen Urteils und werden akzeptiert. Wenn dagegen der Empfänger gleich am Anfang durch sehr kritische Ausführungen verletzt wird, wirken nachgeschobene positive Teile nur noch wie ein billiges Trostpflaster. Gerade beim Feedback für aktuelle Situationen, wie bei Rollenspielen, fällt es auf Grund der stark emotionalisierenden Wirkung des Geschehens und der aufgefallenen Fehler oft schwer, ein ausgewogenes Feedback zu geben.

8. **Feedback sollte nicht aufgedrängt werden,** weil nur der Empfänger weiß ob er bereit und in der Lage ist Feedback aufzunehmen. Fragen Sie daher im Zweifel, ob Sie Feedback geben dürfen. Dies gilt allerdings nur für förmliches und umfassendes Feedback. Zwischen offenen Menschen und in Gruppensituationen sollte ein Konsens bestehen, dass man wechselseitig Feedback erwartet. Dann entsteht die spontane gegenseitige Steuerung des Verhaltens, die das Zusammenleben und die Zusammenarbeit erleichtert und verbessert.

9. **Feedback soll zeitnah gegeben werden.** Je kürzer die Zeit zwischen Verhalten und Feedback ist, desto wirkungsvoller ist es. Soweit Sie an einer emotionalisierenden Situation aber selbst beteiligt waren, sollten Sie dann genau überprüfen, ob Ihre innere Erregung soweit abgesunken ist, dass sie ein faires Feedback geben können, andernfalls besteht das Risiko, dass Feedback in Streit ausartet.

10. **Feedback sollte offen und ehrlich sein.** Viele Sender haben Angst vor offenem Feedback. Vielleicht, weil sie zu oft erlebt haben, dass andere Menschen negativ auf Kritik reagiert haben. Aber Feedback kann nicht mit Kritik gleichgesetzt werden. Feedback ist ein bewusster Prozess wechselseitiger Beeinflussung, der meistens nicht verletzend wirkt, wenn die beschriebenen Regeln eingehalten werden. Überlegen Sie bitte einmal selbst, wie

Menschen und insbesondere Vorgesetzte auf Sie wirken, deren Aussagen man nicht trauen kann, weil sie ihre wahre Meinung entweder ganz verbergen oder so verdeckt äußern, dass sie eigentlich ein Entschlüsselungsprogramm mitliefern müssten. Die Empfänger und die anderen Gruppenteilnehmer merken sehr wohl, insbesondere aus Ihrer Körpersprache, ob Sie Ihre ehrliche Meinung sagen oder die Dinge aus falsch verstandener Höflichkeit schönreden. Offener und ehrlicher Umgang mit eigenen und fremden Stärken und Schwächen ermuntert auch vorsichtige Gruppenmitglieder zu mehr Offenheit und mehr Risikobereitschaft beim Feedback. Gerade im Berufsleben kann dadurch das ganze Gruppenklima in einem Arbeitsgebiet oder einem Sachgebiet nachhaltig verbessert werden.

11. **Ein eigenständiges Feedback** ist besonders in Gruppensituationen wichtig. Manche Menschen, insbesondere sehr schüchterne, neigen dazu, sich hinter Floskeln zu verstecken: »Ich kann mich nur meinen Vorrednern anschließen. Es ist schon alles gesagt. Mir ist nichts besonderes aufgefallen.« Sicher muss niemand ein Feedback abgeben, wenn er keine Lust dazu hat. Aber welches Bild, welche Selbstenthüllung wird damit gegenüber anderen Gruppenmitgliedern und dem Empfänger abgegeben. Ein Mensch, der sich kein eigenes Urteil bildet, jemand der zu bequem oder zu feige ist, sich einer schwierigen Situation zu stellen. Selbst wenn man, mangels guter Beobachtungsgabe keinen eigenständigen Eindruck gewonnen hat, so kann man doch wenigstens den übereinstimmenden Eindruck in eigene Worte fassen und so ein ganz persönliches Feedback abgeben. Die Qualität des Feedback-Prozesses hängt von der Vielfältigkeit und der Eigenständigkeit der Beobachtungen ab.

Empfänger

1. **Rechtfertigen Sie sich nicht.** Rechtfertigungen zerstören jeden Feedback-Prozess. Sie sind ein Signal, dass Sie das Feedback nicht verkraften oder nicht annehmen wollen. Rechtfertigungen bestehen meistens aus langen Ausführungen, warum Sie nur so und nicht anders handeln konnten, verbunden mit inhaltlicher Kritik an den Beobachtungen und Empfindungen des Senders. All dies führt dazu, dass der Sender sich zurückzieht. Damit vergeben Sie die Chance etwas über sich selbst zu erfahren, was nicht selbstverständlich in unserer Gesellschaft ist. Und wenn Sie sich noch so sehr auf die Zunge beißen müssen, Feedback kann nur funktionieren, wenn Sie lernen ohne Rechtfertigung zuzuhören. Außerdem kann kein Empfänger wissen, was der Sender beobachtet und empfunden hat. Wie kann man dies dann kritisieren oder richtig stellen?

2. **Erfragen sie Feedback nicht-direktiv.** Viele Menschen erdulden Feedback in Gruppensituationen und lassen es nur über sich ergehen und vermeiden dadurch einen tiefergehenden Feedback-Prozess. Aber alles was Ihnen ein ungeübter Sender freiwillig sagt, ist Oberfläche, wohlausgewogene Formulierungen, bei denen das Risiko der Verletzung gering ist, die aber die Probleme meistens auch nur andeuten. Ein Versuchsballon, wie Sie reagieren und wie viel Offenheit bei Ihnen möglich ist. Erst wenn Sie selbst aktiv werden und neugierig weiterfragen, können Sie tiefer schürfen. Erst dann kann sich der Sender nicht mehr auf die vorbereiteten Gedanken stützen, erst dann muss er spontan antworten und er wird bei seinen Antworten stärker aus dem Unterbewusstsein beeinflusst. Nur so kann ein Empfänger offene und ehrliche Antworten locken.

3. **Korrigieren Sie Feedback nicht.** Nur der Sender weiß was er beobachtet hat und was er empfindet. Versuchen Sie lieber herauszufinden, wie der aus Ihrer Sicht »falsche« Eindruck entstanden sein kann. Fragen Sie andere Personen, ob sie den gleichen Eindruck gehabt haben. Oft verliert dann das vorhergegangene Feedback an Bedeutung, denn es kommt schon vor, dass einzelne Personen eine Situation extremer empfinden und beobachten. Das hat dann oft mehr mit ihnen selbst, ihren Problemen und ihren Lebenserfahrungen zu tun, als mit dem konkreten Feedback.

4. **Es gibt keine einheitliche Außenwirkung.**, denn Menschen sind sehr unterschiedlich und die Situationen in denen sie handeln auch. Es kommt daher darauf an, diese unterschiedlichen, oft sogar widersprüchlichen Wirkungen zu erkunden und zu vergleichen. Der Unterschied, ob ein bestimmtes Verhalten als Arroganz, großes Selbstbewusstsein oder als verdeckte und überspielte Unsicherheit interpretiert wird, ergibt sich nicht nur aus der unterschiedlichen Nähe zur Person, sondern auch aus der eigenen Persönlichkeitsstruktur des Senders und seiner Fähigkeit Fassaden zu durchschauen.

5. **Eigene Erklärungen erst am Ende des Feedback-Prozesses abgeben,** wenn Sie es dann überhaupt noch brauchen. Nachdem alle Gruppenmitglieder, die es wollen, Feedback gegeben haben, können Sie sowohl zu Ihrem Verhalten als auch zum Feedback Stellung nehmen, weil Sie jetzt den Prozess nicht mehr behindern. Sie werden aber bald bemerken, dass der große Druck zur Rechtfertigung meistens nur am Anfang einer solchen Runde vorhanden ist und dass die Vielfältigkeit des Feedbacks und der Zeitablauf genügen, die inneren Spannungen abzubauen.

6. **Bestärken Sie die Sender,** damit sie den Mut entwickeln, Ihnen künftig noch offener Feedback zu geben. Sagen Sie, welches Feedback sie als besonders interessant empfunden haben, welches mit ihren eigenen Einschätzungen übereinstimmt, welches für sie überraschend war oder welches Ihnen Anlass zum Nachdenken gibt. Dadurch zeigen Sie auch, dass Sie das Feedback verkraftet haben und positiv damit umgehen.

1.6 Rhetorische Aspekte der Kommunikation

1.6.1 Anwendungsbereiche und Entwicklungsstufen

Rhetorik, früher oft als die Kunst der schönen Rede bezeichnet, wird inzwischen häufiger als die Kunst der wirkungsvollen Rede dargestellt, um auszudrücken, dass jeder rhetorische Beitrag eine Intention oder einen Appell des Senders übermittelt und Rhetorik dann erfolgreich ist, wenn die beabsichtigte Wirkung auch erzielt wird.

Rhetorik meint nicht nur die großen politischen Reden im Parlament oder auf Parteitagen oder die eindringlichen Reden eines Pfarrers auf der Kanzel, von guter oder schlechter Rhetorik kann man auch immer dann sprechen, wenn eine Person im Privatgespräch einen längeren Block formuliert hat. Der Erfolg von Verhandlungen im beruflichen Bereich hängt in hohem Maße von den rhetorischen Fähigkeiten der beteiligten Personen ab, die Leistungsfähigkeit von Schülern und Studenten wird zunächst anhand ihrer rhetorischen Möglichkeiten beurteilt und auch im Privatleben ergibt sich eine enge Beziehung zwischen Rhetorik und persönlicher Attraktivität.

Allerdings sind auf Dauer rhetorische Techniken dann wirkungslos, wenn der geistige Gehalt der Reden, allzu offensichtlich hinter den rhetorischen Fähigkeiten zurückbleibt. Vielredner und oberflächliche Redner werden meist relativ bald durchschaut und ihre inhaltsleere Rhetorik nervt die Gesprächspartner und die Zuhörer dann nur noch.

Menschen verbringen einen erheblichen Anteil ihrer Zeit mit Kommunikation und entsprechend sensibel reagieren sie auf gute und schlechte Rhetorik.

Schon die guten Redner der Antike kannten die Bedeutung der Rhetorik für die Beeinflussung von Menschen und sie haben sich daher auch in erheblichem Umfang mit den theoretischen Grundlagen der Rhetorik beschäftigt. Umso erstaunlicher, dass die Entwicklung der Rhetorik in unserem Schulsystem eher als Nebenprodukt des normalen Unterrichts angesehen wird.

Die folgende Darstellung konzentriert sich zunächst auf die Techniken beim Monolog. Die Ausführungen beziehen sich daher auf Reden im engeren Sinne, d. h. auf Situationen, in denen der Redner seinem unterschiedlich großen Publikum allein gegenübersteht und er einen längeren Redebeitrag abliefern soll. Betrachtet werden die Techniken bei einer Meinungsrede mit dem Ziel, die Zuhörer von der Meinung des Redners zu überzeugen. Dadurch wird der Appellcharakter der meisten Kommunikationssituationen offengelegt. Viele Elemente der Meinungsrede sind aber auch für Fachvorträge und für Referate wichtig. Ebenso kann jeder Redeblock in einer Verhandlung durch Beachtung der Erkenntnisse über Rhetorik verbessert werden.

In diesem Teil über Rhetorik wird auf die Einbeziehung der Präsentationstechniken bewusst verzichtet, um den Blick auf die rhetorischen Elemente zu konzentrieren. Selbstverständlich kann auch die Wirkung rhetorisch eindrucksvoller Reden durch den Einsatz guter Präsentationstechniken weiter gesteigert werden. Diese werden unten (B. 2.2.2) ausführlich dargestellt.

Die kurze Meinungsrede ist ein hervorragendes Mittel, um die wichtigsten Stärken und Schwächen im rhetorischen Bereich offen zulegen und um Verbesserungsvorschläge zu entwickeln. Viele Redner spüren zwar, dass sie nicht gut ankommen, auf Grund ihres »blinden Flecks« haben sie aber große Schwierigkeiten zu erkennen, welche konkreten Fehler ihre Rede schwer verständlich oder wenig wirkungsvoll machen. Die folgenden Ausführungen können daher nur ein allgemeines Problembewusstsein schaffen. An den individuellen Schwächen kann letztendlich nur in qualifizierten Rhetorikkursen gearbeitet werden, bei denen die anderen Gruppenmitglieder durch ihr Feedback die Fehler aufdecken.

Betrachtet man die Entwicklung der rhetorischen Fähigkeiten eines Menschen, kann man drei Stufen unterscheiden:

1. vorgelesener Aufsatz,
2. auswendig gelernter Aufsatz,
3. echte freie Rede.

Der **vorgelesene Aufsatz** ist die unterste Stufe rhetorischer Möglichkeiten. So haben die meisten Menschen ihre ersten formalen Reden gehalten und dabei die Überzeugung gewonnen, dass Rhetorik sicher nicht ihre Stärke sei. Egal ob ein rhetorisch unbegabter Vereinsvorsitzender seine Jahresbericht abliest oder ob ein Professor seine wissenschaftlichen Ausführungen vorliest, die Situation ist für die meisten Zuhörer eine einzige Zumutung. Der Hauptgrund liegt darin, dass Schriftsprache zwar gut zu lesen aber nur schwer anzuhören ist, weil der Satzbau in der Regel zu kompliziert ist und die rhetorischen Elemente fehlen. Zu den wenigen Ausnahmen gehören Dichter wie Kleist, deren komplexer Satzbau gleichwohl gut anzuhören und zu verstehen ist, aber mit ihnen können sich eben nur wenige Redner messen. Die abgelesenen Reden vieler Politiker sind nur deshalb zu ertragen, weil die Redenschreiber diese Reden in einem rhetorischen Stil und nicht in der klassischen Schriftsprache entwerfen.

Durch den ständigen Blick auf das Manuskript geht der Kontakt zwischen Redner und Zuhörern weitgehend verloren, sodass diese Redner es auch kaum merken, dass ihr Publikum abgeschaltet hat.

Allerdings muss eingeräumt werden, dass bei wissenschaftlichen Ausführungen die Fachsprache oft sehr präzise Formulierungen erfordert, die auch exakt wiedergegeben werden müssen, um den Inhalt nicht zu verfälschen. Soweit also, z. B. beim Referat eines Studenten, die fachliche Souveränität noch nicht vorhanden ist, auch mündlich wissenschaftlich genau zu formulieren, führt kein Weg an der schriftlichen Ausarbeitung vorbei. Wer aber schon weit genug fortgeschritten ist, kann das schriftlich ausgearbeitete Referat dann frei vortragen und wird seinen Kommilitonen dadurch eine attraktivere Veranstaltung bieten, als wenn er das Referat nur vorliest.

Ein **auswendig gelernter Aufsatz** ist die nächste Stufe der Entwicklung, eine besonders bei fleißigen Mädchen in der Schule beliebte Technik. Im Studium ist diese Technik allerdings auf Grund des umfangreicheren Stoffes meistens nicht mehr möglich. Bei Rhetorikübungen mit relativ kurzen Meinungsreden kann die Technik aber sehr oft beobachtet werden. Der Nachteil dieser Technik ist das starre Festhalten an vorformulierten Sätzen mit der Folge, dass Blockaden einsetzen, falls ein Teil des Textes vergessen wurde. Der Kontakt zu den Zuhörern ist zwar etwas besser, insgesamt zeigen sich aber die gleichen Nachteile wie beim vorgelesenen Aufsatz. Die Hauptkritik der Zuhörer geht bei solchen Reden dahin, dass sie das Gefühl entwickeln, es würde eine fremde Rede vorgetragen, weil die Schriftsprache nicht dem Redestil der Person entspricht. Überzeugende Authentizität kann also nur durch völlig freie Reden erzeugt werden.

Die **echte freie Rede,** die Krönung der Entwicklung, entsteht dann, wenn der Redner den Mut findet, seine Rede umfassend in Gedanken vorzubereiten und er weitgehend auf schriftliche Formulierungen verzichtet. Dann wird er eine gute emotionale Beziehung zum Publikum entwickeln, seine Rede wird viele rhetorische Elemente enthalten und die Zuhörer werden das Gefühl bekommen, dass alle Gedanken, die ausgesprochenen werden, soeben im Redner produziert worden sind.

1.6.2 Schwierigkeiten bei der Rhetorik

1.6.2.1 Die Angst vor dem freien Vortrag

Die Hauptschwierigkeit für ungeübte Redner ist die Überwindung der Angst vor dem freien Vortrag. Für schüchterne Menschen kommt dabei ein ganzes Bündel an Belastungen zusammen: die Scheu im Mittelpunkt zu stehen, die Blicke der Zuhörer, der Erwartungsdruck, die fehlende Orientierung, wo man im Vergleich zu anderen Personen steht, der eigene Leistungsdruck und die Angst den Faden zu verlieren oder ganz zu versagen sowie die große Nervosität. Dies alles führt dazu, dass der Vortrag in freier Rede vor großem unbekanntem Publikum selbst für geübte Redner zu den Handlungen mit der größten Stressbelastung zählt.

Bedenkt man, dass viele Menschen auch noch negative Erfahrungen mit vergleichbaren Situationen gemacht haben, ist die Versuchung, entsprechende Anforderungen zu vermeiden, besonders groß. Dies ist aber der falsche Weg. Ängste können niemals durch Vermeidung, sondern immer nur durch positive Erfahrungen abgebaut werden. Es kommt also darauf an, sich solchen Situationen bewusst und gut vorbereitet zu stellen. Dabei ist es sinnvoll, die Anforderungen langsam zu steigern. Am Anfang sind halbfreie Reden mit einem ausformulierten Text als Netz für Notfälle vielleicht hilfreich. Kinder sind als Publikum nicht so anspruchsvoll wie Erwachsene. Wer Jugendarbeit macht oder sich in Vereinen engagiert, profitiert davon selbst am meisten und gewinnt Sicherheit für berufliche Anforderungen. Ansonsten können Rhetorik und die entsprechende Überwindung der Angst jeden Tag geübt werden, indem man sich antrainiert, eigene Erlebnisse gedanklich so gut aufzuarbeiten, dass man sie jederzeit als kleine spannende Geschichte im Freundes- oder Kollegenkreis zum Besten geben kann.

1.6.2.2 Die Balance zwischen Theorie und Beispielen

Inhaltlicher Hauptfehler der meisten Reden ist eine fehlende Balance zwischen theoretischen Ausführungen und erläuternden Beispielen. Eine Tendenz hierzu scheint in der Persönlichkeitsstruktur der meisten Menschen angelegt zu sein, sonst würden sich solche Fehler nicht so hartnäckig halten und könnten leichter abgestellt werden.

Die Theoretiker neigen dazu, oft auf respektablem Niveau, endlose abstrakte Darstellungen vorzutragen, ohne ihre theoretischen Konstruktionen anhand von Beispielen zu konkretisieren. Die Zuhörer können aber nur in begrenztem Umfang abstrakte theoretische Informationen aufnehmen und abspeichern, sie werden daher bei solchen Reden schnell abschalten. Man stelle sich nur eine Vorlesung in Abgabenordnung oder im Staatsrecht vor, ohne dass der Dozent ein einziges konkretes Beispiel dargestellt hat. Solche Reden sind ein Alptraum, nicht nur für Studenten. Bei Meinungsreden verführen insbesondere philosophische, weltanschaulich und theologische Themen zu diesen Fehlern. Die meisten Reden über den Sinn des Lebens, das Gute oder Freiheit enden in einer solchen Anhäufung theoretischer Aussagen.

Aber auch das andere Extrem ist problematisch. Manche Menschen neigen dazu, in einer Rede von Beispiel zu Beispiel zu springen, ohne einen angemessenen Anteil an theoretischen Ausführungen zu entwickeln. Solche Reden sind oft anschaulich, gut anzuhören und leicht verständlich, aber den Zuhörern fehlt die Orientierung, welches Redeziel verfolgt wurde und welchen theoretischen Hintergrund die Beispiele überhaupt erläutern sollten. Die theoretischen Probleme wurden dann meistens nur oberflächlich angedacht und in der Rede überhaupt nicht angemessen umgesetzt.

Die Kunst einer guten Rede besteht in einer Balance zwischen beiden Polen. Klar strukturierte Theorie verbunden mit anschaulichen Beispielen, die geeignet sind, die abstrakten Ausführungen zu konkretisieren. Dabei kommt der theoretischen Aussage der Vorrang zu, das Beispiel ist immer untergeordnet. Noch so schöne Beispiele und Geschichten müssen außen vor bleiben, wenn sie nicht in den theoretischen Rahmen passen.

1.6.2.3 Klare Gedankenführung

Eine freie Rede ist ein guter Spiegel der inneren Gedankenwelt. Wer ein Problem noch nicht genügend durchdacht oder theoretisches Wissen noch nicht verarbeitet hat, kann darüber auch keine klar strukturierte Rede halten. Wirre Gedanken führen zwangsläufig zu einer wirren und missverständlichen Sprache. Ein erheblicher Anteil schlechter Reden beruht auf der fehlenden geistigen Verarbeitung der Probleme. Es ist daher oft wichtiger, die gedankliche Bearbeitung von Problemen zu üben und zu verbessern, bevor man anfängt, die Rhetorik zu verändern. Entsprechendes gilt für die Schriftsprache in Klausuren und bei Referaten.

Für die Zuhörer ist eine klare Struktur der Rede besonders wichtig, weil unklare Strukturen verwirren und die Zuhörer dann den Faden verlieren. Beim Lesen kann man zurückblättern und vorblättern, notfalls das Inhaltsverzeichnis studieren, Texte zweimal lesen, wenn Strukturen unklar sind, der Zuhörer dagegen hat solche Möglichkeiten nicht, er wird schnell abschalten, wenn er nach abschweifenden Gedanken keine Struktur mehr erkennen und damit den Inhalt der Rede nicht mehr verstehen kann.

1.6.3 Die Vorbereitung der Rede

1.6.3.1 Der Zeitaufwand

Freie Reden sind **keine unvorbereiteten Reden.** Viele Menschen unterschätzen den Zeitaufwand, der für die Vorbereitung einer guten Rede erforderlich ist. Selbst bei kurzen Meinungsreden von 10 bis 20 Minuten Länge produzieren auch viele Akademiker nach zwei bis drei Stunden Vorbereitungszeit noch erschreckend schlecht strukturierte und wirkungsarme Reden. Auch viele selbstbewusste Personen mit großer Redefreude unterschätzen die Schwierigkeiten, gehen unvorbereitet in die Situation und wundern sich dann, warum ihre Reden schlechter als erwartet beurteilt werden. Ihre große Selbstsicherheit im sprachlichen Bereich verführt sie oft zu gedanklich schlecht strukturierten Beiträgen, deren inhaltliche Schwächen durch die konzentrierten Beobachtungen der Zuhörer und die Videoanalyse schnell entlarvt werden. Nur mit Hilfe vieler gut vorbereiteter Reden können die Techniken erlernt werden, mit deren Hilfe man später auch spontan wirkungsvoll reden kann. Eine überzeugende Meinungsrede von 20 Minuten Dauer erfordert eine Vorbereitungszeit von mehreren Tagen, sofern das Problem nicht schon in der Vergangenheit gedanklich gut erarbeitet worden ist.

1.6.3.2 Zielorientierung

Eine wirklich gute Rede kann nur dann entstehen, wenn der Redner bei der Vorbereitung ein klares Redeziel vor Augen hat. Bei der Meinungsrede muss er genau wissen, von welchen Gedanken er seine Zuhörer überzeugen will, weil er sonst seiner Rede keine klare Struktur geben kann. Dies setzt voraus, dass er sich zu seinem Thema auch selbst schon eine klare Meinung gebildet hat. Reden, bei denen zwei gegensätzliche Standpunkte gleichwertig nebeneinander gestellt werden, ohne dass sich der Redner für eine Position entschieden hat, sind nur schwer zu ertragen und die Zuhörer bleiben orientierungslos. Dabei muss das Ziel nicht eine Extremposition sein, eine gute Rede kann auch auf einen Kompromiss hin angelegt sein, wichtig ist dann nur, dass der Kompromiss als Redeziel argumentativ gut untermauert wird. Entsprechendes gilt für den Fachvortrag, das Referat und in Klausuren. Man muss sich immer zu einer Entscheidung durchringen. Bei der konkreten Vorbereitung einer Rede sollten man das Ziel schriftlich fixieren und optisch gut sichtbar an die Wand hängen, damit man sich immer wieder hinterfragen kann, ob die geplanten Redeteile auch zum Redeziel hinführen oder überflüssige Abschweifungen sind.

1.6.3.3 Themenauswahl und Stoffsammlung

Die meisten Menschen haben schon gute und überzeugende Reden gehalten. Das war dann, als sie wütend und empört waren und der Gegenseite so richtig ihre Meinung gesagt haben. Diese Reden waren gut, weil die Redner sehr engagiert waren und weil eine Menge von dem, was sie gesagt haben, im Unterbewusstsein abgespeichert und vorformuliert war.

Sofern man die Wahl hat, sollte man für eine Meinungsrede solche Themen auswählen, bei denen man eine innere Erregung spürt, wenn man an dieses Thema denkt, etwas darüber hört oder liest. Dann wird bei dem Vortrag auch ein starkes inneres Engagement entstehen, ohne das wirklich gute Reden nicht möglich sind.

Bei der Stoffsammlung sollten möglichst viele Informationen und Argumente zusammengetragen werden, die bei Diskussionen zu diesem Thema erwähnt werden oder die beim Lesen auffallen. Zeitnahe schriftlich Erfassung verhindert, dass gute Ideen verloren gehen.

Eine frühzeitige Strukturierung der Gedanken ist auch für die Ideenfindung hilfreich. Gegenargumente sind für eine gute Rede genau so wichtig, wie die Argumente für die eigene Position. Es schult die Logik, trotz deutlicher Gegenargumente, die eigene Position überzeugend zu entwickeln. Reden, die wichtige Argumente der Gegenseite unterschlagen, bleiben immer angreifbar und sind wenig überzeugend. Allerdings genügt es nicht, nur die Argumente der Gegenseite zu entkräften, es ist immer auch eine überzeugende eigene Argumentation erforderlich.

Teil der Stoffsammlung ist auch die Suche nach geeigneten Beispielen für die anschauliche Darstellung der eigenen Argumente. Die Gegenpositionen sollten in der Regel nicht durch positive Beispiele veranschaulicht werden, weil sie sonst eine zu starke Wirkung entfalten. Negativbeispiele können dagegen gebildet werden.

Besonders wichtig ist die Suche nach neuen Informationen, deren Kenntnis bei den Zuhörern nicht erwartet werden kann. Damit eine Rede nicht langweilig oder überflüssig wirkt, sollten möglichst viele neue Informationen übermittelt werden. Statistische Informationen können Probleme in ihrem Umfang offen legen und die Beweisführung erleichtern.

Bei der Literatur, die herangezogen wird, ist auf ein angemessenes Niveau im Verhältnis zum Zuhörerkreis zu achten. Man sollte aber auch nicht so viel Literatur zusammen tragen, dass man in der Fülle der Informationen die Orientierung und den Überblick verliert. Das Thema war dann wahrscheinlich auch zu weit gefasst.

1.6.3.4 Inhaltliche Vorbereitung

Wichtigstes Beurteilungskriterium für den Inhalt einer freien Rede ist die Qualität der Argumentation. Dabei sind allzu abgenutzte Argumente zu vermeiden und Probleme nicht nur oberflächlich anzugehen. Eine gute Argumentation entwickelt sich aus einer intensiven geistigen Auseinandersetzung mit den Problemen.

Bei der Vorbereitung ist genau darauf zu achten, dass keine überflüssigen Informationen gegeben werden, die den Zuhörern längst bekannt sind. Dieses Risiko besteht besonders bei Reden mit geschichtlichen Informationen. Bei Studenten können die Grundzüge der Geschichte als bekannt vorausgesetzt werden. Entsprechende Darstellungen langweilen und ermüden. Das Gleiche gilt bei Referaten, wenn längst bekannte gesetzliche Regelungen ausführlich vorgetragen werden. Der Rückgriff auf bekanntes Wissen ist nur dann sinnvoll, wenn damit eine eigene kritische Bewertung oder die Vermittlung von zusätzlichen Spezialinformationen verbunden ist. Ein kurzer Hinweis auf bekannte Fakten kann aber dann nützlich sein, wenn dadurch die systematische Einordnung anderer Informationen verbessert wird.

Das Niveau einer Rede ist am Bildungsniveau der Zuhörer auszurichten. Studenten neigen bei Rhetorik-Übungen überwiegend zu einer Unterforderung der Zuhörer, wohl weil sie sich zu den meisten Themen selbst vorher noch keine intensiven Gedanken gemacht haben und dann aus Zeitmangel die Probleme nicht mehr tief genug durchdringen. Wirkungsvolle Reden sind aber nur möglich, wenn der Redner selbst vom Inhalt überzeugt ist. Die Zuhörer spüren sehr genau, ob sich der Redner eigene Gedanken gemacht hat oder ob er nur fremdes Gedankengut weiterträgt.

Vielen Rednern fehlt der Mut zur Kreativität. Dies ist schade, denn in Anbetracht der Unzahl durchschnittlicher und langweiliger Reden, sind die Zuhörer dankbar für jede Rede, bei der die ausgetretenen Pfade verlassen werden. Kreativität meint die außergewöhnliche

Idee, das Besondere und Schöpferische. Nur selten wird es gelingen, aber nur wenige Menschen suchen überhaupt danach.

Da theoretische und abstrakte Formulierungen von den Zuhörern nur in begrenztem Umfang aufgenommen werden können, ist es wichtig, dass sich die Redner um eine angemessene Sprache bemühen. Die Praxis zeigt, dass auch sehr schwierige juristische, naturwissenschaftliche und geisteswissenschaftliche Themen mit sehr hohem Abstraktionsniveau ohne Qualitätsverlust dargestellt werden können, wenn die Sprache anschaulich und bildhaft ist, überflüssige Fremdwörter vermieden und konkretisierende Beispiele eingesetzt werden.

Beim Thema Wahrnehmung wurde schon dargelegt, dass ein erheblicher Teil der eingehenden Informationen gefiltert und verändert wird. Ein weiterer Teil wird relativ schnell wieder vergessen. Wenn der Redner also eine nachhaltige Wirkung erzielen will, muss er spezielle Techniken einsetzen, damit die Rede gut aufgenommen und im Gedächtnis gespeichert wird.

Dies kann man am besten durch folgende Mittel erreichen:

a) **Eine prägnante bildhafte Sprache,** die durchaus auch neue Wortschöpfungen und eigenständige Bezeichnungen für bestimmte Sachverhalte enthalten kann.

b) **Emotionalisierung der Zuhörer.** Die Werbung, deren Hauptaufgabe nicht nur Meinungs- sondern auch Verhaltensänderung ist, zeigt eindrucksvoll, dass solche Änderungen besser durch Emotionalisierung als durch rationale Argumentation erreicht werden können. Allerdings steht Emotionalisierung an der Grenze zur Manipulation. Verantwortungsbewusste Redner werden dieses Mittel daher nur vorsichtig einsetzen. Bei Meinungsreden kann aber oftmals nur durch Emotionalisierung eine angemessene Wirkung erzielt werden. Eine Rede über Sterbehilfe ohne Emotionen wird der Problematik niemals gerecht.

c) **Kognitive Dissonanzen,** die der Zuhörer nicht reduzieren kann, wecken Neugier und geistige Aktivitäten. Dies ist das rationale Gegenstück zur Emotionalisierung, weil der Zuhörer intellektuell herausgefordert wird.

d) **Sprachliche Wiederholungen,** die in der Schriftsprache oft gekünstelt wirken würden, sind bei der mündlichen Rede wirkungsvoll, da sie mehr Eindringlichkeit erzielen und dem Zuhörer zusätzliche Zeit zum Nachdenken geben, weil er redundante Informationen mit geringerer Aufmerksamkeit aufnehmen kann.

1.6.3.5 **Problembewusstsein**

Welche Schwierigkeiten behindern die Verwirklichung des Redeziels? Welche Argumente der Gegenseite sind zu beachten? Warum werden sich nicht alle Zuhörer der Meinung des Redners anschließen? Die Entwicklung eines Problembewusstseins beim Zuhörer ist ein ganz wichtiges Element beim Aufbau einer guten Rede. Das Problembewusstsein entscheidet darüber, mit wieviel Aufmerksamkeit eine Rede verfolgt wird. Ein Zuhörer kann nur dann überzeugt werden seine Meinung zu ändern, wenn er über das Problembewusstsein die Notwendigkeit und die Schwierigkeiten einer Entscheidung erkennt.

BEISPIEL

Die Regierung steht vor der Entscheidung, eine deutlich höhere Staatsverschuldung einzugehen, mit der Folge, dass die Kosten auf die nächsten Generationen verlagert werden, oder aber weiter steigende Arbeitslosigkeit mit all ihren zwischenmenschlichen Problemen in Kauf zu nehmen.

Die Zuhörer werden bei gut dargestelltem Problembewusstsein ihre eigenen Gedanken zu der angesprochenen Problematik entwickeln, sie unterliegen aber gleichzeitig der Beeinflussung durch den Redner. Erst diese Kombination erzeugt Meinungsänderungen.

1.6.3.6 Strukturierung der Argumente

Für den Aufbau einer Rede gelten im Wesentlichen die gleichen Regeln, wie beim Aufbau eines Aufsatzes. Allerdings ist die mündliche Sprache noch stärker auf klare Strukturen angewiesen, als die Schriftsprache, weil ein Zuhörer, der in Gedanken abgeschweift ist, bei schlecht strukturierten Reden den Anschluss verliert und er dann die vorgetragenen Argumente systematisch nicht mehr richtig zuordnen kann. Schlechte Strukturierung gehört zu den Hauptfehlern bei freien Reden. Es wird insbesondere immer wieder übersehen, dass auch ein spontaner Redeblock in Verhandlungen einer klaren Strukturierung bedarf, um Wirkung zu erzielen.

Für die Gliederung im Hauptteil bieten sich der dialektische Aufbau, eine systematische Unterteilung nach Sachbereichen und eine Darstellung in Form der so genannten Kette an.

Der **dialektische Aufbau** folgt dem Prinzip These, Antithese und Synthese und bietet sich vor allem dann an, wenn nicht eine Extremposition, sondern eine Mittelmeinung vertreten wird. Dabei sollte die entferntere Position als These, die nähere Position als Antithese und die eigene Problemlösung als Synthese gestaltet werden. Aus einem dialektischen Aufbau ergibt sich häufig auch eine gute Durchdringung der Probleme.

> **BEISPIEL**
>
> These: Die komplizierten Regelungen im Einkommensteuerrecht können nicht radikal vereinfacht werden, weil das Einkommensteuerrecht sonst seine Funktion bei der Schaffung sozialer Gerechtigkeit verliert.
> Antithese: Das Einkommensteuerrecht muss radikal vereinfacht werden, weil die vielen Ausnahmeregelungen ohnehin dazu führen, dass auch reiche Steuerpflichtige immer weniger Einkommensteuer bezahlen.
> Synthese: Verbreiterung der Bemessungsgrundlage durch Streichung von Ausnahmetatbeständen und indirekten Subventionen und gleichmäßige Absenkung der Steuersätze, die eine Besteuerung nach der Leistungsfähigkeit erhält.

Bei einer **Strukturierung nach Sachbereichen** kann beispielsweise eine Unterteilung nach betriebswirtschaftlichen, finanzpolitischen und steuerrechtlichen Gesichtspunkten in Betracht kommen.

Bei der **Kette** werden die einzelnen Teile logisch aneinander gereiht: Beschreibung eines Problems, Analyse der Ursachen, Überblick über die Lösungsmöglichkeiten, eigene Entscheidung, Begründung der Entscheidung.

Gegenstandpunkte gehören an den Anfang des Hauptteiles, damit sie durch die eigene Argumentation widerlegt werden können. Viele Redner zerstören die ganze Wirkung ihrer Rede, indem sie die Gegenstandpunkte als Zugeständnis an das Ende des Hauptteiles stellen.

Über die Gegenposition wird das Problembewusstsein entwickelt. Sprachlich ist es geschickt, Gegenpositionen im Konjunktiv zu formulieren und die eigene Meinung dann im Indikativ darzustellen.

1.6.3.7 **Spannungsaufbau**

Argumente sind niemals gleichwertig. Sie sollten daher bei der Vorbereitung gewichtet und entsprechend ihrer Wertigkeit geordnet werden. Bei vielen Rednern gibt es eine Grundtendenz, die besten Argumente sofort zu Beginn des Hauptteils zu bringen, weil ihnen diese Teile am wichtigsten sind. Sie können dann aber nur noch schwächere Argumente nachschieben, sodass die Rede immer mehr an Überzeugungskraft verliert.

Optisch sieht der Hauptteil einer solchen Rede so aus:

Bei einem geschickten Aufbau werden die Argumente dagegen in aufsteigender Form geordnet, um eine argumentative Steigerung zu erzeugen:

Manche Autoren schlagen vor, mit dem zweitstärksten Argument zu beginnen und mit dem stärksten Argument abzuschließen:

Man erkennt aber auch schon optisch das Risiko, dass die beiden relativ schwachen Argumente zwischen den beiden starken Argumenten erdrückt werden und dann nicht mehr richtig zur Geltung kommen.

Unter Einbeziehung von Einleitung und Schluss könnte der Spannungsaufbau einer guten Rede wie folgt aussehen, wobei die Länge der Balken nun für die Wirkung und die Intensität des entsprechenden Redeteiles steht:

Auf einen spannenden Anfangseffekt (1) folgt die relativ nüchterne Hinführung zum Thema (2). Die Darstellung der verschiedenen Meinungen ist normalerweise relativ sachlich (3), die Rede wird dann aber durch eine rhetorische Steigerung beim Problembewusstsein (4)

intensiviert. Die begrenzte Wirkung der ersten Argumente (5,6) wird durch die starke Wirkung der zentralen Argumente (7,8) abgelöst, wobei Teil 8 sowohl sachlich als auch rhetorisch den absoluten Höhepunkt der Rede darstellen sollte. In Teil 9 erfolgt dann eine relativ nüchterne Aufarbeitung der Ergebnisse, in der die vorgeschlagene Lösung in einen Gesamtzusammenhang gesetzt wird und die Konsequenzen aufgezeigt werden. Im Schlussteil folgt eine ruhige Vorbereitung (10) des besonders intensiven Schlusseffekts (11).

Aus dieser Darstellung wird auch deutlich, dass die Intensität und Leidenschaft des Vortrages bei einer guten Rede nicht ständig gleichmäßig stark sind, sondern angehoben, abgesenkt und wieder gesteigert werden, je nach der Bedeutung und Funktion des entsprechenden Redeteils.

1.6.3.8 Einsatz der Beispiele

Beispiele haben eine wichtige Funktion in der Rede. Sie machen abstrakte theoretische Ausführungen konkreter, stellen den Praxisbezug her, belegen die Argumente und gestalten den Vortrag lebendiger. Die Beispiele sollten aber kein Eigenleben entwickeln mit dem Risiko, dass die Rede über eine Ansammlung von Anekdoten und Geschichten nicht hinauskommt. Ihre Aufgabe ist die Erläuterung der theoretischen Aussagen und der Untermauerung der Argumentation. Für eine theoretische Aussage sollte normalerweise auch nur ein Beispiel angeführt werden, in Ausnahmefällen zwei, wenn dadurch verschiedene Aspekte der Aussage beleuchtet werden.

Beispiele und kleine Geschichten müssen möglichst konkret und anschaulich dargestellt werden. Also keine allgemeinen Formulierungen wie »jemand«, »die Leute«, »die Jugendlichen« usw., sondern ganz konkrete Beschreibungen der Personen mit ihren für das Thema bedeutsamen Eigenschaften, Handlungen und Gefühlen. Entsprechendes gilt für Gegenstände und Erlebnisse. Der Redner muss sich die Objekte und die Geschehnisse als Bilder in Gedanken gut vorstellen und ausmalen, damit er wirksam darüber reden kann. Wer nur abstrakt abspeichert, kann nicht anschaulich erzählen. Gut dargestellte Geschichten und Beispiele erzeugen hohe Erinnerungswerte und sichern so die Wirksamkeit der rhetorischen Beeinflussung.

1.6.3.9 Einleitung und Schluss

Der Einleitung und dem Schluss einer Rede sind bei der Vorbereitung besondere Aufmerksamkeit zu widmen. Bei den Ausführungen über die Wahrnehmung (B. 1.2.5.3.1) wurde schon auf die starke Wirkung des Anfangs- und des Endeffektes hingewiesen.

Auf Grund der Qualität der Einleitung entscheiden viele Zuhörer, ob sie die Rede konzentriert anhören oder lieber abschalten wollen, auch wie sympathisch und kompetent sie den Redner persönlich einschätzen. Daher sollte immer ein möglichst starker und eindrucksvoller Anfangseffekt gesetzt werden, damit die Zuhörer neugierig werden und motiviert zuhören.

BEISPIEL

»Wer zuerst schießt, stirbt als Zweiter.« Ein solcher Satz führt geschickt auf die Problematik der Rede hin, er weckt vielfältige Assoziationen und er baut Spannung auf, weil noch niemand weiß, welche Schlüsse der Redner aus dieser Aussage ziehen wird.

Zitate, (provozierende) Fragen, kurze pointierte Geschichten, ein treffender Witz oder eigene Erlebnisse eignen sich besonders für den Anfangseffekt.

Beim Endeffekt ist zu beachten, dass am Ende einer Rede meistens eine kurze Pause einsetzt, in der die Zuhörer noch weiter nachdenken können. Die letzten Aussagen werden also nicht durch weitere Informationen zugeschüttet. Wer einen guten Schlusspunkt setzt, kann also einen nachhaltigen Eindruck hinterlassen.

Folgende Möglichkeiten bieten sich an:

a) Kurze Zusammenfassung der wichtigsten Argumente, verbunden mit einer Schlussfolgerung.

BEISPIEL

»Die Änderung des Einkommensteuerrechts ist also unbedingt erforderlich, weil die gesetzlichen Regelungen, die Literatur und die Rechtsprechung völlig unübersichtlich geworden sind, aus Gründen der Verwaltungsvereinfachung, und um mehr Steuergerechtigkeit herzustellen. Dann wird durch die Verbreiterung der Bemessungsgrundlage auch eine Absenkung der Steuersätze möglich, die uns allen zugute kommt.«

b) Verbindung der Leitgedanken mit übergeordneten Bezugssystemen, wie Auswirkungen auf die Volkswirtschaft, die ganze Gesellschaft, die Menschheit.

c) Ausblick auf künftige Entwicklungen.

d) Sehr beliebt und oft gebraucht, aber nur vorsichtig einzusetzen: Appell an die Zuhörer, selbst aktiv zu werden.

e) Verdichtung der Leitgedanken zu besonders prägnanten Beispielen, Parabeln oder kurzen Geschichten.

f) Abschluss durch ein treffendes Zitat. Dies ist einer der besten Schlusseffekte, weil Zitate Gedanken oft sehr komprimiert und pointiert darstellen. Danach dürfen aber keinesfalls mehr erläuternde Ausführungen folgen, weil sonst die Wirkung zerstört wird. Also erst die abschließenden Betrachtungen und dann das überzeugende Zitat als gekonnter Schlusspunkt. Die Zuhörer wissen dann auch, wann sie zu klatschen haben.

1.6.3.10 Aufbau der Gedächtnisstützen

Da niemand eine komplexe Rede vollständig frei halten kann ist eine Gedächtnisstütze für den Vortrag unerlässlich. Entsprechend den verschiedenen Stufen der rhetorischen Sicherheit, wird auch die Gedächtnisstütze unterschiedlich stark ausgearbeitet.

Der ausformulierte Redetext ist ein Mittel für sehr unsichere Redner oder sehr schwierige Themen, aber gleichwohl eine sehr sichere Methode, einen Redeabbruch oder eine größere Unterbrechung durch Aufregung und gedankliche Blockaden zu vermeiden. Um wenigstens kurzfristig eine Lösung vom Manuskript zu ermöglichen, sollten dann aber Zwischenüberschriften und wichtige Stichworte in Fettschrift ausgedruckt sein. Beispiele und ähnliche Passagen, bei denen es nicht auf besonders genaue Formulierungen ankommt, sind dann die ersten Stellen, bei denen ein freier Vortrag versucht werden sollte.

Die Kombination aus vorformuliertem Text und Stichwortzettel kann als geschickte Zwischenstufe angesehen werden. Hierbei wird der Zettel auf seiner rechten Hälfte mit dem ausformulierten Text beschrieben und auf linken Seite werden die dazugehörenden Stichworte notiert. Der Redner kann dann, je nach Sicherheit anhand der Stichworte frei sprechen oder bei Verunsicherung auf den vorformulierten Text als Netz zurückgreifen, bis sich die Aufregung wieder gelegt hat.

Der Stichwortzettel ist die klassische Methode der Gedächtnisstütze und wohl auch die am häufigsten angewandte Technik. Dabei werden alle wichtigen Stichworte übersichtlich aufnotiert. Soweit Tageslichtprojektoren vorhanden sind, können die Stichworte auch den Zuhörern präsentiert werden mit der Folge, dass sie die Rede und die wichtigsten Aussagen auch optisch mitverfolgen und nach Gedankenabwesenheit wieder besser in die Rede einsteigen können. Noch komfortabler und wirkungsvoller sind entsprechende PowerPoint-Präsentationen. Sowohl die Folien bei den Projektoren als auch die einzelnen Seiten bei PowerPoint sind große unauffällige Stichwortzettel, deren Funktion als Gedächtnisstütze für den Redner kaum auffällt. Geübte Redner benötigen dann kaum noch zusätzliche Hilfsmittel.

Die Karteikartenmethode war vor der starken Verbreitung der Computer eine wichtige Technik, weil dadurch die größte Flexibilität erreicht wurde. Hierbei werden die einzelnen Stichworte auf kleine Kärtchen geschrieben und dann so zusammengestellt, wie die gewünschte Rede aussehen soll. Dadurch können bei der Vorbereitung des Vortrags unterschiedliche Folgen der Argumentation ausprobiert und verglichen werden. Politische Redner können ihre Reden immer wieder umgestalten und aktualisieren, veraltete Stichworte und Beispiele aussortieren, neue einfügen und lokale Themen und Beispiele an der richtigen Stelle einarbeiten. Erst kurz vor der Rede wird die Reihenfolge durch kleine Bleistiftzahlen und entsprechende Sortierung festgelegt und die Rede dann anhand der Kärtchen vorgetragen. Mit Hilfe der Computerprogramme sind Veränderungen und Ergänzungen heute kein Problem mehr. Die Technik, eine ganze Rede als Stichworte optisch auf einem Tisch auszubreiten, den Aufbau mehrfach abzuwandeln und zu verbessern, ist aber immer noch sehr wirkungsvoll, weil klare Strukturen ein ganz wichtiges Element guter Rhetorik sind.

Bei allen vier Techniken empfiehlt sich die Ausarbeitung am Computer, es sei denn, der Redner hat eine sehr gute Schrift oder muss den Redebeitrag kurzfristig zusammenstellen. Die Schriftgröße ist ausreichend groß zu wählen, weil viele Redner aufgrund der starken Nervosität oftmals die Stichworte überhaupt nicht mehr lesen können.

Auch selbstsichere und souveräne Redner sollten selbst bei kurzen spontanen Redebeiträgen nicht ganz auf Stichworte verzichten, weil nur so klare Strukturen und eine logische Argumentation entstehen und umständliche Beiträge, die sich mehrfach im Kreis drehen, vermieden werden können.

1.6.3.11 Verdichtung der Rede

Bei der Vorbereitung einer Rede fällt am Anfang die Materialsuche schwer und viele Redner wissen nicht, wie sie die Zeit füllen sollen. Nach intensiver Beschäftigung mit einem Thema entsteht dann aber das entgegengesetzte Problem, der Zwang zur Auswahl. Wer zu einem Thema alles erzählen will, was er sich angelesen und was er erworben hat, der wird eine überfrachtete, schlecht strukturierte und langatmige Rede halten, bei der auch wenig eigenständiges Denken zu erkennen ist. Gute Redner konzentrieren sich auf die wichtigsten und überzeugendsten Argumente. Schwache Argumente sind Zeitverschwendung und schaden dem Gesamteindruck einer Rede. Dann wird der schmerzhafte Prozess notwendig, mit einem Seziermesser alles Überflüssige, das nicht zum Redeziel führt und die Argumentation nicht fördert, wegzuschneiden. In einer ganz großen Rede ist kaum ein Wort zu viel oder zu wenig. Die Beispiele und Geschichten sind prägnant bildhaft und griffig. Es dauert lange und erfordert viel Feinarbeit, bis ein Vortrag so stark verdichtet ist. Die großen Redner schaffen dies auch nur, weil sie ihre Reden immer wieder vortragen und mit Hilfe der Reaktionen der Zuhörer abschleifen und verbessern.

1.6.4 Rhetorische Mittel

1.6.4.1 Entwicklung und Bedeutung rhetorischer Mittel

In der Antike haben sowohl die Griechen als auch die Römer die Technik der Rhetorik sorgfältig analysiert. Dabei wurden Aufbauschemata, Formen der Beweisführung und sprachliche Ausdrucksformen besonders intensiv untersucht. Die folgenden rhetorischen Mittel werden dargestellt, um Anregungen für die Entwicklung von Reden mit wirkungsvollen sprachlichen Ausdrucksformen zu geben, weil dieser Bereich bei vielen Reden aus Unkenntnis der rhetorischen Möglichkeiten stark vernachlässigt wird. Wenn in der folgenden Darstellung häufig die griechischen und lateinischen Fachausdrücke verwendet werden, obwohl sie nicht mehr allgemein geläufig sind, dann erfolgt dies teilweise wegen dem Mangel an vergleichbaren Formulierungen und teilweise wegen der fehlenden Präzision entsprechender deutschsprachiger Ausdrücke. Vielleicht ist dies auch ein Anzeichen dafür, dass man verlernt hat, sich vergleichbar intensiv mit Rhetorik auseinander zu setzen.

Bei den meisten geübten und selbstsicheren Rednern entstehen viele dieser rhetorischen Ausdrucksformen automatisch während dem freien gefühlsbetonten Vortrag der Rede. Dies scheint mit den Prozessen zusammenzuhängen, mit denen die Gedächtnisinhalte im Gehirn gespeichert werden. Es ist daher wichtig, die Rede nicht vorher schriftlich bis ins kleinste Detail zu fixieren, sondern beim Einüben immer wieder auf die Gestaltung und Speicherung solcher rhetorischen Ausdrucksformen zu achten. Um eine wirklich gute Rede zu entwerfen, sollte man sich aber zusätzlich intensive Gedanken machen, wie man die Höhepunkte der Rede sprachlich so aufbauen kann, damit über die rhetorischen Mittel eine starke Wirkung erzielt wird.

Durch den Einsatz rhetorischer Mittel können folgende Wirkungen erreicht werden: Veranschaulichung, Eindringlichkeit, Emotionalisierung, hohe Erinnerungswerte, Prägnanz, sprachliche Kreativität, Ausschmückung der Rede und ein besserer Kontakt zu den Zuhörern.

1.6.4.2 Beispiele und Erzählungen

Ein **Beispiel**, »der besondere Fall«, ist die Konkretisierung einer allgemeinen theoretischen Aussage durch Auswahl einer typischen Fallgestaltung. Durch Beispiele wird die Theorie anschaulich, werden die Grenzbereiche herausgearbeitet, ergibt sich der Praxisbezug der Theorie. Wenn ein Beispiel gleichzeitig als positiver oder negativer Beleg für eine theoretische Aussage verwendet wird, spricht man von einem **Exempel.**

Eine **Erzählung** ist eine kurze effektvolle Geschichte, die in die Rede eingefügt wird. Im Gegensatz zum Beispiel ist sie nicht immer mir einer theoretischen Aussage verknüpft. Sie kann auch zur Einstimmung auf das Thema, zur Beschreibung einer Situation oder eines Problems sowie zum nachdenklichen Ausklang der Rede verwendet werden. Gleichwohl muss auch die Erzählung dem Redeziel untergeordnet sein. Sonderformen sind die **Anekdote** und der **Witz.**

Während das Beispiel den typischen Fall darstellt, knüpft der **Vergleich** eine Beziehung zu ähnlich gelagerten Sachverhalten, mit denen oft nur ein Merkmal übereinstimmt. Wegen der begrenzten Übereinstimmung der Merkmale besteht das Risiko, dass Unterschiede übersehen und somit unzulässige Vergleiche gezogen werden. Wenn ein Vergleich zu einer Erzählung ausgebaut wird, entsteht ein **Gleichnis.**

Die **Parabel** ist ein zur selbstständigen Erzählung ausgebauter Vergleich, bei dem, im Gegensatz zum Gleichnis, der Ausgangssachverhalt nicht ausdrücklich genannt ist, sondern erschlossen werden muss. Das Gleichnis setzt das Bild neben die Sache, die Parabel anstelle der Sache.

1.6.4.3 Bildhafte Ausdrucksformen

In der antiken Rhetorik kannte man drei Möglichkeiten ein einfaches Wort gegen einen schmuckvolleren und damit wirkungsvolleren Ausdruck auszutauschen: Man konnte ein ungewöhnliches, ein neugebildetes oder ein übertragenes Wort gebrauchen. Die neugebildeten und die übertragenen Worte wurden zusammenfassend als Tropen (Wendungen) bezeichnet, womit eine Übertragung von dem ursprünglichen Wort oder Gedanken in eine abweichende übertragene (uneigentliche) Sprachform gemeint war, wobei die neuen und übertragenen Formen meistens aus einer anderen Erlebniswelt stammten. Die wichtigsten Erscheinungsformen sind Metapher, Metonymie, Allegorie, Ironie und Hyperbel. Die Übergänge sind fließend.

Die Bildhaftigkeit der Sprache ist ein zentrales Wirkmittel in der Rhetorik. Wichtige Leitgedanken sollten in Bilder umgesetzt werden. Eine bildhafte Sprache erzeugt hohe Erinnerungswerte und verführt zu Meinungsänderungen. Nach wie vor gilt: »Ein Bild sagt mehr als tausend Worte.«

Bei der **Metapher** (gr. metaphora: Übertragung) wird das ursprüngliche Wort durch einen anderen bildhaften Ausdruck für den Gegenstand, die Eigenschaft oder das Geschehen ersetzt, der eine sachliche, gedankliche oder bildhafte Ähnlichkeit aufweist. Dabei wird das übertragene Wort oder die Wortgruppe aus einem ganz anderen fremden, aber in einem entscheidenden Punkt vergleichbaren Bedeutungszusammenhang genommen, ohne dabei einen direkten Vergleich vorzunehmen. In der Dichtung, in der politischen Rede, aber auch in der Umgangssprache werden sehr viele Metaphern verwendet. Letztere enthält viele verblasste Metaphern wie z. B. »Tischbein«.

> **BEISPIELE**
>
> a) »Steuer-Dschungel« für kompliziertes Steuerrecht.
> b) »Netz« für Sicherheit,
> c) »Wunde« für Kränkung.

Besonders mehrschichtige und bedeutungstiefe Bilder werden als **Symbole** bezeichnet.

> **BEISPIELE**
>
> a) »Kreuz« für Glauben,
> b) »Schwert« für Kampf,
> c) »Lilie« für Reinheit.

Bei der **Metonymie** (gr.: Umbenennung) beruht die Verbindung zwischen den beiden Worten oder Wortgruppen nicht auf Ähnlichkeit, sondern es besteht ein realer räumlicher, zeitlicher oder kausaler Bezug. Entsprechendes gilt für die Beziehung abstrakt und konkret oder umgekehrt.

> **BEISPIELE**
>
> a) »In die Kirche gehen« für den Gottesdienstbesuch,
> b) »beim Hahnenschrei aufstehen« für früh aufstehen,
> c) »Gas geben« für schneller fahren,
> d) »Hirn« für Verstand.

Die **Synekdoche** (gr.: Mitverstehen) ist eine Metonymie bei der ein Wort durch einen engeren oder weiteren Begriff ersetzt wird. Die Beziehungen bestehen dann zwischen einem Teil und dem Ganzen, der Art und der Gattung, Vorhergehendem und Nachfolgendem sowie im Zahlenbereich.

BEISPIELE

a) »Klinge« für das Schwert,
b) »Blitz und Donner« für Gewitter und umgekehrt,
c) »Waffe« für Schwert,
d) »Unwetter« für Hagelschlag,
e) »das Licht der Welt erblicken« für Geburt,
f) »Traubensaft« für Wein.

Die **Antonomasie** (gr.: Umbenennung) ist eine Sonderform der Synekdoche in der Form, dass zur Vermeidung wiederholter Namensnennung charakteristische Eigenschaften sowie Berufs- oder Herkunftsbezeichnungen verwendet werden.

BEISPIELE

a) der Allmächtige,
b) der Schöpfer,
c) der Versucher,
d) der Korse (Napoleon).

Als **Allegorie** (gr.: anders, bildlich reden) werden rational fassbare Darstellungen von abstrakten Begriffen bezeichnet, bei denen die Vergleichsbeziehung über ein Wort oder eine Wortgruppe hinaus durchgeführt wird, vgl. Lausberg (1990) § 895. Eine häufige Sonderform der Allegorie ist die Personifikation, bei der abstrakte Begriffe vermenschlicht werden, wie z. B. die Darstellung der Gerechtigkeit als »blinde Frau mit der Waage in der Hand« oder der Liebe durch »Amor mit dem Pfeil«.

Wenn eine allegorische Vergleichsbeziehung an verschiedenen Stellen der Rede immer wieder aufgenommen und fortgeführt wird, entsteht eine sehr starke Form der Redegestaltung, weil nicht immer wieder verschiedene Bezugssysteme angesprochen, sondern die einmal entwickelten Bilder nur noch variiert werden. Bei wichtigen Reden kann es sich daher lohnen zu überprüfen, ob man eine durchgängige Vergleichsbeziehung schaffen kann.

BEISPIEL

Das Leben eines Menschen wird in der Rede durchgehend mit den Entwicklungsstufen eines Baumes verglichen.

Da bei der **Ironie** (gr. eironeia: Verstellung) das Gegenteil dessen ausgesagt wird, das gemeint ist, wird sie teilweise auch zu den Allegorien gezählt.

Die **Hyperbel** (gr. hyperbole: Übermaß) ist eine gut angebrachte vergrößernde oder verkleinernde Übertreibung: »das erste vernünftige Wort«, »Balken im Auge«, »Schneckentempo«, »erdrückende Schulden«.

1.6.4.4 Wiederholungen und Verstärkungen der Aussagekraft

1.6.4.4.1 Wörtliche Wiederholungen

Gemination (lat.: Verdoppelung), **Epanalepse** (gr.: Wiederaufnahme) ist die Wiederholung desselben Einzelwortes zur Steigerung der Eindringlichkeit: »Mein Vater, mein Vater...« (Goethe, Erlkönig).

Epanodos (gr.: Rückkehr) ist die nachdrückliche Wiederholung eines Satzes in umgekehrter Reihenfolge: »Ihr seid unerträglich, unerträglich seid ihr.«

Anadiplose (gr.: Verdoppelung) Wiederholung des letzten Wortes oder einer Wortgruppe eines Satzes am Anfang des folgenden Satzes: »Ich kann dich nicht betrügen. Betrügen? Wie würde das enden?«

Anapher (gr. anaphora: Zurückführung) bedeutet Wiederholung eines Wortes oder einer Wortgruppe **am Anfang** aufeinanderfolgender Satzteile oder Sätze:

»Du bist vom Wind erlöste Ackerkrume,
du bist ein Kind von Fisch und Blume.« (Borchert, Der Vogel)

Epiphora (gr.: Zugabe). Nachdrückliche Wiederholung eines Wortes oder einer Wortgruppe **am Ende** aufeinanderfolgender Sätze oder Satzteile.

Und was bekam des Soldaten Weib
Aus dem weiten **Russenland?**
Aus Russland bekam sie den **Witwenschleier**
Zu der Totenfeier den **Witwenschleier**
Das bekam sie aus **Russenland.** (Brecht, Was bekam des Soldaten Weib)

Symploke (gr.: Verflechtung) Häufung von Anapher und Epiphora. Wiederholung der gleichen Wörter am Anfang und/oder am Ende zweier oder mehrerer Sätze:

Nicht nichts
ohne dich
aber nicht dasselbe

Nicht nichts
ohne dich
aber vielleicht **weniger**

Nicht nichts
aber **weniger**
und **weniger**

Vielleicht **nicht nichts**
Aber nicht mehr viel (Erich Fried (1993), Ohne dich)

1.6.4.4.2 Wiederholungen in abgewandelter Form

Beim **Polyptoton** (gr. polys: viel ptosis: Fall) handelt es sich um die Wiederholung desselben Wortes in verschiedenen Flexionsformen: »Der Mensch ist des Menschen Feind«

Eine **Figura etymologica** liegt vor, wenn zwei Wörter desselben Stammes verbunden werden: »Eine Grube graben«, »einen Kampf kämpfen«, »König der Könige«, »das Beste vom Besten«.

Die **Paronomasie** (gr.: Wortumbildung zur Erreichung eines Nebensinnes) ist ein Wortspiel mit Wörtern des gleichen Stammes oder Klanges die wegen ihrer verschiedenen oder entgegengesetzten Bedeutung zusammengeführt werden:

»Wer sich auf ihn verlässt, der ist verlassen.«, »Rheinstrom, Peinstrom«, »Eifersucht ist eine Leidenschaft, die mit Eifer sucht was Leiden schafft.« (Schleiermacher)

1.6.4.4.3 Häufung von Wörtern des gleichen oder ähnlichen Bedeutungsbereichs

Synonyme sind die bekannteste Form der Häufung von Wörtern des gleichen Bedeutungsbereichs. Durch den Einsatz von Synonymen werden Wiederholungen vermieden und es entsteht eine größere Anschaulichkeit, weil die Synonyme zwar einen gemeinsamen Begriffskern besitzen, dann aber doch unterschiedliche Empfindungen und Assoziationen wecken: laufen, rennen, hasten, eilen, rasen, spurten, sprinten, jagen, hetzen, wetzen, wieseln.

Bei der **Akkumulation** (lat.: Anhäufung) wird ein übergeordneter Begriff durch untergeordnete spezifiziert: »Krieg, dieses unsinnige Kämpfen, Leiden, Morden...« Dabei kann auch der Oberbegriff fehlen.

Polysyndeton (gr.: mehrfach Verbundenes) ist die ungewöhnlich häufige Verknüpfung mehrerer Wörter, Wortgruppen und Sätze durch dieselbe Konjunktion: »**Und** es wallet **und** siedet **und** brauset **und** zischt«. Dadurch wird der Aufzählungscharakter verstärkt.

Asyndeton (gr.: Unverbundenes) ist eine Reihung von Wörtern, Satzteilen oder Sätzen ohne verbindende Konjunktionen wie »und«: »Alles rennet, rettet, flüchtet« (Schiller).

Gradation (lat.: stufenweise Steigerung) ist eine gestufte Reihung von Wörtern oder parallelen Satzgliedern nach ihrer Bedeutung oder ihres Gewichts, um eine lebendigere Wirkung der Rede zu erzielen, in aufsteigender Folge **Klimax** (gr.: Leiter): »Ich kam, sah, siegte« (Caesar), oder in absteigender Form **Antiklimax:** »Urahne, Großmutter, Mutter und Kind« (Schwab, Gewitter).

Epiphrase (gr.: Nachsatz) ist ein Nachtrag zu einem an sich abgeschlossenen Satz zur eindringlichen Steigerung oder Verdeutlichung: »Dreist muss ich tun, und keck und zuversichtlich.« (Kleist, Amphitryon).

1.6.4.4.4 Sinnfiguren

Die **Antithese** (gr.: Gegensatz) ist eine Gegenüberstellung gegensätzlicher Begriffe: Himmel und Hölle, Krieg und Frieden, Freund und Feind.

Chiasmus (gr.: Gestalt eines Chi: X) meint die symmetrische Überkreuzstellung von aufeinander bezogenen Wörtern oder Satzteilen: »Die Kunst ist lang und kurz ist unser Leben« (Goethe, Faust)

Hysteron prosteron (gr.: das Spätere als Früheres) besteht in einer Umkehrung der zeitlichen oder logischen Abfolge einer Aussage, sodass das Spätere vor dem Früheren erwähnt wird: »Lasst uns siegen und für diesen Sieg auch kämpfen.«

Parenthese (gr.: Einschub) bedeutet einen Einschub in einem Satz der dessen Zusammenhang durchbricht, ohne dessen Ordnung zu verändern: »Dann begab sie sich leichtfertig, Gott sei ihr gnädig, in die verführerische Situation.«

Dubitatio (lat.: Zweifel) ist eine gespielte Unsicherheit des Redners, der dem Publikum die Wahl zwischen mehreren Bezeichnungen einer Sache oder einer Person lässt: »Ich weiß nicht, ist er zu loben oder zu verdammen?«

Rhetorische Fragen sind in die Rede eingeschobene Fragen auf die keine Antwort des Publikums erwartet wird, die aber die Zuhörer zum Nachdenken anregen sollen. Eine besonders in Predigten beliebte Technik: »Sind wir nicht alle Pharisäer?«

1.6.5 **Die Vorbereitung des Vortrages**

Es wurde oben schon ausgeführt, dass Ablesen und Auswendiglernen keine guten Techniken des Vortrages sind, weil die Wirkung der Rede durch die Schriftsprache und die fehlenden rhetorischen Mittel beeinträchtigt wird. Für gute Meinungsreden empfiehlt es sich daher, bei der Vorbereitung ganz auf schriftliche Formulierungen zu verzichten und statt dessen die ganze Rede immer wieder in Gedanken oder in Selbstgesprächen anhand eines Stichwortzettels vorzutragen. Durch diese Technik entstehen automatisch Formulierungen, die der mündlichen Sprache entsprechen und die eine Vielzahl rhetorischer Elemente enthalten. Bei jedem Übungsdurchgang werden unterschiedliche Fassungen der Rede im Gedächtnis abgespeichert, wobei aber im Gegensatz zum Auswendiglernen eine weitaus größere sprachliche Variabilität erhalten bleibt und keine Fixierung auf bestimmte unersetzbare Formulierungen entsteht. Wenn der Redner dann anhand des Stichwortzettels oder der Overheadfolien die Rede hält, wird er aus dem Unterbewusstsein jeweils eine der besten Formulierungen abrufen, die bei der Vorbereitung abgespeichert worden ist. Dies gilt spätestens ab dem Zeitpunkt, an dem er sich freigesprochen hat und die große Aufregung gedämpft ist.

Diese Technik wird auch von vielen Menschen angewendet, wenn sie sich auf schwierige Situationen wie Behördenbesuche, unangenehme Gespräche oder andere Verhandlungen vorbereiten. Dadurch wird dann das Risiko von Blockaden gemindert.

1.6.6 **Der Vortrag der Rede**

Beim Vortrag einer Rede gilt es zunächst, das **Lampenfieber** zu besiegen. Daher sind die ersten Sätze immer die schwierigsten. Dies zeigt sich am deutlichsten an einer Vielzahl kleiner Versprecher und überproportional vielen Fülllauten. Es lohnt sich daher, den Anfang einer Rede besonders sorgfältig vorzubereiten. Die meisten Personen gewinnen aber schon nach wenigen Sätzen die erforderliche Sicherheit und die Nervosität sinkt soweit ab, dass eine Beeinträchtigung nach außen nicht mehr erkennbar ist. Ab diesem Zeitpunkt wird auch bei vielen Rednern eine stärkere Körpersprache zu erkennen sein. Die Dauer der Zeit für das Freisprechen ist individuell sehr unterschiedlich und zusätzlich von der speziellen Situation und ihrem Belastungsgrad abhängig. Manche Menschen können ihre innere Aufregung während der ganzen Rede nicht dämpfen. Völlige innere Ruhe ist aber auch nicht erstrebenswert, weil zu einer wirklich guten Rede immer auch eine innere Erregung des Redners gehört, durch die er sein inneres Engagement und seine Begeisterung für das Thema auf die Zuhörer überträgt. Eine positive Erregung mobilisiert Reserven und bringt Körper und Geist in einen Zustand der Aktivierung, in dem erst Höchstleistungen möglich sind. Die meisten Zuhörer haben Verständnis für die Nervosität des Redners, nur er selbst fühlt sich belastet. Dabei dringt nur ein Bruchteil der inneren Aufregung wirklich nach außen. Viele Redner sind beim Feedback immer wieder total überrascht, wie wenig man ihnen ihre Nervosität anmerken konnte.

Monotone Sprachmelodie, zu schnelles Sprechtempo, zu kurze Pausen und fehlende Gestik sind unmittelbare Folgen zu großer Nervosität. Nur ganz wenige Menschen sprechen zu langsam, aber die meisten deutlich zu schnell. Die Zuhörer dürfen nicht mit einem Wortschwall erschlagen werden. Lassen wir ihnen doch Zeit für eigene Gedanken, eigene Assoziationen, ihre eigene Problemlösung. Die Erkenntnisse, die der Zuhörer selbst gewinnt, sind ungleich wertvoller und ankern fester, als all das, was ihm eingeredet werden soll. Daher langsam sprechen und Mut zur Pause. Die Sicherheit hierfür gewinnt man am besten durch sorgfältige Vorbereitung und sehr viel Übung.

1.7 Verhandlungsführung

1.7.1 Aufbau einer Verhandlung

Erfolg oder Misserfolg einer Verhandlung sind in erheblichem Umfang von einem geschickten Aufbau abhängig. Insbesondere für die typische Verhandlungssituation eines Beamten mit einem Bürger kommt es darauf an, die folgenden Grundstrukturen zu beachten. Häufigste Fehler bei solchen Verhandlungen sind fehlende oder zu kurze Aufwärmphase, schlechte oder unvollständige Sachverhaltsermittlung, vorschnelle oder zu pauschale Entscheidungen sowie schlechte oder fehlerhafte Begründungen.

1.7.1.1 Eröffnungs- und Orientierungsphase

In der Anfangsphase von schwierigen Verhandlungen besteht häufig eine sehr gespannte Atmosphäre, weil einige Teilnehmer, insbesondere Personen, die wenig Erfahrung mit Verhandlungen haben, durch unangenehme Empfindungen wie Angst, Unsicherheit, Erfolgsdruck, Misserfolgsbefürchtungen, angestaute Aggressionen, persönliche Feindschaften oder Sorgen wegen finanziellen Schwierigkeiten belastet sind. Sinn einer Aufwärmphase ist es, diese gespannte Atmosphäre durch Gespräche über unbelastete und unproblematische Themen aufzulockern. Gespräche über Streitpunkte werden zunächst vermieden, weil sonst das Risiko von emotionalen Fehlreaktionen zu groß wird. Bei Menschen mit viel Erfahrung bei schwierigen Verhandlungen, also echten Verhandlungsprofis, kann man extrem lange Aufwärmphasen beobachten. Dabei haben die Teilnehmer Gelegenheit sich freizusprechen, Sicherheit zu gewinnen und es entsteht eine vertrauensvollere Atmosphäre. Soweit sich die Teilnehmer nicht kennen, versuchen sie die fremden Personen durch die Vorgespräche in Bezug auf Charakter, Temperament, Kompromissbereitschaft und Handlungsmotive einzuschätzen. Aufgrund dieser Eindrücke modifizieren sie ihre Strategie für die bevorstehende Verhandlung und den Aufbau der Argumentation. Durch gute Redebeiträge kann man in dieser Phase schon sehr viel Prestige, Respekt und Sicherheit gewinnen.

Der zeitliche Umfang einer Aufwärmphase hängt vom inhaltlichen Schwierigkeitsgrad und vom Charakter der beteiligten Personen ab. Bei einfachen Sachverhalten und unproblematischen Gesprächspartnern sind längere Aufwärmphasen Zeitverschwendung, die sich die Beamten in Anbetracht ihrer Arbeitsbelastung nicht leisten können, zumal mündliche Gespräche zu den größten Zeitfressern gehören, weil eine Beschränkung auf die reine Sachproblematik bei vielen Bürgern nur schwer möglich ist. Viele der erfahreneren Beamten haben allerdings wirkungsvolle Strategien entwickelt, um auch einfache Verhandlungen durch kurze auflockernde und aufmunternde Gesprächsteile in eine günstige Gesprächsatmosphäre zu bringen. Dies kann eine kurze Entschuldigung für längere Wartezeiten, ein Lob für besonders sorgfältig vorbereitete Unterlagen oder eine andere Reaktion sein, an der die Bürger merken können, dass nicht nur ein Bürokrat hinter dem Schreibtisch sitzt, der sich hinter seinen Paragraphen versteckt, sondern ein Mensch, der Anteil nimmt. Solche Reaktionen sind überwiegend gezielte Botschaften auf der Beziehungsebene.

Wenn man vorher weiß, dass es bei einer Verhandlung um schwierige Fragen der Sachverhaltsbewertung, komplexe Rechtsfragen oder um sehr viel Geld geht oder dass schwierige Steuerpflichtige oder Steuerberater beteiligt sind, muss man sich Zeit für eine

umfangreichere Eröffnungsphase nehmen, weil diese Zeit durch eine bessere Verhandlungs-
atmosphäre und erfolgreichere Verhandlungsergebnisse mehrfach wieder ausgeglichen wird.
Je schwieriger die Gegenpartei und je größer die Interessengegensätze sind, desto wichtiger
werden sorgfältige Eröffnungsphasen. Bei einfachen Verhandlungen kann die Eröffnungsphase kurz sein, sie sollte aber nie ganz entfallen.

1.7.1.2 Sachverhaltsermittlung

Die wichtigste Vorbedingung für eine richtige Entscheidung ist eine klare und umfassende
Sachverhaltsermittlung. Eine weitverbreitete Fehleinschätzung vieler Beamter ist die Vorstellung, einen Sachverhalt auf Grund der Aktenlage schon hinreichend genau zu kennen. Die
Aktenlage ist aber ein verfälschtes und oft zugunsten der Bürger geschöntes Abbild der Wirklichkeit, bei dem die meisten kritischen Punkte ausgespart oder günstiger dargestellt sind. Wer
vorschnelle und falsche Entscheidungen vermeiden will, sollte daher die wichtigsten Entschei-
dungsvoraussetzungen im Gespräch noch einmal überprüfen. Wenn der angegebene Sachverhalt
nicht der Wahrheit entspricht, ist es für die Bürger im mündlichen Gespräch sehr viel schwieriger
die Offenlegung oder Widersprüche zu vermeiden, als im schriftlichen Verfahren.

Die Sachverhaltsaufklärung ist beim Beamten gekennzeichnet
- durch viele Fragen nach dem Sachverhalt (in einer Mischung aus nicht-direktiver
  Gesprächsführung und sehr präzisen Fragen nach Einzelheiten)
- durch gedankliche Subsumtion der Rechtsgrundlagen,
- durch Spiegelung dieser Subsumtion in den Fragen (fachkundige Zuhörer würden den
  Grund und die Bedeutung der meisten Fragen erkennen, viele Bürger ohne Berater
  dagegen nicht, weil ihnen die fachliche Kompetenz fehlt)
- durch aktives Zuhören,
- durch Wiederholungen und Zusammenfassungen der Argumente des Bürgers.

Dem **Bürger** sollte man Zeit lassen für längere Ausführungen, in denen er seine Argumente,
seine Probleme und seine Lösungen ausführlich darlegen kann. Viele Bürger bereiten sich
gedanklich sehr intensiv auf ein Gespräch bei einer Behörde vor. Wenn sie dann auf Beamte
treffen, die sich eine sehr direktive und autoritäre Gesprächsführung angewöhnt haben,
verlassen sie oft das Amt und haben nur einen Bruchteil ihrer Argumentation vorgetragen,
weil der Beamte sie mit seinen Fragen zu sehr eingeengt hat. Dies führt zu Frustrationen bei
den Bürgern, die sich oft bei anderer Gelegenheit in Beschwerden und Einsprüchen entladen.

Durch gute Sachverhaltsaufklärung können bessere Entscheidungen getroffen und viele
Konflikte im Vorfeld vermieden werden, weil
- der Bürger nicht überfahren wird,
- er frühzeitig Dampf ablassen kann,
- er sein Anliegen umfassend darlegen kann,
- er emotional gestärkt wird, weil man ihm zuhört und auf seine Probleme eingeht,
- Missverständnisse, Vorurteile und Informationsmängel rechtzeitig ausgeräumt werden,
- das Gespräch noch nicht durch eine negative Entscheidung belastet ist.

Durch eine solche Sachverhaltsaufklärung ergibt sich auch schon sehr viel Bürgerfreundlichkeit, weil der Anspruch auf rechtliches Gehör angemessen erfüllt wird.

1.7.1.3 Rechtsgespräch

Nach der Sachverhaltsaufklärung werden im Rechtsgespräch die Grundlagen der Entscheidung erläutert. Bei guter Darlegung der Rechtslage wird der Bürger oft selbst erkennen

können, welche Entscheidung richtig ist und diese dann auch besser akzeptieren. Hierdurch kann auch der Eindruck der Willkürlichkeit vermieden werden, weil der Bürger merkt, an welchen Grundsätzen der Beamte seine Entscheidung orientiert und dass diese bei allen Bürgern gleichermaßen angewendet werden. Der Bürger kann selbst nach günstigeren Sachverhaltsgestaltungen und alternativen Lösungen suchen, wenn er nicht nur die Entscheidung, sondern auch die Rechtsgrundlagen kennt. Der Beamte sollte auch im Rechtsgespräch noch offen für Argumente der Gegenseite sein und er kann bei gewichtigen Einwänden seine innere Entscheidung auch noch ohne Gesichtsverlust modifizieren.

Dies ist auch die letzte Phase in der ein Beamter sich noch auf Gegenargumente einlassen sollte, denn nach der Entscheidung muss ganz klar sein, dass der Beamte diese nicht mehr in Frage stellen lässt, weil er sonst in endlos lange Diskussionen verwickelt werden würde.

Bei Verhandlungen mit gleichzeitiger Anwesenheit von Steuerberater und Bürger empfiehlt es sich, die **Sachverhaltsaufklärung** weitgehend im Gespräch **mit dem Bürger** vorzunehmen, da dieser den entsprechenden Lebenssachverhalt am besten kennt. Ein guter Steuerberater wird den Sachverhalt meistens so geschickt darstellen, dass ungünstige Elemente nicht erwähnt werden und Steuervorteile gewährt werden müssen, wogegen viele Bürger die rechtlichen Feinheiten nicht durchschauen können und eher im Risiko sind, auch nachteilige Informationen auszuplaudern. Das **Rechtsgespräch** kann in der Regel **mit dem Steuerberater** schneller zum Abschluss gebracht werden, weil dieser Gerichtsentscheidungen und Verwaltungsanweisungen besser kennt und daher in diesem Bereich leichter zu überzeugen sein wird.

1.7.1.4 Entscheidung

Die Beobachtung vieler Verhandlungen und vieler Rollenspiele zu dieser Problematik zeigt, dass es überraschend vielen Personen schwer fällt, anderen Menschen eine negative Entscheidung ins Gesicht zu sagen. Sie neigen dann zu Ausweichhandlungen, durch die eine sofortige Entscheidung vermieden werden soll: Der Beamte will die Entscheidung schriftlich mitteilen, er möchte sich erst noch einmal über die Rechtslage informieren, er will Rücksprache mit seinem Vorgesetzten halten, er will die Verantwortung auf die Außenprüfung übertragen oder er fängt immer wieder an, einen längst aufgeklärten Sachverhalt zum zweiten und drittenmal durchzukauen. Es soll nicht bestritten werden, dass manche dieser Techniken in besonders schwierigen Fällen teilweise durchaus angezeigt sind, wenn aber eine solche Technik auch bei leichteren Fällen zur Gewohnheit wird, entstehen Zeitfresser ohne Ende, weil die unerledigten Aktenberge immer größer werden, und es bleiben frustrierte Bürger zurück. Diese haben einen größeren Aufwand entwickelt, um persönlich vorzusprechen und können daher erwarten, dass sie im Regelfall auch in einem solchen Gespräch eine klare Entscheidung erhalten. Bei Schlussbesprechungen der Betriebsprüfung sollten entsprechende Vertagungen der Entscheidung ebenfalls die Ausnahme und sachlich begründet sein. Sofern die Entscheidungsbefugnis des Beamten nicht überschritten und keine besonders schwerwiegenden Entscheidungen zu treffen sind, muss er sich daher konsequent zur Entscheidung durchringen. Besonders unfair wäre es, die Angelegenheit im Gespräch günstig darzustellen und dann im schriftlichen Verfahren negativ zu entscheiden.

Die zweite typische Fehlerquelle bei der Entscheidung sind verschwommene und unklare Festlegungen. Bei manchen Verhandlungen gehen die Parteien auseinander und niemand weiß genau, was letztendlich entschieden ist. Dabei neigen schwächere Beamte zu relativ pauschalen Entscheidungen, in denen wichtige Teilaspekte offen bleiben. Dies ist auch schon im Studium eine häufige Fehlerquelle, wenn Sachverhalte zu pauschal und ohne die erforderliche Differenzierung bearbeitet werden. Bei einer komplexen Verhandlung sollten alle wichtigen Entscheidungen sofort schriftlich in einem Ergebnisprotokoll festgehalten und abschließend von je einem Vertreter beider Seiten abgezeichnet werden. Bei den heutigen technischen Möglichkeiten mit Laptops ist dies auch keine Schwierigkeit: Es ist absolut frustrierend, wenn nach einer langwierigen Verhandlung von einer Seite die vereinbarten Ergebnisse vorsätzlich oder unbeabsichtigt wieder in Frage gestellt werden und die erste Verhandlung sich somit als Zeitverschwendung darstellt.

Vorschnelle Entscheidungen ohne hinreichende Sachverhaltsaufklärung sind dann besonders ärgerlich, wenn man die eigene Entscheidung unter dem Eindruck der zusätzlichen Argumente revidieren muss. Viele Menschen entwickeln dabei ein schlechtes Gewissen und geben dann überproportional nach, um ihren Fehler auszugleichen.

Frühzeitige negative Entscheidungen beeinträchtigen die Sachverhaltsaufklärung, weil ab diesem Zeitpunkt die Gesprächsatmosphäre durch einen emotionalen Spannungszustand belastet wird.

1.7.1.5 Entscheidungsbegründung

Die Entscheidungsbegründung ist ein entscheidender Bereich, durch den sich bürgerfreundliche Beamte von ihren als stur empfundenen Kollegen unterscheiden. Viele Steuerpflichtige sind durchaus bereit, auch negative Entscheidungen zu akzeptieren, wenn diese sachlich überzeugend begründet werden. Die Erfahrung ist hierfür der beste Lehrmeister, wenn der einzelne Beamte bereit ist, auf diese Problematik sensibel zu reagieren und sich fortzuentwickeln. Dann wird er schnell lernen, ungünstige Formulierungen zu vermeiden, überzeugende Begründung verstärkt einzusetzen und eine bildhaftere Sprache mit passenden Vergleichen zu entwickeln.

Gute Begründungen machen negative Entscheidungen für den Bürger erträglicher. Umgekehrt wirken Beamte, die zwar die richtige Entscheidung treffen, denen aber keine guten Argumente einfallen, schnell als stur. Zu beachten ist aber, dass bei jungen Menschen die Entwicklung zur starken Persönlichkeit durchaus durch eine Phase der Sturheit gehen kann, bis eine qualifizierte Argumentation erlernt ist. Allerdings entwickeln sich leider auch nicht alle Menschen zu starken Persönlichkeiten.

Die Rollenspiele zeigen eindeutig, dass bei fehlender Begründung auch das Risiko auf beiden Seiten steigt, den Konflikt durch ungerechtfertigte Nachgiebigkeit zu lösen. Für den Fiskus ist dies dann meistens eine teure Angelegenheit, die in der Praxis der Finanzverwaltung auf allen Ebenen erschreckend oft zu beobachten ist.

Schwache Argumentation zeigt sich in Tendenzen, sich hinter dem Gesetz, dem Gesetzgeber, dem Ministerium, den Vorgesetzten oder den Politikern zu verstecken, statt das bestehende Steuerrecht offensiv zu verteidigen. Bei aller Komplexität des Steuerrechts ist der Anteil irrationaler Regelungen doch relativ begrenzt.

Bei überzeugender Argumentation wird das Steuerrecht gut erklärt und der Sinn der Vorschriften erläutert, wird fachliche Kompetenz durch klare Gedankenführung und präzise Formulierungen bewiesen, werden die abstrakten Regelungen des Gesetzes durch anschauliche Beispiele verständlich gemacht, werden die Unterschiede zu ähnlichen aber abweichenden Fallgestaltungen gut erläutert und die Probleme und Einwände des Steuerpflichtigen ernst genommen.

1.7.1.6 Schlussphase

Am Ende einer schwierigen Verhandlung lohnt es sich, von der Sachebene noch einmal auf die Beziehungsebene zu wechseln und deutlich zu machen, dass eine günstigere Entscheidung leider nicht möglich war, um trotz sachlich harter Entscheidungen ein gutes Klima für künftige Verhandlungen vorzubereiten.

1.7.2 Ziele und Motive

1.7.2.1 Handlungsziele

Fast jede Verhandlung ist dadurch gekennzeichnet, dass die Parteien auf der Sachebene unterschiedliche Handlungsziele verfolgen. Dabei sind diese Ziele nicht immer fair und für die Gegenseite teilweise auch nicht akzeptabel. Viele Steuerpflichtige verfolgen gegenüber dem Finanzamt das Handlungsziel, möglichst wenig Steuern zahlen zu wollen, wobei sie durchaus auch bereit sind eine Steuerverkürzung oder eine Steuerhinterziehung in Kauf zu nehmen. Dieses Ziel können die Beamten nicht akzeptieren, weil sie eine Verantwortung gegenüber dem Staat und den anderen Steuerpflichtigen haben. Manche Beamte entwickeln aus dem Bewusstsein und der Verärgerung heraus, dass sehr viele Bürger hinterziehen und sie dies meistens nicht nachweisen können, das entgegengesetzte Handlungsziel, möglichst viele Steuern festsetzen zu wollen, um auf diese Weise einen gewissen Ausgleich zu schaffen. Diesem faktischen Handlungsziel steht bei den Beamten das idealistische durch gesetzliche Regeln vorgeschriebene Ziel der gleichmäßigen und gerechten Besteuerung gegenüber. Ein Ziel, das durchaus auch viele Bürger akzeptieren würden, wenn sie sicher wären, dass es von der Verwaltung konsequent durchgesetzt werden könnte.

Solange auch nur eine Seite ihr faktisches Handlungsziel verfolgt, besteht ein Interessenkonflikt, der im Rahmen der Verhandlungen über Steuerforderungen gelöst werden muss. Der Konflikt konkretisiert sich dann an Unterzielen, wie der An- oder Aberkennung einzelner Steuervorteile. Im Gegensatz zu vielen Verhandlungen in anderen Lebensbereichen sind im Bereich der Steuerverwaltung die unterschiedlichen Ziele auf der Sachebene in der Regel gut erkennbar und müssen daher meistens nicht gesondert herausgearbeitet werden.

Interessengegensätze können grundsätzlich durch Nachgeben einer Seite oder durch einen Kompromiss gelöst werden. Allerdings sind wegen des Grundsatzes der Gesetzmäßigkeit der Besteuerung bei der Steuerverwaltung die Möglichkeiten des Kompromisses weitgehend auf Ermessensentscheidungen, Wertansätze, Schätzungen und Fragen der Beweiswürdigung beschränkt.

1.7.2.2 Motive

Hinter den sachlichen Handlungszielen verbergen sich meistens auch sehr persönliche Motive, die in der Regel nur schwer erkennbar sind und die durch ihre emotionale Dynamik die Problemlösung auf der Sachebene behindern. Solche Motive können sein:
- Beim **Bürger**
  - Aktuelle finanzielle Schwierigkeiten oder Notlagen,
  - Angst vor Schlechterstellung oder Benachteiligung,
  - Belastungen aus früheren Verhandlungen mit dem Finanzamt oder anderen Behörden,
  - Vorurteile gegenüber Behörden und Beamten.
- Beim **Beamten**
  - Missgunst, bei der Veranlagung sehr reicher Bürger,

- Ärger aus früheren Verhandlungen mit dem Bürger oder seinem Berater,
- Gefühle getäuscht oder angelogen zu werden,
- Angst zu nachgiebig zu verhandeln.
- Auf **beiden Seiten**
- Aggressionen, die aus anderen Lebensbereichen übertragen werden,
- persönliche Abneigungen,
- Misserfolgsbefürchtungen,
- Zeitdruck.

Man muss schon sehr genau mit dem Selbstoffenbarungsohr hinhören, um solche Motive und Ursachen für Gesprächsstörungen zu erkennen. Sie wirken sich unmittelbar auf der Beziehungsebene aus, weil die Gegenseite als Ursache für die negativen Gefühle angesehen wird. Oftmals kann nur über die Klärung der emotionalen Störungen eine Lösung der Sachprobleme herbeigeführt werden. Dies geschieht am besten durch entsprechende Fragen.

1.7.3 Techniken und Taktiken der Verhandlungsführung

1.7.3.1 Fragetechniken

Durch eine gute Fragetechnik kann ein Beamter Souveränität und Führungskraft demonstrieren, die vom Bürger unterbewusst wahrgenommen werden und die zu einer besseren Akzeptanz negativer Entscheidungen führen. Eine zu großzügige nicht-direktive Fragetechnik kann allerdings in Sonderfällen dazu führen, dass das Gespräch aus der Hand gleitet, falls der Steuerpflichtige den Freiraum zu sehr zu seinen Gunsten ausnutzt und den Beamten dadurch dominiert. Dann muss der Beamte seinen Fragestil umstellen. Es gilt:

MERKSATZ

▌ Wer fragt, der führt!

a) Informationsfragen

Informationsfragen dienen der Sachverhaltsaufklärung, aber auch der Erforschung von Problemen und Motiven des Gesprächspartners. Hierfür gelten die oben ausgeführten Grundsätze der nicht-direktiven Gesprächsführung.

b) Verständnisfragen

Verständnisfragen dienen
- der Ermittlung des Vorwissens: »Kennen Sie die Regelung des § 7 Abs. 4 EStG?«
- der Kontrolle, ob die eigenen Ausführungen angekommen sind: »Habe ich mich verständlich ausgedrückt?«
- des Einverständnisses: »Beurteilen Sie die Beweislage genauso?«
- dem eigenen Verständnis: »Habe ich Sie richtig verstanden? Sie wollen also...«

Dadurch wird verhindert, dass die Verhandlungspartner ständig aneinander vorbeireden.

c) Vorfragen:

Oft kann man sich über Handlungs- oder Entscheidungsgrundsätze besser einigen, als über Einzelprobleme. Durch die Einigung über solche Vorfragen kann es gelingen, den Gesprächspartner schon im Vorfeld festzulegen:
- »Sind Sie auch dafür, dass alle Bürger gleich behandelt werden?«
- »Was würden Sie sagen, wenn wir Ihrem Nachbarn oder Kollegen 5000 Euro zu Unrecht erstatten würden?«

d) Hinweisfragen

Abweichende Handlungsalternativen oder Problemlösungen können durch Hinweisfragen in das Gespräch eingeführt werden: »Haben Sie die Möglichkeit der degressiven Abschreibung schon geprüft und verglichen?«

e) Suggestivfragen

Manche Beamte neigen gegenüber den Bürgern zu positiven Suggestionen, indem sie die günstige Antwort in den Mund legen, andere bevorzugen eine ungünstige Suggestion. Suggestivfragen haben manipulativen Charakter und sollten daher möglichst vermieden werden. Außerdem wirken sie meistens nur bei sehr leicht beeinflussbaren Menschen. Bei streitigen Verhandlungen fallen Bürger kaum auf Suggestivfragen herein, weil sie durch den Konflikt sensibilisiert sind. Allerdings gibt es Situationen in einer Verhandlung, in denen eine kleine Suggestion helfen kann, das Gespräch abzuschließen: »Sie sind also mit der vorgeschlagenen Lösung einverstanden?« Im Verkaufsbereich wird sehr häufig mit Suggestionen gearbeitet.

f) Gegenfragen

Gegenfragen sind ein guter Rettungsring, wenn man selbst Zeit zum Überlegen gewinnen will, weil man von einem Argument überrascht worden ist:
- »Können Sie Ihr Argument genauer erläutern?«
- »Welche Konsequenzen ergeben sich nach Ihrer Meinung?«
- »Warum ist das ein Problem für Sie?«
- »Welche Meinung vertreten Sie selbst dazu?«

g) Alternativfragen

Bei Alternativfragen lässt man der Gegenseite die Wahl zwischen zwei Übeln: »Wollen Sie die Schätzung akzeptieren oder ist es Ihnen lieber, künftig ein Fahrtenbuch zu führen.« Die Technik ist günstig um deutlich zu machen, dass man sich auf jeden Fall durchsetzen will. Alternativen verkürzen aber Probleme in der Regel in unzulässiger Weise indem andere Lösungen unterschlagen werden, sodass dann oft der Versuch einer Manipulation vorliegt.

1.7.3.2 Reaktionen auf Argument und Einwände

a) Ja-Aber-Taktik

Die Ja-Aber-Taktik ist eine der bekanntesten Techniken. Die Aussage der Gegenseite wird zunächst bestätigt, aber dann mit klaren Hinweisen auf die eigene Position fortgeführt:
- »Ich gebe Ihnen völlig Recht, aber haben Sie auch bedacht ...«
- »Diese Vorschrift führt sicher in Einzelfällen zu ungerechten Ergebnissen, aber bei Ihnen liegt eine solche Ungerechtigkeit nicht vor, weil ...«

Bei dieser psychologisch geschickten Vorgehensweise wird der Gegner nicht durch ein hartes »nein« brüskiert, sondern er erhält zunächst eine Selbstbestätigung, die ihn unterbewusst erfreut, und er wird dadurch offener für die folgenden Ausführungen.

Allerdings ist die Ja-Aber –Technik bei manchen Menschen derart zur Angewohnheit geworden, dass sie mangels echter Glaubwürdigkeit wieder stark an Wirkung verliert. Man sollte die Technik daher möglichst variabel gestalten und auch nur dann einsetzen, wenn man das Teilargument der Gegenseite innerlich auch wirklich akzeptiert.

b) Unterstützungs- oder Ergänzungsmethode

Bei der Unterstützungs- oder Ergänzungsmethode werden die Ausführungen des Gesprächspartners bestätigt und durch eigene Argumente zusätzlich unterstützt und ergänzt, bevor die eigene Gegenargumentation erfolgt. Es ist vom Prinzip her eine ausgebaute Ja-Aber-Technik, die an Glaubwürdigkeit gewinnt, wenn die Gegenargumente ernsthaft aufgenommen werden.

»Für Ihren Standpunkt sprechen auch noch folgende Gesichtspunkte .... Aber ...«

Durch diese Technik zeigt man, dass man das angesprochene Problem gründlich durchdacht hat und signalisiert Kompetenz. Die eigene Übernahme der fremden Argumente ermöglicht es, diesen eine geringere Gewichtung und eine günstigere Richtung zu geben.

Empirische Untersuchungen zeigen eine deutliche Überlegenheit einer solchen zweiseitigen Argumentation, insbesondere in der Wirkung auf Menschen mit höherer Intelligenz. Derart beeinflusste Meinungen ankern fester.

Gegentaktik: Argumente trotzdem mit eigener Gewichtung und eigenem Bedeutungsgehalt wiederholen und bildhaft darstellen.

c) Zerlegungsmethode

Bei komplexen Problemen oder vielen Argumenten der Gegenseite ist es günstig die Problematik in einzelne Teilprobleme zu zerlegen und einzeln zu untersuchen. Bei steuerrechtlichen Problemen bedeutet dies häufig, jeweils auf die einzelnen Tatbestandsvoraussetzungen zurückzugehen. Dadurch zeigt man meistens klare Gedankenführung und analytische Fähigkeiten. Das Gespräch kann dann auch durch die Zusammenfassung von Problemkreisen besser strukturiert werden.

- »Sie haben also technische, wirtschaftliche und psychologische Bedenken. Im Bereich des Technischen ergeben sich aus Ihrer Sicht folgende Schwierigkeiten 1. ..., 2. ..., 3. ...«
- »Es ist schon sehr zweifelhaft, ob überhaupt eine berufliche Veranlassung für die Werbungskosten vorliegt, selbst dann ergeben sich noch große Bedenken hinsichtlich der Angemessenheit und der Abzugsfähigkeit der geltend gemachten Kosten. Beginnen wir mit der beruflichen Veranlassung. ...«

Bei zu starker Zerlegung besteht allerdings das Risiko des Zerstreitens über unwichtige Teilprobleme.

d) Relativierung

Bei wichtigen Argumenten der Gegenseite kann die Wirkung durch Relativierung abgeschwächt werden. Dies geschieht dadurch, dass man auf die besonderen Umstände und Bedingungen hinweist, die erforderlich sind, damit das Argument zutrifft. Im konkreten Fall seien aber ganz andere Voraussetzungen gegeben, sodass eine Anwendung des Argumentes im vorliegenden Fall nicht passend sei:

»Ich verstehe, dass es Ihnen schwer fällt, die Lohnsteuer zu bezahlen, aber diese ist Teil des Arbeitslohnes und wird daher wirtschaftlich von Ihrem Arbeitnehmer getragen.«

Oder eine absolute Größe wird durch passende Bezugsgrößen relativiert:

»Ich verstehe sehr gut, dass Sie sich über die Höhe der Nachforderung ärgern, aber im Verhältnis zu Ihrem Einkommen handelt es sich doch um einen relativ geringen Betrag.«

Bei Verkaufsgesprächen wird die Relativierungstechnik ganz stark eingesetzt und antrainiert, um Einwände und Bedenken der Kunden zu zerstreuen und die Vorteile konkurrierender Produkte zu entkräften.

e) Verlängerungstaktik

Viele Argumente können dadurch unglaubwürdig gemacht werden, dass man sie extrem verlängert oder übertreibt: »Wenn ich die Höhe Ihrer Werbungskosten sehe, müssen Sie im letzten Jahr von der Sozialhilfe gelebt haben.« Diese harte und oftmals unfaire Technik sollte nur in Notfällen eingesetzt werden, wenn andere Mittel nicht mehr erfolgreich sind. Man kann diese Methode aber auch humorvoll verwenden, sofern die Gegenseite Spaß versteht.

1.7.3.3 Reaktion bei emotionalen Störungen

Wenn sich in einer Verhandlung eine Häufung von emotionalen Störungen zeigt oder auf der Sachebene eine irrationale Blockade entsteht, sollte man die Störungen bewusst angehen. Dabei muss man immer wieder beachten, dass Störungen auf der Beziehungsebene, aber auch emotionale und egoistische Handlungsmotive, häufig durch eine scheinbar sachliche Auseinandersetzung auf der Sachebene verdeckt werden.

BEISPIELE

a) Sachbearbeiter und Sachgebietsleiter streiten über das zweckmäßige Vorgehen im Fall X. Tatsächlich können sie sich nicht leiden und keiner will daher den Vorschlag des anderen akzeptieren.

b) Ein Bürger beschwert sich über ein (angebliches) Fehlverhalten eines Betriebsprüfers, in Wirklichkeit will er von einer Steuerhinterziehung ablenken.

c) Ein Bürger blockiert eine Lösung auf der Sachebene, weil er sich bevormundet fühlt.

Um seine Zeit nicht mit irrationalen Diskussionen auf der Sachebene zu verschwenden, ist es erforderlich, beobachtete oder vermutete Störungen auf der Beziehungsebene durch geeignete Fragen direkt anzusprechen:

- »Habe ich Sie verärgert?«
- »Fühlen Sie sich überfahren?«
- »Habe ich Sie beleidigt?«
- »Fühlen Sie sich zu Unrecht angegriffen?«

Aber auch wer sich selbst angegriffen fühlt oder eine aufgeheizte Atmosphäre erkennt, sollte auf die Beziehungsebene wechseln:

- »Wir können keine Problemlösung finden, wenn Sie mich ständig persönlich angreifen und beleidigen.«
- »Nach meinem Empfinden ist die Stimmung so stark aufgeheizt, dass wir jetzt wohl keine Einigung erreichen können. Eine kleine Pause würde uns gut tun.«

Bei emotional sehr verhärteten Situationen können Unterbrechungen und kleine Pausen für informelle Gespräche die stockenden Verhandlungen wieder in Bewegung bringen, sofern danach beide Seiten durch entsprechende Vorschläge, in denen sie von ihren Maximalpositionen abrücken, Kompromissbereitschaft zeigen.

Verdeckte Motive der Gegenseite können durch geschickte Fragen nach Selbstoffenbarungsbotschaften gelockt werden:

- »Was stört Sie an der vorgeschlagenen Lösung?«
- »Können Sie die finanzielle Belastung verkraften?«
- »Gibt es Schwierigkeiten oder Probleme, die wir bisher nicht angesprochen haben?«
- »Warum hat sie das Verhalten des Prüfers so sehr geärgert?«
- »Fühlen Sie sich ungerecht behandelt?«

1.7.3.4 **Reaktion bei sachlichen Blockaden**

a) **Kompromisse**

Viele Verhandlungen leben vom Kompromiss. Wenn eine Seite am Ende alles und die andere Seite nichts erreicht hat, dann ist dieses Ergebnis meistens auf Kosten der zwischenmenschlichen Beziehungen erzielt worden und belastet den Unterlegenen.

Trotz des Übergewichtes der gebundenen Entscheidungen bleibt bei umfassenderen Verhandlungen, insbesondere bei Schlussbesprechungen der Außenprüfung, oftmals auch ein Freiraum für Kompromisse. Dies beginnt beim Steuerfestsetzungsverfahren mit der Beurteilung, ob eine Tatsache bewiesen oder glaubhaft gemacht ist, setzt sich bei Schätzungen und pauschalen Wertansätzen fort, und findet sich auch im Erhebungsverfahren bei den vielen Ermessensentscheidungen wie Stundungen, Erlassen, Ratenzahlungsvereinbarungen und Niederschlagungen.

Bei der Vorbereitung einer Schlussbesprechung sollten die Beamten sehr realistisch einschätzen, welche Punkte auf jeden Fall durchgesetzt werden sollten, weil die Sach- und Rechtslage eindeutig ist, bei welchen Punkten sie die Entscheidung von der Argumentation der Gegenseite abhängig machen wollen und bei welchen Punkten sie vielleicht bereit sind, im Rahmen eines Kompromisses nachzugeben. Wer ohne eine entsprechende Zielorientierung nach dem Motto »ich lasse alles auf mich zukommen« in eine Verhandlung hineingeht, darf sich nicht wundern, wenn er die Verhandlung mit einem unbefriedigenden Ergebnis verlässt und er über den Tisch gezogen worden ist.

Kompromisse sollten nie am Anfang, sondern immer erst am Ende einer schwierigen Verhandlung stehen. Zunächst gilt es, eine möglichst starke Position aufzubauen, um sich einen großen Verhandlungsspielraum zu erhalten. Wer dem Bürger gleich bis an die Grenzen seiner Möglichkeiten entgegenkommt, schwächt die eigene Position unnötig und kann dann keine Zugeständnisse mehr machen, um Blockaden aufzuweichen.

Man kann die eigene Kompromissbereitschaft auch als Tauschobjekt verwenden, weil viele Menschen bereit sind nachzugeben, wenn die Gegenseite Entgegenkommen gezeigt hat: »Ich komme Ihnen bei Punkt 2 entgegen, wenn Sie dafür Punkt 1 akzeptieren.«

b) **Zwischenergebnisse definieren**

Bei sachlich festgefahrenen Verhandlungen kann es günstig sein, eine Zwischenbilanz zu ziehen, in der festgestellt wird, über welche Punkte, Vorfragen oder Entscheidungsgrundsätze Einigung erzielt worden ist und wo die Fronten verhärtet sind. Optische Darstellungen sind hierbei besonders hilfreich. Wenn beide Seiten dann, gegebenenfalls nach einer Pause mit gesonderten Beratungen, erklären ob und bei welchen Punkten sie zu Zugeständnissen bereit sind, falls sich auch die Gegenseite bewegt, besteht eine größere Chance auf einen fairen Kompromiss.

Es ist auch zu bedenken, dass nicht jede Verhandlung zu einem einvernehmlichen Ergebnis geführt werden kann. Notfalls muss der Steuerpflichtige eben auf das Rechtsbehelfsverfahren verwiesen werden, wenn seine Forderungen sachlich oder rechtlich nicht vertretbar sind. Wenn also die Zwischenbilanz zu dem Ergebnis fehlender Einigungsbereitschaft führt, ist dies auch hilfreich, weil die Parteien nicht länger unnötig Zeit mit nutzlosen Verhandlungen verlieren.

c) **Ziel der Verhandlung ansprechen**

Mündliche Verhandlungen werden in der Regel geführt, um dem Anspruch des Bürgers auf rechtliches Gehör vor einer negativen Entscheidung zu entsprechen oder um Rechtsbehelfs- und Klageverfahren zu vermeiden, weil letztere mit einem erheblichen Arbeitsaufwand und mit Kosten für beide Seiten verbunden sind. Ein Hinweis auf diesen Hintergrund des Gesprächs kann auch oft die Kompromissbereitschaft wieder fördern:

- »Wir wollen doch eine gemeinsame Lösung finden.«
- »Wir wollen uns einigen und nicht andere Leute entscheiden lassen.«
- »Eine gerichtliche Auseinandersetzung bringt beiden Seiten nur Arbeit, Ärger und Kosten.«
- »Vor Gericht und auf hoher See sind wir alle in Gottes Hand.«
- »Glauben Sie wirklich, dass das Finanzgericht diesen Beweismitteln glauben und Ihrer Argumentation folgen wird?«

d) Gute Argumente in der Hinterhand behalten

Für die Auflösung von Blockaden kann es sich als günstig erweisen, wenn man im bisherigen Verlauf der Verhandlung noch nicht alle Argumente vorgetragen hat und noch einen Trumpf in der Hinterhand behält. Der Einsatz eines starken zusätzlichen Argumentes kann dann das entscheidende Übergewicht erzeugen und die Verhandlung zum Kippen bringen. Überhaupt ist es wenig klug, gleich am Anfang einer Diskussion die gesamte Argumentation in einen Redeblock zu packen. Die Wirkung dieser Argumente kann dann leicht verpuffen, weil die meisten Teilnehmer innerlich noch auf Konfrontation eingestellt sind und es besteht dann das Risiko, dass die Argumente zerredet werden. Dadurch würde auch ein zu langer und zu dominanter Redeblock in der Anfangsphase entstehen. Man kann dann später nur noch die alten Argumente wiederholen, was keinen guten Eindruck macht. Besser ist dagegen die Wirkung, wenn man gegen Ende der Auseinadersetzung über ein Teilthema alle eigenen Argumente zu einem längeren Block zusammenfasst und mit solch einer geballten Ladung versucht, die Zustimmung der Gegenseite zu gewinnen. Wenn auf der Gegenseite schon eine innere Resignation erkennbar ist genügt es meistens, die diskutierten Argumente kurz wieder aufzunehmen, noch einmal wirkungsvoll auf den Punkt zu bringen, um sich durchzusetzen.

e) Gesprächspause statt Redeschwall

Ein langer Redeschwall ist nicht immer das beste Mittel, um eine Meinungsänderung herbeizuführen. Oftmals kann man im Gesicht des Gesprächspartners erkennen, dass er bald bereit ist, umzuschwenken. Eine weitere Einwirkung durch einen großen Redeschwall kann dann das Risiko enthalten, innere Widerstände zu beleben. In solchen Situationen ist es meistens besser, dem Verhandlungspartner Zeit zu geben, über die Folgen der Entscheidung nachzudenken und sich auf die veränderte Lage einzustellen. Wenn eine solche Gesprächspause allerdings zur Mobilisierung neuer Argumentation genutzt wird, sollte man selbst diskussionsbereit bleiben.

1.7.3.5 Merkregeln

CHECKLISTE

Vorbereitung

1. **Unterschätzen Sie keinen Gegner** und versuchen Sie immer gut vorbereitet in die Verhandlungen zu gehen. Viele selbstsichere und rhetorisch gewandte Redner wurden schon von schüchternen und zurückhaltenden Menschen in Verhandlungen über den Tisch gezogen, weil diese besser vorbereitet waren.

2. **Klare Handlungsziele definieren.** Nach der Aktenanalyse werden wichtige Gerichtsurteile noch einmal überprüft, fotokopiert und die entscheidenden Stellen markiert, damit man seine Argumente auch gut belegen kann.

3. **Die entscheidenden Argumentationsketten vorbereiten:** Man sollte die eigene Argumentation sorgfältig vorüberlegen, strukturieren, mit Bespielen anreichern und übersichtlich notieren. Eine gedankliche sprachliche Vorbereitung sichert gute Formulierungen und wirkungsvolle Redebeiträge für die Verhandlung. Stressempfindliche Personen können in schwierigen Verhandlungen so stark unter Druck geraten, dass sie spontan keine brauchbare Argumentation mehr aufbauen können und sogar Gedächtnisblockaden einsetzen. Hiergegen hilft nur besonders sorgfältige Vorbereitung.

CHECKLISTE ▬▬▬▬▬▬▬▬▬▬▬▬▬▬▬▬▬▬▬▬▬▬▬▬▬▬▬▬▬▬▬▬

Argumentation

1. **Alle Argumente sollten sachlich richtig, wirkungsvoll und schlüssig sein.** Schwache Argumente und falsche Behauptungen werden schnell zum Eigentor. Nicht die Vielzahl, sondern die Qualität der Argumente ist entscheidend.

2. **Argumentieren Sie »Du-zentriert«** und nicht »Ich-zentriert«, weil es nicht entscheidend ist, was Ihnen wichtig ist, sondern drauf ankommt, was die Gegenseite beeindruckt. (Diese Regel ist nicht zu verwechseln mit den Ich-Botschaften im Gegensatz zu Du-Botschaften bei der Bearbeitung und Vermeidung von Konflikten.) Erzählen Sie nicht, was Ihnen zu dem Thema gerade einfällt und was Sie immer erzählen, sondern gehen Sie auf die Probleme und Argumente des Gesprächspartners genau ein.

3. **Argumentieren Sie in aufsteigender Form,** erst die schwächeren und dann die stärkeren Argumente. Falls Sie nur ein Argument haben, bauen sie es gut aus, vertiefen sie es und malen es bildhaft aus, damit es Wirkung erzielt. Falls Sie kein Argument haben, schweigen Sie oder gestehen Sie ein, dass Sie keine gute Begründung wissen.

4. **Lassen Sie den Gesprächspartner ausreden,** nur so werden sie Hintergrund, Einwände und Motive verstehen.

5. **Visualisieren:** Scheuen Sie sich nicht, Ihre Argumente durch Skizzen, Tabellen oder Textstellen in Urteilen, Gesetzen und Richtlinien auch visuell zu demonstrieren. Dadurch können viele Missverständnisse und Verständnisschwierigkeiten vermieden werden, weil visuelle Wahrnehmung wirksamer ist.

6. **Argumentieren Sie nur so lange, bis der Gesprächspartner entscheidungsreif ist.** Man kann auch zu lange reden und neue Bedenken erzeugen oder alte Widerstände beleben.

Vermeiden Sie unfaire Mittel wie

- Eindruck schinden durch die Berufung auf Autoritäten (»der Bundeskanzler und ich«), gute Beziehungen, Ihre Leistungen, Ihre Verantwortung,
- Meinungen als Tatsachen ausgeben: »Der Vorsteher wird auch nicht anders entscheiden.«,
- ständige Wiederholungen der gleichen (schlechten) Argumente,
- unzulässige Verallgemeinerungen: »Alle Gastwirte sind Steuerhinterzieher.«,
- Schuldgefühle erzeugen,
- persönlich werden,
- Mindermeinungen abwerten,
- ausweichen, die Beweislast verschieben
- Verunsicherungen.
- Killerphrasen: »Das haben wir noch nie so gemacht.« »Das ist eine völlig abwegige Rechtsmeinung.« »Da könnte ja jeder kommen.«

2 Sachvortrag und Präsentation

2.1 Grundmodelle eines Sachvortrages

2.1.1 Arten des Sachvortrages

Die verschiedenen Arten des Sachvortrages im Studium und im Beruf unterscheiden sich hauptsächlich hinsichtlich ihrer Ziele, der Ausführlichkeit der Darstellung und des Einsatzes von Präsentationsmitteln.

a) Referat

Ein Referat ist der mündliche Vortrag einer meist schriftlich ausformulierten Arbeit über ein wissenschaftliches Thema. Das Referat ist der klassische Sachvortrag im Studium, der in Übungen, Seminaren und Wahlpflichtfächern zur Anwendung kommt. Formal kann man zwischen beschreibenden Referaten und solchen mit eigenständigen Problemlösungen unterscheiden.

Ein nur beschreibendes Referate hat die Aufgabe über den Inhalt eines oder mehrerer Texte in Kurzfassung zu berichten, ohne dabei eine eigene Wertung vorzunehmen, vgl. Rückriem u.a. (1997, S.61f). Es enthält keine eigenständige Problemlösung, sondern es nimmt nur Problemlösungen der verwendeten Texte als Meinung auf. Diese früher vorherrschende strenge Auslegung des Begriffs Referat wurde von der akademischen Wirklichkeit längst überholt, weil die reine Rezeption fremden Gedankengutes keine allzu hoch zu bewertende Leistung ist und der Sinn eines Studiums darin liegt, eigenständiges Denken und die kritische Auseinadersetzung mit Theorien und Lehrmeinungen zu fördern.

In der Praxis des Studiums, überwiegen daher die Referate in denen eine eigenständige kritische Auseinandersetzung mit den verschiedenen Lehrmeinungen und Problemlösungen vorgenommen wird. Gerade bei einem juristischen Studium ist die Entwicklung qualifizierter eigener Meinungen ein zentraler Teil der Ausbildung. Allerdings ist es wichtig, die referierten Teile streng von der eigenen Stellungnahme abzugrenzen.

b) Fachvortrag

Der Fachvortrag ist eine mündlich vorgetragene Erörterung wissenschaftlicher Themen, wobei der Schwerpunkt sowohl auf der informativen Beschreibung von Zuständen (z.B. Rechtslage) oder Entwicklungen (z.B. Änderungen der Gesetzgebung oder der Rechtsprechung) als auch auf der Auseinandersetzung mit einem oder mehreren wissenschaftlichen Problemen (z.B. Lösung von speziellen Rechtsproblemen) liegen kann. Fachvorträge werden auf Kongressen und Fachtagungen gehalten, um Fachkollegen zu informieren, sie dienen aber auch der Fort- und Weiterbildung im beruflichen Bereich. So werden die Beamten der Steuerverwaltung und die Steuerberater ständig über Fachvorträge im Steuerrecht fortgebildet und Unternehmer über steuerrechtlich günstige Rechtsgestaltungen informiert. Fachvorträge werden oft nicht in schriftlicher Form ausgegeben, man begnügt sich meistens mit einem Handout in Form eines Thesenpapiers oder einer kurzen Zusammenfassung der wichtigsten Aussagen.

Sonderformen des Fachvortrages sind Kurzvorträge zu Beginn einer mündlichen Prüfung, wie bei den Steuerberaterprüfungen gefordert, und der Aktenvortrag. Bei den Prüfungen im Rahmen der Steuerbeamten Ausbildungs- und Prüfungsordnung (StAPO) sind Kurzvorträge bisher nicht ausdrücklich vorgesehen, im Zuge der mündlichen Laufbahnprüfung in den sozialwissenschaftlichen Fächern ist es aber z.B. in Baden-Württemberg geplant, einen Kurzvortrag über die Hausarbeit oder ein anderes steuerrechtliches Thema zu fordern. Da

Kurzvorträge bei der mündlichen Prüfung unter besonders engen Zeitvorgaben stehen, müssen sie besonders sorgfältig auf die notwendigsten Aussagen beschränkt werden. Andere Bundesländer haben sich für Aktenvorträge als Teil der mündlichen Prüfung entschieden.

c) Aktenvortrag

Der Aktenvortrag wurde im juristischen Bereich entwickelt und findet bei Kollegialgerichten in der Form Anwendung, dass ein Richter als Berichterstatter den Akteninhalt vorträgt, verbunden mit einem Entscheidungsvorschlag für die Kammer oder den Senat. Beim zweiten juristischen Staatsexamen wird in den meisten Prüfungsordnungen zu Beginn der mündlichen Prüfung ein entsprechender Aktenvortrag gefordert, für den je nach Prüfungsordnung unterschiedlich viel Vorbereitungszeit gewährt wird.

2.1.2 Grundstrukturen des Sachvortrages

2.1.2.1 Gliederung bei der Darstellung eines Rechtsproblems

Die Darstellung eines Rechtsproblems ist im Steuerstudium der häufigste Schwerpunkt bei Sachvorträgen. Die folgenden **Aufbauhinweise** können nur als allgemeine Gliederungsstruktur betrachtet werden, die im Einzelfall immer variabel an die konkreten Fragestellungen angepasst werden müssen. Insbesondere innerhalb der einzelnen Teilbereiche kann sich eine abweichende Reihenfolge oder eine Zusammenfassung einzelner Gliederungspunkte als günstiger erweisen. Für die Vorbereitung des Sachvortrags ist es aber besser, zunächst eine solche sehr differenzierte Gliederung zu Grunde zu legen, weil eine Zusammenfassung überschneidender oder sehr ähnlicher Punkte bei der konkreten Zusammenstellung ohne Schwierigkeiten erfolgen kann, wogegen eine nachträgliche Trennung vermengter Gliederungspunkte später schwieriger ist. Beim Kurzvortrag müssen schon aus Zeitgründen einige weniger wichtige Gliederungspunkte entfallen oder zusammengefasst werden.

Für die Beispiele wurden durchgehend Teile eines älteren Fachvortrages verwendet, der seine Aktualität nicht verloren hat und der die Aufbaustrukturen besonders gut verdeutlicht:

GLIEDERUNGSBEISPIEL

Thema des Vortages

A	**Einleitung**
A 1	Einstieg
A 2	Systematische Einordnung des Themas
A 3	Ziel: Welches Rechtsproblem soll geklärt werden?
A 4	Motivation: Welche Bedeutung hat die Lösung des Problems für die Zuhörer?
A 5	Inhaltsübersicht
B	**Hauptteil**
B 1	Problembewusstsein
B 1.1	Darstellung des Rechtsproblems anhand eines konkreten Beispielfalles
B 1.2	Entstehung des Problems: historische Entwicklung der Gesetzgebung, der Rechtsprechung und wichtiger Literaturmeinungen
B 2	Aktueller Meinungsstand
B 2.1	Rechtsprechung und Literatur
B 2.2	Rechtsfolgen und ihre Unterschiede bei Anwendung der verschiedenen Meinungen

B 3   Überprüfung und Entscheidung des Meinungsstreites

B 3.1   Erläuterung der Ursachen des Problems anhand der genauen Analyse der gesetzlichen Regelung, der Rechtsprechung und der vertretenen Rechtsmeinungen

B 3.2   Entscheidungskriterien

B 3.3   Bewertung der verschiedenen Meinungen: Vorteile und Nachteile

B 3.4   Eigene Entscheidung

B 3.5   Entscheidungsbegründung

C   **Schluss**

C 1   Auswirkungen auf verbundene oder ähnlich gelagerte Problemfelder

C 2   Ausblick auf die künftige Entwicklung

C 3   Folgerungen auf den verschiedenen Ebenen: Gesetzgeber, Rechtsprechung, Verwaltung, Steuerberatung, Unternehmensentscheidungen

C 4   Schlusseffekt

Das **Thema** eines **Sachvortrages** ist so genau zu formulieren, dass ein potenzieller Zuhörer allein aus der Ankündigung erkennen kann, ob der Vortrag für ihn wichtig ist oder nicht. Dafür können auch etwas längere Formulierungen in Kauf genommen werden. Dabei ist der geplante Zuhörerkreis als Maßstab für die Verständlichkeit der Formulierung zu nehmen.

BEISPIEL

»Ist es sinnvoll bei einheitlichen und gesonderten Gewinnfeststellungen von einem einheitlichen Verwaltungsakt auszugehen oder ist es besser, ein Bündel rechtlich selbstständiger Verwaltungsakte anzunehmen?«

LÖSUNG Diese Formulierung beinhaltet eine vollständige Kurzfassung des zentralen Problems des geplanten Vortrages. Entsprechend der Komplexität der Problematik kann sich dieser Vortrag nur an ein fachkundiges Publikum mit Vorkenntnissen im Steuerrecht richten, für das diese Formulierung aber auch verständlich ist. Selbst wenn der einzelne Zuhörer noch nie etwas von diesem konkreten Problem gehört hätte, könnte er schon vor der Veranstaltung anfangen, sich mit dem Problem auseinander zu setzen.

Ungünstig sind dagegen Formulierungen wie:
- »Probleme mit dem Begriff des Verwaltungsaktes bei der einheitlichen und gesonderten
- Gewinnfeststellung.«
- »Wie viele Verwaltungsakte enthält eine einheitliche und gesonderte Gewinnfeststellung?«
- Sie deuten das Problem des Vortrages zwar auch an, sie bleiben aber in ihrer Aussagekraft zu unklar. Allenfalls bei der zweiten Formulierung könnte man sich etwas der Problematik annähern. Sehr häufig werden die Themen aber noch sehr viel weiter und damit aussageärmer gefasst.

Erläuterung zu den einzelnen Positionen des Gliederungsbeispiels

A   Einleitung

A 1   Einstieg

Bei der Einleitung empfiehlt es sich für die mündliche Fassung des Vortrags mit einem originellen Einstieg als Ohrenöffner und als Sympathiebrücke zu beginnen. Gelingt der erste Kontakt zum Publikum, kann dadurch eine positive Beziehung erzeugt werden und der Referent gewinnt selbst Sicherheit. Am besten eignen sich hierfür humorvolle Techniken: eine

Karikatur als Folie, eine humorvolle Anekdote, ein niveauvoller Witz. Ähnlich gute Einstiege sind ein treffendes Zitat, eine provozierende Frage oder eine geschickt gebaute Geschichte, die beispielsweise die wirtschaftliche Dimension des Problems darlegt. Gerade bei der Einleitung bietet sich eine abweichende Gestaltung zwischen schriftlicher und mündlicher Darstellung an.

BEISPIELE

a) Die Rede zu dem hier als Beispiel dargestellten Thema könnte mit einer Folie begonnen werden, auf der die verschiedenen Festsetzungen einer einheitlichen und gesonderten Gewinnfeststellung einer OHG enthalten sind (vgl. unten Problembewusstsein), um dann die provozierende Frage zu stellen, wie viele Verwaltungsakte dargestellt sind. Dies ist übrigens eine auch für Experten nur schwer und nicht eindeutig zu beantwortende Frage.

b) Eine andere Möglichkeit wäre der Hinweis auf die Tatsache, dass in Deutschland täglich eine große Zahl von einheitlichen und gesonderten Gewinnfeststellungen die Finanzämter verlassen und trotzdem kaum jemand weiß, welche und wie viele Verwaltungsakte dabei im konkreten Einzelfall erlassen werden.

A 2 Systematische Einordnung

Die systematische Einordnung des Themas ist deshalb wichtig, weil juristische Probleme meistens nur dann verständlich sind, wenn man genau nachvollziehen kann, welche konkreten rechtlichen Vorschriften betroffen sind und welche Tatbestandsmerkmale, Lebenssachverhalte und Gerichtsentscheidungen bei dieser Problematik zusammenspielen. Die systematische Einordnung ist daher meistens ein deduktiver Vorgang, bei dem, ausgehend von den allgemeineren Regelungen und Zusammenhängen, der Blick auf ein eng umgrenztes Problem fokussiert wird. Je geringer das Fachwissen der Zuhörer ist, umso mehr Sorgfalt muss auf die Erläuterung der systematischen Zusammenhänge gelegt werden. Aber auch bei fachkundigem Zuhörerkreis sollte der Redner beachten, dass er sich bei der Vorbereitung der Rede sehr intensiv mit der Problematik auseinander gesetzt hat und dass die Zuhörer erst in diese Problematik eingeführt werden müssen. Dabei geht es hier nur um eine grobe Orientierung, jedes Eingehen auf Einzelheiten würde an dieser Stelle zu unnötigen Wiederholungen und Zeitverschwendung führen. Durch entsprechende Erläuterung der systematischen Zuordnungen des Problems sollen die im Teil über Wahrnehmung (B. 1.3.4) erwähnten passenden Schemata aktiviert werden.

BEISPIEL

»Bei meinem Vortrag handelt es sich um ein Problem des Verfahrensrechts, also der Abgabenordnung, bei dem es um Fragen der selbstständigen Anfechtbarkeit und des Umfangs der Bestandskraft von einzelnen Festsetzungen einer einheitlichen und gesonderten Gewinnfeststellung sowie um Fragen der Anwendbarkeit des § 177 AO und Fragen der Verjährung geht. Alle diese Entscheidungen sind davon abhängig, ob bei solchen Gewinnfeststellungen rechtlich ein einheitlicher Verwaltungsakt oder ein Bündel von Verwaltungsakten angenommen wird.«

A 3 Ziel der Rede

Nachdem die Zuhörer an das Problem herangeführt worden sind, kann das Ziel der Rede genau formuliert werden, soweit dies noch nicht geschehen ist. Dabei sollte zur Erhaltung der Neugier und der Spannung nicht das Ergebnis, also nicht die in der Lösung vertretene eigene Meinung, sondern die angestrebten Problemlösungen als Ziel angegeben werden.

»Ziel meiner Rede ist es, die beiden gegensätzlichen Meinungen zu diesem Problem anhand der Rechtsprechung und der Literatur darzustellen, die unterschiedlichen Rechtsfolgen aufzuzeigen und zu einer Bewertung zu kommen, welche Rechtsmeinung überzeugender ist und bessere Problemlösungen ergibt.«

A 4 Motivation der Zuhörer

Die Motivation der Zuhörer kann am besten dadurch aufgebaut und gestärkt werden, dass deutlich gemacht wird, wie die konkreten Kenntnisse der Problematik und ihrer Lösung ihnen selbst Vorteile erbringt. Studenten sind zufrieden, wenn ein prüfungsrelevantes Problem gut verständlich dargelegt wird, Steuerberater suchen nach Möglichkeiten günstiger Rechtsgestaltung und Steuerbeamte wollen oft zusätzliche Arbeit durch Rechtsbehelfsverfahren vermeiden oder nachträglich entdeckte Rechtsfehler gegen rechnen. Ein allgemeines Interesse an wissenschaftlichen Problemlösungen kann dagegen leider meistens nur bei einem relativ kleinen Personenkreis erwartet werden.

a) »Für die Steuerberater unter Ihnen ergibt sich häufig das Problem, dass ein Teil der Feststellungen in der Gewinnfeststellung für ihre Mandanten recht günstig ausgefallen ist, andere Teile dagegen ungünstig. Wenn es nun möglich wäre, nur die ungünstigen Teile anzufechten und sich bei den günstigen Feststellungen auf Bestandskraft berufen zu können, erzielen Sie ein optimales Ergebnis. Aber auch der entgegengesetzte Fall ist in der Praxis sehr häufig. Man entdeckt in anderen Teilen der Gewinnfeststellung, übersehene Steuervorteile, dann wäre es doch sehr günstig, wenn man das Rechtsbehelfsverfahren auf diese Teile erweitern kann.«

b) »Für die Steuerbeamten unter Ihnen wird von Interesse sein, ob und inwieweit im Rechtsbehelfsverfahren eine Berücksichtigung von Rechtsfehlern aus nicht angefochtenen Teilen des Feststellungsbescheides möglich ist, ob im Korrekturverfahren eine Anwendung von § 177 AO in Frage kommt und ob der Erlass eines Ergänzungsbescheides nach § 179 Abs. 3 AO in Betracht gezogen werden kann.«

A 5 Inhaltsübersicht

Eine kurze Inhaltsübersicht über den Hauptteil der Rede zeigt die Strukturen und kann dadurch helfen, den Zuhörern nach gedanklichen Abschweifungen den Wiedereinstieg in die Rede zu erleichtern. Eine Innhaltsübersicht ist heutzutage Standard und sollte nur bei sehr einfachen und klar strukturierten Reden entfallen. Sie muss sich auf die wesentlichen Punkte des Hauptteils beschränken und sollte nicht zu sehr ins Detail gehen.

Insgesamt darf die Einleitung nur einen kurzen Zeitraum benötigen, weil eine umständliche oder zu ausführliche Annäherung an den Hauptteil von den meisten Zuhörern zu Recht als Verschwendung ihrer wertvollen Zeit angesehen wird und Verärgerung hervorruft.

B   Hauptteil

B 1   Problembewusstsein

B 1.1 Darstellung des Problems

Beim Hauptteil sollte zunächst ein angemessenes Problembewusstsein geschaffen werden. Da steuerjuristische Probleme meistens sehr abstrakt sind, empfiehlt es sich, das Rechtsproblem nicht nur abstrakt darzustellen, sondern auch an einem klar strukturierten

Beispielfall zu erläutern. Die verschiedenen Meinungen sind, unter Nennung eines Hauptvertreters so gegenüberzustellen, dass das Rechtsproblem von den Zuhörern klar erkannt und die Problematik nachvollzogen werden kann. Hierbei ist es günstig für die vorgetragenen Meinungen griffige Bezeichnungen zu verwenden, damit später schon allein durch die Verwendung des Schlagwortes klar ist, welche Rechtsposition gemeint ist. Sind in der Literatur schon spezielle Begriffe entwickelt worden, sind diese zu übernehmen, andernfalls empfiehlt es sich, selbst geeignete Wortschöpfungen zu bilden. Im Mustervortrag wurden die Bezeichnungen »Bündeltheorie« und »Einheitstheorie« gewählt.

B 1.2 Entwicklungsgeschichte

Jedes Rechtsproblem hat auch seine Entwicklungsgeschichte, die meistens für das Verständnis des Problems wichtig ist. Dabei kann das Problem durch bestimmte Neuregelungen des Gesetzes, durch Untätigkeit des Gesetzgebers trotz Regelungsbedürftigkeit, durch widersprechende Rechtsnormen, durch eine veränderte Rechtsprechung oder aus vielen anderen Gründen entstanden sein. Soweit dies nachvollzogen werden kann, handelt es sich hierbei um wichtige Hintergrundinformationen, durch die Zuhörer das Problem besser verstehen können. Je nach Fachkunde der Zuhörer kann hier aber auch ein kurzer Hinweis auf das entscheidende Gerichtsurteil oder die entscheidende Gesetzesänderung genügen.

Beim Beispielvortrag war die Kenntnis der historischen Entwicklung der Rechtsprechung wichtig für das Verständnis des Problems. Es war daher günstiger, zunächst diese Entwicklung darzulegen und erst danach das Problem genauer zu erläutern. In der Regel dürfte aber ein Aufbau in dem erst das Problembewusstsein geschaffen wird und danach die historische Entwicklung aufgezeigt wird günstiger sein.

Die Entwicklung der Rechtsmeinungen wurde unter dem Schlagwort der »Atomisierung des Begriffs Verwaltungsakt« dargestellt, ein Schlagwort, an das sich Kollegen noch viele Jahre später erinnern konnten. Eine Darstellung der historischen Entwicklung sollte allerdings nur insoweit erfolgen, als noch eine Einwirkung auf die aktuelle Problematik vorhanden ist.

B 2   Aktueller Meinungsstand
B 2.1 Rechtsprechung und Literatur

Der aktuelle Meinungsstand zum Rechtsproblem bei Rechtsprechung und Literatur ist dann deutlich gegenüberzustellen, wobei auf weitgehende Vollständigkeit zu achten ist. Die entsprechenden Zitate der Urteile, Kommentare und anderer Literaturangaben sollten den Zuhören im Handout mitgegeben werden, weil diese Informationen für die Nacharbeit eines interessierten Zuhörers wichtig sind und er sich dadurch die Zeit für eigene Recherchen sparen kann.

B 2.2 Folgen der unterschiedliche Rechtsmeinungen

Ein juristischer Meinungsstreit ist in der Regel nur dann von Bedeutung, wenn sich auch Konsequenzen bei der Anwendung ergeben. Ausnahme sind Auseinandersetzungen über die bessere methodische Begründung, die aber letztendlich auch nur bei weitergehenden Konsequenzen Sinn machen. Die Darstellung der **Folgen** verschiedener Rechtsmeinungen ist deshalb so wichtig, weil die Entscheidung der Zuhörer für eine Meinung maßgeblich von den rechtlichen Konsequenzen abhängt.

Die Problematik wurde dann anhand des folgenden Beispiels erläutert. Da die historische Entwicklung schon dargestellt worden war, konnten Problembeschreibung und Darstellung des Meinungstandes verbunden werden und die Folgerungen aus beiden Meinungen sofort angeschlossen werden.

Problemstellung: Einheitliche und gesonderte Gewinnfeststellung bei einer OHG

Laufender Gewinn aus Gewerbebetrieb: 100 000 €			
	Gesellschafter A (20 %)	Gesellschafter B (30 %)	Gesellschafter C (50 %)
Anteil laufender Gewinn	20 000 €	20 000 €	50 000 €
Sonderbetriebseinnahmen	2 000 €		5 000 €
Sonderbetriebsausgaben		500 €	1 000 €
Sondergewinn	2 000 €	./. 500 €	4 000 €
Gesamtgewinn	22 000 €	29 500 €	54 000 €

Wie viele und welche Verwaltungsakte enthält diese einheitliche und gesonderte Gewinnfeststellung?

LÖSUNG a) Darstellung der Rechtsmeinungen

Jeder Feststellungsbeteiligte ist unstreitig Adressat eines eigenständigen Verwaltungsaktes. Jede Einkunftsart, die einheitlich und gesondert festgestellt wird, ergibt wiederum einen eigenen Verwaltungsakt. Ansonsten werden folgende zwei Meinungen vertreten:

Die **Einheitstheorie** geht davon aus, dass ein einheitlicher und gesonderter Gewinnfeststellungsbescheid bezogen auf jeden Adressaten jeweils ein einheitlicher Verwaltungsakt ist und dass nur bei einzelnen Festsetzungen dieses Verwaltungsaktes Teilbestandskraft entstehen könne. Die Einheitstheorie wird vertreten von: *vollständige Liste der Zitate*

Die **Bündeltheorie** geht davon aus, dass einheitliche und gesonderte Gewinnfeststellungen eine Zusammenfassung einer Vielzahl von selbstständigen Verwaltungsakten seien. Die Bündeltheorie wird vertreten von: *vollständige Liste der Zitate*

Nach der Einheitstheorie liegen in diesem Beispiel drei Verwaltungsakte vor, da es drei Adressaten gibt. Nach der Bündeltheorie wären zusätzlich sowohl die Anteile am laufenden Gewinn als auch die Sondergewinne eigenständige Verwaltungsakte.

b) Folgen der unterschiedlichen Meinungen

Zunächst ist festzustellen, dass sich hinsichtlich der Bindungswirkung für die Folgebescheide nach § 182 Abs. 1 AO keine Unterschiede ergeben. Unterschiede ergeben sich nur bei den Feststellungsbescheiden selbst und betreffen die Folgen im Rechtsbehelfsverfahren, im Korrekturverfahren und bei der Verjährung.

aa) Rechtsbehelfsverfahren

Bei der Einheitstheorie muss durch Auslegung des Rechtsbehelfs festgestellt werden, ob der Steuerpflichtige eine Teilbestandskraft herbeiführen oder ob er den gesamten Feststellungsbescheid mit allen Festsetzungen angreifen wollte. Im Zweifel ist davon auszugehen dass keine Teilbestandskraft eintreten sollte.

Bei der Bündeltheorie liegen dagegen unterschiedliche Verwaltungsakte vor, so dass geklärt werden muss, welcher Verwaltungsakt angegriffen werden sollte. Im Zweifel ist davon auszugehen, dass nur der in der Begründung erwähnte Verwaltungsakt gemeint ist.

Soweit also keine klaren und ausdrücklichen Formulierungen vorliegen, kommen beide Rechtsmeinungen zu unterschiedlichen Ergebnissen bei der Frage, ob ein nicht ausdrücklich beschränkter Rechtsbehelf noch nachträglich auf in der Begründung nicht erwähnte Feststellungen erweitert werden kann. Solche unterschiedlichen Ergebnisse können finanziell erhebliche Unterschiede bedeuten.

bb) Korrekturverfahren

Im Korrekturverfahren ist die Anwendung des § 177 AO problematisch. Bei der Einheitstheorie können Korrekturen des Sondergewinns problemlos mit Korrekturen des Gewinnanteils verrechnet werden, wogegen dies bei der Bündeltheorie nicht möglich ist, weil § 177 AO logischerweise nur innerhalb eines Verwaltungsaktes Anwendung finden kann.

cc) Verjährung

Bei der Verjährung zeigen sich bei der Ablaufhemmung nach § 171 Abs. 3 AO vergleichbare Probleme, wie bei § 177 AO, weil die Ablaufhemmung auf den Umfang des Verwaltungsaktes begrenzt ist.

B 3   Überprüfung und Entscheidung des Meinungsstreits

B 3.1 Erläuterung der Ursachen

Bei der Überprüfung und Entscheidung des Meinungsstreits ist zunächst eine genaue Analyse der **Problemursachen** erforderlich. Hierbei kommen in Betracht: fehlende, unklare oder widersprüchliche gesetzliche Regelungen, problematische oder systemwidrige Gerichtsentscheidungen, außergewöhnliche Sachverhalte, widersinnige oder ungerechte Ergebnisse im Einzelfall und dergleichen. Bei der Untersuchung der gesetzlichen Regelungen sind die Auslegungsmethoden grammatikalische, systematische, teleologische und historische Auslegung zu beachten. Eine gute Analyse der Problemursachen kann die spätere Entscheidung des Meinungsstreites enorm erleichtern.

Im Musterbeispiel fehlt eine gesetzliche Regelung, weil der Gesetzgeber bisher keinen Regelungsbedarf gesehen hat, sodass sich die verschiedenen Rechtsmeinungen entwickeln konnten.

B 3.2 Entscheidungskriterien

Bei einer sehr sorgfältigen Arbeit sollten auch die Entscheidungskriterien für die Überprüfung der Rechtsmeinungen dargelegt werden, weil bei sorgfältiger Analyse der rechtssystematischen Konsequenzen und der Folgeprobleme, der Entscheidungsprozess objektiviert wird und die Wahrscheinlichkeit einer langfristig besseren Problemlösung größer wird.

BEISPIEL

Entscheidungskriterien

1. Kann die Bestandskraft nicht angefochtener Teile von Feststellungsbescheiden auch mit der Einheitstheorie erreicht werden?
2. Welche Theorie kann die Rechtsprechung zum Ergänzungsbescheid nach § 179 Abs. 3 AO methodisch besser erklären?
3. Welche Theorie entspricht den Regelungen in § 352 AO und § 48 FGO?
4. Gibt es Vorteile bei einer »Atomisierung« im Sinne der Bündeltheorie?

5. Ist eine Unterscheidung zwischen Einheitswertbescheiden und Gewinnfeststellungsbescheiden gerechtfertigt?
6. Ergeben sich bei einer Zerlegung in viele Verwaltungsakte neue Schwierigkeiten?

B 3.4 und 3.5 Eigene Entscheidung und Begründung

Anhand der Entscheidungskriterien können die Vor- und Nachteile der verschiedenen Rechtsmeinungen verglichen werden. In diesem Bereich sollte dann die argumentative Auseinandersetzung mit dem Rechtsproblem erfolgen, die in eine klare und eindeutige Entscheidung münden muss.

BEISPIEL

Die vollständige Darstellung der Argumentation würde den Rahmen dieses Buches sprengen. Für die Demonstration der Beispielrede genügt es, die Ergebnisse des Abwägungsprozesses darzustellen:

Ergebnisse (hier gleichzeitig eigene Entscheidung und Entscheidungsbegründung)
1. Mit der Einheitstheorie lässt sich zwar gut eine Teilbestandskraft zugunsten der Steuerpflichtigen, aber nur schwer eine Teilbestandskraft zu ihren Lasten, begründen, weil hierfür keinerlei gesetzliche Grundlage erkennbar ist.
2. Der Ergänzungsbescheid nach § 179 Abs. 3 AO kann mit der Bündeltheorie gut erklärt werden. Bei der Einheitstheorie ergeben sich Probleme, warum vorher unselbstständige Teile eines einheitlichen Verwaltungsaktes im Ergänzungsverwaltungsakt plötzlich selbst Verwaltungsaktcharakter haben sollen.
3. Bei § 352 AO und bei § 48 FGO ergeben sich bei der Einheitstheorie Schwierigkeiten zu erklären, warum die Teile eines einheitlichen Verwaltungsaktes von verschiedenen Personen angegriffen werden können.
4. Es ist vorteilhaft für die juristische Analyse mit möglichst kleinen Einheiten zu arbeiten, weil viele Probleme durch Zerlegung klarer werden.
5. Es gibt keine sachlichen Gründe methodisch zwischen Einheitswertfeststellungen und Gewinnfeststellungen zu unterscheiden.
6. Durch die Korrekturvorschriften § 175 Abs. 1 Nr. 1 und § 174 AO ergeben sich im Steuerrecht, im Gegensatz zu anderen Bereichen des Verwaltungsrechts, gute Möglichkeiten, die Wechselbeziehungen und Widersprüche zwischen verschiedenen Verwaltungsakten sachgerecht zu regeln.

C Schluss

Beim Schlussteil eines Sachvortrages bietet es sich an, eine induktive Technik zu verwenden, durch die gewonnene Erkenntnisse auf benachbarte oder allgemeinere Bereiche ausgeweitet werden oder notwendige Folgerungen gezogen werden. Von den in der Gliederung vorgesehenen Möglichkeiten sind nur die auszuwählen, die beim konkreten Problem klar erkennbar sind.

BEISPIEL

1. Der Gesetzgeber hat die besten Möglichkeiten Rechtsklarheit herbeizuführen, indem er sich für die Bündeltheorie entscheidet und enumerativ aufzählt, welche Feststellungen selbstständige Verwaltungsakte sein sollen.
2. Solange der Gesetzgeber keine Entscheidung trifft, könnte der Meinungsstreit durch ein klares Urteil des Bundesfinanzhofs entschieden werden, das die erhebliche Rechtsunsicherheit bereinigt. Dabei ist der Bündeltheorie den Vorzug zu geben.

3. Die Verwaltung sollte ihre Rechtsauffassung durch eindeutige Formulierungen in den Rechtsbehelfsbelehrungen klarstellen, damit die Steuerpflichtigen die Chancen und Risiken der Bestandskraft einzelner Feststellungen erkennen können und nicht so überrumpelt werden wie beim Urteil des BFH vom 10. 5. 1989, BStBl. 1989, 823, in dem das Fehlen eines entsprechenden Hinweises als unschädlich angesehen wurde.

4. Im Bereich der Lehre sollte in den Arbeitsunterlagen und bei Klausuren hinsichtlich Anfechtbarkeit, Verjährung und Korrekturmöglichkeiten streng zwischen den einzelnen Feststellungen unterschieden werden.

2.1.2.2 Aufbau bei der Darstellung einer Rechtsnorm

Bei vielen Fachvorträgen im juristischen Bereich ist die Darstellung komplexer Rechtsnormen erforderlich, da bei der Aus- und Fortbildung immer wieder über unbekannte, neu eingeführte oder geänderte Vorschriften referiert werden muss. Der Gliederungsvorschlag beschränkt sich auf den Kernbereich einer solchen Gliederung.

Praktisch jede Rechtsnorm unterliegt der Grundstruktur Tatbestandsvoraussetzungen und Rechtsfolgen. Darin sind die meisten Informationen enthalten, die für das Verständnis der Regelungen erforderlich sind. Es empfiehlt sich daher, diese Grundstruktur auch für den Aufbau zu übernehmen. Die Zuhörer müssen jederzeit genau wissen, welcher Tatbestandsvoraussetzung das einzelne Problem zuzuordnen ist, damit sie die Informationen systematisch richtig verarbeiten können. Fehlende und verwirrende Strukturen in den Vorlesungen sind häufig ein Hauptgrund, warum einzelne Dozenten, trotz erheblichem Fachwissen und sympathischer Außenwirkung, bei den Studenten unbeliebt sind.

GLIEDERUNGSBEISPIEL

A 1   Ziel oder Aufgabe der Norm
A 2   Systematische Einordnung

B 1   Überblick über die Tatbestandsvoraussetzungen
B 2   Überblick über die Rechtsfolgen

B 3   Die einzelnen Tatbestandsmerkmale
B 3.1 Tatbestandsmerkmal 1: Erläuterung, typisches Beispiel, Abgrenzungen
B 3.2 Tatbestandsmerkmal 2, usw.

B 4   Die Rechtsfolgen
B 4.1 Die unmittelbaren Rechtsfolgen
B 4.2 Die mittelbaren Rechtsfolgen

a) Erläuterungen zu den einzelnen Positionen des Gliederungsbeispiels

A 1 und A 2 Ziel der Norm und systematische Einordnung

Im Studium erleben Studenten häufig, dass ihnen eine Rechtsnorm genauestens erklärt wird, ohne dass der Zweck und die Funktion der Norm vorher erläutert worden sind. Hierbei sind nicht nur rein steuerrechtliche, sondern auch wirtschaftliche, politische oder gesellschaftliche Ziele wichtig. Für das Verständnis steuerrechtlicher Vorschriften ist dann aber die gesetzessystematische Einordnung von zentraler Bedeutung. Oft entstehen Missverständnisse, weil Redner diese systematischen Verknüpfungen, die ihnen selbst klar und selbstverständlich sind, nicht an die Zuhörer weitergeben. Studenten, die vor einer Vorlesung schon soweit vorgearbeitet haben, dass sie den Grundzusammenhang der Normen verstanden haben, ohne in Einzelheiten einzusteigen, gewinnen den großen Vorteil, dass sie alle neuen Informationen in eine vorhandene Grundstruktur einbauen und somit besser verarbeiten können.

Hierin liegt auch der große Vorteil der Aufstiegsbeamten im Studium. Beim mündlichen Vortrag sollten daher auch immer das Ziel und die systematische Einordnung der Norm verständlich erläutert werden.

B 1 und B 2 Übersicht über die Voraussetzungen und Rechtsfolgen

Eine vollständige Übersicht über die Tatbestandsvoraussetzungen und die Rechtsfolgen ist der nächste Schritt. Hierdurch wird zunächst wieder eine Grundstruktur angelegt, die später durch Einzelinformationen gefüllt werden kann. Es ist wichtig, sich bei der Präsentation dieser Strukturen nicht schon in Einzelheiten oder die Erklärung von Fachausdrücken zu verlieren. Oft empfiehlt es sich, die entsprechenden Übersichtsfolien beim Wechsel von einem Merkmal zum nächsten kurz wieder aufzulegen oder bei PowerPoint die Übersicht einzublenden, um die Strukturen in Erinnerung zu rufen.

B 3 Einzelne Tatbestandsmerkmale

Die Besprechung eines einzelnen Tatbestandsmerkmals beginnt in der Regel mit der Interpretation des Wortlauts und der Erklärung von Fachausdrücken, an die sich eine Aufzählung von Beispielen anschließt, die von diesem Merkmal typischerweise erfasst werden. Damit ist der Kernbereich beschrieben und es folgt die Darstellung der Grenzzonen. Eine der Hauptschwierigkeiten bei der juristischen Arbeit und in Klausuren ist die Abgrenzung und Trennung ähnlicher Sachverhalte, die von unterschiedlichen Rechtsnormen erfasst werden oder die Voraussetzungen der konkret überprüften Norm nicht erfüllen, sodass die Abgrenzungskriterien besonders sorgfältig herausgearbeitet werden müssen. Die Zitate der Gerichtsurteile für die positiven und negativen Beispiele sollten im Handout enthalten sein.

B 4 Die Rechtsfolgen

Hinsichtlich der Rechtsfolgen ist zwischen den unmittelbaren Rechtsfolgen, die sich direkt aus dem Wortlaut der Rechtsnorm ergeben, und den mittelbaren Rechtsfolgen, die dadurch entstehen, dass in Folgeregelungen auf den Vorentscheidungen aufgebaut wird, zu unterscheiden. Während die direkten Rechtsfolgen auf Grund ihrer Stellung im Wortlaut der Vorschrift in der Regel vollständig erwähnt werden, bleibt die Darstellung mittelbarer Rechtsfolgen häufig ungenau und unvollständig. Aber selbst für Fachleute ist die Zusammenfassung mittelbarer Rechtsfolgen immer wieder von Interesse, weil diese Informationen häufig nur durch erheblichen Arbeitsaufwand oder intensive gedankliche Überlegungen zusammengetragen werden können.

b) Besonderheiten bei Informationen über Rechtsänderungen

Bei der Information über Gesetzesänderungen ist es am günstigsten, alte und neue Fassungen des Gesetzes in einem Handout nebeneinander darzustellen und die Unterschiede optisch hervorzuheben. Viel zu häufig wird von Rednern, die sich aktuell in eine Problematik eingearbeitet haben, unterstellt, dass ihre Zuhörer die alte Regelungen genauso komplett abgespeichert haben und jederzeit aus dem Gedächtnis abrufen können, wie sie selbst. Dies ist bei der Vielzahl an Rechtsnormen aber oft sehr schwierig und kostet unnötige Energie, die besser für das Verständnis der Rede verwendet werden könnte. Wenn die Erinnerung lückenhaft ist, können dann zusätzlich erhebliche Verständnisschwierigkeiten auftreten, weil kein passendes Schema aktiviert ist.

Der Schwerpunkt der Ausführungen muss auf der Darstellung der Neuregelungen liegen. Eine intensive Erläuterung der alten Normen ist meistens Zeitverschwendung und nur insoweit sinnvoll, als aufgezeigt wird, welche Schwächen und Fehler zu einer Neuregelung geführt haben. Demzufolge sind überwiegend die neuen Regelungen durch Beispiele verständlich zu machen, wogegen bei den alten Normen Beispiele nur noch ausnahmsweise sinnvoll sind.

Beim Aufbau wird oft eine Reihenfolge entsprechend der Nummerierung der Paragraphen im Gesetz gewählt. Dies ist häufig nicht der beste Aufbau und ein Zeichen mangelnder Gewichtung. Man sollte entscheiden, welches die wichtigsten Änderungen sind und diese dann so zu einem logischen Aufbau zusammenfügen, dass möglichst wenige Informationen wiederholt werden müssen. Bei rein sprachlichen Veränderungen genügt eine Auflistung im Handout. Entsprechendes gilt für einfache Änderungen, die keiner intensiven Erläuterung bedürfen.

2.1.2.3 Gliederung eines Aktenvortrages

Ein Aktenvortrag wird im Hauptteil geprägt durch eine Zweiteilung in einen **Sachbericht** über den Akteninhalt und den Stand des Verfahrens sowie ein **Rechtsgutachten.** Dabei wird empfohlen, maximal ein Drittel der Zeit auf den Sachbericht und zwei Drittel der Zeit auf das Gutachten zu verwenden. Wenn es gelingt, den Sachbericht ohne Verlust an wesentlichen Informationen noch stärker zu komprimieren, dürfte dies kein Nachteil sein, weil dann noch mehr Zeit für die rechtliche Würdigung gewonnen wird.

GLIEDERUNGSBEISPIEL

A	Einleitung: Hinweis auf die Rechtsprobleme des Falles
B	Hauptteil
B 1	Sachbericht: unstreitiger Sachverhalt, Verfahrensstand, Streitgegenstand, Beweiserhebungen
B 2	Entscheidungsvorschlag
B 3	Rechtsgutachten (rechtliche Würdigung)
B 4	Tenor der Entscheidung

Die **Einleitung** besteht aus einem kurzen Hinweis auf die durch den Fall aufgeworfenen Rechtsprobleme, um den Prüfern eine erste Orientierung zu geben. Hierfür genügen in der Regel zwei bis drei Sätze.

Der **Sachbericht** soll sich auf die für das Verständnis des Falles notwendigen Informationen beschränken. Durch geschickte Strukturierung der Informationen kann ohne Qualitätsverlust eine starke Verdichtung erreicht werden.

Am Anfang steht der **unstreitige Sachverhalt** mit den Informationen über die Berufstätigkeit oder das Gewerbe des Steuerpflichtigen sowie der Beschreibung der tatsächlichen Lebensvorgänge, die zu einer unterschiedlichen rechtlichen Bewertung geführt haben. Durch einen **Überblick über das bisherige Verfahren** wird aufgezeigt, ob die umstrittenen Probleme auf Grund einer Betriebsprüfung oder durch die Veranlagung aufgegriffen worden sind und der Stand des Rechtsbehelfsverfahrens – beziehungsweise der finanzgerichtlichen Klage – wird dargestellt.

Beim **Streitgegenstand** sind zunächst die Behauptungen und die Rechtsmeinungen des Steuerpflichtigen bzw. seines Beraters, einschließlich der gestellten Anträge, anzuführen, da diese Seite Kläger oder Rechtsbehelfsführer ist. Danach folgen die Gegenbehauptungen und Rechtmeinungen der Finanzverwaltung. Anträge sind wörtlich wiederzugeben, bei unklaren Formulierungen allerdings in der durch Rechtshinweise veränderten Form. Abgeschlossen wird der Sachbericht mit Erläuterungen über **Beweiserhebungen,** sofern diese stattgefunden haben.

Vor Beginn der **rechtlichen Würdigung** ist ein kurzer **Entscheidungsvorschlag** zu unterbreiten, damit die Prüfer die Ausführungen von Anfang an in Hinblick auf die vorgeschlagene Entscheidung kritisch überprüfen können.

Beim **Rechtsgutachten** wird der angefochtene Verwaltungsakt oder das sonstige Verwaltungshandeln auf seine formelle und materielle Rechtmäßigkeit hin überprüft. Verfahrensfehler und Formfehler entwickeln im Steuerrecht wegen § 127 AO nur selten eigenständige Bedeutung, soweit dies aber der Fall ist, sind sie vor den materiellen Fehlern zu überprüfen. Bei der materiellen Rechtmäßigkeit ist auf sorgfältige und vollständige Subsumtion zu achten, wobei eine kurze Erwähnung unstreitiger und unproblematischer Tatbestandsmerkmale genügt oder manchmal ganz entfallen kann. Streitige Merkmale und andere Rechtsprobleme sind genau zu analysieren, der Meinungsstand in Literatur und Rechtsprechung ist darzustellen und zu entscheiden. Erst wenn das Problem theoretisch eindeutig geklärt ist, kann die Beweiswürdigung vorgenommen werden.

Aus den Ergebnissen der rechtlichen Würdigung folgt ein konkreter **Entscheidungsvorschlag** mit einem **sorgfältig ausformulierten Tenor**.

2.1.2.4 Aufbau eines sozialwissenschaftlichen Fachvortrags

Der Aufbau eines Vortrages im Bereich der sozialwissenschaftlichen Fächer hat ebenfalls eine eigene Struktur. Dabei ist zwischen einem Bericht über eigene empirische Untersuchungen, wie bei der Projektarbeit, und einem Referat über einzelne Theorien und den Stand der wissenschaftlichen Diskussion zu unterscheiden. Da sich bei der zweiten Fallgruppe keine besonderen Schwierigkeiten gegenüber dem Fachvortrag und der Erörterung einer Rechtsnorm ergeben, wird auf die entsprechenden Ausführungen oben verwiesen und nur der Aufbau eines Berichts über eigene empirische Untersuchungen näher besprochen.

GLIEDERUNGSBEISPIEL

A	Einleitung
A 1	Einstieg
A 2	Wissenschaftlicher, sozialer oder wirtschaftlicher Hintergrund des Problems
A 3	Ziel der Untersuchung
A 4	Inhaltsübersicht
B	Hauptteil
B 1	Problemstellung
B 2	Historische Entwicklung
B 3	Aktueller Meinungsstand
B 4	Hypothesenbildung
B 5	Methodeneinsatz
B 6	Ergebnisse
C	Schluss
C 1	Konsequenzen
C 2	Ausstieg

Bei der Einleitung ergeben sich keine größeren Besonderheiten. Praktisch jede sozialwissenschaftliche Untersuchung wird entweder durch das Interesse an der Überprüfung einzelner Aussagen wissenschaftlicher Theorien oder durch eigene Beobachtungen in der sozialen Umwelt angestoßen. Dieser Hintergrund sollte den Zuhörern in der Einleitung des Vortrages vermittelt werden.

Beim **Ziel der Untersuchung** wird dieser Hintergrund dann so konkretisiert, dass deutlich wird, welche Erkenntnisse durch die Untersuchung gewonnen oder überprüft werden sollen.

Bei der **Problemstellung** erfolgt ein tieferer Einstieg als bei der Zielsetzung, in dem die Schwierigkeiten bei der Entscheidung und empirischen Überprüfung verschiedener theoretischer Ansätze oder von Beobachtungen der sozialen Umwelt herausgearbeitet und zu einem Problembewusstsein verdichtet werden.

Je nach Kenntnisstand und Vorwissen der Zuhörer sowie dem Ziel der Untersuchung, ist die **historische Entwicklung** und der **aktuelle Meinungsstand** unterschiedlich ausführlich darzustellen.

Ein zentraler Punkt ist die sorgfältige **Hypothesenbildung**, bei der klar zwischen unabhängigen und abhängigen Variablen unterschieden werden muss und die so definiert sein müssen, dass eine empirische Überprüfung möglich ist.

Die **empirischen Methoden** (Beobachtung, Experiment, Interview, Aktenanalyse), die bei der Untersuchung denkbar und die Methoden, die konkret zum Einsatz gekommen sind, sollten dann beschrieben und ihre Auswahl begründet werden.

Die **Ergebnisse der Untersuchung** sind in Form klarer Aussagen darzustellen und anhand von Grafiken, Tabellen und Diagrammen zu erläutern. Dabei ist auf Objektivität (Trennung von Tatsachen und Meinungen), Reliabilität (Zuverlässigkeit) und Validität (Gültigkeit) zu achten.

Im **Schlussteil** bieten sich Aussagen über Konsequenzen, weitere Fragestellungen und künftige Entwicklungen an.

2.2 Vorbereitung des Vortrages

2.2.1 Entwicklung eines Sachvortrages mit Präsentation

Für die sorgfältige Vorbereitung eines Sachvortrages mit Präsentation ist eine gute Planung erforderlich, bei der auch der Zeitaufwand für die einzelnen Teilaufgaben realistisch eingeschätzt werden muss. In der Regel wird der Zeitaufwand von den meisten Menschen deutlich unterschätzt. Schließlich muss man ein Thema zunächst inhaltlich in den Griff bekommen, bevor man an die Aufbereitung in Form einer Präsentation gehen kann. Diese Zeitproblematik wird bei der Kritik an weniger perfekten Präsentationen oft vernachlässigt.

CHECKLISTE ▌▌▌▌▌▌▌▌▌▌▌▌▌▌▌▌▌▌▌▌▌▌▌▌▌▌▌▌▌▌▌▌

Vorbereitung eines Sachvortrages mit Präsentation

- Zielgruppen- und Adressatenanalyse
- Zieldefinition und Themenwahl
- Informationssammlung
- Argumentationsaufbau
- Manuskript
- Drehbuch
- Medienproduktion

a) Zielgruppenanalyse

Die Zielgruppenanalyse steht am Anfang der Vorbereitung. Von den Interessen und der Zusammensetzung des Zuhörerkreises hängt nicht nur die Zieldefinition und das Thema ab, sondern auch die Entscheidung über Anspruchsniveau des Vortrags, voraussetzbare Vorkenntnisse, Gestaltung der Beispiele, Medieneinsatz sowie Raumplanung und Sitzordnung, soweit auf diese Punkte Einfluss besteht.

Dabei sind folgende Fragen zu überprüfen:

- **Herkunft der Teilnehmer:** Unternehmen, Branche, Behörde, Bildungseinrichtung?
- **Tätigkeitsgebiet:** Steuerrecht, Betriebswirtschaft, Technik, EDV, Betriebsprüfung, Personalführung, Studium, Fachrichtung?
- **Hierarchische Ebene:** Behördenleiter, Betriebsleiter, Sachgebietsleiter, Abteilungsleiter, Sachbearbeiter, Dozenten, Studenten?
- **Informationsstand:** Welche Vorkenntnisse und Vorerfahrungen sind vorhanden?
- **Ziele und Interessen der Zuhörer:** Welche Informationen benötigen die künftigen Zuhörer? Was wollen sie lernen oder erfahren? Worüber wollen sie diskutieren?
- **Gruppengröße und Räumlichkeiten:** Wie groß wird die Zielgruppe sein? Inwieweit können die Zuhörer aktiviert und in den Vortrag einbezogen werden?
- Bei **größeren** und **längeren Veranstaltungen** zusätzlich: Ist Gruppenarbeit möglich und sinnvoll? Sind geeignete Räumlichkeiten vorhanden? Welche Sitzordnung ist angemessen?

b) Zieldefinition und Themenwahl

Beim Thema Rhetorik wurde schon auf die große Bedeutung einer klaren Zieldefinition hingewiesen. Sie ist Grundvoraussetzung für eine überzeugende Argumentation.

Wer sich zufriedene Zuhörer wünscht, sollte sich um weitgehende Übereinstimmung zwischen den Interessen der Zuhörer und seinen eigenen Redezielen bemühen. Dies ist eigentlich eine Selbstverständlichkeit, in der Praxis sind jedoch sehr häufig Verstöße gegen diese Regel zu beobachten. Dies gilt besonders für Pflichtveranstaltungen. Manche Professoren halten Vorlesungen über Themen, denen die Studenten relativ wenig Interesse entgegenbringen und die sie nur aus Prüfungsgründen anhören. Bei einer solchen Diskrepanz sollte genau geprüft werden, woher der Unterschied in der Zielsetzung kommt und ob die verschiedenen Interessen nicht doch angenähert werden können, denn solche Situationen sind für beide Seiten letztlich unbefriedigend und sie können auf Dauer zu offenen Konflikten führen. Je größer die Diskrepanz ist, umso wichtiger ist es, im Vortrag eine gute Motivation für die Zuhörer aufzubauen. Grundsätzlich sollte aber eine weitgehende Übereinstimmung der Ziele angestrebt werden.

Die Themenformulierung erfolgt dann in der Weise, dass das zentrale Redeziel möglichst präzise wiedergegeben wird, damit potenzielle freiwillige Zuhörer sachgerecht entscheiden können, ob der angebotene Vortrag für sie von Interesse ist.

Personen mit wenig Erfahrung neigen zu Themen, die zu weit gefasst sind, um in der vorgegebenen Zeit angemessen behandelt zu werden. Die Folge sind dann entweder sehr unvollständige, häufiger aber sehr flache Reden, in denen die Probleme nur angerissen, aber nicht vertieft werden können. Es ist daher sinnvoller ein eng eingegrenztes Thema zu wählen und dieses gut zu vertiefen, als bei einem breiten Thema nur an der Oberfläche zu bleiben. Vorträge sind ein guter Spiegel der Persönlichkeit!

c) Informationssammlung

Die Informationssammlung ist eine Hauptproblematik für viele Studenten. Am Anfang wissen sie nicht, wie sie am besten an geeignetes Material gelangen, in späteren Phasen ertrinken sie darin und fühlen sich bei der Aufarbeitung überfordert. Am Ende steht dann manchmal eine Krankmeldung oder eine andere Ausrede. Die Informationssuche sollte daher, sowohl zeitlich als auch vom Umfang her, begrenzt werden, damit der Vortrag oder das Referat im Ergebnis nicht zu fremdbestimmt wird und genügend Zeit für die eigene Durchdringung der Probleme bleibt.

Der beste erste Einstieg ist die Literaturrecherche in Lehrbüchern, Kommentaren und wissenschaftlichen Zeitschriften. Über die Suchfunktionen von Bibliotheken, die ihren Katalog über das Internet zugänglich machen, kann schnell ein Grundstock an wichtiger Literatur zu einem Thema gesammelt werden. Mit diesem Material kann man sich dann einen vorläufigen Überblick über den Meinungsstand in der Wissenschaft, bei juristischen Themen in Rechtsprechung und Literatur, zu dem speziellen Problem verschaffen. Aufsätze, die zu dem speziellen Problem konkret Stellung nehmen, sind dabei oft die beste Fundstelle, da diese meistens auch mit einer guten und aktuellen Literaturliste versehen sind, die dann bei der weiteren Suche hilfreich ist. In der ersten Phase der Suche genügt zunächst eine Relevanzüberprüfung der Texte, bevor für die Entwicklung des Vortrags eine sorgfältige Durcharbeitung erfolgt.

Durch geschickte Internetrecherche kann sehr viel zusätzliches Material gewonnen werden. Das Risiko der Überschüttung mit überflüssigen und unwichtigen Informationen wird bei gutem Vorwissen und bei erfolgreicher Einarbeitung in das Problem über die erste Literaturrecherche immer geringer, sodass dann nur noch relevante Beiträge abgespeichert werden müssen. Eine gute Kombination der Stichworte für die Suche begrenzt die Ergebnisse auf ein überschaubares Maß. Die Kombination der Stichworte ist so auszuwählen, dass fachfremde Bedeutungen der Stichworte ebenso außen vor bleiben, wie zu populärwissenschaftliche Darstellungen.

Besonders ärgerlich und zeitaufwändig ist die Suche nach Informationen, die man zwar gelesen, bei denen man aber später die Fundstelle vergessen hat. Es empfiehlt sich daher, schon bei der ersten Durcharbeitung der Texte, wichtige Fundstellen auf gesonderten Gliederungsblättern festzuhalten. Ein Arbeitsaufwand, der sich bei komplexen Themen mit Sicherheit lohnt.

d) Argumentationsaufbau und Redemanuskript

Für den Aufbau der Argumentation, die inhaltliche Gestaltung des Vortrags und das Redemanuskript wird auf die Ausführungen zum Thema Rhetorik (B 1.5) und die Gliederungshinweise (B 2.1) verwiesen. Grundsätzlich sollte die inhaltliche Struktur stehen, bevor die Gestaltung der Folien und anderer Präsentationsmittel begonnen wird.

e) Drehbuch

Im Drehbuch wird eine Struktur und ein Ablaufplan für den gesamten Vortrag einschließlich Präsentation aufgebaut. Dabei wird der Inhalt des Vortrags mit der Zeitplanung und einer Übersicht über den Einsatz der Präsentationsmittel kombiniert. Für den Inhalt bietet sich häufig die Übernahme der Gliederung an.

Gliederungspunkt	Ziel	Methode	Medium	Zeit
Einstieg	Neugier wecken	Karikatur	Folie, Projektor	2 Minuten

Wichtigste Funktion des Drehbuchs ist die Schaffung einer Spannungskurve für die gesamte Präsentation, vergleichbar dem Spannungsaufbau in der Rede oben (B. 1.5.3.7).

Durch die Erarbeitung eines Drehbuchs kann sichergestellt werden, dass eine gewisse Medienvielfalt zur Anwendung kommt, die Zuhörer einbezogen werden und der Zeitrahmen realistisch überprüft wird. Dies wird dann auch oft zur Kürzung oder Straffung weniger wichtiger Teile des Vortrags und der Präsentation führen.

f) Medienproduktion

Bei der Medienproduktion steht die Visualisierung des Vortrags im Vordergrund. Es empfiehlt sich daher, das gesamte Manuskript sorgfältig danach zu überprüfen, welche Aussagen in Bilder, Symbole, Grafiken, Diagramme und Textfelder für die Folien transformiert werden können.

2.2.2 Visualisierung

2.2.2.1 Vorteile der Visualisierung

Beim Thema Rhetorik hat sich die Darstellung auf die reine Sprachwirkung beschränkt. Vorträge über Sachthemen, die allein auf die auditive Informationsübermittlung setzen, erzeugen oft nur relativ geringe Erinnerungswerte. Bei den Zuhörern liegen während einer nur mündlich vorgetragenen Rede wichtige Wahrnehmungs- und Verarbeitungskapazitäten brach. Für einen überzeugenden Vortrag ist es daher wichtig, die Sprachwirkung durch visuelle Informationen zu unterstützen.

Zunächst ist es sinnvoll bei den Zuhörern einen zweiten Eingangskanal anzusprechen. Während über den akustischen Kanal ungefähr 1 Million Bits je Sekunde dem Wahrnehmungsspeicher zufließen, sind es beim optischen Kanal 10 Millionen Bits je Sekunde. Menschen sind es gewöhnt, auditive und visuelle Informationen parallel zu verarbeiten, sodass die zusätzliche Visualisierung zu keinem Leistungsabfall sondern zu einer Leistungssteigerung bei der Informationsverarbeitung führt.

Die Speicherung von Informationen im Gedächtnis erfolgt sowohl in sprachlich kodierter als auch in bildhaft kodierter Form, wobei der bildhaften Form eine deutlich bessere Speicherfähigkeit im Langzeitgedächtnis zugeschrieben wird. Die besten Ergebnisse sind zu erwarten, wenn wichtige Inhalte einer Rede in beiden Formen beim Zuhörer abgespeichert werden.

Der oft ermüdenden Wirkung langer Reden kann durch geschickten Medieneinsatz begegnet werden. Jedes neue Visualisierungselement erzeugt neue Aufmerksamkeit und neues Interesse. Beides ist gut für die Motivation und die Konzentration der Zuhörer.

2.2.2.2 Präsentationsmedien

Bei einem Sachvortrag bieten sich, je nach Personenzahl, Räumlichkeiten und technischen Gegebenheiten, für die Visualisierung in erster Linie folgende Präsentationsmedien an: Overhead-Projektor, Schreibtafeln, Hafttafeln, Flipchart, Pinnwand, Dia-Projektor, Videofilm, PowerPoint-Präsentation und Teilnehmerunterlagen (Handout).

Allgemeine Anwendungsgrundsätze

- Alle Zuhörer müssen freie Sicht auf die Medien haben. Medien mit relativ kleiner Schrift sollten möglichst nahe beim Publikum stehen.
- Die Schrift und die Abbildungen müssen auch aus den hinteren Reihen noch gut erkennbar sein
- Rechtzeitig vor Beginn einer Präsentation ist die Funktionsfähigkeit und der Gebrauch der Technik zu überprüfen sowie Größe und Schärfe der projizierten Bilder einzustellen. Ein

hilfloser Redner vor nicht funktionierender Technik ist ein bedauernswerter Anblick. Ein Versagen der Technik führt beim Redner zu unnötigem Stress und garantiert einen Fehlstart. Notfalls die Präsentation umstellen und auf das betreffende Medium verzichten.

- Folien nur so lange auflegen, wie über den betreffenden Inhalt gesprochen wird.
- Den Zuhörern ist ausreichend Zeit für das Lesen neu aufgelegter Folien oder eingeblendeter Texte zu geben, da in dieser Zeit ohnehin keine hohe Konzentration erreicht werden kann.
- Bei der Besprechung des Inhalts der Präsentationsmittel bleibt der Blick soweit wie möglich auf die Zuhörer gerichtet.
- Beim Anschreiben auf Tafeln, Flipcharts und dergleichen wird der Vortrag unterbrochen, bis die Schreibarbeiten abgeschlossen sind.
- Der Einsatz von Präsentationsmedien kann auch übertrieben werden. Dies ist besonders dann der Fall, wenn zu viele Folien in zu kurzer Zeit aufgelegt werden.

2.2.2.3 Besonderheiten einzelner Medien

a) Overheadprojektor

Overheadprojektoren besitzen eine einfache und gut zu handhabende Technik. Der Wechsel der Folien führt nur zu unbedeutenden Unterbrechungen des Vortrags. Bei Gestaltung der Folien am Computer können durch Schriftgröße und -stärke, den Einsatz von Farben, die Übernahme von Symbolen und anderen Grafikelementen sowie die Bearbeitung von Zeichnungen und Fotos, viele visuelle Effekte erreicht werden. Komplexe Darstellungen können durch übereinandergelegte Folien erzeugt und später wieder vereinfacht werden. Lösungen von Aufgaben können bis zum Ende ihrer Besprechung abgedeckt werden. Der Inhalt wichtiger Folien wird oft als Begleitpapier verwendet, eine selbstständige Gestaltung wäre aber meistens besser und sollte nur bei Zeitmangel entfallen.

b) Hafttafeln und Pinnwände

Hafttafeln und Pinnwände eignen sich besonders für Gruppenarbeit, wenn Ideen, Strukturen, Abläufe, Probleme oder Lösungsansätze visualisiert werden sollen. Durch die Verwendung unterschiedlicher Farben und Formen (Rechtecke, Kreise, Ellipsen) können verschiedene Bedeutungen, Funktionen, Ideen oder Ursachen optisch herausgehoben werden. Durch die räumliche Anordnung können leicht Gruppen gleichartiger Objekte gebildet werden. Fehlerhafte Zuordnungen werden schnell und problemlos richtig gestellt. Bei der Vorbereitung sollten Gruppenleiter sich frühzeitig Gedanken über die Wahl der Formen und Farben sowie der sinnvollen Verteilung auf der Pinnwand machen, um ein Chaos während der Gruppenarbeit zu verhindern.

c) PowerPoint-Präsentationen

Wenn sichergestellt ist, dass bei der Präsentation die technischen Voraussetzungen für eine PowerPoint-Präsentation mit leistungsfähigem Beamer, Laptop und Projektionswand gegeben sind, sollte man diese Möglichkeiten auch nutzen. Dies gilt besonders dann, wenn beabsichtigt ist, die Präsentation mehrfach zu verwenden. Die größere Qualität bei den Darstellungen, die vielfältigen Kombinationsmöglichkeiten und der deutlich bessere Komfort bei der Handhabung, sprechen eindeutig für dieses Medium. Auch hier gilt es Schwellenängste zu überwinden und in neue technische Möglichkeiten einzusteigen. Die einzelnen Textseiten können darüber hinaus auch als Overheadfolien ausgedruckt und verwendet werden.

Die umfassenden technischen Möglichkeiten verführen allerdings etwas dazu, die Präsentation mit Spielereien zu überladen. Daher gilt die Grundregel, mit solchen Möglichkeiten angemessen und eher sparsam umzugehen. Bei den Farben bedeutet dies, eine subjektiv sympathische Grundfarbe für den Hintergrund durchgängig beizubehalten und allenfalls aus inhaltlichen Gründen, beim Wechsel großer Gliederungspunkte oder zur Erweckung frischer Aufmerksamkeit einen Farbwechsel vorzunehmen.

Entsprechendes gilt für die Animationseffekte bei Aufruf einer neuen Seite. Eine einheitliche Form, die nur bei Bedarf etwas variiert wird, ist wirkungsvoller als ein ganzes Potpourri an Effekten. Für die Auswahl der geeigneten Medien ist die Kenntnis ihrer Stärken und Schwächen wichtig.

Medium	Stärken	Schwächen
Overheadprojektor Klassisches Hilfsmittel für die Visualisierung. Einsatz dann günstig, wenn der Informationsfluss überwiegend vom Redner zu den Zuhörern geht.	• Blickkontakt zum Zuhörer • Vorbereitete Folien sichern die Struktur des Vortrags • unauffälliger Stichwortzettel • Farbgestaltung möglich • Folien schnell und leicht herzustellen • Computerschrift • Ergänzbarkeit • Rückgriff auf vorherige Folien möglich	Die meisten Schwächen sind Anwendungsfehler: • zu viele Folien • zu viel Text • zu kleine Schrift • zu schneller Wechsel der Folien • zu wenig Grafik und Symbole • spontane Darstellungen oft unsystematisch oder unleserlich
Schreibtafeln Das klassische, bei vielen Dozenten immer noch beliebte Medium.	• Große Flächen • Spontane (grafische) Darstellung von Problemen und Zwischenfragen möglich • Schnelle Veränderbarkeit • Ideensammlungen	• Fehlender Blickkontakt • Anschrieb unterbricht die Rede • Schmutz • schlechte Lesbarkeit • keine Speichermöglichkeit • kein Rückgrif
Flipchart Diese großen Blöcke zum Beschreiben mit Filzstiften werden oft ergänzend zu anderen Medien eingesetzt. Einzelne Blätter können systematisch geordnet im Raum aufgehängt werden.	• Ideensammlungen • Blätter für Gruppenarbeit und Zwischenfragen • Rückblättern • Ergänzbarkeit • Blätter können über längeren Zeitraum präsentiert werden (auch über die einzelne Veranstaltung hinaus)	• Kleine Fläche • Handschrift • Bei schlechter Schrift, Folien oft günstiger • Blickkontakt geht beim Schreiben verloren • Instabile Konstruktion

Medium	Stärken	Schwächen
Hafttafeln und Pin-wände Diesen Medien ist gemeinsam, dass einzelne Blätter oder Karten durch unterschiedliche Techniken (Magnet, Stecknadel, Tesafilm) angeheftet werden.	• Ideal für Gruppenarbeit und andere Situationen, in denen die Zuhörer stark einbezogen werden • Jede Idee kann durch eigene Karte festgehalten werden • Systematisierung durch Ordnung der Karten	• Störungen durch Haftungsprobleme • Bei Handschrift: schlechte Lesbarkeit aus größerer Entfernung, besonders wenn viele Personen geschrieben haben.
Dia- u. Filmprojektoren	• Auch für großes Publikum geeignet • wirkungsvoll bei professioneller Gestaltung • Anschaulichkeit	• Dunkelheit • Zeitaufwand für Technik • starres Konzept • Filme teuer in der Herstellung • aufwendige Technik
Videofilme Gute Ergänzung für Reden, insbesondere bei Einbau in PowerPointPräsentationen. Wichtiges Feedbackmittel bei Rhetorikübungen und vorsichtig eingesetzt bei Rollenspielen	• Preiswerte Technik • Problemlose Überarbeitung • Einbaumöglichkeit in PowerPoint-Präsentationen • Anschaulichkeit	**Bei Vorträgen:** • Konsequente Bearbeitung der Filme erforderlich, da sonst oft langatmig • Zeitaufwand bei der Herstellung **Bei Rollenspielen:** • Häufig große Ängste der Darsteller • Wiederholte Betrachtung erlebter Prozesse langweilt • Suche nach entscheidenden Phasen oft schwierig und zeitaufwendig
Beamer Mit diesem digitalen Projektor kann man von einem Computer aus **PowerPoint-Präsentationen** projizieren. Die aufwendige Technik ermöglicht die besten und professionellsten Präsentationen, da die Vorteile der Folien mit Trickeffekten und Videofilmen kombiniert werden können.	• Abwechslungsreiche und lebendige Darstellungen • Optimale Farbgestaltungen • leichte Überarbeitung und Verbesserung • Vergleich und Speicherung verschiedener Fassungen • Trickeffekte • Andere Dateien projizierbar	• Teuere Technik • Aufwendige Technik • Zeitaufwand bei Erstellung der Präsentation • Gute Computerkenntnisse erforderlich, um die Möglichkeiten zu nutzen. • Übertriebene Trickeffekte lenken ab.

Medium	Stärken	Schwächen
Interaktives Whiteboard Bei diesem Medium werden die Vorteile des Beamers mit der alten Wandtafel kombiniert. Bilder, Folien oder Dateien werden durch einen Beamer auf das elektronische Board projiziert, auf dem man schreiben, zeichnen und wieder auswischen kann. Die Schriftstärke ist individuell einstellbar.	• Speicherung spontaner Darstellungen zur weiteren Verwendung und Überarbeitung • Handschrift kann in Druckschrift transformiert werden und wird lesbarer. • Gesetzestexte können schnell eingeblendet und zur Erläuterung farbig bearbeitet werden. • Alle Texte und Grafiken sind beliebig verschiebbar und bearbeitbar.	• Sehr teueres Medium, das sich aber, besonders im Bereich der Technik, durchsetzen wird. • Zuhörerzahl durch Sichtentfernung begrenzt, aber, je nach Größe des Boards, Gruppen bis 30 Personen möglich.

2.2.2.4 Gestaltungsgrundsätze bei der Visualisierung

Die Visualisierungstechniken haben beim Sachvortrag eine unterstützende Funktion. Sie sollten daher so eingesetzt werden, dass sie nicht in Konkurrenz zu dem Redebeitrag treten. Ein Redner, der sich darauf beschränkt, den ausformulierten Text seiner PowerPoint-Präsentation vorzulesen, kann keine positive Außenwirkung erzielen. Aber auch wer den Text seines Referates schon zu Beginn des Vortrags aushändigt, darf sich nicht wundern, wenn viele Teilnehmer den Text während dem Vortrag durchlesen und dann überhaupt nicht mehr zuhören. Ihr Lesetempo ist auch deutlich schneller als der Vortrag und die Zuhörer sitzen dann im letzten Drittel der Zeit ziemlich gelangweilt herum. Ausformulierte Texte sollten daher grundsätzlich erst nach einem Referat ausgehändigt werden.

Aber auch andere Konkurrenzsituationen treten häufig auf. Wenn Zuhörer den Inhalt einer Folie abschreiben, können sie sich nur schlecht auf den Vortrag konzentrieren. Solche Übersichten sollten daher schon zu Beginn einer Rede verteilt werden, damit eine volle Konzentration auf den Redner möglich ist. Bei richtiger Gestaltung ist ihr Informationsgehalt so begrenzt, dass das Ablenkungspotenzial gering ist.

Die wichtigste Funktion der Visualisierung bei Vorträgen mit theoretischen Ausführungen ist die Vermittlung der Redestrukturen und die Orientierung für die Zuhörer, über welchen Gliederungspunkt Ausführungen gemacht werden. Bei einem gehaltvollen Vortrag werden die Zuhörer angeregt, eigene Überlegungen zum Thema anzustellen und zu vertiefen. Manche Zuhörer werden auch aus anderen Gründen wegträumen. Ein Blick auf die visuelle Darstellung ermöglicht dann aber einen schnellen gedanklichen Wiedereinstieg. Ohne solche Hilfen würde die Zahl der konzentrierten Zuhörer ständig abnehmen.

Eine weitere Funktion ist die visuelle Darstellung wichtiger Aussagen, damit diese sich durch die Darbietung über einen längeren Zeitraum gut ins Gedächtnis einprägen. Wenn zusätzlich durch Symbole oder Bilder abstrakte Aussagen veranschaulicht und Assoziationen an eigene Erinnerungen der Zuhörer geweckt werden, erfolgt eine besonders starke Verankerung der Informationen.

Als Visualisierungsmöglichkeiten bieten sich plakativ gestaltete Texte, Bilder, Grafiken, Schaubilder, Symbole und ihre Kombinationen an.

Vorteile der Visualisierung

- Struktur als Orientierung
- Guter Wiedereinstieg
- Hervorhebung wichtiger Aussagen
- Größere Anschaulichkeit
- Assoziationen
- Erhöhung der Aufmerksamkeit
- Ersparnis sprachlicher Informationen

a) Textfelder

Textfelder sind so zu gestalten, dass nur die wichtigsten Aussagen enthalten sind, Stichworte statt Sätze verwendet werden, nicht mehr als etwa sieben Punkte auf einer Folie angeordnet sind und die Schriftgröße so gewählt ist, dass der Text auch aus der letzten Reihe noch gut lesbar ist. Farbige Gestaltungen verbessern die Wirkung.

Die Beschränkung auf Schlagworte verhindert, dass sich die Zuhörer zu lange mit dem optischen Medium beschäftigen. Ausnahmen nur bei Zitaten oder sehr wichtigen Merksätzen, die aber kurz gefasst auch wirkungsvoller sind. Bei Definitionen ist eine Gliederung der Teilelemente deutlich wirkungsvoller als ein ausformulierter Text.

b) Symbole

Symbole sind kleine grafische Darstellungen, die inhaltliche Aussagen kurz illustrieren sollen. Durch die Computerprogramme wird ein umfangreiches Angebot solcher Gestaltungselemente zur Verfügung gestellt. Im Internet findet sich eine noch größere Vielzahl. Auch diese Elemente dürfen kein Eigenleben führen und haben eine ergänzende Funktion.

  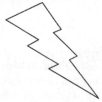

c) Tabellen

Tabellen beruhen sehr oft auf einer Fülle von Einzeldaten, die häufig auch noch durch Summen-, Produkt- oder Prozentbildungen mehrfach aufbereitet worden sind. So wichtig diese Detailinformationen für Betroffene oder für eine vertiefte Analyse auch sein mögen, für die Zuhörer eines Sachvortrags ist meistens nur eine beschränkte Auswahl interessant. Für Folien oder eine PowerPoint-Seite sollte daher eine konsequente Beschränkung auf die wirklich relevanten Daten vorgenommen werden. Es macht auch wenig Sinn, große Zahlen auch noch bis auf die letzte einstellige Zahl oder gar auf Kommastellen genau anzugeben, weil die vielen Einzelinformationen den Blick für das Wesentliche verstellen. Für einen wirkungsvollen Vortrag ist eine angemessene Rundung sehr viel effektiver, weil solche Zahlen dann gedanklich besser verglichen werden können. Die geringen Rundungsdifferenzen beeinträchtigen den Gesamteindruck in der Regel kaum. Wenn auch die exakten Zahlen von Bedeutung sind, finden sie in den Zuhörerunterlagen einen angemessenen Platz. Wichtige Einzelinformationen und Besonderheiten können besonders hervorgehoben werden.

BEISPIEL

Steuereinnahmen Finanzamt X-Stadt

Steuer	Mai 2002 Euro	Anteil in %	Mai 2001 Euro	Anteil in %	Differenz Euro	Änderung in %
Lohn-steuer	22 860 709	38,81	20 715 875	37,33	+ 2 144 834	+ 10,36
Veranlagte Einkom-mensteuer	3 256 764	5,53	3 684 709	6,64	./. 427 945	./. 11,61
Körper-schaft-steuer	5 648 204	9,59	6 506 927	11, 73	./. 858 723	./. 13,20
Kapitaler-tragsteuer	2 246 890	3,81	1 886 564	3,40	+ 360 326	+ 19,10
Summe Steuern vom Ein-kommen	34 012 567	57,74	32 794 075	59,10	+ - 1 218 492	+ 3,72
Umsatz-steuer	24 896 365	42,26	22 699 846	40,90	+ 2 196 519	+ 9,68
Gesamt-summe	58 908 932	100,00	55 493 921	100,00	+ 3 415 011	+ 6,15

LÖSUNG Diese gutgemeinte Tabelle wäre für einen Vortrag völlig ungeeignet. Die Zuhörer werden durch Detailinformationen erschlagen und würden beim Vorlesen dieser Zahlen schnell abschalten. Die beiden Spalten Anteil in % werden sinnvoller als Kreisdiagramm dargestellt und sollten ganz aus der Tabelle entfernt werden, zumal sie auch den Vergleich der absoluten Zahlen erschweren. In einer schriftlich verteilten Tabelle ist es durchaus sinnvoll, sowohl die absoluten Werte vom Vorjahr als auch die Differenz anzugeben, beim Vortrag genügt aber eine von beiden Angaben. Dabei ist der Änderungsbetrag meistens wichtiger, weil das Hauptinteresse auf dem laufenden Jahr und der Entwicklung liegt und die Vorjahreszahlen nicht mehr so bedeutsam sind. Die Höhe der Mehr- oder Mindereinnahmen ist dagegen immer interessant. Eine angemessene Tabelle für einen Sachvortrag könnte daher folgendermaßen aussehen:

Steuereinnahmen Finanzamt X-Stadt

Steuer	Mai 2002 Millionen Euro	Differenz zu Mai 2001 Millionen Euro	Änderung
Lohnsteuer	22,9	+ 2,1	+ 10 %
Veranlagte Einkommensteuer	3,3	./. 0,4	./. 12 %
Körperschaftsteuer	5,6	./. 0,9	./. 13 %
Kapitalertragsteuer	2,2	+ 0,4	+ 19 %
Summe Steuern vom Einkommen	34,0	+ 1.2	+ 4 %
Umsatzsteuer	24,9	+ 2,2	+ 10 %
Gesamtsumme	58.9	+ 3,4	+ 6 %

d) Diagramme

Die gängigen Computerprogramme bieten optimale Unterstützung für die Gestaltung von Diagrammen. Selbst wer noch keine Vorerfahrungen hat, kann bei etwas Experimentierfreude mit wenig Zeitaufwand Diagramme erstellen, bei denen die Zahlenwerte korrekt umgesetzt werden.. Im Folgenden werden daher auch nur kurz die wichtigsten Grundtypen dargestellt.

Bei allen Diagrammen sind folgende Punkte zu beachten:

- Titelangaben
- Quellennachweise bei übernommenen Werten oder Darstellungen
- Beschriftung der Achsen, Flächen und Linien
- Wertangaben oder Wertetabellen
- Legende
- Beschränkung auf das Wesentliche

Stab- und Säulendiagramme werden für den zeitlichen und mengenmäßigen Vergleich statistischer Werte genutzt.

Für den Vergleich der Steuereinnahmen im Mai 2001 und 2002 bietet sich hier daher ein einfaches Säulendiagramm mit Wertetabelle an.

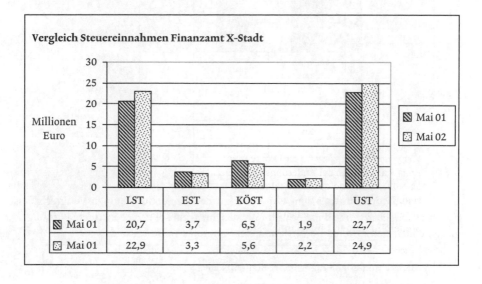

Vergleich Steuereinnahmen Finanzamt X-Stadt

	LST	EST	KÖST		UST
Mai 01	20,7	3,7	6,5	1,9	22,7
Mai 01	22,9	3,3	5,6	2,2	24,9

Für die Darstellung von Teilmengen in Kombination mit der Gesamtmenge ergeben **Komponenten-Stabdiagramme,** auch gestapelte Säulendiagramme genannt, gute Möglichkeiten.

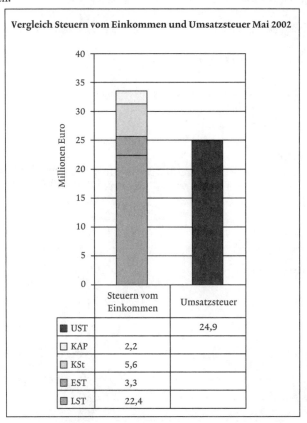

	Vergleich Steuern vom Einkommen und Umsatzsteuer Mai 2002	
	Steuern vom Einkommen	Umsatzsteuer
■ UST		24,9
□ KAP	2,2	
☐ KSt	5,6	
▨ EST	3,3	
▨ LST	22,4	

Balkendiagramme sind im Gegensatz zu den Säulendiagrammen waagrecht ausgerichtet und ergeben durch diese Anordnung manchmal eine optisch günstigere Wirkung. Dies gilt besonders dann, wenn die Werte in einer Rangfolge geordnet sind.

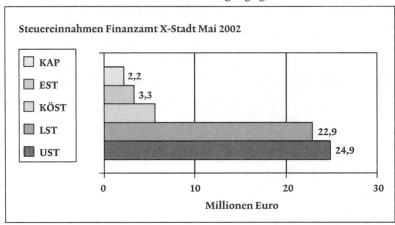

Bei prozentualen Vergleichen sind Kreisdiagramme am besten geeignet.

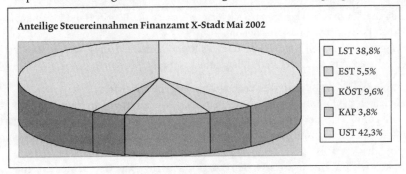

Sollen Zeitabläufe, Funktionen, Zusammenhänge zwischen verschiedenen Variablen, Häufigkeitsverteilungen oder Profile umgesetzt werden, bieten sich **Liniendiagramme** an. Sie sollten aus Gründen der Übersichtlichkeit nicht mehr als drei bis vier Linien enthalten.

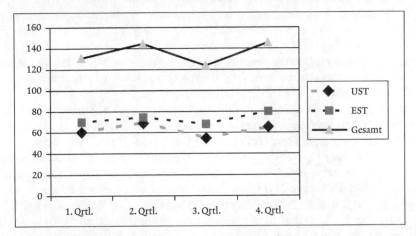

Organigramme sind schematische Darstellungen des Aufbaus einer Organisation. Sie werden auch für den Ablauf von Produktions- und anderen Arbeitsprozessen verwendet.
Folgen bei Zahlungsverzug

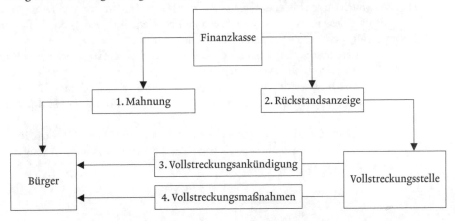

2.3 Begleitmaterial

Für das Begleitmaterial bei einem Sachvortrag hat sich der Begriff Handout eingebürgert. Dabei sind zwei Gruppen zu unterscheiden:

1. Papiere, die schon zu Beginn oder während eines Vortrags verteilt werden und 2. Papiere, die erst am Ende der Rede ausgegeben werden.

a) Papiere, die zu Beginn des Vortrags ausgegeben werden

Diese haben die Funktion, solche Informationen zu vermitteln, die zum Verständnis des Vortrags unbedingt erforderlich sind und deren Weitergabe durch die mündliche Sprache oder durch andere Präsentationsmedien schwierig ist oder die durch zu viele Detailinformationen die Wirkung des Vortrags oder der Folien beeinträchtigen würden.

Dies können bei einem **juristischen Vortrag** Auszüge aus Gesetzestexten, sofern die Zuhörer keine Gesetzestexte vor sich haben und die Kenntnis der Vorschriften nicht vorausgesetzt werden kann, eine Gegenüberstellung alter und neuer Fassungen bei Gesetzesänderungen, noch unbekannte neue Rechtsvorschriften, die Leitsätze der angesprochenen Gerichtsurteile, ein Vertragstext oder, besonders wichtig, die Sachverhalte der verwendeten Beispielsfälle sein. Nur mündlich vorgetragene Sachverhalte können nur schwer abgespeichert werden und führen immer wieder zu Verwechslungen und Irritationen, insbesondere bei mehrfachen Abwandlungen der Beispiele. Bei Vorträgen im **technischen Bereich** bieten sich Pläne und Zeichnungen an, deren Darstellungen durch einen Projektor zu wenig Details erkennen ließen. Bei **sozialwissenschaftlichen Vorträgen** kommen statistische Informationen, wie Wertetabellen und grafische Darstellungen in Betracht.

Sinnvoll ist es auch, die **zentrale Problemstellung** und die **Hypothesen** der Rede den Zuhörern während dem gesamten Vortrag im Handout vor Augen zu führen. Dadurch können sie verstärkt eigene Lösungsansätze und Einwände entwickeln.

Häufig wird auch der **Inhalt der Folien** als Handout ausgegeben. Dies ist besonders dann wichtig, wenn damit gerechnet werden muss, dass manche Zuhörer aus räumlichen Gründen die Folien des Vortrags nur schwer lesen können. Außerdem wird dadurch das von der Konzentration auf den Vortrag ablenkende Abschreiben der Folien vermieden. Das Begleitmaterial darf nicht so umfangreich sein, dass es in Konkurrenz zum Vortrag tritt und von diesem ablenkt. Auch hier zeigt sich die Meisterschaft in der Beschränkung auf das Wesentliche.

b) Papiere, die am Ende des Vortrags ausgegeben werden

Für die zweite Gruppe bietet sich ein zusammenfassendes Handout an, das die **wesentlichen Ergebnisse** des Vortrags knapp aber verständlich wiedergibt, sodass durch die spätere Lektüre die wichtigsten Informationen der Rede wieder erinnert werden können.

Wenn die Zuhörer schon zu Beginn des Vortrags auf die Ausgabe einer guten Zusammenfassung hingewiesen werden, verzichten auch viele von ihnen auf unnötige Mitschriften und konzentrieren sich besser auf die Rede. Würden diese Unterlagen schon bei Beginn oder während der Rede ausgegeben, bestünde das Risiko, dass die Spannung und das Interesse an der Rede zerstört wird.

Dem redeergänzenden Papier sollten gegebenenfalls auch eine kurze **Literaturliste** und **wichtige Internetadressen** beigefügt werden. Solche Informationen würden während der Rede nur unnötige Ablenkungen erzeugen.

Ein Handout sollte folgende formalen Elemente enthalten:
- Name der veranstaltenden Organisation oder Hochschule
- Name der Veranstaltungsreihe oder des Faches, in dem der Vortrag gehalten wird.
- Titel des Fachvortrages
- Name und Anschrift des Vortragenden
- Datum

Inhaltlich bieten sich für ein redebegleitendes Handout folgende Punkte an:
- Zentrale Problemstellung
- Gliederung
- Zitate von unbekannten Gesetzestexten
- Leitsätze von Gerichtsurteilen
- Sachverhaltsschilderungen
- Detailinformationen
- Folienübersichten

Ein redeergänzendes Handout sollte inhaltlich enthalten:
- Zusammenfassung der Ergebnisse
- Literaturhinweise
- Fundstellen im Internet

3 Kooperation

3.1 Kooperation und Konkurrenz

3.1.1 Definitionen

Definition: Kooperation wird, entsprechend der Übersetzung aus dem Lateinischen, als Zusammenarbeit bezeichnet, wobei diese sich auf selbständig handelnde Personen, Gruppen, Organisationen oder Institutionen beziehen kann und die arbeitsteilige Zusammenarbeit gemeinsamen Zielen oder einer gemeinsamen Aufgabenerfüllung dient.

Häufig wird bei der Definition von Kooperation auch auf Freiwilligkeit der Beteiligung abgestellt. Freiwilligkeit ist aber kein geeignetes Abgrenzungskriterium, da in vielen beruflichen Situationen Kooperation als Verpflichtung vorgegeben ist und nicht auf freiwilliger Entscheidung der Beteiligten beruht. Manche Autoren sprechen dann von Zwangskooperationen. Fehlen gemeinsame Ziele oder eine gemeinsame Aufgabenerfüllung handelt es sich eher um Unterstützung oder Hilfe.

Freiwillig entsteht Kooperation, wenn die Beteiligten erwarten, dass sie durch Zusammenarbeit ihre Ziele besser erreichen können als allein und dass die Vorteile größer als die Nachteile sein werden oder dass Kostenvorteile entstehen.

Konkurrenz ist gekennzeichnet durch einen Wettbewerb oder Wettstreit um Ziele, die nicht miteinander geteilt werden können. Diese Auseinandersetzung um begrenzte Ressourcen führt häufig zu Konflikten, weil Nachteile befürchtet werden, wenn der Konkurrent erfolgreicher ist.

Konkurrenz wird von vielen Autoren als grundsätzlich konfliktträchtig bezeichnet. Sie meinen, Konkurrenzsituationen müssten mehr oder wenig zwangsläufig zu Konflikten führen. Manche Autoren gehen so weit, dass sie Konkurrenz nur als Unterfall von Konflikten ansehen. Aber dies ist nicht immer zu erwarten. Viele Menschen bewältigen Konkurrenzsituationen ohne Konflikte.

> Selbst bei hohen Übernahmeschnitten in der Steuerverwaltung haben viele Studenten in Arbeitsgruppen gemeinsam auf die Laufbahnprüfung gelernt, ohne die anderen Mitglieder als Konkurrenten um die begrenzten Stellen zu empfinden. Egoistische Verhaltensmuster konnten nur in begrenztem Umfang beobachtet werden. Die Vorteile der Kooperation wurden daher häufig als lohnender angesehen, als die Chance einen Konkurrenten zu überflügeln.

3.1.2 Das Gefangenendilemma

In der sozialpsychologischen Forschung ist man der Frage nachgegangen, warum sich Menschen im bestimmten Situationen für Kooperation oder für Konkurrenz entscheiden. Diese Zusammenhänge sind sehr häufig mit Versuchsanordnungen nach dem Prinzip des Gefangenendilemmas untersucht worden.

Das Gefangenendilemma wurde an folgender Fallgestaltung entwickelt: Zwei Straftäter, die derselben Straftat beschuldigt werden, sitzen getrennt von einander in Untersuchungshaft. Sie erhalten in Untersuchungshaft folgendes Angebot des Richters: Wenn einer von beiden gesteht und der andere nicht, geht der Geständige straffrei aus und der andere erhält eine hohe Freiheitsstrafe. Gestehen beide, bekommen beide eine mittlere Strafe. Wenn beide leugnen, können beide nur zu einer leichten Strafe verurteilt werden.

Diese Situation kann in einer Matrix dargestellt werden. Dabei bedeuten die Zahlen die Dauer der Gefängnisstrafe und das Minuszeichen drückt aus, dass sich eine negative Folge ergibt:

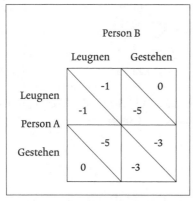

Beide Personen haben die Handlungsalternativen »Leugnen« und »Gestehen«.

»Leugnen« ist dabei die für die einzelne Person ungünstigere Alternative, da dies zu den Wertungen – 1 und – 5 führt. »Gestehen« führt dagegen zu den persönlich günstigeren Folgen 0 statt – 1 und – 3 statt – 5, je nachdem wie sich die andere Person entscheidet. Die Entscheidung »Gestehen« wird daher als die rationalere und egoistische Alternative bezeichnet und steht für Konkurrenzverhalten. Die Handlungsalternative »Leugnen« ermöglicht dagegen das für beide Personen zusammen betrachtet günstigere Ergebnis – 1. Der Einzelne verzichtet auf die persönliche Optimierung um beiden die günstige Möglichkeit – 1 zu eröffnen. Diese Reaktion wird als kooperatives Verhalten angesehen. Ein solches Verhalten setzt das Vertrauen voraus, dass die andere Person sich ebenfalls kooperativ verhält.

Bei anderen Experimenten mit dem Gefangenendilemma wurden je nach Entscheidung positive und negative Punkte vergeben, manchmal auch Geldbeträge angeboten und weggenommen. Den Versuchspersonen wurde die entsprechende Matrix genau erklärt und je nach Spielbedingung mussten sie gleichzeitig oder abwechselnd ziehen. Es wurden oft sehr viele Durchgänge gespielt.

Schon bei den ersten Experimenten, z. B. von Deutsch (1960), zeigte sich deutlich ein klares Übergewicht egoistischer und nicht kooperativer Entscheidungen. Individuelle Unterschiede im Verhalten werden dabei auf die entsprechenden Einstellungen der Personen zu Kooperation und Konkurrenz zurückgeführt. Kommunikationsmöglichkeiten mit dem anderen Spieler können bei stark konkurrenzorientierten Personen die Kooperationsbereitschaft verbessern.

Das Kooperationsverhalten wird auch stark durch das Verhalten des Gegenspielers beeinflusst. Entsprechend den lerntheoretischen Grundsätzen tritt verstärktes (belohntes) kooperatives Verhalten häufiger und bestraftes Verhalten seltener auf. Entscheidend sind dabei nicht nur die tatsächlichen, sondern auch die vom Gegenspieler erwarteten Reaktionen.

Durch asymmetrische Matrizen, bei denen ein Spieler das Ergebnis des Gegenspielers stärker beeinflussen kann als umgekehrt, können unterschiedliche Machtverhältnisse simuliert werden. Dabei zeigt sich, entsprechend den Beobachtungen im realen Leben, dass einflussreiche Spieler weniger Kooperationsbereitschaft zeigen, als solche in schwächeren Positionen. Überhaupt ist die Kooperationsbereitschaft bei unterschiedlichen Machtverhältnissen geringer als bei ausgeglichenem Einfluss.

Kooperation und Konkurrenz sind aber keine gegensätzlichen Pole einer einheitlichen Verhaltensvariable, wie manche Forscher in Zusammenhang mit den Untersuchungen zum Gefangenendilemma und vergleichbaren Problemstellungen angenommen haben, sondern zwei weitgehend selbständige Dimensionen des Verhaltens, die sich unterschiedlich stark beeinflussen können. Die Vermengung der Dimensionen Konkurrenz und Kooperation beruht darauf, dass die Versuchspersonen in diesen Laboratoriumsexperimenten lediglich zwischen kooperativen und konkurrierenden Handlungen entscheiden konnten. Diese künstliche Einengung der Handlungsalternativen entspricht nur wenigen realen Lebenssituationen, da in einer komplexen Welt weder eine solche Begrenzung der Handlungsmöglichkeiten realistisch ist, noch eine entsprechende Reduzierung der Handlungsmotive angenommen werden kann.

BEISPIEL ▒▒▒

> Zwei Betriebsprüfer, die gemeinsam ein Unternehmen prüfen, konkurrieren um die nächste frei werdende Beförderungsstelle. Die gemeinsame Tätigkeit zwingt sie, trotz aller Rivalität, zur Kooperation, weil ein schlechtes Prüfungsergebnis auf beide Prüfer zurückfallen würde.
> **LÖSUNG** Konkurrenzgesteuerte Verhaltensmuster wie Selbstanpreisung bei den Vorgesetzten oder Kritik an der Arbeitsleistung des Konkurrenten werden stärker von Persönlichkeitsmerkmalen abhängen als von der Konkurrenzsituation. Die Rivalität kann, sie muss aber nicht die Qualität der Zusammenarbeit beeinträchtigen.

3.2 Kooperation in der Steuerverwaltung

In einem komplexen System wie der Steuerverwaltung ist eine umfassende Kooperationen erforderlich, um die Aufgabenerfüllung sicherzustellen. Nicht nur die Beamten in einem Bezirk, sondern auch die verschiedenen Arbeits- und Sachgebiete wie z. B. Veranlagung, Vollstreckung, Kasse, Betriebsprüfung, Steuerfahndung und Rechtsbehelfstelle müssen intensiv zusammenarbeiten um erfolgreich zu sein. Hinzu kommt die Zusammenarbeit mit den Vorgesetzten und den übergeordneten Verwaltungsebenen wie Oberfinanzdirektion und

Finanzministerium. Die Kooperation zwischen Steuerfahndung und Staatsanwaltschaft bei der Strafverfolgung ist ein Beispiel für übergreifende Zusammenarbeit zwischen verschiedenen Verwaltungsbereichen.

Die Praxis zeigt, dass ein erheblicher Teil der Probleme und Schwierigkeiten in solch einer Verwaltung auf fehlender oder mangelhafter Kommunikation und Kooperation beruht. Mit der Zunahme der Arbeitsteilung steigt auch der Bedarf an Kommunikation.

Beispiele für schlechte Kommunikation und Kooperation:

- Die Sachbearbeiter und Vollziehungsbeamten der Vollstreckungsstelle haben keine Kenntnisse über Anträge auf Stundung oder Aussetzung der Vollziehung und setzen das Vollstreckungsverfahren in Gang.
- Die Sachbearbeiter der Veranlagung schätzen die Besteuerungsgrundlagen übertrieben hoch, weil sie keinen Kontakt mit den Vollstreckungsstellen aufnehmen, bei denen die wirtschaftlichen Verhältnisse des Steuerschuldners meistens besser bekannt sind.
- Bei der Veranlagung und bei der Betriebsprüfung werden Mitteilungen an die Straf- und Bußgeldstellen vermieden, um sich Ärger mit den Steuerpflichtigen zu ersparen und die Verhandlungen nicht zu belasten.
- Problemfälle werden zwischen Veranlagung, Betriebsprüfung, Steuerfahndung und Rechtsbehelfsstelle hin und hergeschoben, weil alle Stellen »überlastet« sind. Dabei schöpfen die Beamten der Veranlagung ihre eigenen Ermittlungsmöglichkeiten meistens nicht voll aus, Betriebsprüfung und Steuerfahndung bevorzugen Fälle, die schnelle Erfolge versprechen. Im Endergebnis bleiben einzelne schwierige Fälle dann jahrelang unbearbeitet.
- Der Informationsaustausch zwischen Beamten auf allen Ebenen und ihren Vertretern ist so schlecht, dass eine wirksame und zeitnahe Bearbeitung von Problemen im Vertretungsfall oft nicht möglich ist, sofern die Bereitschaft für die Übernahme solcher Mehrarbeit überhaupt vorhanden ist.
- Die Zusammenarbeit funktioniert nicht, weil einzelne Personen zwischenmenschliche Probleme miteinander haben oder weil Vorgesetzte keine Zusammenarbeit ermöglichen, bei der Untergebene auch Fehler eingestehen können.
- Informationsmöglichkeiten im Amt bleiben ungenutzt, weil Erkenntnisse anderer Stellen wie z. B. Einheitsbewertung nicht herangezogen und abgeglichen werden.

Aus den dargestellten Beispielen kann man gut erkennen, woran Kooperation in der Praxis oft scheitert:

- Häufig wird nicht erkannt, dass eine Kooperationsmöglichkeit überhaupt besteht oder Kooperation notwendig ist. Dies gilt besonders für neu eingesetzte Bearbeiter, denen die entsprechenden Informationen nicht vermittelt worden sind. Oft wird auch übersehen, dass Menschen nur in beschränktem Umfang mündliche Unterweisungen abspeichern können, sodass das erforderliche Wissen dann oft erst langwierig durch eigene (negative) Erfahrungen selbst erworben werden muss.
- Erkannte Kooperationsmöglichkeiten werden nicht genutzt, weil eine Scheu besteht, fremde Hilfe anzufragen und anzunehmen.
- Zur Vermeidung von Mehrarbeit werden Aufgaben verschoben.
- Stelleninhaber neigen dazu, ihre Arbeitsbereiche gegenüber anderen Personen und Stellen, teilweise auch gegenüber Vorgesetzten, abzuschotten.
- Ärger und Konflikte mit Bürgern sollen vermieden werden.
- Persönliche Rivalitäten und emotionale Störungen verhindern die Zusammenarbeit.

Wirkungsvolle Kooperation erfordert daher optimierte Informationsprozesse. In Experimenten wurden verschiedene Kommunikationswege auf ihre Wirksamkeit hin untersucht. Die grundlegenden Arbeiten gehen auf Bavelas (1950) und Leavitt (1951) zurück. Dabei wurde zwischen zentralisierten Gruppen, bei denen die Informationen bei einer Person zusammenlaufen oder in vorgeschriebener Reihenfolge weitergegeben werden, und dezentralisierten Gruppen, bei denen die Kommunikationsmöglichkeiten auf die ganze Gruppe verteilt sind, unterschieden.

BEISPIELE

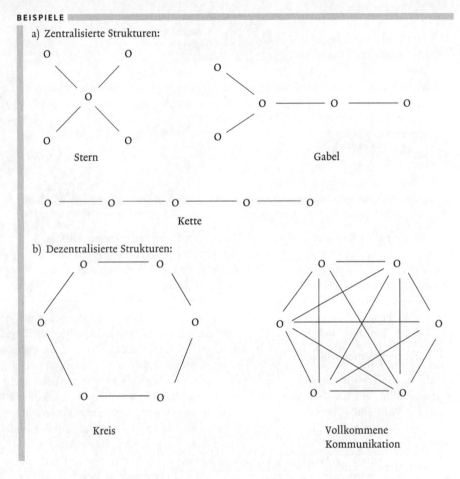

a) Zentralisierte Strukturen:

Stern

Gabel

Kette

b) Dezentralisierte Strukturen:

Kreis

Vollkommene
Kommunikation

Bei den Experimenten von Leavitt hatten die Gruppen die Aufgabe, nur durch schriftliche Kommunikation und ohne Blickkontakt herauszufinden, welches von sechs geometrischen Symbolen das gemeinsame Zeichen auf ihren Karten mit fünf Symbolen war. Die Untersuchungen führten zu dem Ergebnis, dass zentralisierte Gruppen schneller sind und weniger Fehler machen, die Zufriedenheit der Gruppenmitglieder aber in dezentralisierten Gruppen höher ist. Dabei muss man aber berücksichtigen, dass die Aufgabenstellung bei den frühen Experimenten zu dieser Thematik relativ einfach war. Spätere Experimente mit komplexeren Aufgabenstellungen ergaben einen Leistungsvorteil dezentralisierter Gruppen. Shaw (1964) kam nach der Überprüfung vieler Untersuchungen zu dem Urteil, dass zentralisierte Gruppen bei einfachen Aufgabenstellungen, dezentralisierte Gruppen dagegen bei komplexen Aufgaben überlegen sind. Dies bezieht sich sowohl auf die erforderliche Zeit für die Problemlösung als auch auf die Qualität des Ergebnisses, gemessen durch die Fehlerzahl. Er begründet dies mit der größeren Handlungsfreiheit aller Personen in dezentralisierten Gruppen und der Überforderung (Übersättigung) der Mittelpersonen s. o. bei schwierigeren Aufgaben, wenn zu viele und zu komplexe Informationen zu verarbeiten sind. In diesem Zusammenhang lohnt es sich, die aktuellen Kommunikationsstrukturen in der Steuerverwaltung zu untersuchen.

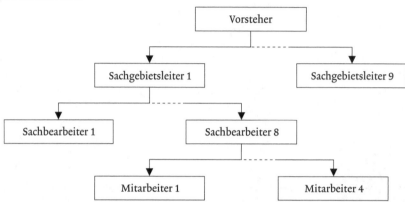

Die formellen Kommunikationswege in der Verwaltung verlaufen in vertikaler Richtung überwiegend entlang den vorgegebenen hierarchischen Organisationsstrukturen. Von der Grundstruktur her sind es Ketten und Gabeln, die nach den theoretischen Vorstellungen besonders für einfache Problemlösungen günstig sind.

Dabei ist zu beachten, dass eine Information, die auf diesem Weg von einer Person auf der Mitarbeiterebene, bis zum Vorsteher gelangt, dreimal mündlich weitergegeben wird. und dabei durch Selektion und Verfälschungen bei der Wahrnehmung und bei der Weitergabe verändert wird (vgl. B 1.3). Dies ist in der Regel bei reinen Sachinformationen einfacher Struktur wenig problematisch, da Steuerbeamte meistens durch ihre Ausbildung und ihren Beruf gut trainiert sind, objektive Sachverhalte in wesentlichen Teilen korrekt wiederzugeben. Problematisch wird das Verfahren, wenn emotionale Vorfälle weitergegeben werden, z. B. wenn ein Vollziehungsbeamter der Vollstreckung einen Streit mit einem Steuerschuldner berichtet. Es besteht dann die Tendenz, den Vorfall insgesamt günstiger darzustellen und die emotionalen Streitelemente weitgehend auszusparen. Auch bei komplexen Steuersachverhalten birgt die mündliche Weitergabe erhebliche Risiken der Selektion und der Verfälschung, auch wenn dann im Amt meistens nur die Stufen Sachbearbeiter/Sachgebietsleiter und Sachgebietsleiter/Vorsteher betroffen sind. In der Praxis versuchen viele Vorgesetzte die Informationsdefizite durch intensives eigenes Aktenstudium auszugleichen, was aber auf Grund der hohen Arbeitsbelastung oft nicht möglich ist.

In horizontaler Richtung verläuft der Informationsaustausch überwiegend auf der Ebene der Sachgebietsleiter und einer gemeinsamen Ebene Sachbearbeiter/Mitarbeiter. Letzterer entsteht meistens schon durch die gemeinsame räumliche Unterbringung von Sachbearbeitern und Mitarbeitern, aber wohl auch dadurch, dass in vielen Ämtern jüngere Menschen oft keinen großen Wert auf Abgrenzung entsprechend der unterschiedlichen Stellung legen.

Soweit unterschiedlich Sach- oder Arbeitsgebiete betroffen sind, hängt die Qualität der Kommunikation stark von der Kontaktfähigkeit der beteiligten Personen ab.

Neben den formellen haben die informellen Kommunikationswege eine erhebliche Bedeutung. Personen verschiedener Aufgabengebiete erkennen dann oft zufällig, dass wichtige Informationen für die eigene Fallbearbeitung an anderer Stelle bekannt sind. Dies ist oft bei Pausengesprächen oder im Zusammenhang mit anderen gemeinsamen Sachaufgaben der Fall. Bei einem guten Betriebsklima im Amt wird ein solcher Informationsaustausch deutlich intensiver verlaufen, als in einem Amt mit starken Rivalitäten zwischen den Bearbeitern und den Sachgebietsleitern.

Zur Verbesserung der Kooperation in Verwaltungen und anderen Organisationen können folgende Anregungen dienen:

- Wichtige Kooperationsmöglichkeiten zwischen einzelnen Arbeitsgebieten wie Vollstreckung, Veranlagung oder Bewertung, sollten systematisch erfasst, dokumentiert und auf Arbeitsplattformen elektronisch abgespeichert werden, damit für die Bearbeiter jederzeit ein Zugriff möglich ist, um Informationsquellen überhaupt zu erkennen. Die systematische Erfassung von Kooperationsmöglichkeiten kann auch für die Optimierung von Arbeitsabläufen nützlich sein.

- In der Ausbildung und bei der Einarbeitung neuer Mitarbeiter ist auf ausreichend lange Einweisungszeiten in vielen unterschiedlichen Arbeitsgebieten zu achten, um ein gutes Verständnis für die oft komplexen Strukturen und Arbeitsabläufe zu erreichen und die Notwendigkeit der Kooperation aus der Sicht der anderen Stellen zu verstehen. Persönliche Bekanntschaften mit den anderen Bearbeitern erleichtern später die Kontaktaufnahme und können die Zusammenarbeit verbessern.

- Vorgesetzte sollten immer wieder die Notwendigkeit und die beiderseitigen Vorteile einer guten Kooperation deutlich machen. Ein mitarbeiterorientierter Führungsstil verbessert die Zusammenarbeit zwischen den verschiedenen Ebenen. Den Mitarbeitern sollte das Vertrauen vermittelt werden, dass sie auch Bearbeitungsfehler eingestehen können, ohne persönliche Nachteile zu erleiden.

- Zur Vermeidung der gegenseitigen Verschiebung von Arbeit, sind klare Zuständigkeitsregeln, Übernahmeprozesse und Schiedsentscheidungen bei fehlender Einigung zu treffen.

- Die Zusammensetzung der Mitarbeiter in Arbeitsgebieten sollte nicht autoritär erfolgen. Persönliche Vorlieben und Abneigungen der Mitarbeiter sind über Mitbestimmungsprozesse zu berücksichtigen. Je enger die Zusammenarbeit sein muss und je größer die räumliche Nähe ist, desto stärker wirken sich emotionale Störungen aus.

- Bei sehr komplexen Problemfällen können gemeinsame Besprechungen der beteiligten Personen aller betroffenen Ebenen, z. B. Vorsteher plus Sachgebietsleiter Betriebsprüfung, Fahndung und Veranlagung sowie die entsprechenden Prüfer und Sachbearbeiter in Form der vollständigen Kommunikation sicher bessere Ergebnisse erzeugen als dies durch Einzelgespräche möglich wäre, zumal die Detailinformationen nach oben immer stärker abnehmen.

- Eine elektronische Aktenführung könnte die Zusammenarbeit beschleunigen und erleichtern, da dann mehrere Berechtigte gleichzeitig auf den Akteninhalt zugreifen können. Derzeit werden viele Bearbeitungsprozesse erschwert und behindert, weil die Akten in Papierform nur an einer Stelle greifbar sind oder erst umständlich Fotokopien erstellt werden müssen. Auch erleichtert eine elektronische Aktenführung das Auffinden einzelner Dokumente und die Trennung wichtiger und unwichtiger Aktenteile.

4 Soziale Gruppen

4.1 Grundbegriffe

Definition: Eine **soziale Gruppe** ist ein aus mehreren Personen bestehendes System, das durch Interaktionen zwischen den Mitgliedern gekennzeichnet ist, in dem sich gemeinsame Normen herausbilden sowie gemeinsame Ziele angestrebt werden und in dem die Mitglieder auf die Ziele der Gruppe ausgerichtete soziale Rollen übernehmen.

An **Gruppen** müssen mindestens zwei oder mehr Personen beteiligt sein. Zweierbeziehungen werden als **Dyaden** bezeichnet und häufig gesondert untersucht. Eine Obergrenze wird meistens nicht getroffen, allerdings werden sehr große Gebilde häufig als **Massen** oder bei starker innerer Struktur als **Organisationen** bezeichnet. Oft wird eine Unterscheidung zwischen **Kleingruppen** mit unter 10 Personen und **Großgruppen** mit über 30 Personen gemacht, wobei die Grenzziehungen uneinheitlich sind.

Eine **inhaltliche** Abgrenzung erfolgt über die Merkmale **Gruppennormen** und **Interaktionen** (aufeinander bezogene zwischenmenschliche Handlungen) innerhalb der Gruppe. Dadurch werden so genannte **statistische Gruppen** ausgegrenzt, die nur einzelne Merkmale gemeinsam haben, z. B. alle Beamten oder alle Studenten. Als **Aggregate** werden Menschenansammlungen bezeichnet, bei denen Kontakte und somit auch Interaktionen fehlen und die Menschen weitgehend anonym bleiben, z. B. die Schlangen vor den Kassen.

In Gruppen bilden sich soziale Positionen und Rollen aus. Eine **soziale Position** ist die Stellung der Einzelperson innerhalb der Beziehungsstrukturen einer sozialen Einheit oder der Gesellschaft insgesamt. Zugewiesene Positionen sind Alter, Geschlecht und Familienstellung (Vater, Kind). Erworbene Positionen sind berufliche Stellungen, wie Vorsteher, Sachgebietsleiter, Betriebsprüfer, Sachbearbeiter sowie Freundschafts- und Interessengruppierungen wie Mitspieler, Freund, Berater usw. Betrachtet man die mit einer sozialen Position verbundenen Rechte und Pflichten sowie das Ansehen, spricht man vom **Status** einer Person.

Soziale Rolle ist ein zentraler Begriff in der Soziologie. Gemeint ist das **Bündel der Verhaltenserwartungen,** das an den Inhaber einer sozialen Position gerichtet ist. Menschen entwickeln klare Vorstellungen darüber, was sie von dem Inhaber einer bestimmten Position erwarten. Diese Erwartungen differieren je nach der sozialen Stellung der Interaktionspartner, sie sind aber unabhängig von den individuellen Eigenschaften des Rollenträgers und der Bezugspersonen. Für die Inhaber einer Rolle ist es meistens günstig, diesen Verhaltenserwartungen gerecht zu werden, da abweichendes Verhalten nicht nur Ansehensverluste, sondern auch andere Nachteile oder Sanktionen auslösen kann. Dadurch erhalten Verhaltenserwartungen, die von der Mehrheit der Gruppenmitglieder übernommen werden, die Wirkung sozialer Normen.

Soziale Normen sind Verhaltensregeln, die auf das Verhalten von Personen orientierend ordnend und lenkend einwirken. Sie sind standardisierte Verhaltenserwartungen der Bezugspersonen, die mit den einzelnen sozialen Rollen und mit bestimmten Situationen verbunden werden. Nach dem Grad der Verbindlichkeit unterscheidet man Muss-Erwartungen, Soll-Erwartungen und Kann-Erwartungen. Rechtsnormen sind überwiegend Muss-Erwartungen, da Übertretungen in der Regel mit Sanktionen verbunden sind. Viele Verhaltenserwartungen sind informelle Normen, die niemals ausdrücklich geregelt worden sind.

Sanktionen sind Maßnahmen, die geeignet sind, Verhalten auf eine soziale Norm hin zu verändern. Positive Sanktionen sind Belohnungen aller Art für normgerechtes Verhalten, negative Sanktionen sind Reaktionen mit nachteiligen Folgen, insbesondere Strafen. Soziales

Verhalten ist in erheblichem Umfang auch ohne Sanktionen wertorientiert, wenn eine Verinnerlichung der Wertvorstellungen stattgefunden hat. Die Verhaltensmuster, die den Erwartungen der Bezugspersonen entsprechen, werden im Zuge der Sozialisation erworben.

Definition: Sozialisation ist der Prozess, durch den Menschen das Wertesystem und das Denksystem der Gesellschaft und ihrer persönlichen Bezugsgruppen erlernen und daraus die ihnen gemäßen Formen des Verhaltens entwickeln.

Verhaltenserwartungen an die Rolle »Vorsteher eines Finanzamtes«:

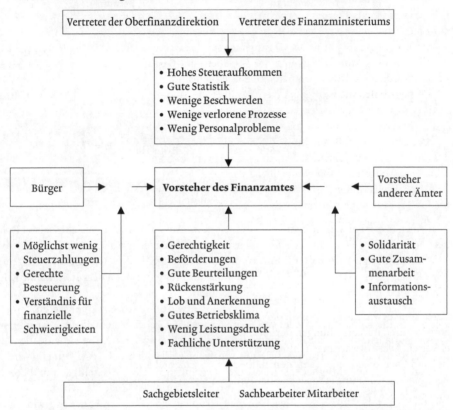

Das Beispiel zeigt nur einen begrenzten Ausschnitt aus der Vielzahl der Verhaltenserwartungen, die mit der sozialen Rolle »Vorsteher eines Finanzamts« verbunden sind. So gibt es von allen Seiten auch Erwartungen hinsichtlich Kleidung, Frisur, Auftreten, rhetorische Fähigkeiten und vielen weiteren Eigenschaften.

Die Übersicht zeigt auch deutlich, dass die Erwartungen oftmals gegensätzlicher Art sind. Während die Vertreter der Oberfinanzdirektion und des Finanzministerium vom Vorsteher ein möglichst hohes Steueraufkommen erwarten, möchten die Bürger möglichst wenig Steuern bezahlen. Die Folgen solcher gegensätzlichen Erwartungen innerhalb einer Rolle werden als **Intrarollenkonflikt** bezeichnet. Einzelheiten zum Intrarollenkonflikt unten (B. 6.2.2) beim Thema Konflikte.

Die gesellschaftliche Entwicklung von Rollenerwartungen ist sowohl für die Rollenträger als auch die Bezugspersonen günstig, da sie ein Wissen um akzeptiertes Verhalten vermittelt,

Vorhersehbarkeit ermöglicht und den Interaktionspartnern dadurch Verhaltenssicherheit gibt. Die Gesamtheit der sozialen Rollen einer Person wird als **Rollensatz** oder Rollenkonfiguration bezeichnet und ergibt sich aus der Vielzahl unterschiedlicher Positionen. Dargestellt wird der Rollensatz einer Studentin.

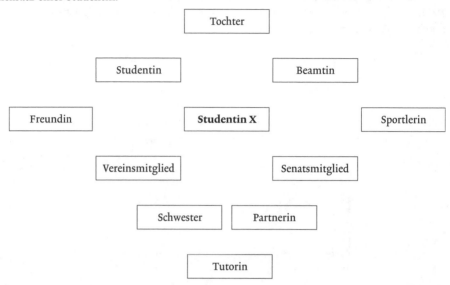

Auch in diesem Beispiel kann nur eine begrenzte Auswahl aus der Vielzahl sozialer Rollen getroffen werden. Wenn hierbei die Erwartungen verschiedener Rollen sehr unterschiedlich sind, kommt es zu **Interrollenkonflikten.** Bei Zeitmangel kollidieren schnell unterschiedliche Rollen. Wenn sich die Person auf ihre Rolle als Studentin besonders stark konzentriert, wird sich ihr Partner vielleicht benachteiligt fühlen.

Typisch für eine soziale Gruppe ist auch die Entwicklung von **Gruppenzielen,** ohne die solche Gebilde sehr schnell wieder verfallen würden. Die Rollen innerhalb einer Gruppe sind meistens arbeitsteilig auf die Erfüllung der Gruppenziele ausgerichtet. Die individuellen Ziele der Mitglieder und die Gruppenziele müssen nicht völlig identisch sein. Oftmals wird die Motivation einzelner Mitglieder stärker durch persönliche Ziele wie Geselligkeit und Freundschaftsbeziehungen beeinflusst sein, als durch die formalen Ziele der Gruppe wie z. B. sportlicher Erfolg. Trotzdem entwickeln viele Gruppen einen starken Druck in Richtung auf allgemeine Übernahme der Gruppenziele. Bei langfristigen Gruppen aber entstehen häufig starke Konflikte bei der Auseinadersetzung über konkurrierende Ziele (sportlicher Erfolg gegen gesunde Vereinsfinanzen), die Prioritäten und die besten Wege zur Zielerreichung. Bei Zwangsgruppen zeigen sich oft besonders starke Differenzen zwischen individuellen Zielen und Gruppenzielen, was man besonders bei Schülern beobachten kann.

4.2 Entwicklungsphasen

Soziale Gruppen sind häufig sehr dynamisch und unterliegen starken Veränderungen. Es ist daher interessant, die unterschiedlichen Entwicklungen im Gruppenprozess näher zu betrachten. Es zeigt sich in vielen Untersuchungen und ist auch einleuchtend, dass es in sozialen Gruppen ein starkes Bedürfnis gibt, klare Strukturen, Normen und Positionen zu entwickeln, weil sich viele Menschen sonst in den Gruppensituationen orientierungslos und unwohl fühlen würden. Dies gilt selbst dann, wenn solche Strukturen für die Aufgabenerfüllung nicht erforderlich sind.

Tuckman (1965) hat empfohlen, bei längerfristig existierenden Kleingruppen, die Phasen »forming«, »storming«, »norming« und »performing« zu unterscheiden. Diese Phasen entstehen nicht alle zwangsläufig und laufen auch nicht immer nacheinander ab, sondern sie überschneiden sich. Als Teilprozesse können sie aber recht häufig beobachtet werden.

Die erste Phase (forming) ist eine Zeit der Orientierung, in der sich viele Gruppenmitglieder noch sehr vorsichtig verhalten, um herauszufinden, welche Verhaltensmuster in der Gruppe akzeptiert werden und angemessen sind und welche Handlungen und Meinungen negative Reaktionen auslösen. Eine sinnvolle Technik, denn zu großes Risiko oder ungeschicktes Verhalten in der Anfangszeit können dazu führen, dass einzelne Personen vorschnell negativ abgestempelt werden, zumal die ersten Eindrücke besonders starke Wirkungen hinterlassen. Soweit ein Gruppenleiter vorhanden ist, findet sich eine starke Abhängigkeit von seinen Meinungen und Handlungen. Entsprechendes gilt für Gruppenmitglieder mit hohem Status. Diese Phase ist bei fast jeder neugegründeten Gruppe und in den vielfältigsten Situationen zu beobachten.

Die zweite Phase (»storming«) ist durch Interessengegensätze, Konflikte und Wettbewerb um Gruppenpositionen gekennzeichnet. Besonders bei Wettbewerbs- und Konkurrenzsituationen innerhalb der Gruppe werden sich Konflikte entwickeln. Aber auch in kooperativen Gruppensituationen können Rivalitäten auftreten, die zu Konflikten führen, meistens dann, wenn das Verhalten Einzelner als unangemessen oder unfair angesehen wird. Ein autoritärer Führungsstil kann Konflikte zwar zeitweilig unterdrücken, der Ausbruch des Ärgers ist dann aber meistens um so intensiver. Ein liberaler Führungsstil, bei dem viel Verantwortung delegiert wird, kann zur Vermeidung von Autoritätskonflikten führen.

Die dritte Phase (»norming«) führt zur Entwicklung von Gruppennormen und zur Übernahme von gesicherten sozialen Positionen. Die meisten Mitglieder werden Positionen in der Gruppe übernehmen, die ihren Fähigkeiten entsprechen und die innerhalb der Gruppe zu einer Arbeitsteilung führen. Oftmals wird sich auch bei führerlosen Gruppen ein informeller Führer herausbilden, der den stärksten Einfluss auf die Gruppenentscheidungen hat. Es ist aber zu beachten, dass diese Prozesse wohl nicht nur als eigenständige Phase und als Reaktion auf die Konflikte der zweiten Phase betrachtet werden dürfen, sondern dass diese Prozesse von Beginn an während dem gesamten Gruppenprozess ablaufen. Auseinandersetzungen und Konflikte führen, wenn sie in der Gruppe positiv bewältigt werden, zu einer Klärung der Normen und der Positionen, da es bei solchen Kontroversen meistens auch um den Einfluss auf die Gruppe geht.

In der vierten Phase (»performing«) zeigt sich dann eine erhöhte Gruppenleistung, wenn in der Gruppe Strukturen, Normen und Positionen entwickelt worden sind. Der Grund für die verbesserte Leistungsfähigkeit dürfte darin zu sehen sein, dass emotionale Belastungen und Konflikte, die in der zweiten Phase die Gruppenarbeit beeinträchtigen, als negative Einflussfaktoren weniger wirksam wurden.

4.3 Gruppenleistung

Die Frage nach der Leistungsfähigkeit von Gruppen hat die sozialwissenschaftliche Forschung stark beschäftigt. Folgende Bedingungen wurden in diesem Bereich vergleichend untersucht: der Einfluss der Anwesenheit anderer Personen auf die Leistung, Leistungen echter Gruppen und der Einfluss individueller Leistungsfähigkeit.

Die ersten Untersuchungen zum Vergleich individueller Leistungen mit der Leistungsfähigkeit bei Anwesenheit anderer Personen bis hin zu einem großen Publikum ergaben kein klares Bild, da sowohl Leistungssteigerungen als auch Verschlechterungen beobachtet worden waren. Zajonc (1965) erkannte dann, dass bei den meisten Untersuchungen die Anwesenheit von Publikum bei einfachen und gut eingeübten Aufgaben zu Verbesserungen, bei schwierigen und komplexen Aufgaben dagegen zu Verschlechterungen der Leistungsfähigkeit geführt hatten. Er erklärte dieses Ergebnis durch eine Erhöhung der inneren Aktivierung durch die Anwesenheit von Beobachtern in deren Folge dominante und gut trainierte Handlungen bevorzugt ausgeführt würden. Bei leichten Aufgaben seien die korrekten Handlungen und Lösungen dominant, bei schwierigen Problemen dagegen die falschen Reaktionen. Ein Ergebnis, das auch durch Beobachtungen bei vergleichbaren Stresssituationen, wie Prüfungen, bestätigt wird. Andere Autoren verwiesen zusätzlich auf den Einfluss von Ängsten vor negativen Bewertungen durch das Publikum Cotrell (1968) und den Einfluss der eigenen Erfolgserwartungen Sanna (1992). Leichte Aufgaben erzeugen positive, schwierige dagegen negative Erfolgserwartungen.

Bei Untersuchungen über die Leistungen in echten Gruppen (Gegensatz: nominelle Gruppen in denen keine Interaktionen stattfinden) schien sich zunächst eine allgemeine Überlegenheit der Gruppe zu ergeben. Gruppen wirkten erfolgreicher als Einzelpersonen, weil die individuellen Unterschiede bei Fähigkeiten, Fachwissen, Erfahrungen, Urteilskraft, Risikobereitschaft und Kreativität zu einem besseren Gruppenergebnis zusammengeführt werden konnten. Erst in späteren Untersuchungen erkannte man klar, dass die zwischenmenschlichen Schwierigkeiten, Organisationsprobleme und andere Einflüsse das Gruppenergebnis stark beeinträchtigen können. Die tatsächliche Gruppenleistung kann nach Wilke und Knippenberg (1997, S. 457) durch die folgende grobe Formel dargestellt werden:

Tatsächliche Gruppenleistung = potenzielle Gruppenleistung ./. Prozessverluste

Die Ursachen für die Prozessverluste sind vielfältiger Natur. Im Bereich der Kommunikation in Gruppen dürfte ein wichtiger Grund für Prozessverluste in der Vernachlässigung von Mindermeinungen liegen, insbesondere dann, wenn einzelne Gruppenmitglieder sehr dominant sind und andere Personen aus Schüchternheit zu wenig Einfluss auf die Gruppenentscheidungen nehmen. So können sich dann fehlerhafte Lösungsvorschläge durchsetzen und die richtigen Ideen werden nicht aufgegriffen. Ein anderer Leistungsnachteil ergibt sich oft durch Zeitverschwendung, weil keine angemessene Gewichtung der Diskussionen entsprechend der Bedeutung einzelner Probleme erfolgt. Dies ist besonders dann zu erwarten, wenn die Gruppen keinen formellen oder informellen Führer mit entsprechenden Erfahrungen und Fähigkeiten bei der Diskussionsleitung haben.

Bei Gruppenarbeit entstehen auch viele Organisationsprobleme. Allein schon die Notwendigkeit, sich zeitlich und räumlich zu koordinieren, führt zu zusätzlichem Zeitaufwand. Außerdem dauert es meistens längere Zeit, bis Gruppen einen erfolgreichen gemeinsamen Arbeitsstil entwickelt haben, der es ermöglicht, das Leistungspotenzial der Gruppenmitglieder auch abzurufen. Viele Gruppenprozesse werden zusätzlich durch einen umständlichen Umgang mit Verfahrensfragen belastet. Ein Ärgernis, das man leider immer wieder bei vielen Gruppensituationen beobachten kann.

Emotionale Störungen zwischen einzelnen Gruppenmitgliedern wirken sich oft negativ auf den Gruppenprozess aus, vor allem dann, wenn solche Belastungen auf der Beziehungsebene nicht erkannt oder ignoriert werden. Einzelne Personen, denen die Erfahrung und die Sensibilität für angemessenes Verhalten in Gruppen fehlt, werden dabei leicht zu Reizfiguren und es entsehen dann Spannungen, die zu starken Motivationsverlusten bei den anderen

Teilnehmern führen können. Bestes Beispiel sind langatmige Redner, die Ihre Beiträge so umständlich vortragen, dass sie dadurch den gesamten Gruppenprozess behindern.

Viele Menschen arbeiten auch lieber allein, als in Gruppen. Sie empfinden die Gruppenprozesse dann als Zeitverschwendung, Zwang und Einschränkung ihrer eigenen Persönlichkeit. Insbesondere bei häufigen, langandauernden und ineffektiven Gruppenprozessen können daher schnell starke Motivationsverluste entstehen.

Andererseits können aber auch bei anregenden Gruppentreffen durch die Entwicklung eigener neuer Ideen und die Konfrontation mit guten fremden Ideen erhebliche Motivationssteigerungen ausgelöst werden. Dies gilt insbesondere für Menschen, die lieber in Gruppen als allein arbeiten.

Eine sachgerechte Beurteilung von Gruppenleistungen im Vergleich zu Einzelleistungen ist auch nur dann möglich, wenn man die Komplexität und den Charakter der Aufgaben berücksichtigt. Aufgaben mit einfachen Leistungsanforderungen, die jedes Gruppenmitglied problemlos allein bewältigen kann, ergeben in der Regel keinen Leistungsvorteil der Gruppe, da die Prozessverluste zu groß sind. Für den Charakter der Aufgaben findet sich eine überzeugende Klassifizierung bei Steiner (1972, 1976).

Steiner unterscheidet zunächst zwischen **teilbaren** Aufgaben und solchen bei denen eine solche Arbeitsteilung nicht sinnvoll ist. Bei einer Bastelaufgabe können in der Regel allen Gruppenmitgliedern Teilarbeiten zugewiesen werden, bei einem komplexen Entscheidungsprozess dagegen meistens nicht oder nur in sehr begrenztem Umfang.

Eine weitere Unterscheidung betrifft die Frage ob **Quantität** (Maximierungsaufgabe) oder **Qualität** (Optimierungsaufgabe) gefordert wird. Die Kreativitätstechnik Brainstorming (vgl. unten C 3) ist in der ersten Phase eine Maximierungsaufgabe, da möglichst viele verschiedenen Ideen gesammelt werden sollen, die Beurteilung der Frage, welche Ideen am besten realisiert werden können, ist dann eine Optimierungsaufgabe.

Die dritte Unterscheidung beschäftigt sich mit dem Einfluss der Einzelleistungen auf das Gruppenergebnis:

Wenn die Gruppenleistung lediglich die Summe der Einzelleistungen ist, spricht man von einer **additiven** Aufgabe. Schneeschaufeln ist eine Arbeit in diesem Sinn. Bei diesen Aufgaben steigt die Gruppenleistung mit der Größe der Gruppe. Allerdings ist der so genannte **Ringelmann-Effekt** zu beachten, der besagt, dass mit zunehmender Gruppengröße die Einzelleistungen sinken. Ringelmann, ein französischer Arbeitswissenschaftler, der die Arbeitsleistung von Menschen, Tieren und Maschinen untersuchte, konnte diesen Effekt 1882 bis 1887 durch Kraftmessungen nachweisen und begründete ihn mit Koordinations- und Motivationsverlusten. **Koordinationsverluste** entstehen z. B. beim Seilziehen dadurch, dass nicht alle Beteiligte in die optimale Richtung ziehen oder ihre Kraft nicht gleichzeitig einsetzen. Die oben dargestellten Organisationsprobleme sind überwiegend Koordinationsverluste. **Motivationsverluste** entstehen bei additiven Aufgaben nach Stroebe und Frey (1982) durch Trittbrettfahren und soziales Faulenzen. Trittbrettfahren liegt vor, wenn die eigene Leistung reduziert oder verweigert wird, weil andere (engagiertere) Gruppenmitglieder die Leistung erbringen, das Gruppenziel somit nicht gefährdet ist und der eigene Leistungsbeitrag als unwichtig eingestuft wird. Soziales Faulenzen entsteht aus egoistischen Motiven, weil die Gefahr entdeckt zu werden als gering eingeschätzt wird und der individuelle Leistungsanteil nicht identifiziert werden kann. Steuerhinterziehung ist eine spezielle Form des sozialen Faulenzens. Bei zu vielen sozialen Faulenzern sinkt die Gruppenleistung deutlich. Die Tendenz zu sozialem Faulenzen sinkt, wenn die Einzelleistungen identifizierbar sind und gesondert bewertet werden können.

Die Kreativitätstechnik Brainstorming ist bei der Ideensammlung eine typisch additive Aufgabe. Sie wurde daher bei Untersuchungen zur Überprüfung der Leistungsfähigkeit von Gruppen in diesem Bereich eingesetzt. Beispiele finden sich bei Wilke und Knippenberg (1997). Dabei wurden so genannte »nominelle« Gruppen zum Vergleich herangezogen, bei denen keine Zusammenarbeit der Gruppenmitglieder möglich war und bei denen die Einzelergebnisse der Mitglieder addiert wurden. Erstaunlicherweise schnitten die echten Gruppen sowohl hinsichtlich der Zahl als auch hinsichtlich der Kreativität, schlechter ab, als nominelle Gruppen. Stroebe und Diehl (1994) führen dieses Ergebnis weniger auf Trittbrettfahren, soziales Faullenzen oder Bewertungsängste zurück, als vielmehr auf **Produktivitätsblockaden,** die dadurch entstehen, dass eigene Ideen nicht geäußert werden können, wenn andere Gruppenmitglieder sprechen. Trotzdem sollte auch der Einfluss von Bewertungsängsten nicht unterschätzt werden, da bei völlig neu gebildeten Gruppen Brainstormingprozesse meistens nur sehr schwer in Gang kommen und wirkliche erfolgreiche Ideensammlungen ein gegenseitiges Vertrauen der Gruppenmitglieder erfordern. Der Nachteil der Produktivitätsblockaden dürfte durch die Induzierung neuer Ideen aufgrund der Vorschläge anderer Teilnehmer mindestens teilweise ausgeglichen werden. Auch ist die Gruppenzufriedenheit in echten Gruppen deutlich höher als in nominellen Gruppen.

Als **kompensatorisch** werden Aufgaben bezeichnet, bei denen das Gruppenergebnis aus dem Durchschnitt der Einzellösungen entsteht. Schätzungsaufgaben über die Zahl der Münzen in einem großen Glas und dergleichen sind hierfür typische Beispiele. Die Fehler einzelner Personen, insbesondere die Extremwerte, werden dann häufig durch die Leistungen anderer Gruppenmitglieder ausgeglichen, sodass der statistische Mittelwert oft besser ist als die meisten Einzelschätzungen. Auch bei Prognosen über künftige Entwicklungen dürfte der kompensatorische Effekt der Gruppenarbeit Leistungsvorteile ergeben.

Disjunktive (trennende, einander ausschließende) Aufgaben, wie zum Beispiel Denksportaufgaben, haben nur eine richtige Lösung, die gefunden werden muss. Diesem Aufgabentyp werden aber auch Aufgaben zugerechnet, bei denen die beste Problemlösung ausgewählt werden soll. Hier zeigt sich ein deutlicher Leistungsvorteil der Gruppe gegenüber den meisten Einzellösungen. Diskussionen über die Problematik führen dabei schnell zum Ausschluss falscher Vorschläge und zur Korrektur von Denkfehlern. Allerdings wird die beste Lösung nur dann gefunden, wenn die richtige Lösung eingebracht wird und in der Gruppe auch Unterstützung erfährt. Gruppenarbeit ist daher besonders bei komplexen und schwierigen Aufgaben sinnvoll, bei denen die Leistungsfähigkeit einer einzelnen Person überfordert ist.

Konjunktive (verbindende) Aufgaben sind dadurch gekennzeichnet, dass alle Gruppenmitglieder zum Erfolg beitragen müssen. Eine Bergsteigergruppe erreicht ihr Ziel erst dann, wenn auch das schwächste Mitglied die Aufgabe bewältigt hat. Nur wenn sich die Aufgabe so teilen lässt, dass schwächere Mitglieder auch leichtere Aufgaben übernehmen können, wird die Gruppe nicht auf das Leistungsvermögen des schwächsten Mitglieds beschränkt.

Eine letzte Unterscheidung betrifft die Frage, ob **Kooperation** oder **Konkurrenz** bei der Gruppenarbeit im Vordergrund steht. Bei einer Projektarbeit, bei der eine Gruppennote vergeben wird, steht Kooperation im Vordergrund, werden die Einzelbeiträge bewertet, ergibt sich eine Konkurrenzsituation. Häufig sind auch gemischte Bedingungen, bei denen beide Elemente zusammenwirken, gegeben. Viele Mannschaftssportarten erfordern eine gute Kooperation aller Mitglieder. Wenn einzelne Personen aus Konkurrenzgründen mehr für das Publikum oder für einen neuen Vertrag spielen, leidet darunter meistens der Erfolg der Mannschaft. Grundsätzlich führen Kooperationsbedingungen in der Gruppe zu gegenseitiger

Unterstützung, emotionalem Wohlbefinden und Sympathie der Mitglieder und zu besserer Gruppenleistung. Konkurrenzbedingungen in der Gruppe führen dagegen zu gegenseitigen Behinderungen, emotionalen Störungen und schlechteren Gruppenleistungen.

Die Klassifizierung von Steiner ermöglicht eine genauere Analyse der Bedingungen unter denen sich ein Leistungsvorteil der Gruppe ergibt und somit eine Vorhersage ob die anstehenden Aufgaben besser durch Einzelarbeit oder durch Gruppenarbeit bewältigt werden können.

Zusammenfassend kann man den Zusammenhang zwischen dem Leistungspotenzial der einzelnen Mitglieder und der Gruppenleistung als Summe der aktivierten Einzelleistungen zuzüglich der Differenz aus Vorteilen und Nachteilen der Gruppenarbeit darstellen:

Summe der Einzelleistungen, die im Gruppenprozess aktiviert werden

+ **Vorteile** der Gruppenarbeit:	– **Nachteile** der Gruppenarbeit:
• Fehlerkorrekturen	• Anlaufschwierigkeiten
• Ideeninduzierung	• Zeitaufwand
• Bessere Problemanalyse	• Produktivitätsblockaden
• Höhere Kreativität	• Organisationsprobleme
• Bessere Urteilsbildung	• Kooperationsverluste
• Kompensation von Extrempositionen	• Rivalitäten
• Motivationssteigerungen	• Motivationsverluste
• Emotionale Geborgenheit (bei guter Gruppenatmosphäre)	• Emotionale Störungen (bei schlechter Gruppenatmosphäre)
• Arbeitsteilung	

= Tatsächliche Gruppenleistung

4.4 Teamarbeit

4.4.1 Anwendungsbereich

Eine spezielle Form der Gruppenarbeit wird als Teamarbeit bezeichnet.

Dabei handelt es sich in der Regel um soziale Gruppen, die im Hinblick auf ein gemeinsames Ziel oder die Bewältigung gemeinsamer Arbeit hin gebildet werden und die dabei die Leistungsvorteile der Gruppenarbeit zur Zielerreichung oder zur Arbeitsbewältigung nutzen wollen. Teamarbeit findet sich in den meisten Lebensbereichen vom Berufsleben über Schule und Studium bis hin zur Politik und zu den Aktivitäten in Vereinen. Je nach Aufgabenstellung und sozialem Umfeld ergibt sich eine mehr oder weniger stark ausgeprägte arbeitsteilige Rollenverteilung, z. B. im Vorstand eines Vereins oder eines Unternehmens, oder die Mitglieder stehen sich relativ gleichrangig gegenüber, wie bei Kreativitätsgruppen. Der Begriff »echte Teamarbeit« soll auf das Merkmal starke Interaktionen und Kooperation innerhalb des Teams hinweisen und die Abgrenzung zu Handlungsformen bilden, bei denen die Gruppenmitglieder im Team zeitlich oder räumlich verbunden arbeiten, im Grundprinzip aber weiterhin ohne Beeinflussung durch die Gruppe selbständig und individuell handeln und Interaktionen sich weitgehend auf die Koordination der Arbeit beschränken.

Im Unternehmensbereich wird häufig zwischen Teams mit Arbeits- und Ausführungshandlungen und solchen mit Problemlösungsaufgaben unterschieden. Im Arbeitsbereich konnte durch neue Modelle der Gruppenarbeit, bei denen anstelle der eintönigen Fließbandarbeit Arbeitsgruppen ihren Aufgabenbereich eigenverantwortlich aufteilen und organisieren, bemerkenswerte Erfolge erzielt werden. Gleichwohl dürfte im Bereich der reinen Arbeits- und Ausführungshandlungen echte Teamarbeit nur begrenzte Anwendung finden, da die Prozessverluste häufig überwiegen werden. Bei den Problemlösungsteams kann zwischen Führungsteams, Planungsteams, Kreativitätsteams, Informationsteams und Kontrollteams unterschieden werden.

Hinsichtlich des Zeitraums bei Teamarbeit finden sich dauerhafte Teams, die unbefristete oder sich wiederholende Aufgaben bearbeiten und zeitlich begrenzte Teams, wie Projektgruppen, die sich nach Zielerreichung oder nach dem Scheitern wieder auflösen.

In Bezug auf die Hierarchie einer Organisation oder eines Unternehmens kann zwischen horizontalen Teams, deren Mitglieder alle aus der gleichen Hierarchieebene kommen (z. B. nur Sachgebietsleiter), vertikalen Teams, mit Mitgliedern verschiedener Ebenen (Vorsteher, Sachgebietsleiter und zuständiger Sachbearbeiter), und gemischten Teams abgegrenzt werden.

Die Aufgabenstellungen in den Unternehmen und Organisationen werden immer schwieriger und komplexer, sodass auch die Leistungsanforderungen an die Mitarbeiter immer weiter steigen. Aus diesem Grund wird auch die echte Teamarbeit immer mehr Anwendungsgebiete bekommen. Es fragt sich nun, welche Voraussetzungen erfüllt sein müssen, damit durch echte Teamarbeit tatsächlich auch Leistungsvorteile erreicht werden.

4.4.2 Anforderungen an die Aufgabe

a) Schwierigkeit der Aufgabe

Grundsätzlich sind alle Arbeiten und Aufgaben, die eine einzelne Personen selbständig gut erfüllen können, kein geeignetes Betätigungsfeld für Teamarbeit, da dann die Prozessverluste größer sein werden, als mögliche Vorteile durch die Teamarbeit. Erst wenn eine Aufgabe so schwierig und komplex ist, dass bei Einzelarbeit der Zeitaufwand und das Fehlerrisiko zu groß werden, kann Teamarbeit sinnvoll eingesetzt werden.

b) Teilbarkeit der Aufgabe

Bei teilbaren Aufgaben sollte immer hinterfragt werden, ob ein gemischtes Modell mit Erarbeitung der Teilaufgaben in Einzelarbeit, kombiniert mit kurzen Phasen der Teamarbeit zu Beginn, am Ende und in den Zwischenzeiten bei Bedarf, nicht effektiver ist, als echte Teamarbeit. Die gemeinsamen Sitzungen können dann hauptsächlich der Koordination und der Motivation der Teilnehmer dienen. Auch bei echter Teamarbeit und bei unteilbaren Aufgaben ist immer wieder zu überprüfen, ob einzelne einfache Teilaufgaben nicht doch besser delegiert werden können.

c) Maximierungs- und Optimierungsaufgaben

Bei Maximierungs- und Optimierungsaufgaben (B. 4.3) können bei hinreichender Komplexität durch den motivationssteigernden Effekt Leistungsvorteile der Teamarbeit entstehen.

d) Einfluss der Einzelleistungen

Additive Arbeiten (B. 4.3) werden auf Grund ihrer starken Teilbarkeit nur selten ein sinnvolles Betätigungsfeld für echte Teamarbeit sein.

Kompensatorische Aufgaben sind im beruflichen Umfeld bei der Einschätzung künftiger Entwicklungen und den daraus folgenden Strategieentscheidungen sowie bei Interessengegensätzen zu lösen. Es werden sich bei **Prognoseentscheidungen** Leistungsvorteile dann ergeben, wenn es gelingt, im Gruppenprozess die Einflussfaktoren für die künftige Entwicklung angemessen herauszuarbeiten und zu gewichten. Auch der **Ausgleich von Interessengegensätzen** ist ein kompensatorischer Prozess. In einem Planungsteam für eine Neuorga-

nisation in einer Verwaltung müssen z. B. die unterschiedlichen Interessen der Führungspersonen in Richtung auf hohe Leistung, der Arbeitnehmer in Bezug auf Arbeitszufriedenheit
und der Bürger in Hinblick auf eine effektive und kundenfreundliche Verwaltung gegenei-
nander abgewogen und ausgeglichen werden. Ein gutes Ergebnis wird bei beiden Arten
kompensatorischer Aufgaben nur dann zu erwarten sein, wenn kein zu großes Übergewicht
einzelner Positionen gegeben ist. So kann bei Prognoseentscheidungen aus dem Gegensatz
zwischen euphorischen Optimisten und der Skepsis erfahrener Praktiker ein realistisches
Ergebnis nur dann erzielt werden, wenn beide Seiten auch angemessen berücksichtigt werden.

Bei **disjunktiven** Aufgaben, bei denen es gilt, gute Lösungen für komplexe Probleme zu
finden, ergibt sich der größte Leistungsvorteil durch Teamarbeit. Entscheidend ist aber, dass
die Probleme hinreichend kontrovers diskutiert werden, sodass auch die ganze Komplexität
des Problems und der Entscheidungskriterien offengelegt wird. Die vorschnelle Einigung auf
Kompromisslösungen birgt das Risiko von Fehlentscheidungen, weil Schwachstellen nicht
erkannt und die Suche nach optimalen Lösungen vorschnell abgebrochen wird.

Bei **konjunktiven** Aufgaben, bei denen alle Beteiligten zum Erfolg beitragen müssen,
handelt es sich in der Praxis häufig um die Zusammenführung von Teilaufgaben, die oft nur
von Spezialisten geleistet werden können, zu einem Gesamtwerk. In diesem Bereich sollte sehr
genau geprüft werden, ob die Teilaufgaben notwendigerweise Teamarbeit erfordern, oder ob
es genügt, Einzelarbeiten durch sinnvolle Koordination und zeitlich begrenzte Teamarbeit
zusammenzuführen.

4.4.3 Anforderungen an die Personen

Einzelgänger sowie sehr schüchterne und verschlossene Menschen sind sicher keine
guten Kandidaten für Teamarbeit. Entsprechendes gilt aber auch für das andere Extrem mit
sehr dominanten Personen, die Macht ausüben und den Gruppen ihren Willen aufzwingen
wollen sowie für langatmige oder abschweifende Redner. Bei diesen Gruppen werden längere
Anpassungsprozesse erforderlich sein, um solche Personen richtig in die Teamarbeit zu
integrieren. Teamfähigkeit muss aber auch bei vielen anderen Menschen eingeübt werden,
da die Lernprozesse in der Schule und im Studium bisher zu stark auf Einzelarbeit abgestellt
sind. Wer für einen längeren Zeitraum Teamarbeit einführen will, ist gut beraten, auch in ein
Training der Teamfähigkeit zu investieren.

Problematisch ist die Frage der **Führung**. Kreativitätsgruppen können vielleicht noch
ganz gleichberechtigt brauchbare Ergebnisse erzielen, obwohl auch hier gute Führung
leistungssteigernd wirkt. Bei Gruppen mit anderen Zielen werden sich aber meistens informelle Führer herausbilden, weil diese Personen auf Grund ihrer fachlichen Kompetenz, ihrer
höheren Motivation oder ihrer Handlungstendenzen zur Organisation, zur Strukturierung
und zum Ausgleich von den anderen Gruppenmitgliedern in dieser Funktion akzeptiert
werden und die Mitglieder dann schnell erkennen, dass die Gruppe Leistungsvorteile gewinnt.
Formell eingesetzte Führungspersonen sollten die beschriebenen Fähigkeiten mitbringen, um
erfolgreich Einfluss auf die Gruppe zu nehmen. Dominantes und autoritäres Verhalten
dagegen, oft auch durch die allgemeine Vorgesetztenstellung noch verstärkt, beeinträchtigt
die Teamarbeit und birgt großes Fehlerrisiko, da kritische Gegenmeinungen dann schnell
unterdrückt werden.

Bei der Vorbereitung und Einführung längerfristiger Teamarbeit sollte durch Mitbestimmungsprozesse eine günstige Zusammensetzung der Teams angestrebt werden. Sowohl

die grundsätzliche Bereitschaft im Team zu arbeiten als auch eine positive Einstellung zu den konkreten Mitgliedern sind wichtige Voraussetzung für erfolgreiche Teamarbeit.

Da in den Anfangsphasen der Teamarbeit meistens besonders problematische Gruppenprozesse auftreten, kann eine Moderation durch einen erfahrenen Experten für Teamarbeit hilfreich sein. Schließlich müssen bei Arbeitsteams viele Mitglieder ihre gewohnten Handlungsstrukturen verändern und vom Leistungsvorteil der Teamarbeit überzeugt werden. Aber auch Gruppen mit anderen Handlungszielen, können ohne angemessene Vorerfahrungen und gute Moderation schnell im Chaos enden.

4.4.4 Organisatorische Anforderungen

Eine genaue **Zielsetzung und Aufgabenbeschreibung**, einschließlich Grenzziehungen, ist Grundvoraussetzung für erfolgreiche Teamarbeit. Die entsprechenden Vorgaben sollten in der Regel von der Führungsebene oder vom Auftraggeber kommen. Selbstverständlich können sie auch durch Gruppenarbeit entwickelt oder modifiziert werden, aber häufig wird es hierbei zu einer erheblichen Verschwendung von Energien kommen, weil die hohe Anfangsmotivation vieler Teilnehmer dann nicht in die inhaltliche Arbeit gelenkt, sondern für Auseinandersetzungen über unterschiedliche Ziele und Vorstellungen über die Aufgabe verschwendet wird. So fruchtbar ein solcher Prozess im Freizeitbereich sein kann, im beruflichen Bereich wird häufig überhaupt kein angemessener Handlungsspielraum gegeben sein, sodass es besser ist, von klaren und eindeutigen Zielen und Rahmenbedingungen auszugehen. Zielsetzung und Aufgabenbeschreibung setzen in der Regel schon intensive Kenntnisse der Materie voraus, sollten sorgfältig geplant und rechtzeitig mit der übergeordneten Führungsebene abgestimmt werden. Später auftretende Meinungsunterschiede und Kompetenzstreitigkeiten in diesem Bereich können bei den Teammitgliedern zu erheblichen Motivationsverlusten führen.

Eine zentrale Frage für den Erfolg von Teamarbeit ist die angemessene **Gruppengröße.** Allgemein lässt sich hierzu keine Regel aufstellen, sie hängt meistens von der konkreten Aufgabenstellung ab. Die Untergrenze ist sicher dann unterschritten, wenn Personen mit wichtigen fachliche Kompetenzen nicht einbezogen, kritische oder kreative Kandidaten ausgegrenzt oder Vertreter wichtiger Interessen ausgeschlossen werden. Es gibt aber in der Praxis auch Tendenzen, häufig zu große Gruppen zu bilden. Bedenkt man, dass mit zunehmender Größe Produktionsblockaden, Trittbrettfahren und soziales Faulenzen zunehmen, das emotionale Wohlbefinden der Teilnehmer dagegen abnimmt, sollte man Teams angemessen klein halten. Die Ursachen für die Tendenz zur Ausweitung der Gruppengröße sind vielfältig. Bei Arbeitsgruppen dürfte der Wunsch der Mitglieder nach ausreichender Personalstärke für die Aufgabenbewältigung, beim Führungspersonal Faktoren wie Prestige, Stellenbewertungen und Einfluss, eine Rolle spielen. Bei Gruppen, in denen unterschiedliche Interessen ausgeglichen werden sollen, will man oft alle Interessenvertreter berücksichtigen, selbst wenn die direkte Betroffenheit nur gering ist. Häufig werden auch bestehende Organisationsstrukturen unreflektiert übernommen. Wenn bei einer Fachtagung zur Besprechung komplexer Steuerprobleme 50 bis 60 Personen zusammenkommen, weil inzwischen zwei Oberfinanzdirektionen zusammengelegt worden sind und Vertreter aller Finanzämter eingeladen werden, wird darunter die Qualität der Veranstaltung zwangsläufig leiden. In solchen Fällen wäre es sicher sinnvoller zwei oder drei Tagungen mit unterschiedlichem Teilnehmerkreis zu organisieren. Dies scheitert in der Praxis dann oft aus vermeintlichen Zeit-

und Geldgründen und der falschen Vorstellung, es müssten alle Ämter gleichzeitig vertreten sein.

Eine beliebte Technik bei großen Veranstaltungen ist die Aufteilung der Teilnehmer in kleinere Teilgruppen zur Bearbeitung einzelner Themenbereiche. Dabei ist es schon erstaunlich, dass nach oft chaotischen und unstrukturierten Gruppensitzungen doch noch eine respektable Präsentation der Ergebnisse im Plenum entsteht, was meistens weniger auf die Leistung der Gruppe, als vielmehr auf die Leistung der Vortragenden zurückzuführen ist. Im Prinzip ist die Aufteilung eine sinnvolle Gestaltung im Sinne der Teamarbeit, sofern die Kleingruppenarbeit gut vorbereitet und bei den richtigen Aufgaben eingesetzt wird. Dabei sind sowohl eine parallele Bearbeitung des selben Themas als auch eine Aufteilung nach Teilbereichen denkbar. Bei der ersten Möglichkeit ist genau zu prüfen, ob die Aufgabenstellung komplex und vielfältig genug ist, dass nicht nur fast identische Ergebnisse zu erwarten sind, deren Präsentation im Plenum nur ermüdende Wiederholungen produzieren würde. Bei der Aufteilung nach Themenbereichen ist möglichst schon im Vorfeld auf sinnvolle Abgrenzungen und Gliederungen zu achten, um den Teilgruppen präzise Aufgabenstellungen vorzugeben, durch die Überschneidungen und Doppelarbeit, aber auch zeitaufwändige Diskussionen über die genaue Fragestellung vermieden werden können. Bei schlecht organisierten Veranstaltungen ergibt sich die überzogene Gruppengröße dann oft aus spontan und willkürlich zusammengestellten Themenbereichen, statt dass durch sorgfältige Vorplanung der Leitung das Thema so stark aufgegliedert wird, dass eine angemessene Gruppengröße erreicht wird, die Teilthemen aber auch noch ergiebig genug sind, um eine sinnvolle Gruppenarbeit zu ermöglichen. Allerdings dürfen nicht zu viele Gruppen gebildet werden, da auch der Zeitaufwand für die Präsentation der Ergebnisse im Plenum zu beachten ist.

4.5 Teamarbeit in der Steuerverwaltung

In der Steuerverwaltung überwiegt die Einzelarbeit deutlich. Am ehesten findet sich Teamarbeit bei der Diskussion von steuerrechtlichen Problemen in den entsprechenden Fachbesprechungen, die von den Oberfinanzdirektionen oder den Ministerien organisiert werden und von denen meistens ein sehr positiver Einfluss auf die Anwendung in der Praxis ausgeht.

Die Zusammenarbeit in den Finanzämtern dagegen ist meistens auf die Besprechung aktueller Einzelprobleme im Kreis der direkt betroffenen Beamten beschränkt. Dabei findet dann oft auch keine gemeinsame Problembearbeitung statt, sondern die Verantwortung für die richtige Problemlösung wird zur Entscheidung von unten nach oben übertragen. Nur bei wenigen Vorstehern und Sachgebietsleitern finden sich Ansätze zu echter Teamarbeit in der Form, dass komplexe Fälle und Rechtsprobleme in Sachgebietsleiter-, Sachbearbeiter-, oder Prüferbesprechungen gemeinsam diskutiert werden. Dadurch wird hier ein erhebliches Leistungspotenzial verschenkt, da in solchen Runden sehr viel Fachwissen, Erfahrung und juristische Problemlösungskompetenz genutzt werden könnten. Gerade bei Prüferbesprechungen könnten viele Ideen für kreativere Prüfungstechniken induziert werden. Unterschiedliche Rechtsanwendungen in den Finanzämtern beruhen teilweise darauf, dass neue Rechtsentwicklungen häufig nur im schriftlichen Verfahren weitergegeben werden und den Bearbeitern die Zeit zur Lektüre der Verfügungen fehlt oder die Informationen in trockenen Fortbildungsveranstaltungen mit viel zu großen Teilnehmerkreisen vermittelt werden. Regelmäßige Diskussionen über neue Rechtsentwicklungen und aktuelle Rechtsprobleme im vertrauten Kreis des eigenen Sachgebiets könnten dagegen die Fachkenntnisse, das Problembewusstsein und die Motivation der Beteiligten stark verbessern. Die Beamten würden solche Veranstaltungen dann auch nicht mehr als Verschwendung ihrer kostbaren Arbeitszeit ansehen, wenn hierbei eine Form echter Teamarbeit entwickelt würde.

In einigen Bundesländern werden derzeit **Großbezirke** bei der Veranlagung eingeführt. Dies stößt bei den betroffenen Beamten, abgesehen von Mitgliedern in einigen wenigen gut funktionierenden Bezirken, auf sehr kritische Resonanz und überwiegend starke Ablehnung. Es lohnt sich daher diese Arbeitsform unter dem Gesichtspunkt der Teamarbeit zu hinterfragen. Anstelle der bisherigen Kleinbezirke mit einem Sachbearbeiter und ein oder zwei Mitarbeitern wurden Großbezirke mit einem oder zwei Sachbearbeitern und fünf und mehr Mitarbeitern geschaffen. Entsprechend dem Vorbild in der Automobilindustrie sollen die Gruppen sich und ihre Arbeit teilweise selbst organisieren. Dabei werden häufig keine klaren Zuständigkeiten nach Steuernummern vergeben, sondern die Beamten arbeiten den Stapel der Erklärungen entsprechend dem Eingang ab. In einzelnen Finanzämtern wurden sogar Großraumbüros für die Großbezirke geschaffen. Angepriesen wurden die Großbezirke durch den Hinweis auf Vorteile bei Krankheit und Urlaub, da dadurch keine individuellen Rückstände mehr entstehen. Die Führung verspricht sich Steigerungen der Arbeitsleistung und Kostenersparnisse, da weniger Sachbearbeiter eingesetzt werden müssen. Ein weiterer Vorteil dürfte auch darin liegen, dass die einzelnen Fälle nicht immer vom gleichen sehr großzügigen oder extrem pedantischen Bearbeiter erledigt werden.

Bei der Beurteilung der Großbezirke als Form der Teamarbeit fällt zunächst auf, dass die auszuführenden Arbeiten bei der Veranlagung gut teilbare additive Aufgaben sind und in der Regel auch von den betreffenden Mitarbeitern ohne Überforderung selbst ausgeführt werden können. Bei einzelnen schwierigen Fällen kann zudem auf die Kompetenz des Sachbearbeiters im Team zurückgegriffen werden. Im Grunde handelt es sich nicht um echte Teamarbeit mit starken Interaktionen bei der Aufgabenbewältigung, sondern um nominelle Gruppen, die zu einer Organisationseinheit zusammengefasst worden sind. Die Interaktionen beziehen sich daher überwiegend nicht auf den inhaltlichen Aspekt der Arbeit, sondern auf Organisationsfragen. Ein klarer Leistungsvorteil der Gruppe ist dabei nicht zu erkennen.

Dafür zeigt sich ein erheblicher Teil der oben beschriebenen Prozessverluste. Problematisch ist zunächst die Tatsache, dass im Großbezirk individuelle Leistungen zwar quantitativ, aber nur sehr schwer qualitativ messbar sind. Dies verführt zum sozialen Faulenzen in der Form, dass sich einzelne Mitglieder die einfach zu bearbeitenden Fälle heraussuchen, um selbst eine gute Statistik zu erreichen. Im Gegenzug stören sich leistungsstarke Mitarbeiter daran, dass sie die schwächeren und weniger leistungsbereiten Gruppenmitglieder mitschleppen müssen und befürchten, dass ihre besseren Leistungen im Gruppenergebnis untergehen. Da zusätzlich noch ein Wettbewerb hinsichtlich der Beförderungsstellen und der Leistungszulagen besteht, ist die Gruppenarbeit durch eine Konkurrenzsituation geprägt, mit den entsprechenden negativen Auswirkungen auf die zwischenmenschlichen Beziehungen im Team und auf die Gruppenleistung.

Problematisch sind auch die Koordinationsverluste. Bei einem Kleinbezirk sind ungefähr 2500 Signale zu einer Organisationseinheit zusammengefasst, bei Großbezirken mindestens die dreifache Menge. Dies bedeutet einen erheblichen zusätzlichen Aufwand bei der Aktenverwaltung, bei der Postbearbeitung, und bei der Klärung von telefonischen Rückfragen der Steuerpflichtigen, weil erst der Bearbeiter und seine Entscheidungsgründe herausgefunden werden müssen. Nicht zu unterschätzen ist der Verlust an Erfahrungen aus den Vorjahren, da keine festen Zuständigkeiten mehr bestehen.

Motivationsverluste ergeben sich bei Mitarbeitern mit Erfahrungen im alten System aus der Tatsache, dass sie im Großbezirk keinen abgegrenzten eigenen Verantwortungs- und Entscheidungsbereich mehr haben. Ein wichtiger Faktor in Bezug auf Arbeitszufriedenheit ist damit entfallen. Auch die Koordinationsverluste und die damit verbundenen Störungen wirken sich negativ auf die Leistungsmotivation aus. Wenn dann auch noch die Gruppen-zusammensetzung nicht optimal ist und einzelne Reizfiguren zusätzlich für emotionale Störungen sorgen, darf bezweifelt werden, dass die angestrebten Ziele durch Großbezirke erreicht werden können. In der Praxis funktionieren daher auch nur einige wenige Bezirke wirklich überzeugend, die aus sehr jungen Bearbeitern, die sich auch persönlich gut verstehen, zusammengestellt worden sind.

Die Folgen der vielen Prozessverluste ergeben sich zunächst im Bereich der Qualität der Arbeit, weil diese durch die Führungspersonen nur schwer und zeitaufwändig zu überprüfen ist. Auf Dauer werden aber auch quantitative Leistungsverringerungen auftreten, nachdem die höhere Anfangsmotivation geschwunden ist. Wenn man an dem Modell unbedingt festhalten will, sollte man wenigstens durch feste Zuständigkeiten mit Belastungsausgleich versuchen, die Arbeitszufriedenheit wieder zu erhöhen.

Ein wichtiger Bereich mit erheblichen Leistungsreserven durch echte Teamarbeit findet sich bei den **Betriebsprüfungsdiensten**. Von den umfangreichen Steuerhinterziehungen in Deutschland kann in der Regel nur ein erschreckend geringer Anteil aufgedeckt werden und viele Mehrergebnisse beruhen auf Zufallsfunden. Dies hängt damit zusammen, dass viele Steuerpflichtige in Anbetracht der Höhe der Steuerbelastung sehr viel Zeit, Energie und Kreativität aufwenden, um ungerechtfertigte Steuervorteile zu erlangen. Betriebsprüfungen sind daher Aufgaben von hoher Komplexität, die sehr viel kritisches Denken, Kreativität, Fachkompetenz und Erfahrung erfordern. Von der Aufgabenstellung her bieten sie sich daher für Teamarbeit an, die bisher überwiegend nur bei Konzernbetriebsprüfungen stattfindet. Es wäre einen Versuch wert, einen wissenschaftlich überprüften Leistungsvergleich zwischen Einzelprüfern und kleinen Teams mit zwei bis drei Prüfern durchzuführen.

Über die reine Prüfungstätigkeit hinaus wäre die Steuerverwaltung gut beraten, Kapazi-täten für die systematische Entwicklung von EDV gestützten Prüfungsprogrammen freizu-stellen. So könnten z. B. Verbindungen zu Scheinfirmen oder branchentypische Hinterzie-hungstechniken besser aufgedeckt werden. Derartig komplexe Aufgaben können nur durch spezielle Entwicklungsteams geleistet werden, wobei eine Fremdvergabe solcher Aufträge rechtlich und taktisch problematisch wäre.

5 Bürgerorientierung

5.1 Gesellschaftliche Entwicklung

Die Beziehungen zwischen den Beschäftigten der staatlichen Verwaltungen und den Bürgern waren nach 1945 noch lange Zeit durch ein starkes Überordnungsverhältnis mit autoritären Verhaltensmustern der Beamten und einer Unterordnungsbereitschaft der Bürger gekennzeichnet und die Umsetzung demokratischer Wertvorstellungen im Verhältnis zwi-schen Beamten und Bürgern kam nur langsam voran. Auch im Innern der Verwaltungen blieben die alten Strukturen mit stark hierarchischer Gliederung, entsprechenden Formen der Machtausübung und sehr begrenzten Möglichkeiten der eigenen Entscheidung, der Mitbe-stimmung und der Mitgestaltung erhalten. Lediglich bei der Bundeswehr wurde versucht, über die Grundsätze der inneren Führung den demokratischen Wertewandel auch im staatlichen Bereich umzusetzen, während bei den übrigen Verwaltungen zunächst kein Handlungsbedarf gesehen wurde. In den Jahren ab 1975 begann dann in der Politik ein starkes Umdenken und man versuchte durch gezielte Aktionen und Schulungen der Beamten in Richtung auf Bürgernähe und Bürgerfreundlichkeit einen Einstellungswandel zu erreichen. Mit Schulungen allein konnte sicher kein Bewusstseinswandel erzielt werden, aber es war wichtig, dass die Führung in Politik und Verwaltung deutlich gemacht hatte, dass die alten Verhaltensmuster unserem modernen Demokratieverständnis widersprechen. Parallel dazu entwickelte sich ein verändertes Bewusstsein der Bürger, die nicht mehr bereit waren, autoritäres Verhalten duldend hinzunehmen und verstärkt begannen ihre Rechte durch Beschwerden und gerichtliche Klagen durchzusetzen. In diese Zeit fällt auch der Übergang vom Vieraugenprinzip bei der Steuerveranlagung, nach dem ein Verwaltungsakt immer von zwei Personen (z. B. Sachbearbeiter und Sachgebietsleiter) überprüft und abgezeichnet werden musste, zum Zweiaugenprinzip, einem moderneren System mit klar definierten Entscheidungskompetenzen auf allen Ebenen, das sich sehr schnell bewährt hat. Das eigene Zeichnungsrecht ist für viele Beamte auf allen Stufen ein wichtiges Zeichen der Anerkennung und des Vertrauens durch die Vorgesetzten. Auf unberechtigte Eingriffe in diesen Bereich wird häufig heftig und emotional reagiert.

Die veränderten Vorstellungen über das Verhältnis zwischen Bürgern und Beamten sind gekennzeichnet durch die Grundüberlegung, dass die Bürger Auftraggeber der staatlichen Leistungen sind und sie durch ihre Steuern auch die Bezahlung der Beamten finanzieren. Demzufolge gibt es keine Berechtigung, dass Beamte sich über die Bürger erheben und mit autoritären Verhaltensmustern auf sie einwirken. Die Beziehungen sollen daher durch den Grundsatz der Gleichstellung und der Partnerschaft auf der Ebene der Verhandlungen gekennzeichnet sein und autoritäre Entscheidungen auf die rechtlich notwendigen Bereiche beschränkt werden. Selbstverständlich kann bei einer Eingriffsverwaltung wie der Steuerverwaltung nicht in allen Streitpunkten Einigkeit erzielt werden, aber die meisten Bürger sind durchaus bereit auch negative Entscheidungen zu akzeptieren, wenn sie erkennen, dass die Entscheidungen der Gesetzeslage entsprechen, das Recht gleichmäßig angewandt wird und überzeugende Begründungen für die Entscheidung geliefert werden.

5.2 Erwartungen der Bürger an Steuerbeamte und die Steuerverwaltung

Die Bürger erwarten von den Beamten zunächst fachliche **Kompetenz im Steuerrecht**. Eine Erwartung, die in Anbetracht der komplizierten gesetzlichen Vorschriften nicht immer leicht zu erfüllen ist. Die fachliche Kompetenz ist wiederum Voraussetzung für ein gerechtes Verwaltungshandeln, denn kein Bürger will schlechter gestellt werden als seine Bekannten oder gar seine Konkurrenten. Gerechtigkeit und Unbestechlichkeit sind besonders wichtige Erwartungen. Die Akzeptanz negativer Entscheidungen hängt dabei in hohem Maß von der Qualität der Begründungen ab. Fehlen angemessene Begründungen, werden die Beamten schnell als stur und starr beurteilt.

Die Bürger erwarten auch einen **maßvollen Gesetzesvollzug**, was bedeutet, dass die Beamten sich der Folgen ihrer Entscheidungen auch bewusst sind und Verständnis für schwierige wirtschaftliche und menschliche Lebenssituationen der Bürger aufbringen. Gerade im Bereich der Nachforderungen bei Betriebsprüfungen, der Stundungen und der Vollstreckungsmaßnahmen können juristisch rechtmäßige negative Entscheidungen wirtschaftlich die Existenz der Steuerpflichtigen bedrohen und über finanzielle Notsituationen auch private Lebenssituationen zerstören. Hier wird deutlich, dass Verwaltungshandeln oft auch schwierige ethische Abwägungen erfordert, zumal die Begünstigung eines einzelnen Unternehmers meistens auch gleichzeitig eine Benachteiligung seiner Konkurrenten, die ihre Steuern und Sozialabgaben korrekt bezahlen, bedeutet.

Die Bürger wünschen sich eine **zeitnahe Bearbeitung** ihrer Fälle, wenn mit einer Steuererstattung zu rechnen ist, und entwickeln wenig Verständnis dafür, wenn die Abgabe der Erklärungen unter Androhung von Zwangsgeldern eingefordert wird, danach aber monatelang keine Bearbeitung der Unterlagen erfolgt. Allerdings sollte auch beachtet werden, dass die zeitnahe Bearbeitung der Fälle stark von der aktuellen Personalsituation abhängig ist und überraschende Erkrankungen oft nur schwer auszugleichen sind.

Bei mündlichen Verhandlungen stören sich die Bürger an langen Wartezeiten, besonders dann, wenn die Beamten offensichtlich gerade Kaffeepausen einlegen oder ihre Einzelgespräche und Telefonate mit Kollegen oder anderen Bürgern sich endlos lange hinziehen. Es ist schon erschreckend zu beobachten, wie viele Behörden solche Probleme immer noch nicht im Griff haben. Im Bereich der Steuerverwaltungen ist durch die Einrichtung der Servicecenter eine deutliche Verbesserung eingetreten. Autoritäre und unhöfliche Verhaltensmuster im Gespräch sind zwar vereinzelt immer noch zu beobachten, der Umfang entsprechender Beschwerden ist aber deutlich zurückgegangen.

Die Steuererklärungen sind ein ständiges Ärgernis für viele Bürger und Steuerberater, insbesondere dann, wenn sich der Aufbau und die Fragestellungen ständig verändern. Es ist einfach nicht mehr zeitgemäß, wenn die Steuerverwaltungen Tonnen von überflüssigem Papier versenden, um darin einzelne spezielle Problemfelder abzufragen, die bei einem Großteil der Steuerpflichtigen völlig überflüssig und bedeutungslos sind. Sehr oft sind auf ganzen Seiten der Vordrucke nur zwei oder drei Zahlen einzutragen. Dafür müssen dann in den Finanzämtern entsprechend große Aktenberge verwaltet und aussortiert werden. Hier kann mittelfristig nur eine radikale Umstellung auf elektronische Steuererklärungen Abhilfe schaffen. Bei den Umsatzsteuer- und den Lohnsteueranmeldungen wurde inzwischen ein Anfang gemacht, weitere Bereiche müssen aber folgen.

Da die Bürger die Verwaltungen durch ihre Steuergelder finanzieren, erwarten sie von den Verwaltungen, dass sparsam gewirtschaftet, fleißig gearbeitet, die Arbeit in den Behörden gut organisiert und technische Hilfsmittel wie EDV angemessen eingesetzt werden.

5.3 Erwartungen der Beamten an die Bürger

Auch die Beamten haben Erwartungen an die Bürger, die häufig nicht erfüllt werden. Die Beamten wünschen sich Bürger, die ihre Steuern offen und ehrlich erklären. Gerade bei der Steuerverwaltung haben aber viele Bürger wenig Hemmungen, durch Unehrlichkeit finanzielle Vorteile anzustreben. Es ist daher ein schwieriges Problem für viele Steuerbeamte, dass sie von Bürgern aus allen Schichten der Gesellschaft schamlos angelogen und betrogen werden, da Steuerhinterziehung oft als Kavaliersdelikt eingestuft wird. Diese Situation würden sich viele Beamte im privaten Lebensbereich niemals gefallen lassen, ohne Konsequenzen zu ziehen. Solange aber keine eindeutigen Anhaltspunkte für die Hinterziehungen vorliegen, müssen die Beamten meistens ihr Misstrauen verbergen, selbst wenn die Darstellungen der Bürger recht unglaubwürdig erscheinen. Gerade jüngere und unerfahrene Beamte sind dann im Risiko, solche Handlungen persönlich zu nehmen und überzogene Reaktionen zu zeigen. Im Außendienst stören sich viele Prüfer zusätzlich an fehlender Kooperationsbereitschaft der Unternehmer und schlechten räumlichen Bedingungen.

Im sachlichen Bereich werden Verhandlungen durch das fehlende Verständnis mancher Bürger beeinträchtigt, dass die Entscheidungen im Steuerrecht überwiegend gebundene Entscheidungen sind, und daher nicht vom guten Willen des Beamten abhängig sind. Oft wird dabei, insbesondere von manchen ausländischen Steuerpflichtigen, ein viel größerer Entscheidungsspielraum unterstellt, als tatsächlich vorhanden ist.

Mündliche Gespräche werden teilweise durch die Tendenz mancher Bürger, Teile ihrer ganzen Lebensgeschichte zu erzählen und die Beamten als Ventil für ihre unverarbeiteten Probleme oder Ärger über die Politik zu benutzen, belastet. Solche starken Abschweifungen werden dann von den Beamten zu Recht als Zeitverschwendung empfunden, besonders dann, wenn diese Dinge keinen Bezug zur aktuellen Entscheidung haben.

Im Umgang mit Steuerberatern ärgern sich viele jüngere Beamte, wenn sie herablassend behandelt und ihre Rechtskenntnisse angezweifelt werden oder mit dem Gang zu den Vorgesetzten gedroht wird. Entsprechendes gilt bei allen Beamten mit für Drohungen und Hinweise auf gute Beziehungen zu Politikern oder hohen Finanzbeamten.

5.4 Reaktionen der Verwaltung

Für eine gut geführte Verwaltung ergeben sich drei Ansatzpunkte, um den Erwartungen der Bürger und der politischen Führung, gerecht zu werden:
1. Entwicklung und Förderung bürgerfreundlicher Verhaltensmuster bei den Beamten,
2. Verbesserung der organisatorischen Strukturen und
3. Modernisierung der technischen Hilfsmittel, insbesondere des Einsatzes der elektronischen Datenverarbeitung.

5.4.1 Entwicklung und Förderung bürgerfreundlicher Verhaltensmuster

Eine bürgerfreundliche Verwaltung kann keine Gefälligkeitsverwaltung sein, die alle Wünsche der Bürger erfüllt, es muss vielmehr die Balance zwischen gerechter Besteuerung auf der einen Seite und einem fairen Umgang mit den Bürgern auf der anderen Seite gefunden werden. Wenn man den Begriff Mitarbeiterorientierung in dem Schema von Blake und Mouton (s. B. 1.5.1) durch Bürgerfreundlichkeit ersetzt, kann man das ganze Modell gut auf die Verhandlungen zwischen Bürgen und Verwaltung übertragen. Ein Beamter, der vor lauter Bürgerfreundlichkeit (1.9) seine sachlichen Handlungsziele außer Acht lässt, ist genauso problematisch, wie ein verknöcherter Beamter, der immer nur seine Steuergesetze sieht (9.1). Das Ziel muss eine gute Kombination aus Bürgerfreundlichkeit und hoher Zielorientierung, also steuerlich guten Ergebnissen, sein, die sich durchaus auch erreichen lassen.

Das optimale Verhalten **9.9** ist daher dadurch gekennzeichnet, dass die Sachentscheidung klar und deutlich die Rechtslage wiederspiegelt, im emotionalen Bereich aber Verständnis für den Bürger, seine Probleme, Schwierigkeiten und Einwände gezeigt wird. Konsequenz und Gerechtigkeit bei den Sachentscheidungen, aber Fairness und Respekt gegenüber den Bürgern, verbunden mit dem Einfühlungsvermögen, bei persönlichen Notlagen verantwortungsvoll zu handeln. Die Rechtmäßigkeit der Entscheidungen und die Gleichbehandlung aller Bürger sind deshalb so wichtig, weil jede Bevorzugung einzelner Personen neue Ungerechtigkeiten schaffen würde.

Die Rechtskunde und das Rechtsverständnis vieler Bürger nehmen immer stärker zu. Umso weniger sind sie bereit, sich allein mit einem Hinweis auf eine Gesetzesvorschrift zufrieden zu geben. Sie erwarten vielmehr klare Begründungen, warum die Vorschriften auf ihren Sachverhalt anzuwenden sind und wollen oft auch die Motivation des Gesetzgebers

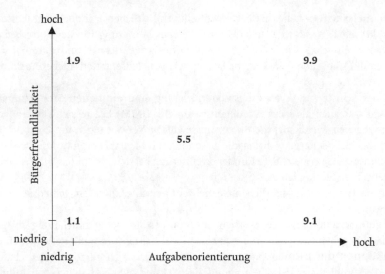

verstehen können. Negative Entscheidungen bedürfen daher, insbesondere auch im mündlichen Gespräch, guter Begründungen. Dadurch verlieren solche Entscheidungen auch den Eindruck der Willkür.

5.4.2 Verbesserung organisatorischer Strukturen

Die Einführung der **Servicecenter** in den Finanzämtern war ein wichtiger Schritt zu mehr Bürgerorientierung. Schon die deutliche Verlängerung der Öffnungszeiten erleichtert vielen Bürgern den Kontakt zum Finanzamt. Entfallen sind auch viele lange Wartezeiten, da bei diesen Stellen eine flexiblere Reaktion auf plötzlichen Besucherandrang erfolgen kann, als dies bei den einzelnen Veranlagungsbezirken möglich gewesen war. Der Nachteil für viele Bürger, meistens nicht mehr den Entscheidungsträger als Gesprächspartner zu haben, wird durch die starke zeitliche Entlastung der Sachbearbeiter und Mitarbeiter im Veranlagungsbezirk ausgeglichen, denn mündliche Gespräche gehören zu den größten Zeitfressern. Im Einzelfall sind schließlich doch noch Einzelgespräche über konkrete Rechtsprobleme möglich, aber der Zeitaufwand für den Belegvergleich entfällt für den Bezirk. Problematisch kann die Zusammenarbeit zwischen den Mitarbeitern auf den Servicestellen und den Bearbeitern auf dem Veranlagungsbezirk dann werden, wenn unterschiedliche Rechtsauffassungen bestehen oder beim Servicecenter auf Grund schlechterer Rechtskenntnisse die Anerkennung von Aufwendungen in Aussicht gestellt wird, die nicht gerechtfertigt sind. Zur Vermeidung solcher Fehler sind eine gute Fortbildung und ständige Kommunikation über konkrete Problembereiche erforderlich, die in der Praxis aber oft aus Zeitmangel unterbleiben.

Die guten Erfahrungen mit den Servicecentern bei den Finanzämtern sollten Anlass sein, zu überprüfen, ob sich nicht auch eine große Entlastung und Rationalisierung durch die Einführung zentraler telefonischer Servicecenter auf Ebene der Oberfinanzdirektionen erreichen lässt, zumal auch Telefongespräche meistens viel Zeit kosten und als Störungen bei der Arbeit empfunden werden. Ein erheblicher Teil der telefonischen Anfragen ist nicht auf das angesprochene Amt oder einen aktenabhängigen Einzelfall bezogen, sondern beinhaltet Auskünfte zu rechtlichen Neuregelungen und ihre Umsetzung sowie Verfahrensfragen bei Unternehmensgründungen, Anerkennung der Gemeinnützigkeit und dergleichen. Eine zentrale telefonische Servicestelle hätte die Vorteile einheitlicher Handhabung, besserer Sicherstellung korrekter Auskünfte und frühzeitiger Sensibilisierung für Regelungsbedarf. Außerdem könnte ein erheblicher Teil der Auskünfte aufgezeichnet und automatisiert ausgegeben werden. Eine andere zusätzliche Lösung wäre die Präsentation solcher Auskünfte im Internet.

Ein weiterer Schritt zur Verwaltungsmodernisierung sind die **neuen Steuerungsinstrumente (NSI)** oft auch als **neue Steuerungsmodelle (NSM)** bezeichnet. Sie sind der Versuch, neuere betriebswirtschaftliche Erkenntnisse auf die Verwaltungen umsetzen, wobei sich allerdings bei der Steuerverwaltung die besondere Problematik ergibt, dass bei einer Eingriffsverwaltung eine vergleichbare Kundenorientierung bei den Produkten wie bei einem Produktionsbetrieb nicht möglich ist.

NSI geht im betriebswirtschaftlichen Bereich auf verschiedene Managementkonzepte zurück:

Das **Total Quality Management** ist ein Konzept, das auf Qualitätssicherung abstellt, wobei diese dann gegeben ist, wenn eine größtmögliche Übereinstimmung zwischen einem Produkt oder einer Dienstleistung mit den von den Kunden geforderten Eigenschaften erreicht wird. Die Problematik der Übertragung dieses Grundsatzes auf Steuerverwaltungen wird deutlich. Beim Produkt Steuerbescheid wollen die Bürger möglichst wenig Steuern zahlen, die Verwaltung will die gesetzlich geschuldeten Steuern durchsetzen.

Beim **Lean Management** sollen die Organisationen durch Hierarchieabbau, Personalverringerungen, Ausgliederung von Teilaufgaben (Outsourcing) mehr Verantwortung auf niedereren Ebenen, geschicktere Gliederung des Unternehmens und bessere Anreizsysteme für die Mitarbeiter verbessert werden. Ein Hierarchieabbau ist, soweit ersichtlich, bei den Steuerverwaltungen nicht geplant, wäre aber durchaus angebracht. Durch die Verringerungen der Oberfinanzdirektionen und die Zusammenlegung kleinerer Ämter wird wenigstens versucht, größere Organisationseinheiten zu schaffen. Es liegt in der Natur der Sache, dass mit Rücksicht auf das Steuergeheimnis für Outsourcing in der Steuerverwaltung nur wenige Bereiche in Betracht kommen. Finanzielle Anreizsysteme sind in der Umsetzung, angesichts der begrenzten finanziellen Möglichkeiten, in ihrer Wirkung allerdings auch beschränkt.

Das **Balanced Scorecard** Konzept versucht die vier Strategiedimensionen Finanzwirtschaft, Kundenorientierung, interne Unternehmensprozesse und Lernen sowie Wachstum durch Kennzahlen zu erfassen und als Steuerungsgrößen auszugleichen. Übertragen auf eine Verwaltung bedeutet dies die Perspektiven Wirtschaftlichkeit, Bürgerorientierung, verwaltungsinterne Aufbau- und Ablauforganisation sowie Zukunftsplanung durch Aufgabenanpassung und Mitarbeiterentwicklung zu erfassen und zu verbessern.

Bei der Umsetzung von **NSI** für die Steuerverwaltung standen folgende Einzelprojekte im Vordergrund: Haushaltsmanagement, dezentrale Budgetverantwortung, Kosten- und Leistungsrechnung für die einzelnen Verwaltungsaufgaben, Erhöhung der Kostentransparenz, Controlling, Verbesserung der Entscheidungsgrundlagen, ziel- und ergebnisorientierte Planung und Steuerung, Steigerung der Flexibilität der Verwaltung. Erweiterung der Handlungsspielräume, Erhöhung der Mitarbeitermotivation über finanzielle Anreizsysteme bei der Besoldung.

Die Einführung der dezentralen Budgetverantwortung ist sicher ein Schritt in die richtige Richtung. Allerdings ist zu bedenken, dass Steuerverwaltungen sehr personalintensiv sind. So sind in Baden-Württemberg 90 % der Kosten Personalkosten und nur 10 % Sachkosten. Wenn man weiter bedenkt, dass nur ein begrenzter Teil der Sachkosten beeinflussbar ist, so kann man erkennen, dass dabei nur ein begrenztes Einsparpotenzial aktiviert wird. Dieser

Weg ist trotzdem wichtig, weil das alte System planwirtschaftlichen Charakter und dadurch eine entsprechend schlechte Effizienz hatte. Auch wird die Eigenverantwortlichkeit auf der Ebene der Finanzämter gestärkt. Mittelfristig sollte die Entwicklung aber dahin gehen, dass auch dezentral stärker Einfluss auf die Personalkosten genommen werden kann. Ein gutes Amt, das viele Aufgaben mit »preiswerteren« Beamten des mittleren Dienstes oder mit Angestellten erfüllt, gute interne Fortbildungen zur Leistungssteigerung durchführt, durch ein gutes Betriebsklima weniger Frühpensionierungen hat, sollte dann auch seine Anerkennung finden. Diese Steuerungsmöglichkeiten sind viel zu lange vernachlässigt worden. Bisher bestehen für einen Vorsteher nur geringe Anreize, in dieser Richtung aktiv zu werden. Die Frage von Großbezirken könnte dann auch auf Amtsebene entschieden werden. Entsprechende Anreize sollen zwar von der neuen Kosten- und Leistungsrechnung ausgehen, es bleibt nur zu hoffen, dass dann konsequent auch die Delegation der Verantwortlichkeit folgt.

Viele andere Instrumente sind, wie so oft, bekannte und längst eingeführte Techniken und Ziele in neuen Verpackungen. So ist das Schlagwort von der Kundenorientierung, die längst als Handlungsziel erkannte Bürgerorientierung, hinter dem Schlagwort vom Controlling werden teilweise die Arbeiten vom Rechnungshof, der Vorprüfung und der Fachprüfungen durch die Oberfinanzdirektionen wieder zum Vorschein kommen. Als wirklich neue Wege können die finanziellen Anreizsysteme und die veränderten Instrumente bei Motivation und Führung, wie Mitarbeitergespräche und Zielvereinbarungen, angesehen werden.

5.4.3 Verbesserter EDV-Einsatz

Gerade der EDV-Einsatz wurde und wird aus falscher Sparsamkeit und fehlender Kreativität bei den Anwendungsmöglichkeiten stark vernachlässigt. Wenn man bedenkt, wie lange es in der Steuerverwaltung gedauert hat, bis die mechanischen Buchungsautomaten mit einem Heer von Buchhaltern durch EDV ersetzt worden sind, wird klar, dass damals eine riesige Personalkostenverschwendung geherrscht hat. In vielen Steuerverwaltungen wurde und wird mit veralteten EDV-Systemen gearbeitet, durch die völlig überflüssige Zeitverluste entstehen. Auch Internetzugänge sind oft noch auf die Ebene der Vorsteher beschränkt. Bei den Nachweisen für Ein- oder Ausfuhr, die im Umsatzsteuerrecht eine große Rolle spielen, vertraut man wie vor hundert Jahren auf Bescheinigungen und Stempel, die inzwischen kinderleicht zu fälschen sind, anstatt z. B. die Anrechnung der Einfuhrumsatzsteuer von der elektronischen Bestätigung der Zahlung durch die Zollkassen an die Steuerverwaltung abhängig zu machen. Bei allem Respekt vor dem Bedürfnis nach Datenschutz darf dies doch nicht dazu führen, dass sich der Staat jahrzehntelang betrügen lässt.

Besonders misslungen sind die Formulare der Steuererklärungen zu den Kapitalerträgen bei der Einkommensteuer. Selbst steuerrechtlich vorgebildete Personen müssen erheblichen Zeitaufwand betreiben, um die umfangreichen unterschiedlichen Einkünfte und die anzurechnenden Steuern richtig zuzuordnen. Der Gesetzgeber wäre gut beraten, wenn er auf freiwilliger Basis eine Möglichkeit schaffen würde, die entsprechenden Daten bundesweit von den Banken unmittelbar an die Steuerverwaltung zu übermitteln. Gekoppelt mit einem erhöhten Freibetrag für Steuerehrlichkeit, wäre dies sicher für viele Steuerzahler eine attraktive Möglichkeit, die auch bei der Verwaltung für erhebliche Entlastung und Qualitätsverbesserung sorgen würde, da die Beamten meistens überhaupt nicht die Zeit haben, die Richtigkeit oder gar Vollständigkeit dieser Eintragungen zu überprüfen. Bei den Banken könnten dagegen gezielte Überprüfungen der richtigen Zuordnung für eine Vielzahl von Fällen erfolgen.

6 Konflikte

6.1 Definitionen und Abgrenzungen

Der Begriff Konflikt wird in der Fachliteratur je nach Untersuchungs- oder Handlungsziel sehr unterschiedlich definiert. Dabei fällt auf, dass der Begriff sowohl zur Bezeichnung von Ursachen als auch von Erscheinungsform und Folgen von Verhalten verwendet wird. Bei Experimenten wird er sowohl als unabhängige als auch als abhängige Variable benutzt. Am sinnvollsten ist es, Konflikt als Erscheinungsform zu definieren, weil eine Vielzahl konkreter Ereignisse, Handlungen, Gefühle und Motive als Ursachen von Konflikten in Betracht kommen und ihre Einbeziehung in eine Definition zu einer ungerechtfertigten Einengung des Begriffs auf bestimmte Ursachen führen und dabei übersehene Bereiche ausgeschlossen würden.

Sehr häufig werden Positions- und Ressourcenknappheit als Merkmale eines Konflikts angesehen. Bei dieser rational ökonomischen Betrachtungsweise, die sich häufig in Arbeiten aus organisationstheoretischer Sicht findet, können die vielen emotionalen Ursachen von Konflikten, die oft nichts mit einem Verteilungskampf oder beschränkten Entscheidungsmöglichkeiten zu tun haben, leicht unterschätzt oder übersehen werden. Auch die Unvereinbarkeit von Zielen ist eine wichtige Ursache für Konflikte, ihre Einbeziehung in eine Definition führt aber ebenfalls zu einer Einengung des Begriffs, die das Risiko birgt, wichtige abweichende Ursachen auszunehmen.

Eine klassische psychologische **Definition** stammt von Deutsch (1976, S. 18): »Ein Konflikt existiert dann, wenn nicht vereinbare Handlungstendenzen aufeinanderstoßen.«

Dadurch wird ein weiter Rahmen abgesteckt. Konflikt ist auch dann gegeben, wenn noch keine Konflikthandlungen erfolgt sind, der Ärger der Beteiligten aber schon so groß ist, dass man von einem Konflikt sprechen kann. Die Ursachen für die gegensätzlichen Handlungstendenzen wie unterschiedliche Ziele, Interessen, Werte und Gefühle bleiben außen vor. Sie können bei den einzelnen Konfliktarten präzisiert werden.

Zwei subjektive Komponenten müssen aber hinzugefügt werden. Der Konflikt muss von mindestens einer Seite als belastend empfunden werden. Wenn die unterschiedlichen Ziele oder andere Gegensätze keine negativen Gedanken, Gefühle oder Handlungen, sondern sportlichen Ehrgeiz auslösen, liegt kein Konflikt vor, allenfalls Wettbewerb oder Konkurrenz. Weiter ist erforderlich, dass eine Tendenz zur Beeinflussung oder Veränderung der Gegenseite in ihrem Handeln, Denken oder Fühlen entsteht, weil es sich sonst nur um einen inneren Vorgang handeln würde. Intensive Konflikthandlungen wie Abwertung, Behinderung, Schädigung oder Verletzung der Gegenseite müssen dabei nicht unbedingt erfolgen, weil Machtstrukturen, die Erwartung negativer Konsequenzen, Verdrängung oder individuelle Konfliktbewältigungstechniken durchaus dazu führen können, dass konkret kein Nachteile für die Gegenseite entstehen. Tatsächlich werden viele Konflikte von der unbelasteten Seite, z. B. von Vorgesetzten, oft lange Zeit nicht wahrgenommen, während die belasteten Person starke innere Spannungen und Missstimmungen erleben. Gleichwohl liegt ein Konflikt vor, weil das Verhalten der unbelasteten Personen die Spannungen ausgelöst hat. Auch das Gegenstück ist denkbar. Die Beteiligten vermuten einen Konflikt, der nicht gegeben ist, weil fehlerhafte Informationen oder Missverständnisse zu falschen Interpretationen geführt haben.

Definition: Soziale Konflikte liegen vor, wenn unvereinbare Handlungstendenzen zwischen Personen oder Gruppen zu Spannungen zwischen den beteiligten Einheiten führen, die von mindestens einer Seite als belastend wahrgenommen und empfunden werden, und bei denen Tendenzen zur Beeinflussung oder Veränderung der Gegenseite in ihrem Handeln, Denken oder Fühlen entstehen.

Konflikte werden auf Grund der Spannungen häufig als negativ empfunden, sie haben aber oft auch sehr positive Wirkungen, weil sie Standpunkte, Beziehungen und Grenzen klären sowie leistungssteigernd wirken können.

Deutsch (1976) unterscheidet zwischen interpersonalen, intergruppalen und internationalen Konflikten, jenach dem ob sie zwischen Personen, Gruppen oder Nationen ausgetragen werden. Er geht dabei, wie auch viele andere Autoren, davon aus, dass auch internationale Konflikte wie Kriege den gleichen Gesetzmäßigkeiten unterliegen. Dieser Themenbereich wird hier aber nicht weiter untersucht.

Definition: Innere (intrapsychische oder intrapersonale) Konflikte sind Sonderformen des Konflikts, bei denen die Auseinandersetzung zwischen zwei oder mehreren Handlungsmöglichkeiten, Wertvorstellungen oder Gefühlen innerhalb einer Person emotionale oder kognitive Spannungen auslöst. Sie treten regelmäßig infolge starker äußerer Konflikte auf, sind in ihrer Entstehung aber von äußeren Konflikten unabhängig.

Bei Grunwald (1982, S. 69) findet sich auf Grund einer umfassenden Analyse der Literatur eine interessante Unterscheidung zwischen Konkurrenz und äußeren Konflikten:

Konkurrenz	Konflikte
Objektzentriert	Gegnerzentriert
Knappheit der Ressourcen bzw. der Ziele	Inkompatibilität (Unvereinbarkeit) der Ziele, Handlungen, bzw. der Handlungstendenzen
A und B wollen etwas von Dritten	A und B wollen etwas voneinander
Paralleles Streben der Parteien (indirekter Kampf)	Direktes gegeneinander der Parteien (direkter Kampf)
	Keine oder nur schwache Regelbbefolgung

Aus Konkurrenz wird also dann ein Konflikt, wenn sich die Handlungstendenzen gegen den Gegner richten.

6.2 Konfliktformen

6.2.1 Unvereinbare Ziele und beschränkte Mittel

Zielkonflikte liegen dann vor, wenn die Konfliktparteien unterschiedliche Handlungsziele anstreben. Bei den Steuerverwaltungen sind unterschiedliche Vorstellungen über die Gewichtung zwischen Quantität und Qualität bei der Veranlagung oder zwischen harter und weicher Gesetzesanwendung häufige Zielkonflikte.

Methodenkonflikte sind gegeben, wenn zwar Einigkeit über die Ziele, aber Differenzen über die angemessen Wege zur Zielerreichung bestehen. Wenn man davon ausgeht, dass die aus Kostengründen notwendige Steigerung der Arbeitsleistung auch von den Beamten akzeptiert wird, so wird der Weg über die Großbezirke trotzdem zu Methodenkonflikten führen, weil dies als falsche Methode angesehen wird und deshalb die Arbeitszufriedenheit dann gering ist.

Wertekonflikte beruhen auf unterschiedlichen inneren Wertvorstellungen. Sie können im Bereich der Vollstreckung leicht entstehen, wenn ein Sachgebietsleiter und sein Sachbearbeiter sehr unterschiedliche Vorstellungen über den Umgang mit Menschen in sozialen Notlagen entwickeln. Entsprechendes gilt für Führungsstile bei Vorgesetzten.

Verteilungskonflikte sind Auseinandersetzungen über die Verwendung beschränkter Ressourcen, angefangen bei den sächlichen Mitteln bis hin zur Frage, wer die besten und sympathischsten Mitarbeiter erhält. Führungspersonen streiten oft darüber, wem eine neu geschaffene Abteilung oder ein neues Aufgabenfeld zugeordnet werden soll, um ihren Einflussbereich zu erweitern.

Abhängigkeitskonflikte in Organisationen ergeben sich als Folge der Arbeitsteilung und meinen die Auseinandersetzungen, die dadurch entstehen, dass einzelne Stellen auf die Kooperation mit anderen Stellen angewiesen sind und in ihrer Arbeit behindert werden, wenn die Zusammenarbeit nicht richtig funktioniert. Im Verwaltungsbereich sind Aufgaben, bei denen mehrere Stellen am Entscheidungsprozess beteiligt sind, besonders konfliktanfällig, insbesondere dann wenn Akten nicht zeitnah bearbeitet oder Zustimmungen willkürlich oder rechtswidrig verweigert werden.

Beziehungskonflikte sind durch die Unvereinbarkeit der Handlungstendenzen bei Sachfragen und Gegensätze der persönlichen Empfindungen gekennzeichnet, wobei die emotionalen Störungen oft dominieren. Über- und Unterordnung, Machtspiele, Sympathie und Antipathie, Liebe und Distanz sind typische Beispiele für unvereinbare Empfindungen.

Organisationskonflikte stellen eine besondere Kombination der dargestellten Konfliktarten dar. Nach Berkel (1999, S. 36ff) ergibt sich das Konfliktpotenzial in einer organisatorischen Einheit aus der Höhe der Zieldifferenzen, dem Umfang der Abhängigkeiten, dem Grad der Erfordernis, gemeinsame Ressourcen zu nutzen, und aus der personellen Zusammensetzung mit ihrem Potenzial an Beziehungskonflikten.

6.2.2 **Rollenkonflikte**

Rollenkonflikte beruhen auf unterschiedlichen Erwartungen an die Träger sozialer Rollen. Der Begriff der sozialen Rolle wurde oben (B. 4.1) erläutert.

Intrarollenkonflikte entstehen, wenn ein Rollenträger gegensätzlichen Rollenerwartungen ausgesetzt ist. Dabei können diese sowohl von einem Sender ausgehen, z. B. wenn der Vorgesetzte von seinem Mitarbeiter sowohl sehr hohe Qualität als auch extrem hohe Quantität bei der Veranlagung fordert als auch von verschiedenen Sendern, die unterschiedliche Anforderungen stellen.

Beispiele für mögliche Intrarollenkonflikte eines Sachgebietsleiters durch verschiedene Sender:

Der Vorsteher erwartet:	Die Sachbearbeiter erwarten:
Strenge Einhaltung der Dienstzeiten	Großzügigen Umgang mit Dienstzeiten
Hohe Leistung und gute Statistik im Sachgebiet	Geringe Fallzahlen, angemessene Arbeitsbelastung und Zeit für Privatgespräche
Wenig Ärger mit Bürgern und Beratern	Unterstützung bei harten Entscheidungen
Genaue Aktenkenntnis und Verantwortung für die Entscheidungen der Sachbearbeiter	Eigenen Verantwortungsbereich
Leistungsgerechte Beurteilungen	Gute persönliche Beurteilungen

Interrollenkonflikte entstehen, wenn aus verschiedenen Rollen, die eine Person innehat, unvereinbare oder gegensätzliche Erwartungen an den Rolleninhaber herangetragen werden.

BEISPIEL

> Der Vorsteher eines Finanzamts war gleichzeitig Bezirksvorsitzender einer Steuergewerkschaft. Da er als Vorsteher im Amt die Arbeitgeberinteressen vertreten musste, hatte er auch viel Verständnis für die Wünsche des Ministeriums. Bei einer Werbeveranstaltung für junge Finanzanwärter verstrickte er sich so sehr in die gegensätzlichen Rollenerwartungen, dass ein Student ihn konkret fragte, ob er eigentlich Gewerkschafts- oder Arbeitgeberinteressen vertreten würde. Die Kollegen aus dem Gewerkschaftsvorstand waren danach sehr bemüht, die großen Verdienste ihres Vorsitzenden für die Gewerkschaft hervorzuheben.

An diesem Beispiel kann man erkennen, dass es problematisch ist, Rollen mit solch gegensätzlichen Erwartungen zu übernehmen. Es kann aber vermutet werden, dass solche Rollenkonflikte oft nicht zufällig entstehen.

Als **Rollenträgerkonflikt** wird der Widerspruch zwischen den Erwartungen anderer Personen an den Inhaber einer Rolle und seinem eigenen Wertesystem bezeichnet. Wenn ein überzeugter Pazifist in einer Waffenfabrik arbeitet, kann er sich dem Konflikt nur durch Wechsel des Arbeitsplatzes oder durch Veränderung seines Wertesystems entziehen.

Rollenüberlastung tritt auf, wenn die verschiedenen Erwartungen an die Person zwar vereinbar sind, in ihrer Vielfalt aber eine Überforderung des Rollenträgers eintritt. Eine typische Erscheinung bei Führungspersonen, die Schwierigkeiten mit der Delegation von Aufgaben und der Setzung von Prioritäten haben.

6.2.3 Motivationskonflikte

Motivationskonflikte liegen vor, wenn die Konfliktursachen mit widerstreitenden Handlungsmotiven zusammenhängen. Sie sind überwiegend intrapersonale Konflikte.

Annäherungs-Annäherungskonflikte liegen vor, wenn zwei unvereinbare Alternativen als gleich positiv eingestuft werden. Beispiel: Ein Stellenbewerber kann sich nur schwer zwischen zwei gleich attraktiven Angeboten entscheiden.

Ablehnungs-Ablehnungskonflikte sind dann gegeben, wenn zwischen zwei gleich negativen Alternativen entschieden werden muss, also die Wahl zwischen zwei unbeliebten Stellen zu treffen ist.

Ablehnungs-Annäherungskonflikte treten auf, wenn die Verhaltenstendenz etwa gleich starke positive und negative Bewertungen auslöst, also wenn bei den Gedanken an eine angestrebte besser bezahlte Stelle gleichzeitig Angst vor Überforderung empfunden wird. Solche ambivalenten Gefühle sind häufig und erhöhen die Dynamik innerer Konflikte stark.

Motivkonkurrenz tritt auf, wenn nicht nur zwei Motive, sondern ein ganzes Bündel die Entscheidung beeinflusst. Die einzelnen Motive können dabei zwar auch als attraktiv oder hemmend bewertet werden, der Kern des Problems liegt dann aber in der Auswahl der wichtigsten Faktoren.

BEISPIEL

> Bei der Bewerbung um eine interessante neue Stelle muss meistens aus einer Vielzahl widerstreitender Motive die beste Kombination ausgewählt werden. Finanzieller Anreiz, berufliche Herausforderung, Sorge vor Überforderung, zeitliche Belastung, räumliche Distanz, Fahrzeiten, Auslandsaufenthalte, Rücksicht auf die Partnerschaft, Verantwortung für die Kinder, Einschränkung der Freizeitaktivitäten und viele weitere Faktoren müssen gegeneinander abgewogen und gewichtet werden, wobei bis zur Entscheidung starke Spannungen auftreten können.

6.2.4 Emotionale Konflikte

Eine Vielzahl von Konflikten entsteht, ohne dass rationale Gründe für eine Auseinandersetzung erkennbar sind. Das bedeutet nicht, dass die oben aufgeführten Ursachen nicht vorhanden sind, sie treten aber bei der Auseinandersetzung so stark in den Hintergrund, dass der Schwerpunkt der Konfliktbehandlung auf der Bearbeitung der emotionalen Störungen liegen muss. Die Unvereinbarkeit ist dann meistens, wie bei den Beziehungskonflikten, im Gefühlsbereich zu finden und wird von den Beteiligten meistens nach außen verborgen.

BEISPIEL

> In einem Vollstreckungssachgebiet wurde nach Teilung eines Arbeitsgebiets ein neuer Sachbearbeiter eingesetzt. Als dieser bei einem schwierigen Vollstreckungsfall einen Vorlagebericht für die Oberfinanzdirektion fertigen sollte, empfahl ihm der Sachgebietsleiter bei einem sehr erfahrenen Sachbearbeiter eine Akte mit einem vergleichbaren Bericht als Muster auszuleihen. Der erfahrene Sachbearbeiter verweigerte, auch auf Aufforderung des Sachgebietsleiters hin, mehrfach die Herausgabe, bis der Sachgebietsleiter schließlich eine Akte heraussuchte und übergab.
>
> **LÖSUNG** Da genügend Akten mit entsprechenden Berichten vorhanden waren, scheidet Ressourcenknappheit als Ursache für den Konflikt zwischen den beiden Sachbearbeitern aus. Die Ursachen können nur im emotionalen Bereich gefunden werden. Durch Teilung des Arbeitsgebietes ist dem älteren Sachbearbeiter Macht, Einfluss und Verantwortung weggenommen worden. Die geringere Arbeitsbelastung kann dies nur begrenzt ausgleichen, zumal auch eine Lösung mit einem weiteren Mitarbeiter denkbar gewesen wäre. Hinzu kommen Ängste, der neue Sachbearbeiter könne genauso gut oder besser sein, die eigenen Aufstiegs- und Beförderungschancen dadurch gemindert werden. Wenn dann auch noch Faktoren wie gegenseitige Antipathie, Neid auf Nebenverdienste und eine bessere Lebenssituation hinzukommen, entwickelt sich ein dynamisches Gemisch, in dem Konflikte bei der Zusammenarbeit vorprogrammiert sind.

Typische emotionale Konflikte sind Machtkonflikte, Positionskämpfe, Konformitäts-druck auf Minderheiten oder Einzelgänger, Vorurteile, gegenseitige Aversionen sowie die Reaktionen auf Machtmissbrauch, Arroganz, Ungerechtigkeiten, Provokationen, Blamagen, Einengung, Inkonsequenz, Kompetenzkrisen u. a.m.

Die einzelnen Ursachen für emotionale Konflikte werden beim Thema Aggressionen (unten B. 6.6) näher dargestellt. Es ist aber wichtig hier schon festzuhalten, dass Konflikte meistens nicht monokausal auf eine Ursache zurückgeführt werden können, sondern in der Regel ein ganzes Bündel von Ursachen und Motiven zusammenwirkt. Auch alle Sachkonflikte gewinnen ihre große Dynamik erst durch den Einfluss emotionaler Faktoren.

Empirische Untersuchungen (vgl. Regnet 1992, S. 28) zeigen auch, dass Sachkonflikte, wie Wettbewerb um knappe Ressourcen, relativ wenig Bedeutung für die Betroffenen haben, im Vergleich zu den emotional dominierten Konflikten wie Misstrauen, Ungerechtigkeit oder unvereinbare Persönlichkeiten.

6.3 Konfliktverlauf

Häufig diskutiert wird die Unterscheidung zwischen **latenten** und **manifesten Kon-flikten.** Manche Autoren verneinen die Möglichkeit eines latenten Konflikts vollständig, andere sehen Probleme, wo der Übergang vom latenten zum manifesten Konflikt anzunehmen sei. Sicher sind schon viele Konflikte vorhanden und belasten wenigstens eine Seite, wenn auch noch keine Konflikthandlungen nach außen erkennbar sind. Es wäre daher wenig sinnvoll, diese Anfangsphasen nicht in eine Konfliktanalyse einzubeziehen. Es ist daher wichtiger zu erkennen, dass Konflikte durch verschiedene Phasen gehen und unterschiedliche Intensität aufweisen.

Ein solches Modell der Eskalation von Konflikten wurde von Glasl (1999, S. 215 ff) entwickelt. Seine Darstellung wurde verändert, um den ansteigenden Charakter der Eskala-tion zu betonen.

Eskalationsstufen nach Glasl

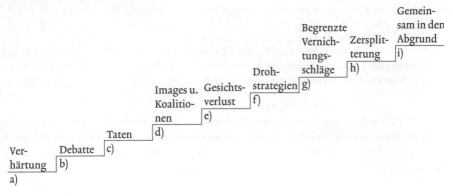

Die Stufen im Einzelnen:

a) Verhärtung

Die unterschiedlichen Meinungen werden starrer vertreten. Die Gruppenmitglieder nehmen Gegensätze, Widerstand, Durchsetzungswillen bei den anderen Personen wahr. Beiderseitige Kooperationsbemühungen werden gelegentlich durch verbale Ausrutscher, Reibereien und Spannungen gestört. Die Beteiligten sind aber noch davon überzeugt, dass die Probleme durch Gespräche lösbar sind und es haben sich in den Gruppen noch keine Parteien oder Lager gebildet.

b) Debatte, Polemik

Es entsteht eine Polarisierung im Denken, Fühlen und Wollen. Einzelne Personen versuchen durch gute Rhetorik und »logische« Argumentation die Gegenseite zu beeinflussen. Egoistische Standpunkte und Reizbarkeit nehmen zu. Es wird um Anhänger für die eigene Meinung geworben und es bilden sich Gruppierungen entsprechend den verschiedenen Standpunkten. Die Erregung zeigt sich im Klang der Sprache. Das Verhalten wechselt zwischen Kooperation und Konkurrenz.

c) Taten statt Worte

Jede Konfliktpartei versucht nun, die andere Seite durch Handlungen vor vollendete Tatsachen zu stellen. Dies wird von der Gegenseite negativ interpretiert und es entstehen Misstrauen und negative Erwartungen, die den Konflikt beschleunigen. Nonverbales Verhalten tritt verstärkt auf und steht teilweise im Widerspruch zum verbalen Ausdruck. Das Einfühlungsvermögen geht verloren. Konkurrenz ist stärker als Kooperation.

d) Images und Koalitionen

Der Konflikt wird persönlich genommen. Jede Partei ist um das eigene Image bemüht. Das Selbstbild wird überhöht dargestellt. Man will die Auseinandersetzung gewinnen. Dadurch werden die Einstellungen noch starrer und unbeweglicher. Es kommt zu feindseligen Handlungen und Ausdruck von Aggressionen. Es wird versucht sachfremden Druck auszuüben. Blockaden werden den persönlichen Eigenschaften der Gegenseite zugeschrieben. Man wirbt verstärkt um Anhänger und Unterstützung.

e) Gesichtsverlust

Die Hemmschwelle sinkt, es kommt zu öffentlichen und persönlichen Angriffen, die zu gegenseitigen Gesichtsverlusten führen. Kompromisse können nicht mehr akzeptiert werden. Durch gegenseitige Enttäuschungen und Frustrationen tritt ein Vergiftungseffekt ein. Bei wechselseitigen Schädigungen darf die Gegenseite kein Übergewicht bekommen.

f) Drohstrategien

Es entwickelt sich eine Spirale von Drohungen und Gegendrohungen, durch die der Entscheidungsdruck, das gegenseitige Misstrauen und die Ängste steigen. Irrationale Handlungen können die Folge sein. Das ursprüngliche Streitthema tritt in den Hintergrund.

g) Begrenzte Vernichtungsschläge

Die Wahrnehmung des Gegners und der Situation wird immer negativer und es bilden sich pessimistische Zukunftserwartungen, in denen es keinen Platz mehr für friedliche Lösungen gibt. Die Hemmschwelle zur vorsätzlichen Schädigung der Gegenseite wird überschritten. Die Kommunikation ist dadurch gekennzeichnet, dass jeder reden und keiner zuhören will.

h) Zersplitterung

Hier stehen Provokationen und Schädigungsabsichten, die den Zusammenbruch des gegnerischen Systems bewirken sollen, deutlich im Vordergrund. Unbegrenztes Machtstreben gewinnt die Oberhand. Konfliktmindernde gesellschaftliche Normen werden nicht mehr beachtet oder in Frage gestellt.

i) Gemeinsam in den Abgrund

Totale Konfrontation erlaubt keine Umkehr mehr. Die Vernichtung des Feindes wird angestrebt, selbst wenn damit eine Selbstvernichtung verbunden ist.

Die letzten beiden Stufen werden in beruflichen Situationen meistens nicht auftreten, weil das Sanktionsrisiko zu groß ist. Die Unterscheidung der verschiedenen Eskalationsstufen dient bei Glasl sowohl der Konfliktdiagnostik als auch der Konfliktbehandlung. Bei jeder weiteren Stufe wird die Konfliktbehandlung schwieriger.

Wichtige Schwellenpunke trennen die

Hauptphase 1 mit den Stufen a) bis c) und der Grundeinstellung, dass beide Seiten gewinnen können (»Win-Win«) von der

Hauptphase 2 mit den Stufen d) bis f) und der Grundeinstellung dass jede Seite gewinnen will und mit der Folge der Niederlage der anderen Seite (»Win-Lose«) und von der

der Hauptphase 3 mit den Stufen g) bis i) und der Folge, dass jede Seite verliert (»Lose-Lose«).

Bei der Win-Win-Phase werden die gegensätzlichen Standpunkte noch offen diskutiert und gemeinsame Lösungen angestrebt, die für alle Seiten akzeptabel sind, sodass alle gewinnen können. Persönliche Verletzungen werden vermieden.

Die Win-Lose-Phase ist dadurch gekennzeichnet, dass jede Seite den Konflikt gewinnen will. Dabei entsteht die Problematik, dass eine Seite wie bei einem Nullsummenspiel oft nur das gewinnen kann, was die andere Seite verliert.

In der Lose-Lose-Phase ist der Konflikt schon so weit eskaliert, dass beide Seiten nur noch verlieren können. Starken aggressiven Streit kann man nicht gewinnen, sodass oft nur Trennung und Rückzug als Handlungsmöglichkeiten übrigbleiben.

Konflikte entwickeln sich unterschiedlich schnell und dynamisch. Die Grenzen zwischen solchen Stufen können verschwimmen, einzelne Stufen wohl auch übersprungen werden. Auch ist es in der Praxis schwierig, die einzelnen Phasen klar zu erkennen, sofern sie überhaupt in dieser Form auftreten. Wichtig bleibt aber die Sensibilisierung für den Eskalationscharakter von Konflikten und die Erkenntnis, dass oft nur gezielt eingesetzte Kompetenzen zur Konfliktbehandlung (vgl. unten B. 6.6.4 und 6.7) sicherstellen können, dass die Beteiligten den Konflikt begrenzen und ohne Schaden bewältigen können.

6.4 Einflussfaktoren

Größere Konflikte sind ein sehr komplexer Prozess, bei dem eine Vielzahl von Einflussfaktoren zusammenwirken. Bei Deutsch (1976, S. 12) findet sich eine umfassende Zusammenstellung der wichtigsten Gruppen von Variablen, die auf den Verlauf eines Konflikts einwirken:

a) Die **Eigenschaften der Konfliktparteien** mit ihren Werten, Zielen, Motiven und ihren unterschiedlichen Fähigkeiten im Umgang mit Konflikten sowie ihren Möglichkeiten der Konfliktbewältigung.

b) Die **bisherigen Erfahrungen der Konfliktparteien** miteinander und die daraus entstandenen Einstellungen, Überzeugungen und Erwartungen.

c) Das **Kernproblem, das den Konflikt ausgelöst hat:** Umfang, Häufigkeit, Hartnäckigkeit, die Motivation in Bezug auf das Streitziel, die Bewusstheit.

d) Das **soziale Milieu,** in dem sich der Konflikt abspielt, die Eigenart der Gruppennormen und die Formen der Konfliktregulierung in der Organisation.

e) Die **beteiligten Zuschauer** mit ihren Beziehungen zu den Konfliktparteien und ihren Interessen am Konflikt und seinen Ergebnissen.

f) **Strategien und Taktiken der Konfliktparteien,** Erfolgserwartungen, Bewertung einzelner Taktiken der Konfliktbehandlung, wie Versprechen, Belohnungen und Drohungen.

g) Die **Folgen des Konflikts** für jeden Teilnehmer und die interessierten Beobachter.

Aus den ersten drei Punkten wird deutlich, dass jeder Konflikt seine Vorgeschichte hat, die in den Lernerfahrungen der beteiligten Personen, nicht nur mit Konflikten allgemein, sondern auch mit dem konkreten Konflikt und dem Umgang mit den anderen Personen, begründet ist. Jede soziale Einheit, damit auch jeder Betrieb und jede Organisation, hat auch ihren eigenen formellen und informellen Regeln für den Umgang mit Konflikten, an die sich die Akteure bewusst und unbewusst weitgehend anpassen. Nicht zu unterschätzen ist die Wirkung der Öffentlichkeit mit ihren Zuschauern. Ein Konflikt, der in der Schlange an einer Ladenkasse ausgetragen wird, entwickelt durch die peinliche Öffentlichkeitswirkung ungleich mehr Dynamik, als wenn sich der selbe Konflikt in der häuslichen Umgebung abspielen würde. Zuschauer, wie Eltern, Freunde oder Kollegen, werden schnell in Konflikte einbezogen, um bei ihnen zu punkten oder Unterstützung zu erfahren. Die konkret eingesetzten Taktiken im Konflikt sind abhängig von den Lernerfahrungen, den Erfolgserwartungen und den befürchteten Sanktionen. Die Folgen des Konflikts werden allerdings in sehr aggressiven Phasen nicht mehr bedacht. Die Richtung der Aktionen wird von den Attributionen (Ursachenzuschreibungen, vgl. C. 1.2.4) bestimmt.

6.5 Stress

6.5.1 Beschreibung und Definitionen

Für das Verständnis von Konflikten ist es wichtig, sich mit der Stressproblematik zu beschäftigen, da Stress eine häufige Folge von Konflikten ist und Stress bei den Beteiligten die Konfliktreaktionen verstärken kann. Ein geschlossenes Stresskonzept wurde zuerst in der Medizin entwickelt, beeinflusste aber schnell benachbarte Disziplinen und wurde ein Thema, das auch in der Psychologie und Sozialpsychologie immer mehr Beachtung gefunden hat.

Der Pionier der Stressforschung, der Mediziner Hans Selye (1950), definiert Stress so: »Stress ist die unspezifische Reaktion des Organismus auf jede Anforderung.« Als Stress werden damit, im Gegensatz zur Umgangssprache und einem Teil der Wissenschaft, also nicht die Belastungen, die auf den Organismus einwirken definiert, sondern die physiologischen Reaktionen des Organismus. Die Reaktionen laufen nach Selye dabei unspezifisch ab, selbst wenn die einwirkenden Belastungen sehr unterschiedlich sind. Die auslösenden Reize bezeichnet Selye als **Stressoren.** Dabei kommen äußere Reize wie Hitze, Kälte, Lärm, Chemikalien ebenso in Betracht, wie innere Reize: Angst, Wut oder Freude. Der Begriff unspezifische Reaktion bedeutet aber nicht, dass die Reaktionen von der Intensität her gleich ablaufen. Die Wirkung eines Stressors hängt von seiner Schädlichkeit, der Sensibilität des Organismus für diesen Stressor, psychischen Bewertungen und Rückkopplungen sowie von Verarbeitungsprozessen und sozialer Unterstützung ab.

Die **Stressoren** wurden in vielfältigen Untersuchungen erforscht. Dabei zeigt sich, dass die Menschen sehr unterschiedlich auf gleich starke Belastungen reagieren und diese auch sehr oft positiv verarbeitet werden. Tod des Partners, Scheidung oder Trennung, Tod naher Verwandter, Krankheiten, Kündigung durch den Arbeitgeber, sexuelle Schwierigkeiten, Verschlechterung der finanziellen Situation, Über- und Unterforderung im Leistungsbereich, Isolation, Gefahren, Ängste und Konflikte sowie Ungewissheit über künftige Ereignisse gehören zu den wichtigsten Stressoren. Während früher solche kritischen Lebensereignisse im Vordergrund standen, wird zunehmend auch die Wirkung kleiner täglicher Ärgernisse (daily hassles) als Stressoren erforscht.

Janke (1974, S. 37 ff) führt weitere Attribute an, durch die sich Stress von einer allgemeinen Aktivierung unterscheidet:

a) ist situationsgebunden,
b) löst Verarbeitungsprozesse aus und
c) ist ein zeitlicher Prozess

a) Stress ist situationsgebunden

Nur wenn Veränderungen der Umwelt als auslösende Faktoren, also als Stressoren, auf den Organismus einwirken, liegt Stress vor. Janke gruppiert die Stressoren so:

- **Äußere Stressoren** sind Veränderungen des »sensorischen Inputs« durch Reizüberflutungen wie Lärm oder Lichtreize, durch Entzug sensorischer Informationen, durch Schmerzreize (elektrisch, chemisch, thermisch, oder mechanisch) oder Verletzungen sowie durch reale oder simulierte Gefahrensituationen.
- **Reize, die zum Entzug primärer Bedürfnisse führen,** also Hunger, Durst, Schlaflosigkeit, Bewegungslosigkeit oder ungünstige Temperaturen auslösen.
- **Stressoren bei Leistungsanforderungen:** Überforderungen, wie Zeitdruck, Überlastung, zu schwierige Anforderungen oder Unterforderungen durch monotone gleichförmige Aufgaben sowie Leistungssituationen wie Prüfungen oder Kritik an der Arbeit.
- **Soziale Stressoren** durch Isolation, interpersonale Konflikte, Änderung der Lebenssituationen, Verlust von nahen Angehörigen.
- **Konflikte** mit ihren Entscheidungen zwischen mehreren Alternativen sowie Ungewissheit über künftige Ereignisse.

b) Stress löst Verabreitungsprozesse aus

Geringe Abweichungen vom inneren Gleichgewicht beeinträchtigen den Organismus nicht oder nur sehr kurzfristig, stärkere Abweichungen führen zu Gegenregulationen, durch die das Normalniveau wieder erreicht werden soll. Diese Reaktionen werden als Verarbeitungsstrategien (Coping) bezeichnet und durch Auslöser wie Bedrohung oder Angst in Gang gesetzt.

c) Stress ist ein zeitlicher Prozess

Die Stressoren lösen Anpassungs- und Verarbeitungsprozesse aus, durch die in jeder Phase des Stressgeschehens unterschiedlich starke psychophysische Reaktionen ausgelöst werden, die durch entsprechende Untersuchungen bei Tieren und Menschen nachgewiesen werden können. Stress kann auch lange Zeit nach Wegfall der direkten Einwirkung durch den Stressor im Körper fortwirken.

Definition: Stress ist eine physiologisch nachweisbare Belastungsreaktion eines Organismus, die durch eine Vielzahl individuell unterschiedlich wirksamer Faktoren, den Stressoren, ausgelöst werden kann. Die Intensität und Schädlichkeit der Belastungsreaktion hängt von der Häufigkeit, Dauer und Stärke der Stressoren, der individuellen Empfindlichkeit in Bezug auf diese Stressoren, dem Gefühl der Bedrohung und anderen subjektiven Bewertungen sowie von den persönlichen Stressbewältigungstechniken ab.

Von einigen Wissenschaftlern werden auch die Stressoren als Stress bezeichnet, denen dann Stressreaktionen nachfolgen. Dies erscheint aber wenig sinnvoll, weil der Begriff

»Stressoren« besser die Vielzahl möglicher Ursachen und Einflussfaktoren wiederspiegelt und es eben bei einem so komplexen Prozess wie Stress wichtig ist, klar zwischen Ursachen, Erscheinungsformen und Folgen zu unterscheiden, zumal die Ursachen und die Folgen nur schwer vollständig erkannt werden können und neue Erkenntnisse nicht zu ständig ergänzten Definitionen führen sollten.

Teilweise wird zwischen Eustress und Disstress unterschieden. Eustress ist eine positive Reaktion, die meistens nicht gesundheitsschädlich ist und leistungsfördernd sein kann. Disstress sind alle negativen Stressreaktionen. In der Regel wird mit dem Wort Stress nur der Disstress gemeint und hier in diesem Sinne gebraucht.

6.5.2 Physiologische Reaktionen

Stress ist physiologisch betrachtet ein recht komplexes Geschehen, bei dem das Nervensystem, insbesondere das vegetative Nervensystem und endokrine Systeme (Hormone) zusammenwirken.

Selye geht davon aus, dass die physiologischen Reaktionen bei Stress über die Hypothalamus-Hypophysen-Nebennierenrinden-Achse verlaufen. Der Hypothalamus ist eine Hirnregion, die als Schaltstelle zwischen den hormonellen und den neuronalen Regelungssystemen angesehen werden kann. Der Hypophysenvorderlappen produziert und speichert verschiedene Hormone, deren Freisetzung vom Hypothalamus über Neurohormone (Releasinghormone) gesteuert wird. Als Antwort auf emotionale oder physische Belastungen des Organismus schüttet die Hypophyse das Hormon ACTH aus, das unter anderem die Nebennierenrinde zur Ausschüttung von Cortisol und Corticosteron anregt. Spätere Untersuchungen haben gezeigt, dass zusätzlich das Sympathicus-Nebennierenmark-System beteiligt ist. Der Sympahicus, der Teil des autonomen Nervensystems ist, löst im Nebennierenmark die Ausschüttung der Hormone Adrenalin und Noradrenalin aus, die im sympathischen Nervensystem als Überträgerstoffe dienen, zu einer Erregung des gesamten vegetativen Nervensystems führen und der schnellen Bereitstellung von Brennstoffen unter Stressbedingungen dienen. »Unter emotionalem Stress kann es zu Adrenalinausschüttungen kommen, die mehr als das zehnfache über der Ruheausschüttung liegen.« (Birbaumer und Schmidt 1999, S. 152).

Der gesamte Prozess kann folgendermaßen beschrieben werden: Angstauslösende und bedrohliche Situationen oder andere Stressoren werden als aversive (negative) Reize von den Rezeptoren der Sinnesorgane aufgenommen und als nervöse Impulse an das Gehirn weitergeleitet. Dort werden sie in den Assoziationskernen des Thalamus und der Großhirnrinde als negative Reize erkannt. Diese setzen die Stressreaktion durch den Hypothalamus in Gang. Der Hypothalamus beeinflusst dann über die beiden oben beschriebenen Achsen das endokrine System. Die Hormone wirken auf die Erfolgsorgane ein und führen dort zu veränderten Reaktionen, die weiter unten beschrieben werden. Das Gehirn erhält Feedback durch die veränderten Reaktionen der Organe mit der Folge, dass eine weitere eskalierende Steigerung der Stressreaktion einsetzen kann.

Die folgende Darstellung zeigt die Zusammenhänge:

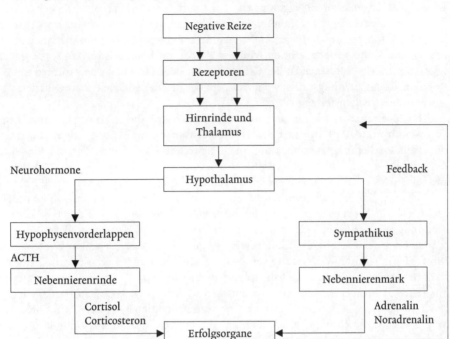

Über die hormonellen Wirkungen hinaus sind die weiteren Reaktionen im Gehirn und im Nervensystem von Bedeutung. Dabei werden zwei Prozesse unterschieden:

Erstens wird über den Hypothalamus als Schaltstation das vegetative Nervensystem erregt und wirkt entsprechend auf die Effektoren ein, wobei besonders das sympathische und das parasympathische Nervensystem wirksam werden und oftmals gegensätzliche Reaktionen erzeugen.

Zweitens wird eine unspezifische Aktivierung der Hirnrinde durch das aufsteigende retikuläre Aktivierungssystem (ARAS) ausgelöst, das zu einer allgemeinen Erregung führt. Ausgangsbereich ist die Retikulärformation (Formatio reticularis), die den Hirnstamm durchzieht und zu allen Sinnesorganen und anderen Gehirngebieten, wie Großhirnrinde, Thalamus, Hypothalamus und limbischen System sowie zum Rückenmark Verbindungen hat. Seine Funktionen sind unter anderem die Steuerung der Bewusstseinslage durch Beeinflussung der Erregbarkeit kortikaler Neuronen und damit auch des Schlaf-Wach-Rhythmus, Vermittlung affektiv-emotionaler Wirkungen sensorischer Reize durch Weiterleitung der Informationen zum limbischen System und Regulation bei Reflexen (vgl. Birbaumer und Schmidt 1999, S. 313). Dieses System hat in der Psychologie über die Stressforschung hinaus erhebliche Bedeutung gewonnen, da man dadurch in der Lage war, physiologische Reaktionen auf Umweltreize zu messen. Dabei werden unter anderem die Herzfrequenz, das Fingerpulsvolumen, die Hautleitfähigkeit, EEG, Lidschlag und Atemformen als Indikatoren für den Grad der Aktivation verwendet.

Alle hormonellen und neuralen Prozesse wirken bei Stressbelastungen zusammen und führen zu einem beschleunigten und kräftigeren Herzschlag, besserer Atmung, stärkerer Durchblutung der Muskulatur, verminderter Durchblutung im Magen-Darm-Bereich und in den Nieren. Der Blutzuckerspiegel steigt, die Glukosebildung wird durch den Abbau von Eiweiß gefördert und die Glykogenspeicherung in der Leber wird erhöht. Die Gerinnungsfähigkeit des Blutes steigt an, Immun- und Entzündungsreaktionen verringern sich und es kommt zu Muskelanspannungen. Die Wahrnehmungs- und Reaktionsbereitschaft wird erhöht. Durch diese Alarmreaktion wird der Körper auf hohe Leistungsfähigkeit gebracht und die klassischen Reaktionen bei Gefahr, Kampf oder Flucht, werden vorbereitet. Diese Reaktionen sind allerdings meistens nicht mehr die in unserer Gesellschaft erwarteten oder geforderten Verhaltensformen.

Nach Selye passt sich der Organismus in drei Phasen, die er als **Allgemeines Anpassungssyndrom (AAS)** bezeichnet hat, an die Belastungen an: Alarmreaktion, Widerstandsphase und Erschöpfungszustand. Durch die **Alarmreaktion,** die kurze Zeit nach Einwirkung des Stressors folgt, werden die Abwehrkräfte des Körpers mobilisiert. In der **Widerstandsphase** verschwinden die physiologischen Veränderungen weitgehend und der Körper stellt sich auf einen neuen Gleichgewichtszustand ein, wobei die Widerstandskraft erhöht ist. Diese Phase, die nur bei starken und fortdauernden Belastungen eintritt, ist durch erhöhte Ausschüttung von Corticoiden gekennzeichnet, die bei länger anhaltender erhöhter Konzentration zu einer Schwächung des Immunsystems und der körpereigenen Abwehrmechanismen führt. Hierin wird die Verbindung von psychischem Stress und psychosomatischen Erkrankungen gesehen. In der **Erschöpfungsphase,** treten wieder die Symptome der Alarmreaktion auf, führen dann aber zu bleibenden organischen Schäden. Selye konnte in Tierexperimenten Zusammenbruch der Reproduktions- und Wachstumsfunktionen und der Infektionsabwehr, Vergrößerung der Nebennieren, Schrumpfung der Thymusdrüse und der Lymphdrüsen sowie Magen- und Darmgeschwüre nachweisen. Die Eskalation zu Erschöpfungsphasen tritt allerdings nur ein, wenn die Belastungen durch Stressoren fortwirken, da bei erfolgreicher Stressverarbeitung Erholungsphasen entstehen, in denen der Organismus regeneriert.

Durch die beschriebenen Folgen der Stressbelastung wird deutlich, dass auch ein Zusammenhang zwischen Stress und vielen Krankheiten besteht. Die Grundvorstellung bei Selye ist die, dass ein Organismus nur in begrenztem Umfang häufigen und dauerhaften Stress ohne Gesundheitsrisiko ertragen kann und dass bei zu großen Belastungen diejenigen Organe, die von der individuellen Veranlagung her schwächer oder krankheitsanfälliger ausgestattet sind, zuerst Krankheitssymptome zeigen werden. Es gelte daher Disstress möglichst zu vermeiden oder durch positive Verarbeitungsprozesse in seiner Wirkung zu begrenzen. Man kann nicht davon ausgehen, dass Stress Krankheiten wie eine Infektion selbst auslöst, aber es kommt durch die Erhöhung der Leistungsfähigkeit zu einer Dauerbelastung und damit zur Überforderung gefährdeter Organe und durch die Schwächung der Immunabwehr zu erhöhter Anfälligkeit für Krankheiten. Mediziner sind bei der Bewertung der Zusammenhänge angesichts der Vielzahl möglicher Ursachen und Belastungsfaktoren für die einzelnen Krankheiten relativ vorsichtig, aber schon unter Berücksichtigung der geschilderten physiologischen Veränderungen bei Stress ist ein schädigender Zusammenhang in folgenden Bereichen wahrscheinlich: Die Erhöhung des Blutdrucks belastet das Herz-Kreislaufsystem, die Unterdrückung der Verdauung schädigt den Magen-Darmbereich, die Unterdrückung der Immunreaktionen und von Entzündungen führt zu vielen Erkrankungen, insbesondere zu Infektionen und Allergien, die Erhöhung der Muskelanspannung verstärkt Rücken- und Kopfschmerzen, häufige Energiemobilisierung kann Diabetes beeinflussen, die Hemmung der Reproduktionsfunktionen kann Libidoverlust, Impotenz und Unfruchtbarkeit auslösen. Teilweise wird auch ein vorzeitiges Altern angenommen.

6.5.3 **Stressbewältigung**

Strategien zur Bewältigung von Stress werden als Coping bezeichnet. Die klassische **Definition** für Coping stammt von Folkman und Lazarus (1984, S. 141):

Definition: »Coping sind die ständig wechselnden kognitiven und verhaltensaktiven Anstrengungen einer Person, die inneren und äußeren Anforderungen zu bewältigen, die ihre Ressourcen beanspruchen oder übersteigen.«

Folkman und Lazarus (1984) unterscheiden in ihrem kognitiven Modell zwei Arten der Stressbewältigung:

1. Problemorientiertes Coping,
2. Emotionsregulierendes Coping.

1 **Problemorientiertes Coping** sind die Versuche einer Person durch Informationssuche, direkte Handlungen oder Unterlassungen Problemsituationen zu überwinden und sich den veränderten Bedingungen anzupassen. Dabei wird meistens das Problem definiert, Handlungsalternativen werden gesucht, und es findet eine Abwägung der Vor- und Nachteile statt.

2 **Emotionsregulierendes Coping** ist auf die Verarbeitung der durch die Stresssituation entstandenen negativen Erregung gerichtet und umfasst Strategien wie Vermeidung, Verringerung der Belastung, Abstand, selektive Aufmerksamkeit, positive Vergleiche sowie die Trennung positiver Werte von negativen Ereignissen. Dabei sind überwiegend Bewertungsprozesse bedeutsam.

Problemorientiertes und emotionsregulierendes Coping beeinflussen einander, dabei können sie sich gegenseitig erleichtern oder erschweren. Die Bewertungsprozesse beim Coping erfolgen nach Folkman und Lazarus in drei Stufen:

1. Erstbewertung,
2. Zweitbewertung und
3. Neubewertung.

Bei der **Erstbewertung** (primary appraisal) werden die Umweltreize hinsichtlich ihrer Gefährlichkeit unterschieden und einer der drei Gruppen irrelevant, positiv oder stressauslösend zugeordnet. Stressauslösende Reize werden weiter in schädigend, bedrohend oder herausfordernd unterteilt. Bei der Einschätzung bedrohend werden negative Folgen, die noch nicht stattgefunden haben antizipiert. Die Bewertung als herausfordernd begünstigt Verarbeitungsprozesse besonders stark.

Bei der **Zweitbewertung** (secondary appraisal) werden die Möglichkeiten der Situationsbewältigung abgeschätzt. Persönlichkeitsmerkmale (z. B. vorsichtig oder forsch), Erfolgserwartungen, Einschätzungen der eigenen Kompetenzen und der Situationsbedingungen beeinflussen die Bewertungen und führen zu Handlungsstrategien wie Angreifen, Rückzug, Inaktivität oder aktive Problembewältigung.

Bei der **Neubewertung** (reappraisal) wird die Situation auf Grund neuer Informationen aus der Umwelt sowie der eigenen Bewertungen neu eingeschätzt, wobei Ängste oder Belastungen abgebaut oder verstärkt werden können.

Das Ausmaß der Schädigungen durch Stress wird weniger von der Intensität des Stressors, sondern in viel stärkerem Maße, von den individuellen Fähigkeiten zur Stressbewältigung beeinflusst. Diese reichen von vollständiger Hilflosigkeit am negativen Ende bis hin zum souveränen Umgang mit schwierigsten Stresssituationen.

Eine Vielzahl von Untersuchungen hat sich mit den verschiedenen Copingstrategien beschäftigt, dabei wurden folgende Reaktionen besonders häufig gefunden:

- Flucht- und Vermeidungstendenzen,
- Distanzierung,
- Konfrontation,
- Suche nach sozialer Unterstützung,
- eigene Verantwortung übernehmen,
- Selbstkontrolle,
- positive Umbewertung,
- Planung von Problemlösungen.

Flucht- und Vermeidungstendenzen. Eine Reaktionsform, die dem Bedürfnis nach der Vermeidung von gefährlichen Situationen und Belastungen entgegenkommt, die aber in vielen Lebenssituationen, wie im Berufsleben meistens nicht möglich ist oder zusätzlichen Ärger und Stress erzeugt, wenn dadurch Aufgaben nicht oder schlecht erfüllt werden. Steuerfälle, die jahrelang unbearbeitet bleiben, weil die Auseinandersetzung gescheut wird, werden immer problematischer, weil die Vorgesetzten dann weniger auf die sachliche Entscheidung und entsprechender Hilfestellung, als vielmehr an der Frage der Verschleppung fokussiert sind. Letztendlich kann man nicht vor allen schwierigen Situationen im Leben davonlaufen. Sinnvoll ist es allerdings, vermeidbaren Belastungen auszuweichen. Ein schlechter Verlierer beim Spielen kann sich viel überflüssigen Stress ersparen, indem er solche Spielsituationen grundsätzlich meidet und sich seine Erfolgserlebnisse in anderen Lebensbereichen holt.

Distanzierung von den beteiligten Personen, Ereignissen und Situationen. Bei Beziehungskonflikten kann Distanzierung von der anderen Person ein notwendiger Weg sein. Distanzierungen von Sachentscheidungen der Vorgesetzten, die den eigenen Vorstellungen widersprechen, sind im Berufsleben sehr häufig. Oft handelt es sich dabei aber nur um Stressverschiebungen, denn die Vermeidung einer Auseinandersetzung mit dem Vorgesetzten wird durch Stress ersetzt, der aus der Unzufriedenheit über die Arbeitssituation und den damit verbundenen Abhängigkeiten entsteht.

Konfrontation ist ein häufiges Reaktionsmuster. Eine objektiv stressbewältigende Wirkung muss allerdings bezweifelt werden. Konfrontation provoziert Gegenaggressionen und führt zur Konflikteskalation. Dies ist meistens auch keine rationale Bewertungsentscheidung, sondern eine affektive Reaktion auf die inneren Belastungen.

Suche nach sozialer Unterstützung ist ein wichtiger Weg. Die sachliche und emotionale Unterstützung durch andere Personen hilft die eigene, oft nur unterbewusst erkannte, Verhaltensunsicherheit abzumildern.

Eigene Verantwortung übernehmen und den eigenen Anteil am Konflikt erkennen, Fehler wieder gutmachen und sich entschuldigen. Dies ermöglicht Veränderungen dort vorzunehmen, wo sie am leichtesten möglich sind. Bei Streit und Konflikten versuchen viele Menschen meistens, die andere Person zu verändern. Nun sind viele Menschen nach vielen Jahren der Beeinflussung durch Eltern, Erzieher, Lehrer und Partner ziemlich empfindlich gegenüber solchen Änderungsversuchen. Es ist immer leichter und erfolgsversprechender die eigenen Verhaltensweisen und die eigene Sicht der Dinge zu ändern, als andere Menschen, da auch die eigene Veränderung zu einer Änderung des Verhaltens des Partners führen kann.

Selbstkontrolle, also die eigenen negativen Gefühle beherrschen und Handlungen so gestalten, dass keine neuen Konflikte entstehen. Hierdurch können Fehlreaktionen und die Eskalation von Konflikten vermieden werden. Die Unterdrückung negativer Gefühle und aggressiver Handlungstendenzen allein, wird nur kurzfristig, aber nicht dauerhaft zu Entlastungen führen.

Positive Umbewertung, indem die positiven Aspekte einer negativen Situation betont werden, der Lerneffekt, die Bewährungschancen und die Herausforderung. Diese Technik der Stressbewältigung hängt stark von Persönlichkeitseigenschaften ab, wobei Optimisten eher zu solchen Tendenzen neigen.

Planung von Problemlösungen durch Ereignis- und Situationsanalyse, Entwicklung und Überprüfung von Handlungsalternativen sowie Strategien zur Veränderung der Situationen. Ein sehr rationaler Weg, der durch die aktive Auseinandersetzung mit den Belastungen gute Erfolgschancen bietet.

Weitere Techniken und Strategien der Stressbewältigung werden unten (B. 6.6.4 und 6.7) dargestellt.

6.6 Aggressionen

6.6.1 Definitionen und erster Überblick

Bei der Eskalation von Konflikten, kommt es häufig zum Ausbruch offener Aggressionen zwischen den beteiligten Personen. Ein solcher aggressiver Wutausbruch ist dann für beide Seiten eine starke Stresssituation und löst die oben beschriebenen physiologischen Reaktionen aus. Es lohnt sich daher, auch diese Problematik näher zu betrachten.

Die Abgrenzung des Begriffs »Aggression« gegenüber anderen Formulierungen wie Wut, Ärger oder Gewalt erweist sich als schwierig, sodass eine Vielzahl von Definitionen entstanden ist. Als Zielobjekte aggressiven Verhaltens kommen Personen und Sachen in Betracht. Im Zusammenhang mit dem Thema Konflikte sind hier aber überwiegend die Aggressionen gegenüber anderen Personen von Bedeutung. Eine Sonderform ist die Autoaggression, die sich gegen die eigene Person richtet. Es werden körperliche und verbale Aggressionen unterschieden. Körperliche Aggressionen sind z. B. Kämpfen, Schlagen oder Zerstörungen. Verbale Aggressionen zeigen sich überwiegend in Beschimpfungen und Zurechtweisungen. Einigkeit besteht darüber, dass unbeabsichtigtes Verhalten nicht als Aggression zu werten ist. Wer einer anderen Person aus Versehen einen wertvollen Gegenstand beschädigt, begeht objektiv keine Aggression, auch wenn dies von der geschädigten Person so empfunden werden kann, solange die Fahrlässigkeit nicht erkannt wird. Eine aggressiv handelnde Person wird sich der verletzenden Absicht ihres Verhaltens oftmals nicht völlig bewusst sein, da im Zustand starker innerer Erregung die Selbstwahrnehmung eingeschränkt ist.

Definition: Aggressionen sind körperliche oder verbale Aktionen, die objektiv betrachtet einen Angriff darstellen und bei denen eine Schädigung der betroffenen Personen oder Objekte angestrebt oder in Kauf genommen wird.

Diese durch die juristischen Vorstellungen über vorsätzliches Handeln beeinflusste Definition macht deutlich, dass die Schädigungsabsicht nicht das primäre Ziel der Angriffe sein muss, sondern dass oft eher die Unfähigkeit, das Handeln besser zu kontrollieren, das Verhalten dominiert.

Häufig wird zwischen **instrumentellen** (zielgerichteten) und **affektiven** (durch starke und spontane Gefühle gekennzeichnete) **Aggressionen** unterschieden. Zielgerichtet ist die Aggression eines Kindes, das seinen Willen durchzusetzen versucht oder die Aggression eines Erwachsenen in einer Verhandlung, der die Gegenseite einschüchtern und zum Nachgeben bringen will. Affektiv sind jene Aggressionen, bei denen die unbeteiligten Personen oft keinen rationalen Grund für den überraschenden Wutausbruch erkennen können, z. B. wenn jemand aggressiv reagiert, dem alles zuviel geworden ist. Affektive und instrumentelle Aggressionen treten in Reinform nicht auf, sondern sind miteinander verbunden. Bei affektiven Aggressionen werden immer auch Handlungsziele verfolgt, selbst wenn diese bei der agierenden Person nur unterbewusst wirksam werden und bei instrumentellen Aggressionen ergibt sich die Dynamik erst aus der starken emotionalen Erregung.

Bei **Tieren** finden sich folgende Formen der Aggression (vgl. Birbaumer und Schmidt 1999, S. 662):

- **Beuteaggressionen,** die durch Hunger und Auslösereize der Beute angeregt werden
- **Zwischen-männliche Aggressionen**
- **Zwischen-weibliche Aggressionen**
- **Furcht-induzierte Aggressionen,** die besonders nach Fluchtversuchen auftreten.
- **Maternale (mütterliche) Aggressionen** zum Schutz der Jungen und des Territoriums
- **Irritationsaggressionen** nach Schmerz und Frustrationen
- **Sexuelle Aggressionen,** die von Paarungsreizen ausgelöst werden.

Durch das entwicklungsgeschichtliche Erbe ist ein Potenzial für aggressives Verhalten in jedem Menschen angelegt. Gleichzeitig wurden aber auch aggressionshemmende Mechanismen entwickelt, um das Zusammenleben in Gemeinschaften zu ermöglichen. Die physiologischen Zusammenhänge sind relativ komplex, aber wie beim Stress ergibt sich auch hier ein Zusammenspiel zwischen hormonellen und neuralen Faktoren. So haben männliche Sexualhormone, insbesondere Testosteron, eine aktivierende Wirkung. »Aggressives Verhalten ist von einer ausreichenden Menge von Androgenen im ZNS (Zentralnervensystem) und Blutkreislauf abhängig; umgekehrt erhöht aggressiv-kompetitives Verhalten das Androgenniveau.« (Birbaumer und Schmidt 1999 S. 93). Androgene sind männliche Sexualhormone, die für die Entwicklung zum männlichen Organismus entscheidend sind, entsprechende geschlechtsunterschiedliche Ausformungen im Gehirn beeinflussen und die in deutlich geringerer Konzentration auch im weiblichen Körper vorkommen. Im Gehirn sind das limbische System und der Hypothalamus am stärksten am aggressiven Erleben beteiligt. Es gibt kein spezielles Aggressionszentrum im Gehirn, durch die Reizung oder Verletzung einzelner Areale zeigen sich aber positive oder negative Einflüsse auf das aggressive Verhalten, wobei aber auch durch Reizung gleicher Areale gegensätzliche Reaktionen ausgelöst werden können.

6.6.2 Aggressionstheorien

6.6.2.1 Triebtheorien

Die extremste Form einer Triebtheorie der Aggressionen wird von dem Verhaltensforscher Konrad Lorenz (1965) vertreten. Für ihn ist Aggression eine arterhaltende Verhaltensdisposition, die in der phylogenetischen Entwicklung der Tierwelt durch Selektion entstanden ist und die wichtige Evolutionsvorteile bietet, wie Schutz vor Feinden, Überleben und Fortpflanzung der stärksten Tiere, Schutz der Brut und optimale Verteilung im Raum. Aggression sei ein innerer auf Artgenossen und Feinde gerichteter »Kampftrieb«, der weitgehend in der konkreten Ausgestaltung und im Ablauf festgelegt ist. Es würden die gleichen Gesetzmäßigkeiten wie bei andere Instinkthandlungen gelten, insbesondere die Auslösung durch angeborene Auslösemechanismen. Fehle für längere Zeit die Möglichkeit instinktiven Verhaltens, komme es zu Appetenzverhalten, d.h. zu einer aktiven Suche nach auslösenden Reizobjekten verbunden mit Unruhe. Der Schwellenwert für die auslösenden Reize sinke, bis überhaupt keine Reize mehr erforderlich seien (Leerlaufhandlungen).

Dieses Modell aus der Tierwelt überträgt Lorenz auf den Menschen und er unterstellt, ein solcher Aggressionstrieb sei beim Menschen wenigstens residual vorhanden. Auf Grund der triebbedingten Struktur der Aggressionen seien Verbote und das Fernhalten von auslösenden

Reizen wenig sinnvoll. Eine Beeinflussung sei nur durch Kanalisierung in unschädliche Bahnen möglich.

Die Übertragung der Beobachtungen aus der Tierwelt auf den Menschen ist ein problematischer Analogieschluss, da sich der Mensch vom Tier durch seine Instinktarmut, durch den größeren Einfluss von Lernerfahrungen und die stärkere kognitive Verarbeitung der Lebenssituationen unterscheidet. Auch könnten Triebtheorien leicht als billige Entschuldigungen und Rechtfertigungen für aggressives Verhalten herangezogen werden, mit der Begründung, dass solche Prozesse nicht oder nur geringfügig beeinflussbar wären. Akzeptiert werden kann allenfalls die Vorstellung, dass innere Belastungen und Spannungen im Einzelfall so stark werden können, dass ein aggressiver Wutausbruch kaum noch vermeidbar ist. Aber dieser Vorgang ist nicht vergleichbar mit einem Trieb, bei dem ständige Befriedigungen erfolgen müssen.

Eng verbunden mit Triebtheorien ist die **Katharsishypothese.** Danach könnte aggressives Verhalten gemindert werden, indem die Gesellschaft eine ausreichende Anzahl kanalisierender Aggressionsrituale in Form von Kampfspielen und dergleichen zur Verfügung stelle. Das Ausleben der Aggressionen hätte eine befreiende und läuternde Wirkung. Solche Ergebnisse konnten in Experimenten aber nicht nachgewiesen werden. Es gibt eher Anhaltspunkte, dass dadurch zusätzliche Aggressionen induziert werden. Problematisch ist dabei auch die Belastung anderer Personen durch Aggressionshandlungen.

BEISPIEL

> Der Zuschauer eines Fußballspiels könnte nach der Katharsishypothese seine Spannungen dadurch abbauen, dass er während des Spiels meistens ohne Nachteile die gegnerischen Spieler und die Schiedsrichter beschimpfen kann. Das Risiko, dass seine aggressive Stimmung aber verstärkt wird, weil er meint, dass die eigene Mannschaft schlecht spielt, der Trainer die falschen Spieler aufgestellt hat, der Schiedsrichter schlecht pfeift und die gegnerischen Spieler zu hart einsteigen, ist viel größer als die Wahrscheinlichkeit, dass durch sein Schimpfen seine aggressive Stimmung abgebaut wird, insbesondere dann, wenn die eigene Mannschaft verliert. Die Beleidigung der Spieler, Schiedsrichter und Anhänger der anderen Mannschaft erzeugt ein zusätzliches Aggressionspotenzial bei allen Beteiligten.

6.6.2.2 Frustrations-Aggressions-Hypothese

Die Frustrations-Aggressions-Hypothese geht auf die Arbeiten von Dollard u. a. (1939) zurück. Die Autoren gehen davon aus, dass menschliches Handeln überwiegend zielorientiert ist. Nach ihren Vorstellungen ist Aggression immer die Folge einer Frustration. Ohne Frustrationen würden keine Aggressionen entstehen.

Definition: Frustration ist die Störung einer zielgerichteten Aktivität, d. h. sie ist die Behinderung zielgerichteter Handlungen oder die Verhinderung des Eintritts von Zielzuständen.

Sie postulieren darüber hinaus, Frustrationen würden immer zu Aggressionen führen. Soweit aggressive Reaktionen nicht spontan folgen, entstünden doch Aggressionstendenzen in einer verschobenen, komprimierten, entstellten oder verzögerten Form. Oft richte sich die Aggression dann gegen die eigene Person. Während die erste Aussage, Aggressionen seien die Folge von Frustrationen, noch einigermaßen schlüssig erscheint, wirkt die Umkehrung, Frustrationen würden immer zu Aggressionen führen, doch recht übertrieben. Es gibt eine ganze Reihe von Reaktionen auf Frustrationen, wie Rückzug, Resignation, Drogenkonsum oder erhöhte Leistung, die sicher nicht als veränderte Formen von Aggression interpretiert werden können.

Nach Dollard u. a. ist die Stärke der Tendenz zur Aggression eine direkte Funktion der Stärke der Frustration. Der Grad der Frustration hänge dabei von folgenden Faktoren ab:
- dem Anreiz, den das behinderte Ziel bot
- dem Ausmaß der Störung
- der Anzahl der gestörten Verhaltenssequenzen
- dem Ausmaß früherer und gleichzeitiger Frustrationen
- der Möglichkeit alternativer Handlungen zur Zielerreichung

Einer Aggression können Hemmungen entgegenstehen. Die Hemmung hänge vom Grad der Antizipation einer Bestrafung und der Antizipation eines Misserfolges ab. Die Hemmung von Aggressionsbedürfnissen sei eine zusätzliche Frustration, die Aggressionstendenzen verstärkt. Die Ursache der Frustration bietet den stärksten Anreiz für Aggressionshandlungen. Die Ausführung von Aggressionshandlungen sei entspannend (Katharsis), wobei dieser Effekt zeitlich begrenzt sei.

Die Frustrations-Aggressions-Hypothese ist insgesamt zu weit gefasst und erhebt einen zu großen Anspruch auf Allgemeingültigkeit. Die Annahme eines Zusammenhanges zwischen Frustrationen und Aggressionen ist gleichwohl einleuchtend und ermöglicht erste Ursachenerklärungen für Konflikte und Aggressionen, indem man überlegt, welche Handlungsziele die beteiligten Personen verfolgt haben und wie die Zielerreichung durch Frustrationen gestört worden ist. Ein erster Ansatz für einen besseren Umgang mit Konflikten und Aggressionen kann daher in folgenden Maßnahmen gefunden werden:
- Vermeidung von Frustrationen durch realistische Handlungsziele, sorgfältige Planung und überlegtes Handeln
- Abstimmung der Handlungsziele mit den anderen beteiligten Personen, um Zielkonkurrenz zu vermeiden
- Entwicklung alternativer Ziele und Handlungsstrategien
- Zielanalyse und Interessenausgleich bei Zielkonflikten
- Antizipation unvermeidbarer oder wahrscheinlicher Frustrationen
- Verbesserung der eigenen Frustrationstoleranz

Entsprechende Handlungsmöglichkeiten bestehen sowohl in Bezug auf die eigene Person als auch auf Menschen, für die man als Erzieher oder Vorgesetzter Verantwortung trägt.

Zwei Gruppen von Frustrationen sollten unterschieden werden. Aktuelle **kurzfristige Frustrationen** wie Beleidigungen, Beschimpfungen, Schuldzuweisungen einerseits und andererseits **langfristige Frustrationen**, die zu einer Dauerbelastung und damit zu Dauerstress führen: Schwere Erkrankungen oder Todesfälle in der Familie oder im Freundeskreis, zerrüttete Partnerbeziehungen, Über- oder Unterforderungen im Beruf oder Studium, finanzielle Schwierigkeiten, Arbeitslosigkeit. Wenn solche Dauerbelastungen durch intensive aktuelle Frustrationen zusätzlich verstärkt werden, sind aggressive Fehlreaktionen relativ wahrscheinlich.

6.6.2.3 Sozial-kognitive Lerntheorie

Ein umfassendes Modell menschlicher Aggressionen hat Bandura (1973) entwickelt. Danach ist jede aggressive Handlung als eine Reihe kognitiver Entscheidungsprozesse zu sehen, die verstehbar werden, wenn man die individuellen Lernerfahrungen und die daraus entstandenen Erwartungshaltungen des Handelnden kennt. Ob sich jemand aggressiv verhält oder nicht, hängt danach entscheidend davon ab, welchen funktionalen Wert er den verschiedenen Handlungsalternativen für die Erreichung seines Handlungsziels beimisst und welchen Anreiz dieses Ziel bietet. Bandura unterscheidet dabei kognitive Prozesse beim Erlernen, bei der Verfestigung und bei der aktuellen Auslösung aggressiver Verhaltensmuster.

Das **Erlernen** aggressiver Verhaltensmuster wird als aktiver kognitiver Verarbeitungsprozess verstanden, bei dem nicht nur eigene Erfahrungen in Bezug auf den Erfolg solcher Handlungen, sondern auch die Beobachtung fremder Erfahrungen (Lernen am Modell) wirksam werden. Auf Grund solcher stellvertretender Verstärkungen werden Ergebniserwartungen entwickelt, die bei der konkreten Handlungssteuerung das Verhalten beeinflussen.

Bandura unterscheidet **vier Subprozesse:**

1. Aufmerksamkeitsprozesse,
2. Behaltensprozesse,
3. Nachahmungsprozesse und
4. motivationale Prozesse.

Die **Aufmerksamkeitsprozesse** führen zu einer selektiven Auswahl von Handlungen mit starkem affektivem Aufforderungscharakter und großer Auffälligkeit – Eigenschaften, die für aggressives Verhalten typisch sind. So wird eine aggressive Auseinandersetzung in einem Amt allein schon auf Grund der Lautstärke und der emotional geladenen Stimmung von den Beobachtern besonders aufmerksam registriert.

Bei den **Behaltensprozessen** erfolgt die Speicherung der Informationen in visuellen Vorstellungen und in verbalen Beschreibungen, wobei Quantität und Qualität durch gute Kodierung und wiederholte Beobachtungen gesteigert werden. Durch die hohe Aufmerksamkeit, die aggressive Situationen erzeugen, bleiben die entsprechenden Bilder auch lange im Gedächtnis.

Nachahmungsprozesse führen zu Nachbildungen des beobachteten Verhaltens, die über eine einfache Imitation deutlich hinausgehen und auf Grund der eigenen Fähigkeiten und Erfahrungen sowie situativer Besonderheiten zu neuen Kombinationen und Reaktionen des Verhaltens entwickelt werden. In gedanklichen und motorischen Versuchen werden die beobachteten Handlungen den eigenen Möglichkeiten angepasst. Insbesondere bei jüngeren Beamten besteht das Risiko, dass sie schlechte Vorbilder unterbewusst nachahmen und autoritäre oder aggressive Verhaltensmuster im Umgang mit Bürgern oder Untergebenen übernehmen.

Motivationale Prozesse sind bei der Ausführung aggressiver Handlungen von Bedeutung: Anreiz des Handlungszieles, Erfolgserwartungen, Einschätzung der eigenen Fähigkeiten, Bewertung der Konsequenzen sind die wichtigsten Motive. Insbesondere das Gefühl, ohne Risiko aggressiv reagieren zu können, kann zum Abbau von Aggressionshemmungen führen.

Für die aktuelle **Auslösung von Aggressionen** kommen zwei Komponenten zusammen, eine allgemeine emotionale Erregung aufgrund physiologischer Vorgänge im Sinne der Zweifaktorentheorie von Schachter (1964) sowie situative Reize durch deren kognitive Verarbeitung die unspezifische Erregung in eine aggressive Richtung verändert werden kann. Frustrationen werden als aversive Reize betrachtet und können auslösende Faktoren sein. Die meisten Konfliktursachen wie Beleidigungen, ungerechte Behandlung, Statusbedrohungen oder Provokationen wurden erst durch frühere Lernerfahrungen zu aggressionsfördernden Faktoren. Die Bewertung der Situation in Form von Ursacheneinschätzung, Vergleich der möglichen Verhaltenskonsequenzen, Einschätzung der eigenen Fähigkeiten und Möglichkeiten und die damit verbundenen Erfolgserwartungen sind dafür entscheidend, ob aggressive

Gefühle und Reaktionen entstehen. Anstelle einer aggressiven Reaktion könnten auch Abhängigkeit, Rückzug und Resignation, Psychosomatisierung, Selbstbetäubung mit Alkohol oder Drogen, konstruktives Problemlösungsverhalten oder erhöhte Leistung die Folge sein.

Bei der **Verfestigung aggressiver Verhaltensmuster** wirken die üblichen Verstärkungs- und Bestrafungsmechanismen instrumenteller Lerntheorien (vgl. unten C.1.2.2). Externe Verstärkungen sind alle Belohnungen, die mit dem aggressiven Verhalten verbunden sind. Wenn Menschen ihre Handlungsziele durch Aggressionen besser erreichen können, als durch andere Handlungsformen, wird derart verstärktes Verhalten künftig häufiger auftreten. Nachgeben bei aggressiven Bedrohungen ist daher eine äußerst problematische Reaktion. Bei der Bestrafung aggressiven Verhaltens ergibt sich die Problematik, dass viele Formen der Bestrafung wiederum aggressive Verhaltensmuster sind, mit der Folge ungünstiger Modellierung. Auch führen Bestrafungen nicht zu einer generellen Verminderung der Aggressionen, sondern eher zu einer Diskriminierung (Unterscheidung), in welchen Situationen Aggressionen geduldet werden und in welchen nicht. Neben der Selbststeuerung durch selbst erlebte Verstärkungen und Bestrafungen wirken sich zusätzlich die entsprechenden Beobachtungen bei fremden Personen als Modelllernen aus.

Die **Eigensteuerung über das Gewissen,** das nach lerntheoretischen Vorstellungen ein System der **Selbstbelohnung** und der **Selbstbestrafung** ist, wirkt zusätzlich auf das Verhalten ein. Dabei wird das eigene Verhalten beobachtet und anhand erlernter Bezugsnormen so gesteuert, dass es dem eigenen Wertesystem entspricht. Verstöße gegen die eigenen Wertvorstellungen wirken als Selbstbestrafung. Erfolgreiche Aggressionen in Bezug auf die Zielerreichung und solche, die das Selbstwertgefühl steigern, wirken als Selbstverstärkungen.

Die Wirkung von Verhaltensnormen wird häufig durch Umstrukturierungen außer Kraft gesetzt. Als Rechtfertigungen hierfür werden herangezogen

- Bagatellisierung durch vorteilhaften Vergleich (»Andere Vorgesetzte hätten noch viel härter reagiert.«),
- Heranziehung höherer Werte (»Man muss die Disziplin im Haus sichern und Wiederholungen vermeiden.«),
- Sprachliche Kunstgriffe (»Es handelte sich doch nur um einen Hinweis auf einen Fehler.«),
- Herunterspielen der Konsequenzen (»Das steckt diese Person doch leicht weg.«),
- Abschiebung der Verantwortlichkeit (»Es gab doch den ganzen Tag über schon Ärger mit dem Personal.«),
- Abwertung der Opfer (»Diese Person arbeitet so schlecht, dass sie es nicht besser verdient hat.«),
- Einseitige Zuschreibung der Schuld (»Diese Person ist doch selbst schuld.«).

6.6.3 Aktivation, Stress und Aggressionen

6.6.3.1 Aktivation und Leistung

Die bisher dargestellten Theorien sind gut geeignet, die rationalen Aspekte und Prozesse im Zusammenhang mit Aggressionen zu erklären. Jede starke Aggression hat aber, wie oben aufgezeigt, auch affektive und teilweise auch irrationale Komponenten, die den Umgang mit Aggressionen so schwierig machen. Diese Zusammenhänge können durch eine Einbeziehung des Aktivationskonzepts und der Stressproblematik am besten erklärt werden.

Aktivation (auch **Aktivierung**, der Sprachgebrauch ist nicht einheitlich) ist ein Zustand unspezifischer physiologischer Erregung, der darauf beruht, dass das aufsteigende retikuläre Aktivierungssystem (ARAS, vgl. B. 6.5.2) in der Retikulärformation des Stammhirns aktiviert wird, von dem aus dann eine unspezifische Erregung der Großhirnrinde erfolgt. Die Aktivierungszustände reichen von der Bewusstlosigkeit über Tiefschlaf, Leichtschlaf, Schläfrigkeit im unteren Bereich, über Zustände der Entspannung, wacher Aufmerksamkeit und leichter Aufregung im mittleren Bereich bis zu extrem hoher Erregung bei starken Gefühlen, wie Angst oder Wut. Im mittleren Bereich finden sich die Zustände größter Leistungsfähigkeit, wenn eine aktive Auseinandersetzung mit der Umwelt stattfindet, gekennzeichnet durch Neugier, Interesse und hohe Motivation. Die Leistungsfähigkeit ändert sich daher im Verlauf der unterschiedlich hohen Aktivierung in Form einer umgekehrten U-Kurve.

Beziehung zwischen Leistung und Aktivation

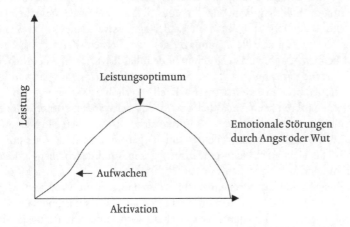

Nach der Zweifaktorentheorie von Schachter (1964) bestimmt der Grad der Aktivation die Intensität der Gefühle. Kognitive Verarbeitungsprozesse sind dafür entscheidend, welche Richtung der Gefühle (z. B. Freude oder Ärger) konkret entwickelt wird.

EXPERIMENT

In einem Experiment von Schachter und Singer (1962) wurde einer Gruppe von Versuchspersonen Adrenalin gespritzt, um die Aktivierung zu erhöhen. Die Kontrollgruppe erhielt ein Leerpräparat (Placebo). Die Versuchspersonen wurden dann mit Mitarbeitern konfrontiert, die durch ihr Verhalten versuchen sollten, entweder eine euphorische oder eine ärgerliche Stimmung zu erzeugen.

ERGEBNIS Beobachtungen und Interviews ergaben, dass nur bei den durch Adrenalin aktivierten Gruppenmitgliedern euphorische oder ärgerliche Stimmungen erzeugt worden sind. Gefühle benötigen daher ein erhöhtes Aktivationsniveau um überhaupt wahrgenommen zu werden. Durch kognitive Verarbeitung der Reize aus der Umwelt wird die Richtung eines Gefühls bestimmt.

6.6.3.2 Veränderungen und Beeinträchtigungen der Leistungsfähigkeit bei starken Aggressionen

Die physiologischen Veränderungen in der aktuellen aggressiven Konfliktsituation durch Stress und aggressive Stimulation werden von starken Einschränkungen der kognitiven und emotionalen Leistungsfähigkeit der beteiligten Personen begleitet, mit der Folge, dass konfliktverschärfende Handlungen mit größerer Wahrscheinlichkeit auftreten werden, als konfliktdämpfende. Die Veränderungen und Leistungseinschränkungen in sehr stark aggressiv gefärbten Situationen, werden sowohl für die beobachtbaren Prozesse Sprache und Verhalten als auch für die nur erschließbaren Prozesse Wahrnehmung, Denken, Gedächtnis und Gefühle näher betrachtet.

Bei der **Sprache** eines aggressiv erregten Menschen steigen die Lautstärke und das Sprechtempo und es kommt zu Sprachfehlern wie Stottern und Verhaspeln, insbesondere bei selten gebrauchten Fremdwörtern. Die Sprache wird einfacher, die Sätze werden kürzer, stereotype Formulierungen und inhaltliche Wiederholungen fallen auf. Viele Menschen fallen dabei in ihren Dialekt. Besonders problematisch ist der aggressive Klang in der Stimme, meistens eine etwas höhere und schrille Stimmlage, den die meisten Menschen bei ihren Bezugspersonen gut kennen. Dann wird auch schon ohne inhaltliche Angriffe deutlich, dass sich eine Auseinandersetzung anbahnt, was in Verbindung mit der Erinnerung an vergleichbare belastende Situationen bei den Streitpartnern schnell zu erhöhter Aktivierung und dem Risiko von Fehlreaktionen führen kann. Inhaltlich ist die veränderte Sprache oft gekennzeichnet durch Übertreibungen, Beleidigungen, Kraftausdrücke, Drohungen, Erpressungen, Schuldzuweisungen und Ironie. Die Kontrolle des Inhalts geht immer stärker verloren. In extremen Situationen entstehen auch Fluchttendenzen (»Dann kündige ich eben«), die aber zunächst nur als Drohungen ausgesprochen werden.

Das nichtsprachliche **Verhalten** ist gekennzeichnet durch intensivere Mimik und Gestik, einen starken Bewegungsdrang, Drohgebärden und größere Kraftentfaltung. Besonders belastend für die Streitpartner ist der aggressive Gesichtsausdruck, den die Bezugspersonen schnell erkennen, der die Erinnerung an früheren Streit aktiviert und der sie oft in eine Alarmreaktion versetzt, aus der heraus sie selbst im Risiko von Fehlreaktionen sind. Das ganze Verhalten wird extremer und risikofreudiger. Dies wird beim Fahrstil besonders deutlich, durch größere Beschleunigung, abrupteres Bremsen, schnellere Kurvenfahrt, geringere Abstände, bis hin zur Bereitschaft, Ampeln noch beim Übergang auf Rotlicht zu überfahren. Auf Grund der Erregung ergibt sich eine Unfähigkeit, feine manuelle Tätigkeiten auszuführen. Das ganze Verhalten wird rigide und die meisten Menschen ziehen sich auf wenige, gut trainierte, Verhaltensmuster zurück, selbst wenn diese sich als wirkungslos erwiesen haben. Streiterhaltende Verhaltensmuster werden bevorzugt. Es zeigen sich Zerstörungstendenzen, die beim Umgang mit zerbrechlichen Gegenständen oder den umstrittenen Sachen besonders deutlich werden. Die Kompromissbereitschaft schwindet und es entstehen Tendenzen, den Streit gewinnen zu wollen, aber Streit kann man nicht wirklich gewinnen, es bleiben immer Narben zurück. Es kann bis zum vollständigen Verlust der Selbstkontrolle kommen, mit dem Risiko körperlicher Auseinandersetzungen.

Die **Wahrnehmung** wird selektiv, verfälschend und extremer. Selbst kleine Fehlreaktionen der Gegenseite werden als schlimme Angriffe oder Vergehen aufgenommen, sodass oft aus einer Mücke ein Elefant gemacht wird. Auch verdeckte Anspielungen werden schnell erkannt und jede Kleinigkeit im Bereich des Gegners wird genau beobachtet. Durch die Fixierung auf den Streitgegner geht oft die Fähigkeit zur Beobachtung der Umgebung verloren. Informationen werden verfälscht, indem sie überwiegend negativ interpretiert werden, sodass Friedensangebote und positive Signale zwar gehört, aber nicht positiv bewertet werden. Streiterhaltende Informationen werden bevorzugt wahrgenommen. Aktuell kommt es zu einer negativen Personenwahrnehmung, selbst wenn die Streitpartner geliebte Menschen sind. Auch die Situationswahrnehmung wird negativ (»Jetzt streiten wir schon wieder!«), mit der Folge langfristig starker Fluchttendenzen.

Das **Denken** ist durch negative Überbewertungen der Situation, des Verhaltens der anderen Seite, vermeintlicher Kränkungen, der Folgen des Streits sowie der Wirkung auf Dritte (Blamage) gekennzeichnet. Es entstehen schnell Denkfehler sowie unlogische Argumentationen und die negativen Folgen der eigenen Reaktionen werden nicht mehr bedacht. Das Denken ist auf Abwehr und Konter ausgerichtet. Es ergibt sich eine hohe Zielfixierung, die Kompromisse erschwert und sich erst nach Abbau der hohen Aktivierung wieder löst. An falschen Lösungen und Entscheidungen wird festgehalten, selbst wenn die Argumentation der Gegenseite beeindruckt hat. Die Erwartungen in Bezug auf die Folgen einer Entscheidung zugunsten der Gegenseite und die zukünftige Zusammenarbeit werden immer negativer, d. h. mit fortschreitendem Streit ist man immer weniger bereit, eine als subjektiv schlecht bewertete Lösung im Sinne der Gegenseite zu akzeptieren. Es entstehen destruktive Gedanken bis hin zu aggressiven Phantasien in Extremsituationen. Das Denken ist so stark auf den Streit und die Verarbeitung der Belastungen fixiert, dass sich auch außerhalb der Streitsituation bei anderen geistigen Tätigkeiten, deutliche Konzentrationsschwächen ergeben.

Beim **Gedächtnis** werden negative Erlebnisse mit dem Streitgegner verstärkt assoziiert und dann oft auch als Vorwürfe in den Streit eingebracht. Positive Erinnerungen können, selbst bei geliebten Streitpartnern, aktuell nicht oder nur sehr schwer erzeugt werden. Die alten Kränkungen und Verletzungen werden überbewertet, bis hin zu Fixierungen auf Einzelerlebnisse. Es ist aber zu betonen, dass nur unverarbeitete Probleme aufgewühlt werden, wogegen auch schwere Belastungen, die gut verarbeitet worden sind, meistens nicht mehr aufkommen. Im Zustand starker aggressiver Erregung können Blockaden auftreten, die häufig mit verdrängten Erlebnissen zusammenhängen.

Der **Gefühlsbereich** ist bei hoher Aktivierung durch Überempfindlichkeit und hohe Intensität der Gefühle bis hin zu Gefühlsüberwältigungen gekennzeichnet. Unangenehme Gefühle, Gefühlskälte, Feindschaft, Hass und große Egozentrik können auftreten. Der extreme Wunsch, die Streitziele zu erreichen und den Streit zu gewinnen wird immer dominanter. Es darf nicht übersehen werden, dass in stark aggressiven Stimmungen meistens auch sehr starke Ängste beteiligt sind. Bei Streit aus Eifersucht, wirken die Ängste, den geliebten Partner zu verlieren, künftig allein zu sein und neu anfangen zu müssen, sehr dynamisch auf die Situation ein. Bei Eifersuchtszenen kann es in extremen Situationen zu einem Umkippen von Aggressionen in Mitleidserzeugung kommen. Das Handlungsziel, den Partner festzuhalten, wird beibehalten und nur mit veränderten Techniken angegangen. Bei Aggressionen, die dadurch ausgelöst wurden, dass vom Konfliktgegner Fehler oder Schwächen angesprochen wurden, verbergen sich sehr häufig Ängste vor Nachteilen in der beruflichen Stellung, bei Beförderungen oder Kündigungen, vor Ansehensverlusten oder Überforderungen sowie Minderwertigkeitsgefühle hinter der nach außen stark wirkenden aggressiven Reaktion. Schimpfkanonaden beim Autofahren auf andere Verkehrsteilnehmer, die gerade lebensgefährdend überholt haben, sind im Grunde auch nur Angstreaktionen. Es lohnt sich daher bei sehr dynamischen Konflikten auch immer zu fragen, welche eigenen Ängste und welche Ängste der beteiligten Personen beteiligt sind.

Veränderungen bei stark aggressiven Situationen

Veränderungen	Wahrnehmung	Denken	Gedächtnis	Gefühl	Sprache	Verhalten
Intensität extremer	Mücke-Elefant, Beobachtung und Beachtung von Kleinigkeiten	Überbewertungen: der Situation, des gegnerischen Verhaltens, der Folgen, der Wirkung auf Dritte, von Kränkungen	Negative Überbewertung früherer Verletzungen u. Kränkungen, unverarbeiteter Erlebnisse	Überempfindlichkeit Hohe Intensität der Gefühle	Lauter schneller Übertreibungen	Mehr Gestik, Bewegungsdrang, größere Kraftentfaltung, wilderer Fahrstil körperliche Auseinandersetzungen
Negative und aggressive Richtung	Negative Personenwahrnehmung Negative Situationswahrnehmung	Destruktive Gedanken, negative Interpretationen, negative Erwartungen, aggressive Phantasien	Assoziation unverarbeiteter negativer Erlebnisse, positive Erinnerungen können nicht erzeugt werden	Unangenehme Gefühle, Feindschaft, Hass	Gereizter Tonfall, Kraftausdrücke, Angriffe, Beleidigungen, Vorwürfe, Drohungen, Erpressungen	Wütende Mimik, Drohgebärden, Zerstörungen
Leistungsstörungen und Kontrollverluste	Verfälschungen, selektive Auswahl, positive Signale werden zwar aufgenommen aber nicht als solche erkannt, fehlende Differenzierungen	Denkfehler, unlogische Argumentation, negative Folgen werden nicht bedacht	Blockaden	Gefühlskälte, Ängste, Gefühlsüberwältigung	Stottern, Fehler bei Fremdworten, primitivere Sprache, fehlende Inhaltskontrolle	Unfähigkeit schwierige manuelle Tätigkeiten auszuüben, Verlust der Selbstkontrolle (Schlagen)

Veränderungen bei stark aggressiven Situationen

Veränderungen	Wahrnehmung	Denken	Gedächtnis	Gefühl	Sprache	Verhalten
Stereotype Reaktionen	Bevorzugung streiterhaltender Beobachtungen	Im Kreis denken, Brüten über dem Problem, **Zielfixierung**, Festhalten an falschen Lösungen Entscheidungen u. Argumenten (oft trotz besserer Erkenntnisse)	Fixierung auf unbewältigte Probleme und Erlebnisse aus der Vergangenheit	Extremer Wunsch das Streitziel zu erreichen und sich durchzusetzen, Schwarz-Weiß-Empfindungen (nur Freunde und Feinde)	Stereotype Wiederholungen (oft der zentralen Positionen oder Gefühle)	Rigides (starres) Verhalten, Rückzug auf wenige gut trainierte Verhaltensmuster, Bevorzugung streiterhaltender Handlungen
Fluchttendenzen		Planung von Szenarien ohne oder gegen den Streitpartner			»Es hat keinen Sinn mehr«, »Ich kündige«,	Davonlaufen, Wegfahren, Trennung, Kündigung, Austritt

Das Zusammenspiel der durch die hohe Aktivation veränderten inneren Prozesse Wahrnehmung, Denken, Gedächtnis und Gefühle beeinflusst das sprachliche und das körperliche Verhalten überwiegend so negativ, dass erhebliche Kompetenzen im Umgang mit solchen Situationen erforderlich sind, um Eskalationen zu vermeiden. Die einzelnen veränderten Reaktionen bei Sprache und Verhalten sind andererseits wichtige Indizien, für erhöhte Aktivation beim Konfliktgegner und bei sich selbst. Ihre frühzeitige Wahrnehmung kann helfen, schon im Vorfeld einer größeren Auseinandersetzung konfliktmindernde und – vermeidende Techniken einzusetzen. In Bezug auf die eigene Person kann die bewusste Wahrnehmung der beschriebenen inneren Reaktionen als zusätzliche Hilfe dienen. So sind Konzentrationsverluste und plötzliche Formulierungsschwierigkeiten ein sehr deutliches Signal für eine negative innere Erregung. Oftmals führt auch schon die Erinnerung an aggressiv belastende Situationen zu den geschilderten inneren Reaktionen.

Systematisiert man die dargestellten Veränderungen ergeben sich fünf Gruppen: die Intensität der Prozesse wird extremer, es ergibt sich eine negativ aggressive Ausrichtung, es entstehen Leistungsstörungen und Kontrollverluste, stereotype Reaktionen dominieren und es können sich Fluchttendenzen zeigen. Bei der Übersicht kann man gut erkennen, dass die inneren Prozesse die entsprechenden Reaktionen bei der Sprache und beim Verhalten vorbereiten.

6.6.3.3 Aktivationserhöhende Faktoren

Für die Vermeidung von und einen besseren Umgang mit emotionalen Konflikten und aggressiven Streitsituationen ist es wichtig, sich die Vielzahl der möglichen Einflussfaktoren, die zur Erhöhung der Aktivation führen, bewusst zu machen. Grundsätzlich kann man sagen, dass alle oben beschriebenen Stressoren diese Wirkung haben. Entsprechendes gilt für Frustrationen. Während einzelne und kleinere Frustrationen meistens noch gut verarbeitet werden, führen Häufungen und schwere Formen zu einer hohen Aktivierung und zu Stress. Gleichwohl sind auch bei starken Belastungen Aggressionen keine zwangsläufige Folge, sondern eher ein Zeichen des Versagens der Bewältigungs- und Verarbeitungsmechanismen oder tiefliegender Beziehungsstörungen. Bei derartig komplexen Prozessen wäre ein monokausales Denken, bei dem immer nur eine einzelne Ursache hervorgehoben wird, unangebracht und würde den Problemen nicht gerecht. In der Regel wird es kaum möglich sein, alle aktivierenden Faktoren zu erkennen. Wenn man im Einzelfall die wichtigsten Faktoren identifizieren kann, ist schon sehr viel gewonnen. Selbstverständlich haben die einzelnen Faktoren einen sehr unterschiedlich starken Einfluss auf den Grad der Aktivation.

Wichtige körperliche Faktoren, die zur Erhöhung der Aktivation beitragen, sind Schmerzen, Hunger, Durst, weitere Leistungsanforderungen trotz Übermüdung oder Überanstrengung sowie Schlaflosigkeit. Viele Menschen, die als Morgenmuffel Schwierigkeiten haben, schnell richtig wach zu werden, reagieren mit deutlichem Anstieg der Aktivierung auf frühmorgendliche Leistungsanforderungen. Hormonelle Wirkungen spielen bei den oft überzogenen Reaktionen Jugendlicher in der Pubertät eine Rolle, ebenso wie bei erhöhter prämenstrualer Reizbarkeit. Sowohl körperlich als auch mental bedingt ist die erhöhte Aktivation bei Entzug von Suchtstoffen wie Alkohol, Nikotin und anderen Drogen.

Bei den **Umwelteinflüssen** sind Lärm, Hitze, Gestank zu nennen. Insbesondere der Anblick von Schmutz und Unordnung, kann besonders schnell zu erhöhter Erregung führen. Ein Verkehrsstau ist eine besonders bildhafte Form der Frustration, weil man dadurch offensichtlich an der Zielerreichung behindert wird.

Das **Verhalten anderer Menschen** ist ein besonders unüberschaubarer Bereich, es können daher nur die wichtigsten und am häufigsten genannten Faktoren erwähnt werden: Mobbing, Verleumdungen, Beleidigungen, Lügen, Angabe, Intoleranz, Arroganz, Vorwürfe, Schuldzuweisungen, Kritik an der Arbeit, Bedrohungen, Ungerechtigkeiten, Leistungsdruck, Überforderungen oder dauerhafte Unterforderungen. Besonders dynamisch ist die Erzeugung von Schuldgefühlen, weil der Innendruck der Person durch das Gewissen von außen noch zusätzlich erhöht wird. In diesen Bereich gehören auch alle übrigen Frustrationen, die von anderen Menschen verursacht werden.

Mentale Faktoren, die ihre Ursache überwiegend in der persönlichen Lerngeschichte haben, sind Misserfolge aller Art, insbesondere wenn sie sich auf bestimmten Teilgebieten häufen, Verlieren beim Sport oder beim Spielen, Suchen wichtiger Gegenstände oder angstauslösende Situationen.

Der negative Einfluss der dargestellten Stressoren und Frustrationen ist meistens nicht auf die Zeit der unmittelbaren Einwirkung beschränkt, sondern es werden längerfristige körperliche und geistige Reaktionen ausgelöst, die sich noch nach Jahren in unangenehmen Gefühlen bei den Gedanken an diese Erlebnisse zeigen können. Dies wird bei großen Fehlern mit Blamage, Beleidigungen oder ungerechter Behandlung besonders deutlich. Erst wenn eine vollständige Aufarbeitung stattgefunden hat, geht die entsprechende Dynamik verloren.

6.6.3.4 Stärke und Richtung aggressiver Reaktionen

Ein zentrales Problem beim Umgang mit affektiven Konflikten und aggressiven Situationen ist die Schwierigkeit, den Grad der eigenen Aktivation und die erhöhenden Faktoren richtig wahrzunehmen. Selbst stark erregte Personen stellen oft die Behauptung auf, sie seien im Augenblick überhaupt nicht wütend. Die typischen Merkmale wie höherer Blutdruck, Herzklopfen, zitternde Hände, zorngeschwellte Adern, flaues Gefühl im Magen oder Erröten sind im Rahmen der Selbstwahrnehmung nur schwer zu erkennen und es wäre dazu erforderlich in den eigenen Körper hineinzufühlen. Eine bewusste Wahrnehmung setzt daher meistens erst bei relativ hoher Aktivation ein. Leichter ist es, aus sekundären Reaktionen zurückzuschließen: Warum habe ich so schroff reagiert? Warum ist die andere Person jetzt so wütend? Warum bin ich jetzt so stark auf dieses Problem fixiert?

Ein spezieller Zweig in der Psychologie beschäftigt sich mit **Attributionen.** Damit sind Ursachenzuschreibungen und -erklärungen für Ereignisse und Handlungen gemeint. Die Attributionen wirken sich auf die Personen- und Situationswahrnehmung aus und bestimmen die folgenden Reaktionen sowie Selbstbewertungen. Im aggressiven Konflikt ergibt sich nun die Schwierigkeit, solche Attributionen richtig vorzunehmen, da die vielen aktivationserhöhenden Einflussfaktoren der Person selbst nicht bewusst sind. Dies führt dann zu dem Effekt, dass jemand auf eine aktuell anwesende Person aggressiv reagiert, obwohl diese nur in sehr geringem Maße zur erhöhten Aktivation beigetragen hat. Vereinfacht kann man sagen, **Aggressionen richten sich gegen die Personen, die als aktuell frustrierend erlebt werden, die Intensität der Reaktion wird durch den Grad der Aktivation bestimmt.** So erklären sich auch die vielen überproportionalen Aggressionen, bei denen die betroffenen Personen und Beobachter überhaupt nicht verstehen können, dass jemand wegen einer solchen Kleinigkeit derart heftig reagieren kann. Ihnen bleibt meistens verborgen, welche konkreten Faktoren wie Schmerzen, Misserfolge, Frustrationen die hohe Aktivation ausgelöst hatten.

BEISPIEL

(konstruiert):
Ein junger Beamter hat in seinem Amt mehrere starke Frustrationen erlebt. Zunächst musste er beim Vorsteher eine Beurteilung unterschreiben, die sehr viel schlechter ausgefallen war, als er es erwartet hatte. Sein Sachgebietsleiter hat ihm dann auf die Nachfrage nach den konkreten Gründen nur eine schroffe Antwort gegeben. Bei beiden Personen hat der Beamte seine Aggressionstendenzen aus Angst vor weiteren Nachteilen unterdrückt, obwohl er sich sehr ungerecht behandelt fühlte. Besser beurteilte Kollegen haben dann vielleicht noch mit Schadenfreude reagiert. Bei einem Gespräch mit einem schwierigen Steuerberater kam es dann zu ersten aggressiven Reaktionen, die vielleicht Schuldgefühle ausgelöst haben, weil es dem eigenen Wertesystem widerspricht, so mit Beratern umzugehen. Nachdem dann auf der Heimfahrt noch ein Verkehrsstau für zusätzliche Frustration gesorgt hat, wird eine sehr hohe Aktivation in die Familiensituation oder die Partnerbeziehung hineingetragen. Ein kleiner Vorwurf, eine geringe Leistungsanforderung in Bezug auf unangenehme Aufgaben können genügen, um einen aggressiven Wutausbruch auszulösen.

An diesem Beispiel zeigt sich auch eine weitere Problematik solcher Übertragungen aggressiver Gefühle auf andere Situationen und Personen. Die angegriffenen Personen denken ohne Kenntnisse der Hintergründe oft, allein ihr Verhalten hätte die aggressive Reaktion ausgelöst, entwickeln vielleicht sogar Schuldgefühle. Dabei war ihr Beitrag äußerst gering und sie können deshalb solche aggressiven Reaktionen nicht verstehen, zweifeln am Charakter des Partners oder entwickeln selbst Verhaltensunsicherheiten. Hier kann nur große Offenheit weiterhelfen, durch die in angemessener Zeit nach dem Konflikt, die Hintergründe der aggressiven Fehlreaktion dargelegt werden und möglichst auch eine Entschuldigung ausgesprochen wird. Hilfreich ist es immer auch, hohe Aktivierung, die sich bei den Bezugspersonen in der Mimik und dem Klang der Stimme zeigt, frühzeitig zu erfragen. Das gibt der aggressiv gestimmten Person Gelegenheit, über die Ursachen der schlechten Stimmung nachzudenken, sich selbst bewusst zu machen, und darüber zu sprechen, um die hohe Aktivation abzubauen. Soweit hohe Aktivation selbst erkannt wird, ist es wichtig, neue potentielle Konfliktsituationen zu vermeiden bis die Aktivation wieder abgebaut ist oder die Erregung offen zu legen, um verständnisvolle Reaktionen der Umwelt zu erzeugen.

BEISPIEL

Ein Vollziehungsbeamter, der gerade erst bei einem Schuldner einen aggressiven Streit erlebt hat, sollte es vermeiden, sofort wieder in eine Situation mit einem anderen schwierigen Schuldner zu gehen.
LÖSUNG Ein Pause oder die Auswahl einiger unproblematischer Kunden sind dann die besseren Alternativen. Im Amt oder in der Familie sollte er möglichst bald über den Ärger reden, damit keine Übertragungen auf andere Personen stattfinden können.

6.6.4 Konsequenzen für den Umgang mit aggressiven Situationen

Das Grundprinzip für einen erfolgreicheren Umgang mit aggressiven Situationen muss es zunächst sein, die hohe Aktivation der beteiligten Personen abzubauen. Solange aber die durch den Stress und aggressive Stimulation veränderten hormonellen und neuralen Prozesse wirksam sind, bestehen nur geringe Chancen auf eine Bewältigung, weil die oben (B. 6.6.3.2) dargestellten Veränderungen und Leistungsstörungen fortwirken und wenig geeignet sind, einen Erregungsabbau herbeizuführen.

Kein Mensch kann schlagartig von einer aggressiven Stimmung auf Friedfertigkeit umschalten. Aussagen wie »Beruhigt Euch doch,« »Seid endlich still«, »Hört auf zu streiten« sind gut gemeint, sie verkennen aber die Tatsache, dass auf Grund der hohen inneren Erregung die gewünschten veränderten Reaktionsweisen für die betroffenen Personen kurzfristig nicht möglich sind. Beobachtet man aggressive Situationen genauer, kann man erkennen, dass Phasen extrem hoher Aktivation mit Wutausbrüchen von Phasen der Erschöpfung abgelöst werden, in denen sogar Kompromisse möglich wären, weil der Organismus die extrem hohe Aktivation nicht ohne Schaden beliebig lange aufrechterhalten kann. Da aber dann meistens der Streitpartner, auf Grund der vorangegangenen Angriffe und Verletzungen einer hohen Aktivation unterliegt, wird er negativ auf solche Vorschläge reagieren. Als erneute Frustration heizt die Ablehnung des Kompromissvorschlags den Streit weiter an. Das Risiko, dass solche Situationen weiter eskalieren ist ungleich größer, als die Chance auf Abbau des Konflikts. **Es kommt daher darauf an, ausreichend Zeit für den Abbau der inneren Erregung zu gewinnen.**

Eine Möglichkeit besteht in **räumlicher Trennung.** Eine Verhandlung, in der die Fronten durch Angriffe, Beleidigungen, Unterstellungen, extreme Forderungen oder andere emotionale Störungen verhärtet sind, kann am besten durch eine ausreichend große Pause wieder auf eine sachliche Basis gestellt werden. Nur wenn auch danach keine Einigung mehr möglich ist, kann man sicher sein, alle Anstrengungen unternommen zu haben, um zu einer gemeinsamen Lösung zu kommen. Auch bei anderen Auseinandersetzungen kann eine räumliche Trennung hilfreich sein, insbesondere dann, wenn diese nicht als Teil des Streites aufzufassen ist. Wer sich mit Drohungen oder beleidigten Reaktionen verabschiedet, heizt die Erregung der Gegenseite zusätzlich an. Hilfreicher wären Reaktionen wie: »Ich glaube, in dieser Stimmung werden wir keine vernünftige Lösung finden können. Es ist wohl besser wenn wir später noch einmal darüber sprechen.« Wenn Menschen sich dafür sensibilisieren, die gegenseitige Aktivierung zu beobachten und ein Konsens besteht, bei zu großer Erregung Auseinandersetzungen abzubrechen, dann bestehen gute Chancen, die Probleme sachlich zu lösen. Dies kann dann trotz starker persönlicher Gegensätze funktionieren. Entscheidend ist bei räumlicher Trennung die Frage, woran man erkennen kann, dass die hohe Aktivation so stark abgebaut ist, dass friedliche Lösungen wieder möglich werden. Solange man über dem Problem brütet, immer noch glaubt, man sei selbst im Recht und die Gegenseite im Unrecht, nur die eigene Lösung durchsetzen will und sich über das Verhalten der Gegenseite ärgert, ist es besser, nicht wieder in die Konfliktsituation zurückzukehren. Wenn man dagegen auch die Argumentation der Gegenseite wieder verstehen, Kompromisse vorschlagen, die eigenen Fehler erkennen und sich für überzogene Reaktionen entschuldigen kann, dann ist die Aktivation soweit abgebaut, dass ein erneutes Aufflammen des Streites relativ unwahrscheinlich wird.

Häufig lässt die Situation eine räumliche Trennung nicht zu. So kann ein Finanzbeamter normalerweise nicht einfach den Raum verlassen, wenn ein aufgebrachter Bürger schimpfend vor ihm steht. Sofern die Aktivation des Beamten noch relativ gering ist, bieten sich folgende Möglichkeiten für die Bewältigung der Situation:

- Abreagieren lassen,
- keine neuen Frustrationen und keine Gegenaggressionen,
- Gegner emotional stärken,
- Problem ertragen,
- Sachdiskussionen zurückstellen.

a) Abreagieren lassen

Der erste Wortschwall sollte möglichst nicht unterbrochen werden. Solange die erregte Person sich nicht abreagiert hat, ist ein sachliches Gespräch ohnehin nicht möglich. Es schadet dabei auch nicht, wenn man wegen der konfusen Beschimpfungen nicht gleich alle Aussagen richtig versteht oder zuordnen kann. Diese Dinge können später geklärt werden. Selbst die wütendste Person wird nach einer gewissen Zeit ruhiger werden, denn durch den Wortschwall findet eine innere Entlastung und ein erster Aktivationsabbau statt.

b) Keine neuen Frustrationen und keine Gegenaggressionen

In Anbetracht der aktivationserhöhenden Folgen von Frustrationen sollte ein erregter Streitpartner nicht durch zusätzliche Frustrationen weiter aktiviert werden. Dies setzt große Selbstdisziplin und Selbstbeherrschung voraus. Die Tendenz, Angriffe und Beleidigungen mit Gegenaggressionen zu beantworten, weil man glaubt die Angriffe anders nicht stoppen zu können, ist weit verbreitet. Tatsächlich wird dadurch aber nur ein Eskalationsprozess in Gang gesetzt, der dann nur schwer wieder zu stoppen ist. Dies bedeutet aber nicht, dass man sich alle Angriffe und Beleidigungen gefallen lassen muss. Im Gegenteil, es ist wichtig klare Grenzen aufzuzeigen, aber nicht durch autoritäre Reaktionen, wie »Wie reden Sie überhaupt mit mir?«, »Wenn Sie mir so kommen, erreichen Sie gar nichts bei mir!« oder »Benehmen Sie sich hier anständig!«. Es ist wichtig zu berücksichtigen, dass die Selbstwahrnehmung einer wütenden Person stark beeinträchtigt ist und vielen Menschen der beleidigende Charakter ihrer Ausführungen dann nicht auffällt. Besser ist es daher auf Beleidigungen mehrstufig zu reagieren. Eine erste Beleidigung kann man dabei durchaus überhören. Danach sollte man aber erste Warnsignale aussenden und den beleidigenden Charakter der Äußerungen bewusst machen: »Ich würde gerne mit Ihnen über das Sachproblem sprechen«, »Ich bin nicht bereit, mich von Ihnen beleidigen zu lassen«, »Wir können das Problem nicht lösen, wenn sie mich beleidigen«. Scheitern auch diese Mittel, muss ein Abbruch des Gesprächs erwogen werden. Aber nicht durch Androhung, sondern besser durch Körpersprache. Schließen der Akten, Aufstehen, zur Tür begleiten, sind Mittel um unmissverständlich klar zu machen, dass Grenzen überschritten worden sind. Manchmal kann man dann wieder an den Verhandlungstisch zurückkehren und auf sachlicherer Ebene weiterverhandeln. Schlecht wäre es dagegen den Bürger aufzufordern, draußen zu warten, bis er sich wieder beruhigt hat. Solche autoritären Verhaltensmuster bergen das Risiko einer Beschwerde beim Vorgesetzten.

c) Gegner emotional stärken

Erstaunlich ist immer wieder die stark deeskalierende Wirkung emotionaler Stärkungen. Wer für solche Ausnahmesituationen Verständnis zeigt, kann auch bei sehr aufgebrachten Bürgern schnell die Spannungen abbauen: »Ich wäre auch verärgert über eine ungerechtfertigte Pfändung«, »Es ist bei dieser Wirtschaftslage sicher sehr schwer, ein Unternehmen zu führen«, »Es gab doch bisher keine Probleme zwischen uns«, »Bei der Komplexität des Steuerrechts können leicht Fehler unterlaufen«.

d) Problem erfragen

Viele Menschen neigen bei emotionalen Angriffen dazu, das eigene Verhalten und die eigene Entscheidung sofort zu rechtfertigen. Dabei haben sie dann meistens das Problem der Gegenseite überhaupt noch nicht verstanden und beide Seiten reden aneinander vorbei. Auch wenn die entsprechende Selbstbeherrschung als schwierig empfunden wird, ist es besser viel zu fragen, selbst wenn man glaubt, den Sachverhalt schon zu kennen. Der Zeitgewinn und der Vortrag der Probleme haben entlastende Wirkung.

e) Sachdiskussionen zurückstellen

Sachdiskussionen sollten solange zurückgestellt werden, bis die Aktivierung weit genug abgebaut ist. Es ist völlig sinnlos, zu versuchen, einem aufgebrachten Bürger Einzelheiten des komplexen Steuerrechts zu erläutern, solange seine Aktivation so hoch ist, dass er solch einer Argumentation überhaupt nicht folgen kann, denn seine kognitiven Fähigkeiten zur sachgerechten Verarbeitung der eingehenden Informationen sind zu sehr eingeschränkt.

Wenig erfolgreich sind meistens Versuche der Ablenkung. Durch die hohe Zielfixierung werden offensichtliche Ablenkungsversuche leicht als zusätzliche Frustrationen empfunden. **Nachgeben** erweist sich als ganz problematischer Lösungsversuch, weil dadurch aggressives Verhalten erfolgreich und belohnt wird (vgl. unten C. 1.2.2). Eine klare Trennung zwischen der Reaktion auf die aggressiven Emotionen und den Entscheidungen auf der Sachebene ist wichtig. Beides darf nicht vermengt werden.

6.7 Konfliktbewältigung

6.7.1 Die Aufarbeitung innerer Belastungen

Starke Frustrationen, Konflikte und andere innere Belastungen lösen nicht nur eine hohe Aktivation, sondern auch starke kognitive und gefühlsmäßige Spannungen aus. Unverarbeitete Erlebnisse werden dabei häufig verdrängt, mit der Folge, dass sie auf Grund ihrer psychischen Dynamik immer wieder als negative Erinnerungen, ungelöste Probleme und bedrohliche Situationen, verbunden mit unangenehmen Gefühlen, unkontrolliert und überraschend die Gedankenwelt erfassen. Dabei besetzen sie im Gehirn wertvolle Verarbeitungskapazitäten und mindern die Konzentration, die sinnvoller für aktuelle Arbeitsaufgaben, Sachprobleme oder Lernprozesse genutzt werden könnten. Ausgelöst werden diese belastenden Erinnerungen häufig durch Assoziation über mit dem Konflikt verbundene Örtlichkeiten (z. B. Unfallstellen), Personen und vergleichbare Situationen. Sie entstehen aber sehr häufig auch ohne erkennbaren äußeren Anlass. Dabei erhöht sich die Aktivation, allerdings nicht in dem Maße wie bei den Erlebnissen selbst. Je nach Intensität der Belastung dauert es unterschiedlich lange Zeit, bis die Gedanken wieder frei sind für andere Aufgaben.

Den folgenden Formen der Aufarbeitung liegt allen das gleiche Grundprinzip zu Grunde: Durch bewusste Verarbeitung soll die psychische Dynamik abgebaut und ein unbelasteter und angstfreier Umgang mit den alten Erlebnissen sowie vergleichbaren Situationen ermöglicht werden.

Gedankliche Aufarbeitung ist die wichtigste Verarbeitungstechnik, die sich bei unzähligen kleinen Frustrationen und Belastungen als erfolgreich erweist. Bei gedanklicher Aufarbeitung spielen Fehleranalyse, Ursachenerklärungen und Entwicklung besserer Handlungsstrategien und Umbewertungen für die Zukunft eine wichtige Rolle. Wenn die wichtigen Fragen »Wie ist die Situation entstanden?«, »Wie hätte das Ereignis vermieden werden können?«, »Wie hätte ich anders reagieren können?«, »Wie verhalte ich mich bei der nächsten Begegnung mit diesen Personen?«, »Wie geht es weiter?« und »Kann mir das wieder passieren?« befriedigend beantwortet werden können, dürfte ein erheblicher Teil der Dynamik abgebaut sein. Problematischer ist die gedankliche Aufarbeitung bei den stark emotionalen Belastungen großer Konflikte. Es dauert dann meistens sehr lange, bis Entlastungen einsetzen, soweit dies durch diese Technik allein überhaupt möglich sind. Im Verlauf dieser Verarbeitungsprozesse werden oft auch konkrete Formulierungen für künftige Auseinandersetzung vorformuliert und abgespeichert. Da dabei meistens auch starke Gefühle des Ärgers beteiligt sind, besteht das Risiko, dass solche Formulierungen dann überzogen und zu aggressiv ausgestaltet werden. Durch die fehlende Selbstkontrolle bei einer späteren Auseinandersetzung kann es leicht passieren, dass die überzogenen Formulierungen dann ausgesprochen werden und neuen Streit auslösen. Es ist daher wichtig, schon bei der Aufarbeitung solche Formulierungen zu entwickeln und abzuspeichern, die keinen beleidigenden und aggressiven Charakter haben.

Laute Selbstgespräche können die gedankliche Aufarbeitung deutlich verbessern. Bei starken Konflikten sind die negativen Gefühle und die Ängste so dominant, dass eine rationale Bearbeitung lange Zeit überhaupt nicht möglich ist. Die sprachliche Kodierung und das Aussprechen der Probleme verbessern die Verarbeitung deutlich, selbst wenn keine Zuhörer anwesend sind. Es ist auch auffallend wie häufig solche Techniken unbewusst während Autofahrten und in anderen Situationen des Alleinseins eingesetzt werden, wenn größere Probleme bearbeitet werden müssen. Dies könnte beispielsweise zur Frage eines Kindes führen: »Papa warum läufst Du immer um den Tisch herum und redest mit Dir selbst?«

Gespräche mit anderen Personen sind meistens die nächste Stufe der Verarbeitung. Das Sprechen über Probleme hat sehr entlastende Wirkung. Verbunden wird dieses Verhalten häufig mit der Suche nach sozialer Unterstützung. Wer über ein Problem berichtet, muss die Geschehnisse ordnen, die Zusammenhänge darlegen, Ursachen ansprechen, Klarheit über die eigenen Gefühle gewinnen und bei guten Gesprächspartnern auch kritische Fragen beantworten. Dadurch werden die Verarbeitungsprozesse deutlich intensiviert. Ein hoher Prozentsatz aller psychologischen Therapieansätze beruht letztendlich auf dieser Technik. Viele kritische Fragen sind dabei wichtiger als gutgemeinte Ratschläge, weil dabei die Verzerrungen in der Vorstellungswelt der belasteten Person aufgedeckt werden können. Wer gelernt hat über seine Probleme zu sprechen, kann auch selbst Handlungsstrategien für die Zukunft entwickeln, die zu seiner Persönlichkeit passen. Aber auch diese Technik enthält keine Erfolgsgarantie. Menschen mit Liebeskummer oder anderen starken Problemen können ihre Umgebung monatelang, manchmal auch jahrelang, mit immer gleichen Leidensgeschichten nerven. Dies ist ein deutliches Zeichen für große Verarbeitungsprobleme.

Schreiben kann vielen Menschen bei der Verarbeitung helfen: Briefe, Tagebücher, einfach nur Zettel mit wichtigen Fragen und Aussagen. Schon durch das Aufschreiben wird viel Dynamik abgebaut und innere Klarheit geschaffen. Solche Briefe braucht man dann gar nicht mehr abzuschicken, was auch oft besser ist, weil die Vorwürfe, Anschuldigungen und Beleidigungen mehr Schaden als Nutzen anrichten würden. Derart aggressive Briefe landen auch häufig im Finanzamt. Dann ist es wichtig, sich klar zu machen, dass diese Briefe mehr mit der Person des Schreibers und seiner Lebenssituation, vielleicht seinen finanziellen Nöten, zu tun haben, als mit den Fehlern des Amtes.

Malen. Diese Technik der Sublimierung, wird von Schülern und Studenten oft angewandt, wenn sie im Unterricht oder der Vorlesung mehr mit ihren Problemen, als mit dem Stoff beschäftigt sind. Statt Mitschriften entstehen dann Zeichnungen, die oft auch wieder zerstört werden. Große Werke der Kunstgeschichte sind bei der Verarbeitung innerer Spannungen entstanden.

Musik hören und machen. Meditations- und Entspannungsmusik haben besonders starke Wirkungen.

Sport ist ein ganz wichtiger Weg für viele Menschen. Tiere und Steinzeitmenschen konnten den Stress und die hohe Aktivation bei Angst oder Kampf in Bewegungsenergie übertragen. Heutzutage sind viele Menschen eingesperrt in Büros und kleinen Wohnungen und wissen nicht, wie sie die überschüssige Energie, die der Körper in aggressiven Situationen bereitstellt, abbauen sollen. Dauersportarten wie Schwimmen, Radfahren, Laufen, Walken oder Reiten sind günstiger als wettbewerbsorientierte Sportarten, in denen durch die Konkurrenz, die Angst vor der Niederlage, den Ärger über eigene oder fremde Fehler wieder aktivationserhöhende Faktoren wirksam werden, es sei denn, man betreibt diese Sportarten im Freizeitbereich mit der notwendigen Gelassenheit.

Erhöhte Leistung als Reaktion auf Frustrationen ist eine sehr sinnvolle Bewältigungstechnik mit hoher Erfolgswahrscheinlichkeit für den Abbau der inneren Spannungen. Viele Dinge, besonders im beruflichen Bereich, können misslingen, weil man sich schlecht vorbereitet oder die Schwierigkeit der Aufgabe oder die Stärke des Gegners unterschätzt hat. Wenn man dann die damit verbundene Frustration als Herausforderung annimmt, sich besonders intensiv und hoch motiviert mit diesem Fall oder Problem auseinandersetzt, kann man sich Erfolgserlebnisse verschaffen, durch die man Selbstvertrauen und Selbstbestätigung gewinnt, Gefühle, die den Ärger bald überlagern und abbauen werden.

Außenreizverarmung fördert die Aufarbeitung, weil keine neuen Frustrationen und starken Eindrücke zu verarbeiten sind. Dem Gehirn werden Zeit und Kapazitäten zur Verfügung gestellt, um den Spannungsabbau zu leisten. Lange Spaziergänge, Ruhe an einem einsamen Strand, Tagträumen, leichte Bastelarbeiten sind solche Möglichkeiten. Es ist kein Zufall, dass viele Menschen bei inneren Belastungen ein deutlich stärkeres Schlafbedürfnis entwickeln. Ungünstig ist es dagegen, spannende Fernsehfilme anzuschauen oder Situationen mit deutlichem Konfliktpotenzial aufzusuchen, weil die Aufarbeitung dann unterdrückt wird. Wir leben ohnehin in einer Zeit mit großen Reizüberflutungen.

Ruhetage und Urlaub rechtzeitig einplanen. Nicht nur der Arbeits- und Termindruck im Beruf ist schlecht, es gibt auch Freizeitstress, besonders bei Menschen, die nur schwer allein sein können, immer Aktionen und einen neuen Kick brauchen. Das Burnout-Syndrom kann viele Ursachen haben. Spätestens wenn Überforderungen und Unlustgefühle überhand nehmen ist es Zeit für eine Unterbrechung und totale Entspannung.

Entspannungstechniken wie Autogenes Training, Yoga, Meditation, Progressive Muskelentspannung und verwandte Methoden sind besonders hilfreich. Ihre gemeinsamen Elemente sind Außenreizverarmung, monotone Stimulierung, Atmungsregulierung und totale körperliche Entspannung. Menschen sprechen aber unterschiedlich gut auf diese Techniken an und oft sind relativ lange Übungszeiten erforderlich, bis wirklich tiefgehende Entspannungen möglich sind. Ein Aufwand, der sich aber lohnt, weil die Verbesserungen der psychischen Gesamtverfassung auch länger anhaltend sind und ein verändertes Körpergefühl vermittelt wird. Insbesondere bei starken Prüfungsängsten und den damit verbundenen Leistungsblockaden sollten rechtzeitig Versuche in dieser Richtung unternommen werden. Es gibt große individuelle Unterschiede bei der Wirkung, so dass jeder selbst herausfinden muss, welche Methode für ihn die beste ist. Wer unsportlich ist, wird mit autogenem Training besser zurecht kommen, als mit Yoga. Die Techniken werden auch schnell wieder verlernt, wenn die Selbstdisziplin beim regelmäßigen Üben fehlt. Gruppensituationen können hier helfen.

Selbsterfahrungsgruppen gibt es inzwischen für viele Problembereiche. Neben der befreienden Wirkung durch die Gespräche ist die soziale Unterstützung von Vorteil. Die Beobachtung, dass andere Menschen oft noch viel schlimmer leiden, dass viele ungünstige Veränderungen wie Konzentrationsschwächen, fehlende Energie oder Ängste mit den unbewältigten Problemen zusammenhängen, kann helfen, schwierige Krisen zu meistern. Aber sehr viel hängt von der Qualität der Gruppenleiter, den eingesetzten Methoden und der Zusammensetzung der Gruppen ab.

Professionelle Hilfe wird dann erforderlich, wenn die meisten geschilderten Methoden versagt haben. Jeder Mensch kann von seelischen Krisen, Krankheiten, beruflichen Überforderungen oder Beziehungsschwierigkeiten so stark belastet werden, dass Selbstbewältigung versagt. Nur die rechtzeitige Suche nach Hilfe kann dann psychosomatische Erkrankungen oder gar Selbstmordversuche verhindern.

6.7.2 Konfliktmindernde Faktoren

Bisher wurden die möglichen Reaktionen in der aggressiven Situation selbst (s. B. 6.6.4) sowie die Techniken bei der Aufarbeitung innerer Belastungen (s. B. 6.7.1) besprochen. Günstiger ist es aber zu versuchen, negative Konflikte und Aggressionen durch geschicktes Verhalten und gute Organisation möglichst zu verhindern und bei ungünstigen Entwicklungen frühzeitig gegenzusteuern. Zentrales Ziel muss es dabei sein, möglichst viele Einflussfaktoren zu erkennen, angemessen zu gewichten und zu beachten.

6.7.2.1 Persönlichkeitsfaktoren

Konfliktträchtige Personen werden mit folgenden Eigenschaften in Verbindung gebracht (vgl. Berkel 1999), sofern diese besonders stark ausgeprägt sind:
- Mangelnde Kontaktfähigkeit verbunden mit Schwierigkeiten sich auf andere Menschen einzustellen,
- Uneinsichtigkeit, geringe Flexibilität und fehlende Kompromissbereitschaft,
- Überzogenes Geltungsstreben, Einmischen in fremde Angelegenheiten, Übergehen anderer Personen, Dokumentation eigener Unentbehrlichkeit,
- Fehlende Frustrationstoleranz und geringe Belastbarkeit, Neigung zu vorschnellen Reaktionen,
- Überzogenes Konformitätsstreben, Anpassung der Meinungen an Vorgesetzte, Ja-Sagertum
- Pessimismus, häufig schlechte Laune, jammernd, nörgelnd und ablehnend, Abwertung fremder Vorschläge und Ideen.

Die konfliktfördernde Wirkung solcher Eigenschaften wird besonders dann deutlich, wenn man sich solche Personen in einer Vorgesetztenstellung vorstellt. Weiter konfliktträchtige Eigenschaften sind die Neigung zu sozialem Faulenzen, Trittbrettfahren und starkem Egoismus sowie schneller und extremer Stimmungswechsel. Bei Vorgesetzten können außerdem auftreten: Totalkontrolle, offensichtliche Bevorzugungen und Ungerechtigkeiten, inkonsistente oder unbegründete Entscheidungen, schnelle Schuldzuweisungen.

Die dargestellten konfliktträchtigen Eigenschaften sind das Ergebnis eines langen Lernprozesses, meistens auch verbunden mit starken inneren Ängsten, und können kurzfristig nicht verändert werden. Wichtig ist die Selbstwahrnehmung der Fehlentwicklung und die Erkenntnis der Notwendigkeit der Veränderung.

Für Dritte und Vorgesetzte sind Förderung und Belohnung positiver Verhaltensmuster und angemessenes Feedback bei konfliktträchtigen Reaktionen angesagt. Bei der Zusammensetzung in Arbeitsgebieten oder Gruppen können Personen mit positiv gegensätzlichen Eigenschaften einen Ausgleich schaffen, sofern die Spannungen auf Grund der Gegensätze nicht zu stark sind.

Jeder kann seine **Konfliktfähigkeit** durch Entwicklung in folgenden Bereichen verbessern: Verbesserung der Kontaktfreudigkeit und der Offenheit sowie der Kommunikationsfähigkeit, Stärkung des Selbstbewusstseins durch Erfolgserlebnisse, die auch außerhalb der beruflichen Sphäre liegen können, Abbau von Ängsten und inneren Spannungen, Erwerb aktiver Problemlösungstechniken, positive Bewertung von Frustrationen und anderen negativen Erlebnissen.l

6.7.2.2 Kommunikationstechniken

Die meisten Konfliktursachen finden sich im Kommunikationsverhalten. Beim Thema Kommunikation wurden schon konfliktvermeidende sowie störende Gesprächsformen dargestellt. Der folgende Abschnitt enthält daher nur noch einige Ergänzungen.

Probleme und Konflikte frühzeitig ansprechen und Feedback-Techniken einsetzen. Es ist immer wieder erschreckend zu beobachten, wie schwer es vielen Menschen fällt, Konfliktgespräche rechtzeitig zu führen. So werden oft beruflich und privat viele Frustrationen weggesteckt, weil man keinen Streit provozieren will oder Nachteile befürchtet. Teilweise beruht dies auf Ängsten vor unangenehmen Antworten oder aggressiven Reaktionen der Gegenseite bei diesen wunden Punkten. Das Ergebnis ist dann aber oft, dass dadurch eine so große innere Belastung und Aktivation entsteht, dass der Ärger und die Wut in einem aggressiven Streit mit massiven Vorwürfen und völlig überzogenen Reaktionen zum Ausbruch kommen. Die Konsequenzen bei den betroffenen Personen sind Blockaden, Ablehnungen und oft sogar Gegenaggressionen, weil kaum jemand bereit ist, sein Verhalten auf aggressiven Druck hin zu verändern. Es ist daher wichtig, sachliche Kritik als Form von Feedback anzunehmen und zu fördern, um über eine frühzeitige wechselseitige Verhaltenssteuerung, die Entstehung schwerer Konflikte zu verhindern.

Nichtdirektive Gesprächsführung ermöglicht am besten das frühzeitige Erkennen von emotionalen Störungen. Untersuchungen des Kommunikationsverhaltens von Führungspersonen zeigen immer wieder, dass viele Vorgesetzte dazu neigen, Gespräche stark zu dominieren und für sich selbst besonders viel Gesprächzeit zu beanspruchen. Dadurch können sie aber die Argumentation ihrer Gesprächspartner nicht erkennen und vermindern die eigene Informationsaufnahme. Fehlende Sachinformationen führen zu fehlerhaften Sachentscheidungen, fehlende Informationen über emotionale Störungen, Konflikte und zwischenmenschliche Probleme verhindern ein wirksames Konfliktmanagement und führen zu schlechteren Arbeitsleistungen der Mitarbeiter. Durch nicht-direktive Gesprächsführung zeigt ein Vorgesetzter wirksam, dass er seine Mitarbeiter auch ernst nimmt.

Ich-Botschaften können helfen, autoritäre Verhaltensmuster zu vermeiden. Diese Technik geht auf Gordon (1972) zurück. Du-Botschaften im Gespräch sind häufig der Beginn einer Anweisung, eines Ratschlags, einer Interpretation oder einer Aufforderung zur Verhaltensänderung. Menschen wollen sich aber nicht gern bevormunden lassen, sind aber bereit auf die Empfindungen und Wünsche anderer Personen Rücksicht zu nehmen. Werden daher die eigenen Empfindungen und Wünsche durch Ich-Botschaften ausgedrückt statt durch Anweisungen, wird eine Kritik an der anderen Person vermieden und die eigene Motivation des Senders offengelegt.

BEISPIEL

Ein Vorgesetzter, der sich darüber ärgert, dass sein Mitarbeiter wieder einmal zu spät zu einer Verhandlung kommt, könnte sagen: »Jetzt kommen Sie ja schon wieder zu spät. Sie sind selbst dann unpünktlich, wenn eine wichtige Verhandlung ansteht. Was haben Sie eigentlich für eine Arbeitsmoral?«

LÖSUNG Besser wäre die Formulierung einer Ich-Botschaft: »Es stört mich, wenn eine wichtige Verhandlung ansteht und wir müssen auf Sie warten.«

Offene Kommunikation im Gegensatz zu geschlossener Kommunikation wird von Berkel (1999, S. 89) empfohlen (eigene Ergänzungen in Klammern):

Kommunikationsmuster	
Verschlossen	**Offen**
Bewerten: kritisieren, vergleichen, (manchmal) loben	**Beschreiben:** über beobachtetes Verhalten informieren, den anderen ersuchen seine Beobachtungen mitzuteilen (= Feedback-Technik)
Kontrollieren: Verhalten und Einstellung des anderen zu ändern suchen, dazu Drohungen und Zwang einsetzen	**Problematisieren:** eine gemeinsame kooperative Lösung wünschen und zur Suche einladen (Harvard-Konzept)
Strategisch: den anderen manipulieren, die eigenen Ziele nicht preisgeben, taktieren	**Spontan:** offen und täuschungsfrei die eigenen Motive und Absichten mitteilen (Authentizität im Sinne von Rogers)
Neutral: den anderen als Objekt betrachten, ihn als Mittel für die eigenen Ziele einspannen	**Einfühlend:** die Persönlichkeit des anderen verstehen und respektieren, seine Förderung als Ziel in sich begreifen
Überlegen: Macht, Position, Wissen ausspielen, dadurch seine Vorstellungen durchsetzen	**Partnerschaftlich:** auf gleichberechtigter Basis zu gemeinsamem Planen und Handeln bereit sein
Sicher: weiß schon die Antwort, Neuem gegenüber wenig aufgeschlossen	**Vorläufig:** bereit zu experimentieren, sich vorschneller Urteile zu enthalten (eigene Positionen in Frage stellen)

6.7.2.3 Transaktionsanalyse

Die **Transaktionsanalyse** geht auf Eric Berne (1964) zurück. Populär wurde sie auch durch Harris und sein Buch »Ich bin ok. Du bist ok.« (1975). Die Transaktionsanalyse ist primär eine Kommunikationstechnik. Die Beachtung ihrer Grundsätze hat aber auch konfliktmindernde Wirkung. In der Transaktionsanalyse wird davon ausgegangen, dass in jedem Menschen drei verschiedene Persönlichkeitsinstanzen, so genannte Ich-Zustände vorhanden sind: das Eltern-Ich, das Erwachsenen-Ich und das Kindheits-Ich. Hintergrund der Theorie ist die Vorstellung, dass Menschen in ihrer kindlichen Entwicklung diese verschiedenen Verhaltensformen erlebt und übernommen haben, sodass sie auch noch im Erwachsenenalter diese Reaktionsformen zeigen. Die verschiedenen Ich-Zustände zeigen sich überwiegend in den entsprechenden sprachlichen Formulierungen und im Verhalten. Der Theorie nach befindet sich jeder Mensch zu jedem Zeitpunkt in einem der drei Ich-Zustände. Je nach Situation, Stimmung und Kommunikationspartner werden die jeweiligen Ich-Zustände gewechselt.

Das **Eltern-Ich** umfasst alle ungeprüft übernommen Gebote, Verbote, Wertvorstellungen und Normen. Es wird unterteilt in ein kritisches und ein fürsorglich unterstützendes Eltern-Ich.

Beim **kritischen Eltern-Ich** zeigen sich Handlungstendenzen wie Befehle, Kritik, Zurechtweisungen, moralische Wertungen, autoritäre Reaktionen, direktiver Fragestil und

Bestrafungen. Das kritische Eltern-Ich wirkt konfliktverschärfend, da sich niemand gerne autoritär behandeln lässt und viele Menschen schlechte Erinnerungen mit solchen Verhaltensmustern verbinden. Typische Formulierungen wären:

Beim Beamten:

»Wenn Sie so dreiste Forderungen stellen, bekommen Sie bei mir überhaupt nichts.«

»Sie hätten sich Ihr Geld eben besser einteilen müssen.«

»Können Sie Ihre Unterlagen nicht besser ordnen, wenn Sie auf ein Amt kommen?«

Beim Bürger:

»Sie erkennen diese Kosten jetzt an oder ich klage beim Finanzgericht.«

»Kennen Sie überhaupt die Rechtslage?«

Fürsorgliches Eltern-Ich ist geprägt durch Verständnis, Fürsorge, Hilfe, Trösten, Ermutigungen und Geduld. In starker Ausprägung kann aber auch die übergroße Fürsorge zwischenmenschliche Beziehungen und Interaktionen belasten, weil auch solche Bemutterungen bei vielen Menschen negative Reaktionen auslösen können. Typische Formulierungen wären:

Beim Bürger:

»Bei den vielen Paragraphen ist es sicher schwierig, die richtige Vorschrift zu finden.«

Beim Beamten:

»Sie haben im Augenblick auch viel zu bewältigen. Das ist bestimmt auch nicht einfach für Sie.«

Das **Erwachsenen-Ich** entsteht schon ab dem 5. Lebensjahr und umfasst die angemessenen rationalen Handlungsformen auf gleichberechtigter Ebene. Es ist gekennzeichnet durch Informationssuche, objektive Entscheidungen, partnerschaftliche Problemlösungen. Typische Formulierungen wären:

»Vielleicht können wir uns auf folgenden Kompromiss einigen ...«

»Ich verstehe Ihr Problem, aber so ist die Rechtslage ...«

Gesprächsführung auf der Ebene des Erwachsenen-Ich ist besonders konfliktmindernd.

Das **Kindheits-Ich** wird bei Berne in angepasstes und natürliches Kindheits-Ich unterteilt, teilweise wird das natürliche Kindheits-Ich auch als freies Kindheits-Ich bezeichnet. Inzwischen wird auch oft die weitere Unterteilung in ein rebellisches Kindheits-Ich vorgenommen, um diese Reaktionen besonders hervorzuheben. Die Zustände beim Kindheits-Ich sind sehr gefühlsbetont und spontan, die Handlungen sind für Kinder typisch.

Das **angepasste Kindheits-Ich** ist konformistisch, leidend, duldend, passiv und resignativ. Typische Formulierungen wären:

Beim Bürger:

»Das wird also alles gestrichen? Dann bleibt mir ja kaum noch ein Steuervorteil übrig!«

»Haben Sie doch Mitleid mit uns, es muss doch noch Geld für die Ernährung der Kinder übrig bleiben.«

»Was soll ich jetzt machen?«

Beim Beamten:

»Ich kann Ihnen auch nicht helfen. Ich bin an meine Vorschriften gebunden.«

Bei Konflikten liegt hier das Risiko in einer Dulderrolle, bei der Aggressionen lange Zeit angestaut werden und dann um so heftiger explodieren können und zu großer Unzufriedenheit über die eigene Nachgiebigkeit führen.

Beim **rebellischen Kindheits-Ich** zeigen sich Gegenangriffe und Trotzreaktionen. Typische Formulierungen wären:

»Sie sind aber ein ganz sturer Beamter!«

»Jetzt ist mir die Stimmung für den ganzen Tag verdorben.«

»Wenn Sie mir nicht entgegenkommen, werde ich schon andere Wege finden, um Steuern zu sparen.«

Die aggressiven und trotzigen Formulierungen fordern Reaktionen aus dem kritischen Eltern-Ich heraus, sodass ein Eskalationsrisiko entsteht.

Beim **natürlichen oder freien Kindheits-Ich** finden sich Abwechslung, Spaß und sehr authentische Reaktionen. Die Leichtigkeit solcher Handlungsformen kann konfliktmildernd

Transaktionsanalyse: Ich-Zustände

wirken. Soweit kein rebellisches Kindheits-Ich unterschieden wird, finden sich die entsprechenden Handlungstendenzen hier.

Zu einer vollwertigen Persönlichkeit eines Erwachsenen gehören alle drei Ich-Zustände.

In der partnerschaftlichen Kommunikation sollte das Schwergewicht auf dem Erwachsenen-Ich liegen, aber auch natürliches Kindheits-Ich und fürsorgliches Elter-Ich sind hier wichtig.

Empirische Untersuchungen (Vgl. Rüttinger 1985 S. 25) zeigen bei Führungskräften, dass kritisches Eltern-Ich, Erwachsenen-Ich, und angepasstes Kindheits-Ich stark ausgeprägt sind, fürsorgliches Eltern-Ich und natürliches Kindheits-Ich dagegen schwach. In Anbetracht der Tatsache, dass Vorgesetzte auch eine Fürsorgepflicht gegenüber ihren Mitarbeitern haben, ein problematisches Resultat.

Transaktionen sind nach Berne die Grundeinheiten sozialer Verbindungen, d. h. der verbale oder nonverbale Austausch zwischen zwei Personen, der sich immer zwischen den verschiedenen Ich-Zuständen abspielt. Es werden drei Formen unterschieden: parallele Transaktionen, Überkreuz-Transaktionen und verdeckte Transaktionen.

Am günstigsten im beruflichen Bereich sind **parallele Transaktionen** im Erwachsen-Ich-Zustand, d. h. dass beide Parteien auf der Ebene des Erwachsenen-Ich agieren. Parallele Transaktionen im kritischen Eltern-Ich-Zustand bergen das Risiko der Eskalation, ähnlich solche zwischen rebellischen Kindheits-Ich-Zuständen. Weitere parallele Transaktionen entstehen besonders häufig zwischen angepasstem Kindheits-Ich und fürsorglichem Elter-Ich sowie zwischen rebellischem Kindheits-Ich und kritischem Eltern-Ich. Die erste Form kann zwischen Erwachsenen hilfreich sein, wenn sie nicht zu lange anhält. Sonst führt sie leicht zu emotional ungünstigen Zuständen. Die parallele Transaktion zwischen rebellischem Kindheits-Ich und kritischem Eltern-Ich kann sich zu einem typischen Autoritätskonflikt entwickeln. **Überkreuz-Transaktionen** entstehen wenn der eine Kommunikationspartner bei seinem Gegenüber einen anderen Ich-Zustand anzielt, als dieser dann selbst für seine Reaktion wählt.

BEISPIEL

Überkreuz-Transaktion:
Der Beamte versucht mit einem Bürger im Erwachsenen-Ich-Zustand zu kommunizieren, während dieser durch Mitleidserzeugung aus dem angepassten Kindheits-Ich heraus versucht, das Fürsorgliche Eltern-Ich beim Beamten zu locken. Solche Transaktionen belasten die Situation und können auf Dauer zu einem Abbruch des Gesprächs führen.

Verdeckte Transaktionen entstehen oft, wenn auf der sprachlichen Ebene Transaktionen zwischen anderen Ich-Zuständen ablaufen, als auf der nonverbalen Ebene. Diese sind schwer zu durchschauen und führen oft zu Spannungen, weil z. B. Kritik nicht offen geäußert, aber doch bemerkt wird.

Bei hoher Aktivation steigen die Wahrscheinlichkeit und die Häufigkeit von ungünstigen Transaktionen. Da alle Ich-Zustände Teil unserer Persönlichkeit sind, sollte das kurzzeitige Abgleiten aus dem Erwachsenen-Ich in andere Zustände nicht überbewertet werden, solange es nur gelegentlich und als spontane Reaktion geschieht. Problematischer ist es, wenn ungünstige Zustände sehr häufig und dominant vorkommen. Dann sollte durch Selbstbeobachtung, Selbstkontrolle und Feedback auf Änderungen hingearbeitet werden.

6.7.3 **Konfliktbearbeitung**

Blake und Mouton (1964) haben in Anlehnung an Ihr Verhaltensgitter bei Führungsstilen ein Konfliktmodell entworfen. Dabei unterscheiden sie die Reaktionen je nach dem, ob die Entscheidung an eigenen Zielen oder an den fremden Zielen orientiert ist.

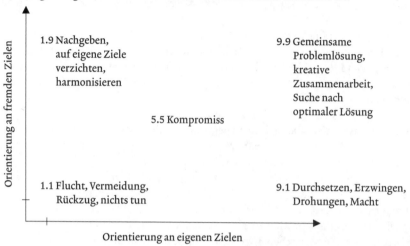

Die meisten Menschen verwenden alle der dargestellten Möglichkeiten, allerdings mit Präferenzen für bestimmte Stile und abhängig von der konkreten Situation. Häufig entsteht auch eine typische Abfolge, in der verschiedene Möglichkeiten nacheinander ausgetestet werden. Die Konfliktbewältigung gelingt dann am ehesten, wenn der für den Konfliktpartner und die konkrete Situation passende Stil gefunden wird. Die Problemlösung im Sinne von 9.9 wurde im Harvard-Konzept näher untersucht und entwickelt.

Das Harvard-Konzept ist ein umfassenderer Ansatz, der speziell für Verhandlungssituationen entwickelt worden ist, der aber darüber hinaus auch auf andere Konflikte angewandt werden kann. Es geht auf die Autoren Fisher und Ury (1981) zurück. Das Konzept beruht auf folgenden Prinzipien:

- **Sach- und Beziehungsfragen sind getrennt zu behandeln.** Dadurch soll verhindert werden, dass Störungen auf einer Ebene auf die andere Ebene durchschlagen. Positive Beziehungsgestaltungen wirken sich auch positiv auf die Verhandlungsergebnisse, bzw. die sachliche Zusammenarbeit aus und umgekehrt.
- **Die Interessen der beteiligten Personen erkennen, verstehen und berücksichtigen.** Die Autoren meinen mit Interessen Handlungsziele und -motive. Erst durch deren Kenntnis können sachgerechte Entscheidungen und ein Interessenausgleich herbeigeführt werden. Es ist daher wichtig, die eigenen Interessen mitzuteilen, fremde zu erfragen und sich wechselseitig zu verstehen.
- **Entwicklung von Entscheidungsmöglichkeiten (Optionen) zum beiderseitigen Vorteil.** Statt die eigene Position einseitig durchzusetzen, ist es wichtig eine Vielzahl von Optionen zu entwickeln, um vorschnelle Entscheidungen oder Festlegungen zu vermeiden. Dabei soll die Aufmerksamkeit auf solche Optionen gerichtet sein, die beiden Seiten Vorteile bieten. Konkret schlagen sie für die Suche nach Optionen Brainstorming-Techniken vor.

- **Entscheidungen anhand objektiver Kriterien.** Dadurch wird den Entscheidungen für eine bestimmte Problemlösung der Willkürcharakter genommen und es ist möglich die Entscheidung als gemeinsame Problemlösung zu entwickeln.

Konkret geht die Anwendung des Konzepts durch vier Phasen:

1. **Analyse** des Sach- und des Beziehungsaspekts des Problems mit Austausch der Motive und Ziele.
2. **Planung** der Handlungsalternativen.
3. **Diskussion** unter Anwendung fairer Spielregeln.
4. **Durchführung** der vereinbarten Lösung.

Dieses Konzept wird bei anderen Autoren dadurch erweitert, dass weitere Elemente wie Bewertung der Optionen und Kontrolle der Veränderungen hinzugefügt worden sind.

6.7.4 Konfliktbeobachtung, Bewertung und Konfliktmoderation

Bei einer Integration der verschiedenen Ansätze kann eine kompetente Strategie im Umgang mit beruflichen und betrieblichen Konflikten durch Dritte oder Vorgesetzte folgendermaßen aussehen:

a) Konfliktbeobachtung
Sensible Beobachtung der äußeren Anzeichen für Konflikte:

- Überproportional heftige Wortwechsel in Gruppensituationen
- Hohe Aktivation beim Zusammentreffen der Kontrahenten
- Versuche, Dritte oder Vorgesetzte als Verbündete zu gewinnen
- Starke Koalitionsbildungen zur gemeinsamen Interessendurchsetzung
- Verweigerung von Zusammenarbeit, oft unter Hinweis auf die eigene hohe Belastung oder zu hohe Kosten
- Abfällige Äußerungen über die Gegenseite und Unterstellung negativer Motive
- Drohungen mit der Verweigerung freiwilliger Leistungen oder des hohen Engagements
- Insistieren auf Zuständigkeiten, Vorschriften oder Handhabung in der Vergangenheit
- Auffälliger Rückzug bei Resignation

b) Konfliktbewertung
Für Führungspersonen, aber auch für gleichgestellte Personen mit engem Kontakt zu einer der Konfliktparteien, stellt sich zunächst die Frage, ob sie Partei ergreifen, schlichtend einwirken oder sich distanziert verhalten sollen. Solche Fragen können nicht generell beantwortet werden, sie müssen auf Grund einer Situationsbewertung und einer Zukunftsprognose entschieden werden. Dabei werden folgende Überlegungen eine Rolle spielen:

- **Was sind die eigenen Interessen am Konflikt?** Werden Nachteile entstehen, wenn sich eine Seite durchsetzt? Wichtige Entscheidungskriterien sind materielle Auswirkungen, Förderung oder Behinderung der Sacharbeit, Einfluss auf Status, Beförderungen, Entscheidungsbefugnisse und Selbstgestaltung der Arbeit. Bei Vorgesetzten zusätzlich die Frage nach den Auswirkungen auf die eigene Führungsposition. Je stärker die persönliche Betroffenheit, umso größer die Wahrscheinlichkeit, Partei zu ergreifen.
- **Wie sind die emotionalen Beziehungen zu den Parteien?** Welche Seite ist sympathischer? Gibt es offene Rechnungen, die zu begleichen sind? Welche Veränderungen der Machtstrukturen können sich ergeben? Der Einfluss solcher emotionaler Faktoren darf nicht unterschätzt werden, tritt aber hinter die eigenen Interessen etwas zurück.

- **Wie wird sich der Konflikt weiterentwickeln?** Bestehen eher Tendenzen zum Abbau, z. B. weil getroffene Entscheidungen akzeptiert werden, oder wird der Konflikt weiter eskalieren?
- **Was ist der Kern des Konflikts,** welche Konfliktart liegt vor? Hierbei müssen die Ziele, Motive und Gegensätze klar analysiert und insbesondere die verdeckten Motive erkannt werden.
- **Ist die Konfliktsituation** durch Vermittlung und Kompromisse **beeinflussbar** oder sind die Fronten zu sehr verhärtet? Auch gut gemeinte moderierende Intervention kann scheitern und den Konflikt verschärfen. Besonders groß ist das Risiko selbst Partei zu werden.

c) Konfliktbearbeitung durch Moderation

Da Konflikte eher im Risiko sind zu eskalieren, als dass ein Spannungsabbau stattfindet, weil die Konfliktlösungstechniken unterentwickelt sind und eine Aufarbeitung alter Belastungen oft nicht stattfindet, wird häufig ein vermittelndes Eingreifen erforderlich sein. Bei der Moderation empfiehlt sich für die Moderater die Beachtung folgender Punkte:

- Treffen Sie auf neutralem Boden mit den Konfliktparteien zusammen. Keine Konfliktpartei sollte ein Heimspiel haben. Die Sitzordnung soll die Gleichberechtigung aller Beteiligten spiegeln.
- Einzelgespräche sind problematisch. Ohne große Erfahrung mit Konfliktmoderation besteht das Risiko, sich in Einzelgesprächen von einer Seite vereinnahmen zu lassen oder schlimmer noch, jeweils beiden Seiten Recht zu geben. Allenfalls am Ende eines solchen Prozesses kann man in Einzelgesprächen Lösungsmöglichkeiten ausloten. Ausnahmen sind bei sehr schüchternen Personen angebracht, die in gemeinsamen Gesprächen zu verschlossen reagieren würden.
- Erfragen Sie die Probleme in langen nicht-direktiven Gesprächen mit vertiefenden Fragen. Bitten Sie dabei um Ich-Botschaften und unterbinden Sie rechtfertigende Klarstellungen der Gegenseite. Geben Sie sich nicht mit oberflächlichen und verharmlosenden Erklärungen zufrieden, vermeiden Sie es aber auch, harmlose Konflikte aufzubauschen oder normales Verhalten psychologisierend zu interpretieren.
- Wirken Sie den Tendenzen, Ursachen und Lösungen auf dritte Personen oder Organisationsprobleme abzuwälzen, entgegen.
- Stellen Sie »Waffengleichheit« her bei ungleichen Kommunikationsfähigkeiten oder Verhaltenstendenzen.
- Notieren Sie Ziele und Motive, um später die Gegensätze herausarbeiten zu können sowie frustrierende Verhaltensmuster. Letztere werden den Akteuren meistens nicht in ihrer vollen Tragweite bewusst sein.
- Visualisieren Sie die gegensätzlichen Ziele, Motive und Handlungen.
- Erfragen Sie Lösungsvorschläge der Parteien, bevor Sie eigene unterbreiten.
- Bitten Sie die Parteien um weitere »Optionen« für die Konfliktlösung. Konflikte müssen und können oft nicht in einem Gespräch aufgearbeitet werden.
- Verwenden Sie selbst bei der Lösungssuche nicht nur Brainstorming als Technik, sondern auch den Morphologischen Kasten (vgl. unten C 3), damit Sie sicher sein können, das Problem umfassend analysiert zu haben.
- Vermeiden Sie die eigene Festlegung auf eine »ideale« Lösung und versuchen Sie nicht, den Parteien diese einzureden. Solche Lösungen sind sehr brüchig. Die Menschen wissen selbst am besten, welche Lösungen ihnen persönlich weiterhelfen.

- Die verschiedenen Lösungsvorschläge sollten auf Vor- und Nachteile überprüft und gemeinsam bewertet werden.
- Treffen Sie eine abschließende Vereinbarung, wenn eine gemeinsame Lösung gefunden worden ist. Meistens wird es sich dabei um ein Bündel von Maßnahmen handeln.
- Beobachten Sie die weitere Entwicklung und überprüfen Sie, ob Besserungen eingetreten sind.
- Wenn die Belastungen durch Konflikte fortdauern, muss geprüft werden, ob räumliche und organisatorische Trennung der Personen möglich sind. Dies bedeutet dann aber meistens, dass für eine Seite Partei ergriffen werden muss.

6.7.5 Präventive Maßnahmen in Betrieben und Verwaltungen

Offene Informationskultur vermeidet Gerüchte, Fehlinformationen und Ängste bei den Mitarbeitern. Insbesondere bei größeren Umstrukturierungen, Organisationsänderungen oder gar umfangreicheren Entlassungen oder Versetzungen ist eine frühzeitige Information durch die zuständigen Stellen wichtig.

Gute Begründungen und Darstellung der verworfenen Handlungsalternativen helfen, belastende Entscheidungen leichter zu ertragen.

Partizipation und Mitbestimmung sollte in unserer Zeit eine Selbstverständlichkeit sein. Autoritäre und machtverliebte Vorgesetzte bevorzugen dagegen die einsamen Entscheidungen, die meistens mit einem großen Fehlerrisiko verbunden sind, weil Gegenargumente, Schwachstellen und Interessen der Mitarbeiter nicht ausreichend in die Entscheidung eingeflossen sind.

Klare Zielvereinbarungen helfen Zielkonflikte zu vermeiden. In vielen Organisationen herrscht aber überhaupt keine Klarheit über kollidierende Ziele oder Werte. In informellen Gesprächen werden diese zwar oft als Ärgernisse erwähnt, aus Zeitmangel und fehlendem Interesse an systematischer Problembewältigung werden sie aber meistens erst dann angegangen, wenn schon massive Störungen und Konflikte entstanden sind. Mitarbeitergespräche mit konkreten Zielvereinbarungen für die Arbeitsaufgaben und die persönliche Entwicklung können Verhaltenssicherheit erzeugen und eine Orientierung für die künftige Entwicklung geben.

Klar abgegrenzte Kompetenzen begrenzen Abhängigkeitskonflikte und ermöglichen eine Zuordnung der Verantwortlichkeit. Dadurch können unberechtigte oder unangemessene Schuldzuweisungen vermieden werden, sofern man diese Form der Personalisierung von Problemen überhaupt als sinnvoll betrachtet.

Viel Eigenverantwortlichkeit steigert das Selbstwertgefühl der Mitarbeiter und erhöht die Arbeitszufriedenheit. Dies wirkt sich unmittelbar auf Quantität und Qualität der Leistung aus. Wo Missbrauch der Freiräume vorliegt, sind die Ursachen zu ergründen.

Positive Konfliktkultur bedeutet, dass Fehler, die bei der Arbeit und besonders in großen Organisationen täglich passieren, vorrangig als Sachproblem und nicht als persönliches Problem der handelnden Akteure betrachtet werden. Mitarbeiter müssen Fehler eingestehen können, ohne lange Rechtfertigungen abgeben zu müssen oder mit persönlichen Nachteilen bei Beurteilungen, Beförderungen oder Versetzungen rechnen zu müssen. Nur so kann erreicht werden, dass Fehler rechtzeitig behoben und nicht verdeckt werden. Auch bieten Fehler die Chance zur Weiterentwicklung. Konstruktive Hilfestellung bei der Bewältigung der entstandenen Probleme gegenüber den Bürgern oder übergeordneten Dienststellen sind in der

Verwaltung das angemessene Führungsverhalten. Entsprechendes gilt in der Wirtschaft gegenüber Kunden und höheren Hierarchieebenen.

Führungsverhalten mit Vorbildfunktion ist ein weitgehend unterschätztes Instrument. Es scheint leichter zu sein, Führung aus dem Zustand des kritischen Eltern-Ich heraus mit autoritären Anweisungen, Anordnungen und Befehlen zu managen, als Mitarbeitern auf der Erwachsenen-Ich-Ebene partnerschaftlich gegenüberzutreten, sie als Persönlichkeiten ernst zu nehmen und durch Taten statt durch Worte zu zeigen, wie Verhandlungen erfolgreich geführt oder Sachkompetenz mit Entscheidungsfreude und Durchsetzungsvermögen gepaart werden können.

Die Entwicklung eines wirkungsvollen Normensystems hängt stark mit der Vorbildfunktion zusammen. Normen in einer Organisation werden nur in beschränktem Umfang schriftlich fixiert und auch dann ist es meistens noch sehr zweifelhaft, ob diese Normen auch beachtet werden. Das ungeschriebene Normensystem in Bezug auf Arbeitsmotivation, Leistungsbereitschaft, wechselseitige Unterstützung, Streitkultur, Führungsverhalten und dergleichen wird überwiegend durch die Beobachtung des Verhaltens anderer Personen entwickelt, wobei die Beobachtung der Vorgesetzten, insbesondere der eigenen, überproportionalen Einfluss nimmt (Vgl. Bandura »Lernen am Modell« s. B. 6.6.2.3 und C. 1.2.4).

Wertorientierung hat auch einen direkten Zusammenhang mit Konflikten und ihrer Aufarbeitung. Es kommt schon entscheidend darauf an, in welchem Umfang und welcher Form Werte wie Gerechtigkeit, Fairness im Umgang mit anderen Menschen, Hilfsbereitschaft oder Leistungsmotivation von den einzelnen Menschen verinnerlicht worden sind. Sowohl bei der Personalauswahl als auch bei der Karriereförderung, sollten diese Gesichtspunkte besonders berücksichtigt werden. Leider lassen sich aber auch viele Führungskräfte blenden und schauen zu wenig hinter die Fassaden.

Ein positiver Veränderungsprozess durch regelmäßige Schwachstellenanalyse und Controlling der Veränderungen in der Organisation kann helfen, Konfliktpotenziale frühzeitig zu erkennen und strukturelle Schwierigkeiten auszuräumen.

Teil C Arbeits- und Selbstorganisation sowie Verwaltungsmanagement

1 Voraussetzungen für Lern- und Denkprozesse

1.1 Informationsaufnahme und die Funktion des Gedächtnisses

Definition: Das **Gedächtnis** ist ein System zur Speicherung und zum Abruf von Informationen, die über die Sinnesorgane aufgenommen werden.

Nach dem **Mehrspeichermodell,** das auf Atinkinson und Shifrin (1977) zurückgeht, sind beim Gedächtnis ein sensorischer Speicher, ein Kurzzeitspeicher verbunden mit einem Arbeitsgedächtnis und ein Langzeitspeicher zu unterscheiden.

Im **sensorischen Speicher** (auch als Ultrakurzzeitgedächtnis bezeichnet) werden die vielen über die Sinnesorgane eingehenden sensorischen Reize in einem Rohzustand aufrechterhalten, verfallen aber nach wenigen Millisekunden wieder, wenn sie nicht weiterverarbeitet werden. So werden beim Autofahren viele Verkehrsschilder kurzfristig wahrgenommen und wieder vergessen, weil sie keine Bedeutung mehr haben. Schon im sensorischen Speicher kommt es zu vorbewussten Wahrnehmungsprozessen wie Selektion, Mustererkennung, zusammenfassenden Gruppierungen und Bewertungen. So ermöglicht uns der sensorische Speicher z. B. erst einen Zusammenhang herzustellen, zwischen den Lauten, die ein Wort bzw. einen Teilsatz bilden. Zur Weiterverarbeitung erfolgt ein Transfer der ausgewählten und aufbereiteten Informationen in den Kurzzeitspeicher. Transfer bedeutet dabei keinen Fluss der Informationen von einem Speicher in den anderen, sondern es handelt sich dabei eher um einen Kopiervorgang, durch den die Informationen zusätzlich im Kurzzeitspeicher verfügbar werden.

In den **Kurzzeitspeicher** (auch als Kurzzeitgedächtnis bezeichnet) werden sofort, parallel zum Eingang der Informationen aus dem sensorischen Speicher, Assoziationen aus dem Langzeitspeicher transferiert und stehen dann im Kurzzeitspeicher als bewusste Inhalte zur Verfügung. Auch hier werden Wahrnehmungsprozesse wirksam und es erfolgen weitere Bearbeitungen in Form der Kodierung und der bewussten gedanklichen Verarbeitung, für die ein gesonderter Arbeitsspeicher (auch Arbeitsgedächtnis) angenommen wird. Die Informationen werden im Kurzzeitgedächtnis in Chunks gespeichert. **Chunks** sind Gedächtnisinhalte, die als Ganzes erinnert oder vergessen werden. Man geht davon aus, dass der Kurzzeitspeicherumfang auf 7 +/- 2 Chunks begrenzt ist. Dies wird als **Gedächtnisspanne** bezeichnet. Um Informationen aus dem Kurzzeitspeicher in den Langzeitspeicher zu transferieren sind innere und äußere Wiederholungen des dargebotenen Materials erforderlich. Dieser Prozess wird als **Konsolidierung** bezeichnet. Durch die Wiederholungen bleiben die Informationen im Kurzzeitspeicher erhalten, bis eine für den Transfer in den Langzeitspeicher erforderliche Schwelle überschritten ist. Einfache Wiederholungen können diesen Prozess nur begrenzt fördern. Wichtiger ist so genanntes **elaboriertes Memorieren**, bei dem durch Anreicherung und Vertiefung der Informationen die Kodierung verbessert wird. Dieses Verfahren ist zwar zeitaufwändiger beim Lernprozess, führt aber zu deutlich besseren Erinnerungswerten.

Im **Langzeitspeicher** (auch Langzeitgedächtnis) sind die Inhalte nach Bedeutung und Zusammenhang strukturiert, wobei eine Speicherung in hierarchisch aufgebauten Netzwerken oder durch assoziative Verknüpfungen angenommen werden kann, durch die aber meistens auch der gesamte Kontext mit abgespeichert wird. Es werden nicht nur Wissensinformationen (deklaratives Gedächtnis) sondern auch Vorgehensweisen (prozeduales Gedächtnis) abgespeichert. Die juristische Subsumtionstechnik ist eine solche Vorgehensweise. Teilweise wird beim Wissensspeicher zwischen einem episodischen Gedächtnis, in dem persönliche Erlebnisse abgelegt werden und einem semantischen Gedächtnis, in dem das abstrakte Wissen abgespeichert ist, unterschieden. Eine weitere Differenzierung betrifft das explizite Gedächtnis, in dem sich die bewussten Inhalte befinden, und das implizite Gedächtnis, in dem das Verhaltensgedächtnis und die Vielzahl unterbewusst gespeicherter Informationen abgelegt sind. Der Abruf von Informationen und Vorgehensweisen aus dem impliziten Gedächtnis bedarf keiner größeren Anstrengung oder Aufmerksamkeit, erfolgt allerdings auch unkontrollierter. Die verschiedenen Teilsysteme des Gedächtnisses können nicht streng getrennt gesehen werden, die Systemvorstellungen überschneiden sich teilweise und es darf auch keine unterschiedliche Lokalisation im Gehirn angenommen werden. Es handelt sich vielmehr um Modellvorstellungen, durch die eine gewisse Ordnung in die komplexen Zusammenhänge gebracht werden soll. Die Form der Speicherung kann entsprechend der Sinnesmodalitäten erfolgen, z. B. sprachlich, auditiv oder bildhaft. Kontrollprozesse im Langzeitspeicher sind bei den Suchfunktionen des Erinnerns beteiligt. Der Wiedergabeprozess wird als Mustervervollständigungsprozess gesehen, was erklärt, dass Wiedergabe schwieriger ist als Wiedererkennen. Zur Wiedergabe ist ein Rücktransfer der Informationen ins Kurzzeitgedächtnis erforderlich.

Das Mehrspeichermodell kann so dargestellt werden:

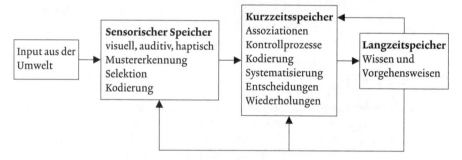

Das Mehrspeichermodell wird mit folgenden Begründungen kritisiert:
- Kurzzeitspeicher und Langzeitspeicher ließen sich nicht klar trennen.
- Für die Dauer des Erhalts der Informationen im Kurzzeitspeicher, gäbe es keine übereinstimmenden experimentellen Ergebnisse.
- Die Kapazität des Kurzzeitspeichers sei nicht konstant, sondern es gäbe zu große Unterschiede beim Leistungsumfang, um einen gesonderten Speicher anzunehmen.

Statt dem Mehrspeichermodell wurde ein **Modell der unterschiedlichen Verarbeitungstiefen** (Craik und Lockhart, 1972) vorgeschlagen. Dabei wird die Unterscheidung zwischen Kurzzeitspeicher und Langzeitspeicher aufgegeben und angenommen, dass eingehende Informationen in Stufen analysiert werden, die mit der physikalischen Analyse beginnen und dann zu immer stärkerer kognitiver und semantischer Verarbeitung führen. Mit jeder Stufe der Verarbeitung wird auch die Qualität der Speicherung und die Abrufbarkeit erhöht. Kritisiert wurde an diesem Modell die unklare Bestimmung von Verarbeitungstiefen und die Vorstellung hierarchischer Stufen, die durchlaufen würden. In einer überarbeiteten Version wurde dann nicht mehr auf die Tiefe der Verarbeitung, sondern auf die **Elaborierung**, d. h.

die Anreicherung und Vertiefung der Informationen durch weitere Informationen und systematische Bezüge. Einzelheiten hierzu unten bei der Lerntechnik (C. 1.5.4).

Die Unterschiede zwischen beiden Theorien sind hauptsächlich für die wissenschaftliche Forschung von Bedeutung. Für das praktische Verständnis der Gedächtnisprozesse können Erkenntnisse aus beiden Modellen zusammengeführt werden.

Wichtig sind die Prozesse der **Aufmerksamkeit.** Ein erheblicher Teil der Informationsverarbeitung läuft vorbewusst ab, sodass der überwiegende Teil der eingehenden Reize nicht bewusst wahrgenommen wird. Bewusste Wahrnehmung findet meistens nur bei kognitiven Lernprozessen, Bewertungen, Entscheidungs- oder Problemlösungsprozessen sowie bei der Nachbewertung unterbewusster Reaktionen statt. Man unterscheidet automatisierte (generelle) Aufmerksamkeit und kontrollierte (selektive) Aufmerksamkeit, die für bewusstes Erleben erforderlich ist. **Orientierungsreflexe** richten die Aufmerksamkeit auf subjektiv als neu empfundene Reize und erzeugen Neugier und Erwartungen. **Habituation** (Gewöhnung) verringert die Beachtung bekannter Reize. Die kontrollierte Aufmerksamkeit führt zur Konzentration auf einzelne Problembereiche der gedanklichen Bearbeitung. Dabei ergibt sich die Schwierigkeit der gleichzeitigen Bewältigung verschiedener Aufgaben. Gespräche während dem Autofahren sind ein Beispiel dafür. Eine zu große Konzentration auf das Gespräch beeinträchtigt die Leistung »Autofahren«, so dass es dabei zu Fehlern kommen kann und umgekehrt kann eine größere Anforderung durch die Verkehrssituation zur Beeinträchtigung des Gesprächs führen. Man spricht von geteilter Aufmerksamkeit, die grundsätzlich möglich ist. Die wechselseitigen Beeinträchtigungen werden als **Interferenzen** bezeichnet. Der Grad der Interferenz hängt teilweise davon ab, inwieweit gemeinsame Ressourcen benötigt werden.

1.2 Lerntheorien

Der Begriff des Lernens umfasst nicht nur die Aufnahme und Speicherung von Wissen (enger Begriff des Lernens), sondern er wird in der Psychologie auch für den Erwerb neuer Verhaltensmuster (weiter Begriff des Lernens) verwendet. Für den Begriff des Lernens wurde, je nach theoretischer Position, eine Vielzahl von Definitionen entwickelt. Hier wird eine weite **Definition** angeboten.

Lernen sind alle Prozesse, bei denen ein Lebewesen Informationen aufnimmt und speichert, die dann für erweiterte oder veränderte Anwendungen beim Denken, Handeln und Fühlen bereitstehen.

1.2.1 Klassisches Konditionieren

Klassisches Konditionieren ist ein Lernprozess, der durch die Experimente des russischen Physiologen Pawlow bekannt geworden ist.

EXPERIMENT

Pawlow beobachtete, dass neue Versuchshunde zunächst nur speichelten, wenn er ihnen Futter vorlegte, dass sie aber später schon bei den Vorbereitungshandlungen entsprechende Reaktionen zeigten. Er ging dann davon aus, dass »Speicheln« ein unkonditionierter angeborener Reflex (UCR) sei, der von dem unkonditionierten Reiz/Stimulus (UCS) »Futter« ausgelöst würde. Die Bezeichnung »unkonditioniert« soll ausdrücken, dass die Verknüpfung nicht durch einen Konditionierungsprozess entstanden ist. Pawlow kombinierte dann neutrale Reize/Stimuli (NS), einen Pfiff oder den Ton einer Glocke, mehrfach mit dem unkonditionierten Stimulus (UCS) Futter.

ERGEBNIS Nach mehreren Lerndurchgängen, in denen kurz vor dem Futter der neutrale Stimulus Glockenton dargeboten worden ist, löste der nun konditionierte Stimulus (CS) Glocke auch ohne den Stimulus Futteranblick die nun konditionierte Reaktion Speicheln aus

Der Anblick von Futter löst den angeborenen Reflex Speicheln aus

UCS Futter $\longrightarrow$ UCR Speicheln

Der Glockenton ertönt mehrfach (z. B.: 40-mal) kurz vor dem Anblick des Futters
NS Glocke
$\longrightarrow$ UCR Speicheln
UCS Futter

Der nun konditionierte Stimulus Glockenton löst die konditionierte Reaktion (bedingten Reflex) Speicheln aus:

CS Glocke $\longrightarrow$ CR Speicheln

Voraussetzung für die Bildung eines bedingten Reflexes oder eine konditionierte Reaktion ist die mehrfache gemeinsame Darbietung des neutralen Stimulus (Glocke) kurz vor dem unkonditionierten Stimulus (Fressen). Als optimale Zeitspanne gelten 200 bis 500 Millisekunden. Bei zu großen Zeitabständen (über 1 Sekunde) wird die Konditionierung immer unwahrscheinlicher.

Das klassische Konditionieren kann auch beim Menschen nachgewiesen werden; es erfolgt unabhängig von bewussten Prozessen und ist willentlich nicht steuerbar.

Die Verknüpfung der konditionierten Stimuli mit den konditionierten Reaktionen wird unterschiedlich erklärt. Teilweise werden assoziative Prozesse, teiweise Prozesse der Reiz- und Zusammenhangserkennung angenommen.

Generalisierungen, bei denen die gelernten Zusammenhänge auf andere Reize und Reaktionen übertragen werden, kommmen in zwei Formen vor. **Stimulus- Generalisierung** bedeutet, dass die Reaktion auch bei sehr ähnlichen Stimuli auftritt. So können ähnlich klingende Töne ebenfalls, zumindest abgeschwächte Reaktionen gleicher Art auslösen. Bei der **Reaktions-Generalisierung** löst der selbe Stimulus verschiedene ähnliche Reaktionen aus. Bei einem Hund in dem beschriebenem Experiment könnte dies Wedeln oder Anspringen sein.

Der Lernprozess kann auch rückgängig gemacht werden, wenn der konditionierte Reiz (CS) mehrfach ohne den unkonditionierten Reiz (UCS) auftritt. Diese Entkoppelung führt zur **Löschung.** Diese wird erschwert, wenn zeitweilig doch beide Reize wieder gleichzeitg auftreten.

Als **Diskriminierung** (Unterscheidungslernen) weren die Prozesse bezeichnet, durch die das Individuum lernt, unter mehreren gleichzeitigen Stimuli die Reize zu erkennen, die zur Auslösung der konditionierten Reaktion führen. Wenn zunächst ein akustisches und ein optisches Signal gleichzeitig als Stimulus auftreten, so bedarf es der Diskriminierung, um zu lernen, welcher Reiz konkret mit dem Stimulus Fressensgabe verbunden ist.

Sowohl bei Angst- als auch bei Aggressionssituationen entstehen konditionierte Reaktionen, wenn die dabei konditionierten Stimuli später wiederauftreten. Angstgefühle können z. B. noch lange Zeit nach Unfällen durch den Anblick der Unfallstelle wieder ausgelöst werden. Entsprechendes gilt für Aggressionen. Der Anblick eines Streitgegners, des Streitortes oder die Ausführung einer früher streitauslösenden Tätigkeit aktiviert unmittelbar aggressive Gefühle, solange die Erlebnisse nicht endgültig verarbeitet sind. Wichtig wird dafür auch der Prozess der Löschung. Wer solche Orte, Personen oder Tätigkeiten meidet, benötigt ungleich längere Zeit zur Löschung, als jemand der durch positive oder neutrale

Erlebnisse in Verbindung mit den konditionierten Reizen die Konditionierung gelöscht hat. Die gesamten Vorgänge beim Klassischen Konditionieren werden teilweise als Assoziationslernen bezeichnet.

1.2.2 Instrumentelles Konditionieren

Während beim klassischen Konditionieren der Stimulus vor der Reaktion erfolgt, wird beim instrumentellen Konditionieren eine Reaktion nachträglich belohnt oder bestraft. Die wichtigsten Erkenntnisse auf diesem Gebiet gehen auf die Arbeiten von Skinner (Halland und Skinner 1974) zurück, der intensiv mit Ratten und Tauben experimentiert hat. Skinner war von seinem wissenschaftlichen Selbstverständnis her ein strenger Behaviorist, der entsprechend den naturwissenschaftlichen Vorstellungen nur äußerlich beobachtbares Verhalten zum Erkenntnisgewinn herangezogen hat. Innere Vorgänge im Gehirn oder Gefühle wurden als nicht beobachtbar nicht untersucht. Man bezeichnet sehr behavioristische Theorien daher auch als Black-Box-Modelle. Lernen wurde in seinen Untersuchungen als die Veränderung der Auftrittswahrscheinlichkeit eines Verhalterns definiert und erfolgte nach dem Prinzip von Versuch und Irrtum (Lernen am Erfolg).

EXPERIMENT

In der »Skinner-Box« bekamen Ratten oder andere Tiere für erfolgreiches Handeln, z. B. das Drücken einer Taste oder das Erkennen des richtigen Weges in einem Labyrinth Belohnungen in Form von Futter. Unerwünschtes Verhalten wurde je nach Versuchsanordnung durch Stromschläge oder andere aversive Reize bestraft.

ERGEBNIS Die zunächst zufällig aufgetretenen Handlungen, die zu Belohnungen oder Bestrafungen geführt hatten, wurden von den Tieren dann unterschiedlich schnell häufiger oder seltener ausgeführt. Skinner beobachtete, wie sich die Lernprozesse entwickelten und untersuchte so die Wirkung unterschiedlicher Formen der Belohnung und der Bestrafung.

Zentraler Begriff ist die **Verstärkung,** die dann gegeben ist, wenn sich die Auftrittswahrscheinlichkeit eines Verhaltens erhöht. **Positive Verstärkung** entsteht durch angenehme Reize aller Art. Man unterscheidet **primäre Verstärker,** die unmittelbar der Befriedigung biologischer Bedürfnisse wie Essen, Trinken und Sex dienen sowie **sekundäre Verstärker,** die soziale Vorteile wie Anerkennung bieten. Für die Wirksamkeit positiver Verstärker sind drei Faktoren wichtig:

1. Triebspannung, denn ein Stimulus verstärkt ein Verhalten nur dann, wenn keine Sättigung vorliegt.
2. Unmittelbare Verstärkung, d. h. der Verstärker muss unmittelbar in Folge des Verhaltens erscheinen. Die Verstärkung ist umso wirksamer, je schneller der Verstärker auf das Verhalten folgt.
3. Anreiz, die Attraktivität des Verstärkers in Bezug auf Quantität und Qualität.

Negative Verstärkung ist die Folge der Wegnahme eines aversiven Reizes, z. B. einer schmerzauslösenden Stromspannung. Im menschlichen Bereich wären die Freilassung eines Gefangenen oder das Abschalten lauter Geräuschbelästigungen negative Verstärkungen. **Auch hierbei liegt eine Verstärkung vor mit der Folge, dass das Verhalten künftig häufiger auftritt.**

Bestrafung vom Typ I ist gegeben, wenn aversive Reize auf das Verhalten folgen. Dies sind Reize, die ein Lebewesen zu vermeiden sucht, z. B. Schmerzen, Tadel oder Schläge. Starke Bestrafungen führen häufig dazu, dass nicht nur das unerwünschte Verhalten, sondern die ganze Lernsituation oder die ausführenden Personen abgelehnt oder vermieden werden. **Bestrafung vom Typ II** liegt vor, wenn ein angenehmer Reiz entfällt.

Bei beiden Formen hängt die Wirkung der Bestrafung vom zeitlichen Abstand, der Existenz alternativer Handlungsmöglichkeiten und der strafenden Person ab. Strafreize sind umso wirksamer, je früher sie eingesetzt werden. Erfolgt die Bestrafung erst am Ende des unerwünschten Verhaltens können die positiven Konsequenzen (Freude über die verbotene Tätigkeit) mit ihrer belohnenden Wirkung stärker sein, als die Wirkung der Strafreize. Die Möglichkeit alternativer Handlungen erhöhen die Wirksamkeit. Sind keine oder nur sehr ungünstige Alternativen vorhanden, erfolgt oft nur eine kurzfristige Unterdrückung. Bestrafung durch negativ oder neutral bewertete Personen ist weit weniger wirksam, als Bestrafung durch geschätzte Personen.

Positive Verstärkungen sind wirkungsvoller als Bestrafungen, deshalb sollen in der Erziehung und bei Feedbackprozessen die Verstärkungen der positiven Verhaltensmuster im Vordergrund stehen.

Löschung (Extinktion) liegt vor, wenn ein bisher verstärktes Verhalten nicht mehr verstärkt wird. Im Tierexperiment ist dies der Fall, wenn auf Hebeldruck keine Belohnungen mehr erfolgen. Das Verhalten sinkt dann wieder auf die frühere Zufallshäufigkeit ab. Löschung ist in der Erziehung günstiger als Bestrafungen, weil keine aversiven Reize einwirken.

Man unterscheidet **kontinuierliche und intermittierende** (zeitweilig aussetzend) **Verstärkerpläne.** Bei intermittierenden Verstärkungen wird nicht jedes Verhalten sofort verstärkt, sondern nur eine unregelmäßige Auswahl. Kontinuierliche Verstärkung wird leichter gelernt, intermittierende führt zu einem höheren Lernniveau und die Löschung verläuft deutlich langsamer. Dies wird dadurch erklärt, dass die Unterscheidung zwischen Verstärkung und Löschung schwieriger ist. Vertreter der Dissonanztheorie meinen, durch die nichtverstärkten Handlungen steige das Gefühl der Dissonanz, die durch erneute Versuche abzubauen versucht wird.

1.2.3 Die sozial-kognitive Lerntheorie von Bandura

Die Grundzüge der Theorie von Bandura, die auch als »Lernen am Modell« bezeichnet wird, wurde oben (B. 6.6.2.3) beim Thema Aggressionen schon dargestellt. Hier daher nur noch einige Vertiefungen.

Aus der wiederholten Beobachtung erfolgreichen Verhaltens anderer Personen wird die Erwartung entwickelt, dass das beobachtete Verhalten positive Konsequenzen erzeugt. Entsprechendes gilt für Bestrafungen. Man spricht von stellvertretender Belohnung und von stellvertretender Bestrafung.

Bei den **Aufmerksamkeitsprozessen** ist entscheidend welche Modelle beobachtet und welche Verhaltensmuster übernommen werden. Als Modelle bevorzugt ausgewählt werden Personen, die

- erfolgreich und sozial mächtig sind,
- über Belohnungen verfügen,
- ähnliche Charaktereigenschaften haben,
- eigene Wünsche und Bedürfnisse stellvertretend erfüllen (Werbung),
- altersmäßig, technisch oder geistig überlegen sind.

Welches Verhalten übernommen wird, hängt weitgehend von der Einschätzung der eigenen Möglichkeiten und des eigenen Erfolges mit solchen Handlungsformen ab.

Während der **Behaltensprozesse** werden die Beobachtungen für die eigene Anwendung kognitiv umgeformt und angepasst. Die Qualität der Speicherung hängt von der Kodierung und der kognitiven Systematisierung ab. Die verbalen und körperlichen **Nachahmungsprozesse** werden von einer starken Selbstbeobachtung der Wirkungen begleitet. Das Feedback aus der Umwelt beeinflusst diese Prozesse zusätzlich. Bei den **motivationalen Prozessen** wirken Verstärkungen durch fremde Personen, stellvertretende Bekräftigungen bei anderen Menschen und Selbstverstärkungen zusammen.

1.2.4 Kognitive Theorien des Lernens

In Anbetracht der Vielfalt der kognitiven Theorien des Lernens kann hier nur eine kurze Übersicht über einige Theoriegruppen und ihre Schwerpunkte gegeben werden.

Informationsverarbeitungsmodelle beschäftigen sich mit der Informationsaufnahme, der Verarbeitung, dem Vergessen und dem Behalten, der Suche nach gespeicherten Informationen und den Prozessen bei der Wiedergabe. Mit dem Mehrspeichermodell und dem Modell der unterschiedlichen Verarbeitungstiefen (C. 1.1) wurden zwei Informationsverarbeitungsmodelle vorgestellt. Probleme der Wahrnehmung sind beim Thema Kommunikation (B. 1.3) erörtert worden. In diesem Zusammenhang sind auch Untersuchungen über Mustererkennung, Priming (B. 1.3.5.2) sowie die Trainierbarkeit der Informationsverarbeitung zu nennen.

Eigenschaftsmodelle untersuchen die individuellen Unterschiede bei den Lernenden. Welche Bedeutung haben das mitgebrachte Vorwissen, unterschiedliche Fähigkeiten und Fertigkeiten sowie andere Persönlichkeitsmerkmale? Wie erklärt sich die unterschiedliche Präferenz verschiedener Eingangskanäle und welche Folgerungen sind daraus zu ziehen? Letzteres wird unten (C. 1.3) noch näher dargestellt.

Definition: Motivationstheorien haben einen engen Bezug zum Lernen, da viele Lernstörungen Motivationsprobleme sind.

Motivation ist ein **innerer Prozess**, der die Person aktiviert, ihr Verhalten auf Ziele ausrichtet und sie zum Handeln bewegt.

Bei der Erklärung des Antriebs wird auf das oben (s. B. 6.6.3) dargestellte Aktivationssystem ARAS verwiesen und angenommen, dass ein Organismus nach einem Optimum angenehmer Aktivation sucht.

Unterschieden wird zwischen den einzelnen Motiven, d. h. Beweggründen des Handelns wie Hunger, Durst, Neugier, die noch nicht aktuell aktiviert sind und der Motivation, dem Prozess in dem das Zusammenspiel verschiedener Motive in einer Situation zum konkreten Handeln führt, Rosenstiel (1972).

Die Unterscheidung zwischen primären und sekundären Motiven entspricht der lerntheoretischen Differenzierung zwischen primären und sekundären Verstärkern (s. C. 1.2.2). Primäre Motive sind also angeborene oder durch Reifung entstandene biologische Grundbedürfnisse. Sie werden teilweise in Versorgungsmotive wie Hunger und Durst, in Vermeidungsmotive wie Schmerzvermeidung und Angst sowie in arterhaltende Motive wie den Geschlechtstrieb unterschieden. Die Bedeutung sekundärer Motive wird erlernt. Hierzu gehören das Streben nach sozialer Anerkennung, Erfolg, Belohnungen, insbesondere Geld, Wissen und Macht.

Wichtig ist auch die Unterscheidung zwischen intrinsischer und extrinsischer Motivation, womit der Ort der Belohnung gemeint ist. Intrinsische Motivation liegt vor, wenn die Person sich selbst im Innern verstärkt, extrinsische wenn die Belohnungen von außen kommen. Oft wird dabei auch von Selbstmotivation und Fremdmotivation gesprochen.

Der bewusste Teil eines Motivationsprozesses läuft durch die Stufen Mangelempfindung, Erfolgserwartung in Bezug auf eine Tätigkeit zur Motivbefriedigung, zielgerichtetes Verhalten und Gefühl der Zufriedenheit.

Ein bekanntes Motivationsmodell ist die Bedürfnishierarchie nach Maslow (1954). Er geht davon aus, dass es eine Rangfolge bei den Motiven gibt und Menschen zunächst physiologische Grundbedürfnisse wie Hunger, Durst und Sexualität befriedigen wollen. Die nächste Stufe sind Bedürfnisse nach Sicherheit und Ordnung sowie Schutz vor Schmerz, Angst und Abhängigkeit. Auf der dritten Stufe finden sich Bedürfnisse nach sozialer Bindung wie Liebe, Zärtlichkeit, Geborgenheit und Geselligkeit. Die vierte Stufe sind Selbstachtungsbedürfnisse wie Leistung und Anerkennung. Die oberste Stufe ist durch den Wunsch nach Selbstverwirklichung und Selbsterfüllung charakterisiert.

Bedürfnisse nach Maslow

Selbstverwirklichung
und Selbsterfüllung
Realisierung der
eigenen Fähigkeiten
Verstehen und Einsicht

Selbstachtungsbedürfnisse,
Bedürfnisse nach Leistung,
Geltung und Zustimmung

Soziale Bindungsbedürfnisse,
nach Liebe, Zärtlichkeit, Geborgenheit, nach
sozialem Anschluss und Identifikation

Sicherheitsbedürfnisse,
Schutz vor Schmerz, Angst und Ungeordnetheit, Bedürfnis
nach Ordnung, Gesetzlichkeit und Verhaltensregelung

Physiologische Grundbedürfnisse
Hunger, Durst, Schlaf, Bewegung, Sexualität

Maslow geht von einer relativen Vorrangigkeit der Motivanregung unterer Stufen gegenüber höheren aus, mit der Folge, dass die subjektive Bedeutung der Motive von unten nach oben abnimmt. Erst wenn die physiologischen Grundbedürfnisse hinreichend befriedigt sind, wächst das Interesse an Bedürfnissen höherer Stufen. Je höher ein Bedürfnis in der Hierarchie steht, umso geringer ist seine Bedeutung für das Überleben und umso länger kann es zurückgestellt werden. Für die Verbesserung der Lernprozesse ist es wichtig, die eigene Motivationsstruktur zu erkennen, zu überprüfen und zu verbessern.

Der Stellenwert der Motivationstheorien wird sehr unterschiedlich gesehen. Während Heckhausen (1980) eine Vielzahl von Theorien und Modellen als Motivationstheorien deutet, will Herkner (1996) auf Grund der Ähnlichkeit zwischen dem lerntheoretischen Konzept und den Motivationstheorien ganz auf Begriffe wie Leistungsmotivation verzichten und nur prüfen, welches Verhalten konkret verstärkt worden ist oder nicht, und welche Erfolgserwartungen dabei entwickelt worden sind. Der Unterschied lässt sich so charakterisieren: Bei den Lerntheorien wird ein Individuum durch Belohnungen, Bestrafungen und Erfolgserwartungen in eine Verhaltensrichtung geführt. Bei den Motivationstheorien lockt die Attraktivität der Handlungsziele das Verhalten heraus. Im Prinzip handelt es sich teilweise nur um unterschiedliche Schwerpunkte bei der Betrachtung. Trotz der unverkennbaren Überschneidungen zwischen beiden Konzeptionen sollte aber am Motivationskonstrukt festgehalten werden, weil außerhalb der fachwissenschaftlichen Diskussionen das Verständnis für Motivationsprozesse deutlich weiter verbreitet ist, als die lerntheoretische Konzeption. Auch haben die Lerntheorien doch wohl Schwierigkeiten viele Motivationsstörungen angemessen zu erklären.

Attributionstheorien beschäftigen sich mit laienhaften Meinungen über Kausalzusammenhänge, ihr Zustandekommen und den Einfluss solcher Meinungen auf künftige Einschätzungen und künftiges Verhalten. Ein wichtiger Schwerpunkt liegt bei den Erklärungen für Erfolg und Misserfolg. Diese sind auch bei Lernprozessen von Bedeutung, denn sie entscheiden mit darüber, wie lange und wie intensiv eine Person Lernziele verfolgt.

Eine wichtige Unterscheidung betrifft dabei die Atttribution auf **interne oder externe Ursachen.** Interne Erklärungen einer schlechten Leistung in einer Klausur wären: »Ich habe zu wenig gelernt«, »Ich war überfordert«, »Ich hatte einen schlechten Tag«. Externe Erklärungen wären: »Die Klausur war zu schwer«, »Der Stoff ist schlecht erklärt worden«, »Das Thema ist noch nie besprochen worden«. Entsprechendes gilt für gute Leistungen. Interne Erklärungen können sich auf kurzfristig nicht veränderbare eigene Fähigkeiten wie Intelligenz oder auf veränderbare Faktoren wie die persönliche Anstrengung beziehen. Externe Erklärungen führen die Ergebnisse entweder auf nicht oder kaum beeinflussbare Faktoren wie Aufgabenschwierigkeit oder auf variable Faktoren wie den Zufall, z. B. welcher Stoff geprüft worden ist, zurück.

Grundsätzlich werden Erfolge stärker auf interne und Misserfolge stärker auf externe Faktoren zurückgeführt, (Herkner 1980). Eine Technik, die das eigene Selbstwertgefühl schützt. Dieser Effekt tritt bei Personen mit hohem Selbstwertgefühl erwartungsgemäß stärker auf, als bei Personen mit geringem Selbstwertgefühl.

Valle und Frieze (1980) differenzieren weiter und sehen folgende Zusammenhänge:
- Die Art der Attribution ist abhängig von der Differenz zwischen Erwartungen und Ergebnis. Je größer die Differenz ist, um so größer wird die Tendenz sein, dies auf variable Faktoren wie Glück, Stimmung oder Anstrengung zurückzuführen. Je kleiner die Differenz ist, umso größer die Tendenz, dies auf stabile Faktoren wie Fähigkeiten, Aufgabe, dauerhafte Anstrengung, Persönlichkeit oder Wissen zurückzuführen.
- Je mehr das Ergebnis auf stabile Faktoren zurückgeführt wird, desto größer wird seine Bedeutung für Zukunftsprognosen sein, d. h. umso stärker wird sich die Person an diesem Ergebnis orientieren.
- Wenn man die Zuordnung zu stabilen oder instabilen Faktoren bei einer Person beeinflussen kann, wird sich dies auch entsprechend auf die Zukunftsprognosen auswirken.

Attributionen beziehen sich nicht nur auf die Erklärung des eigenen, sondern auch des fremdes Verhaltens, z. B. bei Mitschülern. Die Attribution auf stabile Faktoren ist bei Erfolg günstig, bei Misserfolg aber ungünstig, weil eine Negativspirale nach unten entstehen kann.

1.3 **Lerntypen**

Es gibt starke individuelle Unterschiede bei der Informationsaufnahme und der Speicherung beim Lernen von Wissen. Folgende Lerntypen können unterschieden werden:

- **Der auditive Lerntyp** kann am besten durch Zuhören lernen. Für ihn sind gut gestaltete Vorlesungen die beste Informationsquelle. Einmal gehörte Informationen können in der Regel gut behalten werden. Extreme Vertreter dieses Lerntyps sprechen den Stoff auf Tonband, um ihn sich später wieder anzuhören.
- **Der visuelle Lerntyp** bevorzugt das Lesen aus Büchern, durch Filme oder die Betrachtung grafischer Darstellungen. Vertreter dieser Gruppe empfinden Vorlesungen oft als Zeitverschwendung und sie würden sich den Stoff lieber durch Lesen aneignen. Manche entwickeln gerne eigene grafische Darstellungen, die sie sich einprägen.
- **Der haptische Lerntyp** erwirbt seine Informationen bevorzugt durch den Tastsinn. Die beliebteste Technik besteht aus Mitschriften und der späteren Bildung von schriftlichen Zusammenfassungen des Lernstoffs, handschriftlich oder am Computer. Dabei findet natürlich auch eine visuelle Speicherung statt, der Schwerpunkt liegt aber wohl auf der haptischen Informationsaufnahme.
- **Der artikulierende Lerntyp** muss die Lerninhalte aussprechen, um sie gut zu speichern. Vertreter dieses Lerntyps sind in Lerngemeinschaften am besten aufgehoben, sie profitieren im Unterricht von intensiver mündlicher Mitarbeit und außerhalb von der Hilfestellung an Mitstudierende. Teilweise führen sie auch Selbstgespräche während dem Lernen, wenn sie keine Ansprechpartner finden.

Selbstverständlich setzt jeder Mensch beim Lernen alle dargestellten Techniken ein, aber es gibt doch häufig deutliche Präferenzen für die persönlich erfolgreicheren Methoden und Abneigungen gegenüber ungeliebten Techniken. Typisches Beispiel ist das Mitschreibeverhalten bei Personen, die mit dieser Form schlecht zurechtkommen. Sie machen zu Beginn einer Vorlesung oft aus Pflichtgefühl einige Notizen, die sie aber bald nicht mehr fortführen, sodass ihre eigenen Mitschriften für spätere Wiederholungen in der Regel völlig unbrauchbar sind. Hierbei kann auch die Tendenz zum Wechsel nach Thomann (s. B. 1.5.4.4) eine Rolle spielen.

Die einzelnen Techniken haben Vor- und Nachteile. Beim Lernen durch Vorlesungen, kommt es sehr darauf an, dass das persönliche Lernniveau getroffen wird. Starke Über- und Unterforderungen führen gleichermaßen zu Zeitverschwendungen. Da sind Bücher variabler, man kann vor- und zurückblättern, schwierige Teile mehrfach lesen und bekannte Teile auslassen. Durch Lesen erfolgt auch eine deutlich schnellere Informationsaufnahme, Gehörtes wird oft länger haften bleiben. Das auditive Lernen ist auch stark davon abhängig, dass die systematischen Einordnungen klar erläutert werden, damit richtige Bezüge entstehen. Nicht zu unterschätzen sind auch die Konzentrationsverluste, die bei längerem Zuhören auftreten.

Wichtig ist es zwischen **passiven und aktiven Techniken** zu unterscheiden. Auditiv und visuell sind passive, haptisch und artikulierend sind aktive Techniken, bei denen das Material wieder reproduziert werden muss. Das Problem wird durch die Unterscheidung zwischen aktivem und passivem Wortschatz bei Fremdsprachen deutlich. Erst was Teil des aktiven Wortschatzes geworden ist, wurde wirklich richtig gelernt. Das gilt aber auch für das Steuerrecht. Nur wer auch in Klausuren oder der mündlichen Prüfung den Stoff reproduzieren kann, hat ihn für die Falllösung zur Verfügung. Die aktiven Formen führen häufig automatisch zum Einsatz wichtiger Methoden, die für die Kodierung bei der Informationsverarbeitung von Bedeutung sind: Übersetzung in den eigenen Sprachstil, Zusammenfassungen, Konzentration auf das Wesentliche, Strukturieren, Systematisieren, Assoziationen bilden und hierarchisches Ordnen. Bei grafischen Darstellungen ist auffallend, dass viele Menschen mit fremden Produkten schlecht zurecht kommen und ihre eigenen Darstelllungen produzieren müssen. So wie es einen eigenen Sprachstil für gute Kodierung gibt, wird es wohl auch individuelle Bedürfnisse bei der Speicherung grafischer Darstellungen geben. Insgesamt sollte aber darauf geachtet werden, möglichst viele verschiedene Eingangskanäle und wenigstens eine aktive Technik einzusetzen.

1.4 Persönliche Leistungskurven

Die menschliche Leistungsfähigkeit unterliegt erheblichen Schwankungen. Nach dem Aufwachen ergeben sich unterschiedlich lange Anlaufzeiten, bis der Organismus seine volle Leistungsfähigkeit entwickelt. Diese sind bei Morgenmuffeln besonders lang, bei Frühaufstehern dagegen deutlich kürzer. In der Regel wird nach spätestens zwei Stunden ein hohes Leistungsniveau mit einem Leistungsoptimum in der Mitte des Vormittags erreicht. Um die Mittagszeit von 12.00 Uhr bis 14.00 Uhr zeigt sich ein deutlicher Leistungsabfall, der erst ab 16.00 Uhr von einem zweiten Leistungshoch abgelöst wird, das zwischen 20.00 Uhr bis 22.00 abklingt. Absolute Leistungstiefs ergeben sich gegen 4.00 Uhr in der Nacht, sofern solange durchgearbeitet oder gelernt wurde.

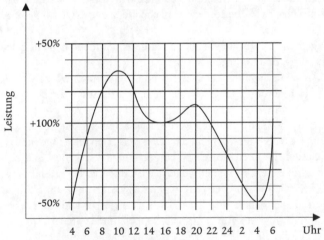

Die angegebene Verlauf bezieht sich auf die Durchschnittsleistung einer Person und ist im Einzelfall stark von individuellen Faktoren wie Belastbarkeit, Motivation, Gesundheitszustand, Erholungsbedürftigkeit, ausreichendem oder fehlendem Nachtschlaf, aber auch von der Intensität der Belastungen durch die Arbeits- oder die Lernaufgaben abhängig. Dabei ist nicht nur körperliche, sondern auch geistige Arbeit in der Regel sehr ermüdend. Es gibt auch unterschiedliche Leistungskurven je nach Aufgabenart, wie sprachlich logische Aufgaben oder Rechenaufgaben. Hintergrund der Leistungsschwankungen ist der menschliche Schlaf-Wach-Zyklus, der sich auf alle Körperfunktionen sowie das Verhalten auswirkt, und durch Aktivierungssysteme im Gehirn gesteuert wird und teilweise von der Aufnahme von Helligkeitsreizen abhängig ist. An der hohen Belastung bei Schichtarbeit und den Umstellungsschwierigkeiten bei Jet-lag wird deutlich, wie empfindlich der Organismus auf Störungen im Schlaf-Wach-Rhythmus reagiert. Es empfiehlt sich daher die körpereigenen Rhythmen herauszufinden und bei der Lern- und Arbeitsplanung zu berücksichtigen.

Erheblichen Einfluss auf die Leistungsfähigkeit haben auch Erholungspausen. Vergleichende Untersuchungen zeigen einen deutlichen Leistungsabfall, falls nicht genügend Pausen eingelegt worden sind. Entsprechendes gilt für Ruhetage.

1.5 Lernschwierigkeiten

1.5.1 Probleme der Motivation

In Gesprächen mit Studenten zeigen sich immer wieder sehr typische Gruppen von Lernschwierigkeiten. Eine Gruppe ist gekennzeichnet durch Schwierigkeiten mit dem Lernen anzufangen, nur unter Leistungsdruck gut lernen zu können, keine Freude beim Lernen zu empfinden sowie Ärger über ungeliebte Fächer und Dozenten zu empfinden. Bei den genannten Merkmalen handelt es sich um typische Anzeichen für Motivationsprobleme. Folgende Ursachen kommen in Betracht:

- Das Studium wird nur als Basis für eine berufliche Absicherung angesehen, es besteht aber kein eigenes Interesse am Steuerrecht.
- Es gibt Schwierigkeiten, eine gute Eigenmotivation zum Lernen aufzubauen. Oft findet sich dabei auch eine Gewöhnung an Fremdmotivation, die im Studium deutlich seltener erfolgt, als in der Schule oder der Familie.
- Attraktive Freizeitaktivitäten konkurrieren mit den Anforderungen des Studiums.
- Frustrationen oder eine generelle Überforderung haben die Erfolgserwartungen deutlich herabgesetzt oder gar zerstört.
- Emotionale Störungen in den Beziehungen zu anderen Studenten oder einzelnen Dozenten haben zu Motivationsverlusten geführt.
- Es ist noch keine klare Entscheidung für dieses Studium getroffen worden, weil man lieber ein ganz anderes Studium ergriffen hätte. Eine Konstellation, die bei Studenten mit starken künstlerischen Interessen häufig zu finden ist.

Die Problembereiche müssen gesondert betrachtet werden. Die Schwierigkeit, mit dem Lernen anzufangen, stellt sich zunächst als Tagesproblem dar. Dabei erklären viele Studenten, wenn sie endlich angefangen hätten, könnten sie relativ lange am Stück arbeiten und sich gut konzentrieren. Häufig wird die Startzeit immer weiter nach hinten verlagert und es werden sogar ungeliebte Tätigkeiten wie Putzen oder Aufräumen ausgeführt, nur um sich vor dem Lernen zu drücken. Dies sind aber sichere Anzeichen dafür, dass Körper und Geist noch nicht wieder aufnahmebereit sind. Wenn am Vormittag sechs Doppelstunden Steuerrecht angehört worden sind, ist damit oft die Belastungsgrenze erreicht. Die Verarbeitung der neuen Informationen ist mit dem Ende der Vorlesungen nicht abgeschlossen; sie geht vielmehr unterbewusst weiter. Beim Anstehen in der Mensa, beim Mittagessen, bei der Heimfahrt und in den meisten anderen Situationen werden die neuen Informationen noch aufbereitet und insbesondere kognitive Dissonanzen und schlecht verstandene Teile besonders markiert. Wer in diesen Situationen den Fernsehapparat anschaltet und einen Thriller ansieht oder Computerspiele macht, zerstört diese Verarbeitungsprozesse. Nach solch langen Lernprozessen sollte grundsätzlich eine Zeit der Außenreizverarmung gesucht werden, bei der körperliche Aktivitäten wie Schwimmen, Rad fahren oder Walken durchaus stattfinden können, wahrscheinlich sogar die Verarbeitung zusätzlich verbessern. Auch der Mittagsschlaf ist eine Alternative, wenn er nicht bis 18.00 Uhr ausgedehnt wird. Untersuchungen zeigen eindeutig, dass Schlaf nach dem Lernen zur Konsolidierung des Stoffes führt, wobei den REM-Phasen besondere Bedeutung zukommt. Verbindet man diese Überlegungen mit den oben beschriebenen Tagesrhythmen, zeigt sich dass erst gegen 16.00 Uhr wieder neue Lernphasen sinnvoll sind.

Tatsächlich erklären auch nur sehr wenige Studenten, dass sie schon ab 14.00 Uhr wieder intensiv lernen. Die Ausnahmen sind darauf zurückzuführen, dass diese Studenten ihren Organismus meistens über viele Jahre hinweg an diese Zeiteinteilung gewöhnt haben. Es empfiehlt sich grundsätzlich, nicht ständig wechselnde Lernzeiten anzusetzen, sondern feste Zeiten vorzusehen, um eine entsprechende Gewöhnung zu erreichen.

Die Tendenz, nur bei Leistungsdruck zu arbeiten und den Beginn intensiver Lernphasen unter der Woche und während dem Semester vor sich herzuschieben, hängt überwiegend mit fehlender Eigenmotivation zusammen. Vielleicht gelingt eine Verbesserung der Eigenmotivation, wenn man sich klar macht, welche großen Vorteile ein erfolgreicher Studienabschluss und ein sicherer Arbeitsplatz beim Staat bieten, dass gewisse Einschränkungen bei den Hobbys und beim Vergnügen nur einen relativ kurzen Zeitraum des Lebens betreffen und dass bei beruflichem Erfolg, auch viele private Probleme leichter zu lösen sind.

Das zentrale Mittel zur Verbesserung der Motivation sind **Erfolgserlebnisse.** Hierfür ist es zunächst erforderlich sich realistische Leistungsziele zu setzen und diese mit der Zeit zu steigern. Dann ist die Besonderheit eines juristischen Studiums zu beachten, dass die abstrakt theoretischen Informationen nur begrenzt speicherbar sind und dass durch das Lesen langer theoretischer Ausführungen oder das Pauken von Tatbestandsvoraussetzungen auch keine Erfolgserlebnisse erzeugt werden können. Wie unten bei den Lernvorschlägen noch gezeigt wird, sollte die Aufnahme theoretischer Informationen beschränkt werden und statt dessen ein Arbeitsschwerpunkt bei den Falllösungen liegen. Gute Erfolgsquoten bei der Fallbearbeitung sind die beste Motivation.

1.5.2 Probleme der Konzentration

Probleme der Konzentration werden so beschrieben: Beim Lernen schweifen die Gedanken häufig ab, Texte werden gelesen, ohne sie wirklich aufzunehmen, es finden viele Unterbrechungen statt, wie Gang zum Kühlschrank oder ans Fenster, man freut sich über jede Ablenkung, die Ausdauer ist gering.

Folgende Ursachen kommen in Betracht:
- Unbewältigte Probleme und seelische Belastungen überfordern.
- Viele Einzel- und Dauerfrustrationen.
- Angst vor Misserfolg.
- Zu viele Ablenkungen am Arbeitsplatz.

Die Überlastung durch seelische Probleme wird deutlich, wenn man sich vorstellt, in einer Phase mit aktuellem Liebeskummer oder starken Problemen in der Partnerbeziehung zu lernen. Aber auch das Gegenteil ist problematisch. Wer frisch verliebt ist und auf Wolken des Glücks schwebt, wird sich auch nicht allzu gut auf Steuerrecht einlassen können. Konzepte für die Bewältigung starker seelischer Belastungen wurde oben (s. B. 6.7.1) beim Thema Konflikte dargestellt. Nur so kommt man an die Ursachen der Konzentrationsschwächen heran.

Trotz aller Belastungen kann man durch Selbstdisziplin, eine allerdings nur kürzere Konzentration auf Steuerrecht erreichen. Es ist wahrscheinlich auch gut, die belastenden Probleme für einige Zeit beiseite zu schieben und das Gehirn mit anderen Anforderungen zu konfrontieren. Insbesondere sollte Folgendes nicht übersehen werden: **Konzentration ist trainierbar.**

Ein Student fiel dadurch auf, dass er fast nie etwas mitschrieb, aber selbst nach sechs Stunden noch voll konzentriert war und dann noch tiefgängige Fragen stellen konnte.

LÖSUNG Es stellte sich dann heraus, dass er Schachspieler war und in einer relativ hohen Liga spielte. Die ständige Übung, sonntags von 10.00 Uhr bis gegen 17.00 Uhr am Schachbrett zu sitzen und sich zu konzentrieren, hatte diese Fähigkeit auch für andere Anwendungen verbessert. Ähnliches haben Sportschützen berichtet.

Insbesondere bei Kindern können extreme Konzentrationsschwächen mit mangelnder Ausdauer beobachtet werden. Wer Konzentrationsprobleme auf Grund fehlender Ausdauer hat, sollte seine Zeiten beim Lernen notieren und die Anforderungen langsam aber konsequent steigern.

Soweit **Ängste,** insbesondere Prüfungsängste, auf die Konzentration durchschlagen kann nur ein Angstabbau über Erfolgserlebnisse und langfristige Übung mit Techniken wie autogenes Training oder Yoga weiterhelfen.

Die Konzentrationsmängel durch **Ablenkungen** können am besten durch angemessene **Gestaltung des Arbeitsplatzes** und durch **Disziplinierung der Bezugspersonen** erreicht werden. Letzteres bedeutet, dass Lernzeiten von Familienangehörigen und Freunden respektiert und Störungen allerart weitgehendst ferngehalten werden, denn jede Störung kann einen mühevollen Wiedereinstieg in die entwickelten Gedanken bedeuten. Notfalls muss man auch seine Lernzeiten in die Abendstunden verlegen, wenn weniger Störungen zu erwarten sind. **Die Gestaltung des Arbeitsplatzes** sollte so sein, dass man sich in dieser Umgebung wohl fühlt, Platz für die Ausbreitung vieler Unterlagen hat und dass nicht die vielen Bücher über die Hobbys ständig im Blickfeld sind. Der Blick aus dem Fenster sollte auf ruhige Natur und nicht auf die vielen Menschen auf belebten Strassen oder gar auf Kinderspielplätze mit viel Geschrei und Aktionen gerichtet sein. Falls es keine Alternativen gibt, sollte das Fenster im Rücken liegen.

1.5.3 Probleme der Gedächtnisspeicherung

Diese Probleme werden meistens in der Form beschrieben, dass die Studenten ihr Wissen oft nur für die anstehenden Klausuren kurz anheften, danach aber schnell wieder vergessen. Auch kapitulieren viele vor der Stofffülle, die nicht zu bewältigen sei. Insbesondere wird die Flut der unterschiedlichen, aber oft sehr ähnlichen Einzelfälle und die Schwierigkeit, unverstandene Vorlesungsteile abzuspeichern, beklagt. Auch sei es schwierig, Wichtiges und Unwichtiges zu unterscheiden und angemessene Schwerpunkte beim Lernen zu setzen.

Die meisten Studenten haben in ihrem schulischen Werdegang Lerntechniken entwickelt, von denen sie überzeugt sind, dass sie am besten zu ihnen passen. Diese Wertung stimmt sicher für die Vergangenheit und für die Anforderungen der Schulausbildung. Viele Techniken helfen sicher auch im Studium weiter. Problematisch ist es aber, die in der Schule beliebte Technik, Wissen auswendig zu lernen, auf ein Studium zu übertragen.

Eine Studentin hatte ihr Abitur mit der Durchschnittsnote »sehr gut« gemacht. Mitstudenten berichteten, dass sie regelmäßig nach dem Essen mit mit dem Lernen begann, meistens bis gegen Mitternacht arbeitete und kaum ausging. Zum Entsetzen ihres Vorstehers fiel sie in der Diplomprüfung durch und schaffte sie erst im zweiten Anlauf.

> **LÖSUNG** Ursache für das Scheitern war eine völlige Überfrachtung des Gedächtnisses mit Einzelfakten. Nur ein Wissen, das logisch und systematisch strukturiert ist, hilft weiter, alles andere ist Gedankenmüll, der mehr schadet als nutzt.

Die meisten Studenten lernen zu viel und die falschen Inhalte. In diesen Fällen wird das Wissensgedächtnis überfrachtet und das prozeduale Gedächtnis nicht ausreichend trainiert. Typisch sind dann Aussagen wie »Die Zeit hat nur für die Theorie beim Arbeitsbogen, nicht aber für die Fälle gereicht«. Für ein juristisches Studium kommt es jedoch entscheidend darauf an, dass die Methodik der Gesetzesanwendung souverän beherrscht wird, dann wird man oft auch mit begrenztem Einzelwissen noch zu richtigen Ergebnissen kommen. Diese Methodik kann nur durch das Lösen von Fällen trainiert werden

Das Grundprinzip bei der Gedächtnisspeicherung sind Wiederholungen. Hier sind jedoch nicht die stupiden Wiederholungen beim Auswendiglernen gefragt, sondern ein elaborierendes Lernen, bei dem die Informationen durch ständig neue Sachverhalte und Zusammenhänge angereichert und vertieft werden. Fallbearbeitung ist die optimale Elaborierungstechnik. Das dadurch erworbene Wissen ankert dann auch tief im Langzeitgedächtnis. Die folgenden Vorschläge zur Lerntechnik beantworten die meisten oben angeführten Probleme der Gedächtnisspeicherung.

1.5.4 Lerntechnik im Steuerstudium

Der folgende Text ist für Studienanfänger konzipiert, er soll aber auch dazu führen, dass fortgeschrittene Studenten ihr Lernverhalten kritisch überprüfen.

Während des Steuerstudiums muss zunächst eine **juristische Fachsprache** gelernt werden, die viele Fremdwörter enthält. Sie umfasst aber auch bekannte Ausdrücke, die sich aber deutlich vom umgangssprachlichen Gebrauch unterscheiden, weil ihnen eine spezielle juristische Bedeutung zugeordnet ist. Letzteres führt am Anfang häufig zu Verwechslungen und Missverständnissen, wenn diese Unterschiede nicht erklärt werden. Je schneller die steuerjuristische Fachsprache gelernt wird, desto eher werden die Vorlesungen und die Fachtexte verstanden. Wem dies schwer fällt, der sollte sich frühzeitig ein Glossar in Karteikartenform oder im Computer anlegen, um einen schnellen Zugriff zu haben. Dadurch wird auch vermieden, dass falsche Bedeutungen eingeprägt werden.

Die Methodik der juristischen Subsumtion ist deshalb so wichtig, weil sie nicht nur in allen steuerrechtlichen Fächern, im Öffentlichen Recht und im Zivilrecht, sondern auch auf allen anderen Rechtsgebieten in gleicher Form angewandt wird. Wer diese Technik beherrscht, braucht auch vor noch so schweren Klausuren keine Angst zu haben. Es ist geradezu erschreckend, wie viele Studenten es selbst in der Mitte des Studiums immer noch vermeiden, direkt am Gesetz zu arbeiten, weil angeblich die Gesetzessprache so schwer zu verstehen sei. Dabei haben fast alle Rechtsnormen die einheitliche Grundstruktur von Tatbestandsvoraussetzungen und Rechtsfolgen, und es ist nur erforderlich die Vorschriften auf diese Elemente hin zu untersuchen. Dadurch entfällt dann das stupide Auswendiglernen von unterschiedlichsten Tatbestandsvoraussetzungen. Das Wiedererkennen dieser Elemente wird erleichtert, wenn die Texte entsprechend farbig unterstrichen oder markiert werden, soweit dies an der einzelnen Fachhochschule zugelassen ist. In der Anfangszeit ist es hilfreich, die Tatbestandsvoraussetzungen und Rechtsfolgen für die einzelnen Vorschriften auf Karteikarten oder im Computer abzuspeichern, um sie bei der Fallbearbeitung heranziehen zu können. Dadurch wird bei der Fallbearbeitung auch sichergestellt, dass keine Tatbestandsmerkmale übersehen werden. Durch häufigen Abruf entstehen dann automatisch **elaborie-**

rende Wiederholungen, durch die sich die Voraussetzungen und Rechtsfolgen so gut im Gedächtnis einprägen, dass sie bei den gängigen Vorschriften auch jederzeit auswendig abgerufen werden können. Wenn der Schwerpunkt des Lernens bei der Fallbearbeitung liegt, werden die theoretischen Informationen auch sehr viel besser verstanden, weil sie an Beispielen konkretisiert werden. Befragungen zeigen, dass fast alle erfolgreiche Studenten diesen Schwerpunkt setzen. Die Konzentration auf Theorie führt dagegen sehr schnell zu Überforderungen, weil dadurch kaum Lernerfolge erzielt werden können.

Die praktische Umsetzung einer solchen Lerntechnik könnte folgendermaßen aussehen:

Bei Beginn einer Lerneinheit für ein bestimmtes Fach sollte man zunächst erst einmal ohne Hilfsmittel versuchen, aus dem Gedächtnis den Inhalt der am Vormittag gehörten Vorlesung zu rekapitulieren.

- »Um welche Vorschriften ging es?«
- »Welche systematische Stellung haben die Vorschriften?«
- »Was sind die Tatbestandsvoraussetzung und die Rechtsfolgen?«

Das fällt am Anfang schwer. Mit der Zeit jedoch gelingt es immer besser, solche Grundstrukturen wiederzugeben und man trainiert dadurch, schon während der Vorlesung besonders stark auf diese Elemente zu achten. Dadurch entstehen Schwerpunktbildung und systematische Einordnung der Informationen. Ein nächster Schritt wäre der Versuch, anhand des Gesetzestextes Tatbestandsvoraussetzungen und Rechtsfolgen zu erkennen. Gelingt dies, brauchen solche Informationen auch nicht eingepaukt zu werden. In vielen Fächern wäre der nächste Schritt die Zuhilfenahme der Richtlinien. Da sie in der Prüfung zugelassen sind, brauchen auch alle Informationen, die darin enthalten sind, nicht gesondert gelernt zu werden. Es kommt nur darauf an, sie aufzufinden. Richtlinien wiederholen meistens die Tatbestandsvoraussetzungen; sie bringen erläuternde Beispiele für Anwendung und Nichtanwendung und zitieren die wichtigsten Urteile. Sie enthalten meistens auch die wichtigen ungeschriebenen Tatbestandsmerkmale. Dabei sind folgende Fragen hilfreich: Erst nach Analyse der gesetzlichen Voraussetzungen macht es Sinn, theoretische Ausführungen zu lesen, weil die Informationen erst jetzt sinnvoll zugeordnet werden können. Bei der Bearbeitung der theoretischen Ausführungen ist Mut zur Lücke durchaus angebracht, da sich viele Verständnisprobleme durch den intensiveren Umgang mit einer Vorschrift oft von selbst lösen oder erfragt werden können. Ganz wichtig ist es, immer zu versuchen, alle Fälle der Arbeitsbögen zu lösen und möglichst noch weitere Fälle aus anderen Lehrbüchern oder alten Klausuren zu bearbeiten. Dadurch wird auch die formale Technik der Fallbearbeitung gut trainiert. Nicht erforderlich ist es, Falllösungen auszuformulieren; häufig genügt eine schlagwortartige Bearbeitung mit positiver und negativer Kennzeichnung der Tatbestandsmerkmale und einem Hinweis auf die Rechtsfolge als Ergebnis. In der Klausur werden dann die Formulierungen gelingen, weil die Gedanken klar sind. Wirre Gedanken führen dagegen auch zu einer holprigen Sprache.

Grundsatz und Ausnahme bereiten häufig auch Schwierigkeiten, weil der Regelfall in Vorlesungen oft nur kurz angedeutet wird, aber sehr viel Zeit für die Ausnahmen mit ihren schwierigen Problemen verwendet wird. Dies führt bei schlechteren Studenten dann dazu, dass sie in den Klausuren die Ausnahme anwenden, wenn der Regelfall gefordert ist. Wer gelernt hat, die Vorschriften sorgfältig zu subsumieren, wird diesen Fehler kaum machen, weil er die Strukturen versteht. Es ist ganz wichtig sich bei Ausnahmen immer die besonderen Tatbestandsvoraussetzungen, die zur Anwendung einer Ausnahmeregelung führen, gut einzuprägen.

Entsprechende Schwierigkeiten bestehen bei der Unterscheidung sehr ähnlich gelagerter Fälle. Hierbei ist es hilfreich, alle denkbaren Varianten mit ihren unterschiedlichen Voraussetzungen und Rechtsfolgen in einer tabellarischen Übersicht darzustellen, damit man sicher weiß, dass es keine Variante gibt, die man übersehen hat.

Zeichnerische Darstellungen erhöhen die Speicherung der Informationen deutlich. In Umsatzsteuer z. B. kann man bei komplexen Sachverhalten die verschiedenen Leistungsbeziehungen nur dann verstehen und vollständig erfassen, wenn man sie aufzeichnet. Die Problemlösungen werden dadurch erheblich erleichtert. Erfahrungsgemäß zeichnen in den Klausuren aber nur ungefähr 50 % der Studenten.

2 Zeitmanagement

Unter dem Begriff Zeitmanagement werden Arbeitstechniken und Methoden zusammengefasst, die zu einem besseren Umgang mit der Zeit und zu einer rationelleren Planung der Arbeit führen sollen.

Am Beginn steht eine **Ist-Analyse,** durch die herausgefunden werden soll, ob der Umgang mit der Zeit und die Arbeitstechnik verbesserungsbedürftig sind und in welchen Bereichen so genannte »Zeitdiebe« oder »Zeitfresser« zu vermeidbaren Zeitverlusten führen. Hierzu dienen meistens Fragebögen über entsprechende typische Situationen und eine Bestandaufnahme über den tatsächlichen Umgang mit der Zeit, d. h. ein genaues Zeitprotokoll aller Tätigkeiten mit ihrem Zeitaufwand für eine Woche. Dadurch können Schwachstellen und Möglichkeiten für eine bessere Strukturierung der Arbeit erkannt werden.

Eine konkrete und umfassende **Zeitplanung** ist die wichtigste Technik zum besseren Umgang mit der Zeit. Sie besteht aus einem Gesamtplan und daraus abgeleiteten einzelnen Tages-, Wochen-, Monats- oder gar Jahresplänen.

Der **Gesamtplan** wird zuerst erstellt und enthält für einen überschaubaren Zeitraum alle zu erfüllenden Aufgaben und Arbeiten. Er wird ständig ergänzt und weist Daueraufgaben und regelmäßige Termine wie Planungsbesprechungen gesondert aus. Bei der Planung ist es wichtig, durch Vorgabe entsprechender Bereiche gleichartige Aufgaben, wie Telefonate, Korrespondenz, Verhandlungstermine, Arbeiten am Computer, Internetrecherchen, schwierig zu bearbeitende Fälle, usw. so zu bündeln, dass sie rationell erledigt werden können. Die Vorteile einer solchen Gesamtplanung liegen auf der Hand:

- Die Arbeit wird auf klar definierte und erreichbare Ziele ausgerichtet.
- Es entsteht ein Überblick über fast alle anstehenden Arbeiten.
- Prioritäten können gesetzt werden.
- Man kann schnell erkennen, für welche Aufgaben die aktuell vorhandene Arbeitszeit ausreicht und welche Aufgaben eine Über- oder Unterforderung auslösen würden.
- Das Risiko, zuviel Zeit für unwichtige Aufgaben aufzuwenden oder wichtige Aufgaben zu perfektionistisch zu bearbeiten wird verringert.
- Bei Arbeiten wie einer Projektarbeit, die bis zur Fertigstellung nach einem langen Zeitraum durch mehre Arbeitsstadien gehen oder wenn Teilaufgaben unterschiedlicher Personen zusammengeführt werden müssen, kann durch die Setzung von Terminen für Zwischenziele eine ausgeglichene Arbeitsbelastung und die rechtzeitige Fertigstellung abgesichert werden.
- Einzelne Aufgaben können nicht mehr vergessen werden, wodurch Ärger und Mehrarbeit gespart werden können.
- Die Streichung erledigter Aufgaben wirkt als starke Selbstbelohnung.

Für die Umsetzung der Gesamtplanung in einzelne Tages- und Wochenpläne werden die einzelnen Aufgaben in Hinblick auf Bedeutung, Zeitbedarf und Fristen bewertet.

Bei dem **Pareto-Prinzip** wird ein Prinzip von Vilfredo Pareto, der im 19. Jahrhundert herausgefunden hatte, dass damals 80 % des Volksvermögens in der Hand von 20 % der Bevölkerung waren, auf das Zeitmanagement übertragen. Dabei wird unterstellt, dass mit der richtigen Gewichtung dank Zeitmanagement durch 20 % Zeitaufwand auch 80 % der Ergebnisse erzielt werden könnten. Hierfür dürften aber in der Regel extrem günstige Bedingungen erforderlich sein.

Durch eine **ABC-Analyse** werden die Aufgaben in sehr wichtige A-Aufgaben, die vorrangig erledigt werden müssen, in B-Aufgaben mit mittlerer Wichtigkeit und weniger wichtige C-Aufgaben unterteilt. Letztere sind Routineaufgaben, bei denen auch zu prüfen ist, ob sie nicht besser reduziert oder delegiert werden können. Die Autoren bleiben meistens relativ allgemein und bieten nur wenige Kriterien für die Wichtigkeit an. Die finanziellen Auswirkungen sind in Betrieben und Organisationen, aber auch im Privatleben, sicher ein wesentliches Kriterium für die Wichtigkeit. So ist es bei der Betriebsprüfung und der Steuerfahndung bestimmt günstig, Fälle mit großer steuerlicher Auswirkung vorrangig zu prüfen, wenn man dies vorher erkennen kann. Entsprechendes gilt für die Veranlagung für die Fälle, die für eine Intensivprüfung vorgesehen sind. Finanzielle Gesichtspunkte allein sind aber nicht entscheidend für die Zuordnung. Fälle, die schwierige Rechtsfragen aufwerfen oder umfassende Sachverhaltsermittlungen erfordern, sind sicher auch als A-Aufgaben zu werten. Die Konfliktkomponente sollte ebenfalls nicht unterschätzt werden. Wenn durch aggressive Beschwerden oder größere Fehler im Amt Ärger entstanden ist, dient es der eigenen Entlastung, solche Fälle nicht als unangenehm vor sich her zu schieben, sondern sie als A-Aufgaben zeitnah zu bearbeiten, um dadurch möglichst schnell für eigene innere Entlastung zu sorgen.

Bei der **Umsetzung in konkrete Zeitplanungen** sollen dann Prioritäten gesetzt, Möglichkeiten der Delegation geprüft, die persönliche Leistungskurve (s. C. 1.4) beachtet, der Zeitaufwand realistisch abgeschätzt, eine stille Stunde ohne Telefonanrufe und Störungen sowie Pufferzeiten und Pausen eingeplant werden. Zur Vereinfachung der Prozedur empfehlen die Autoren den Kauf ihrer verschiedenartigsten manuellen und elektronischen Terminplaner, in denen dies alles berücksichtigt werden kann.

Nach dem **Eisenhower-Prinzip** sollen A-Aufgaben sofort erledigt, B-Aufgaben terminiert oder delegiert und C-Aufgaben reduziert oder delegiert werden.

Bedenken sollte man aber auch, dass die Arbeitsbelastung im Beruf und im Studium oft so groß ist, dass ein großes Übergewicht bei den A-Aufgaben entsteht und B- und C-Aufgaben dann ohnehin zurückgestellt werden müssen. Auch darf nicht vergessen werden, dass eine realistische Zeitschätzung sehr schwierig ist und in der Regel der Zeitaufwand zu knapp bemessen wird, mit der Folge, dass dadurch auch zusätzlicher Stress entsteht.

Die folgenden Planungsgrundsätze sollten beachtet werden:

Schwierige **A-Aufgaben** sollten dann angegangen werden, wenn sich nach der individuellen Leistungskurve eine hohe Leistungsfähigkeit ergibt und wenig Störungen durch Telefonate oder direkte Gespräche zu erwarten sind. Dies sind in der Regel am Morgen, die ersten zwei Stunden, bei wenig Störungen auch die ganze Zeit bis zur Mittagspause und die Zeit ab 15.30 Uhr, wenn die Frühaufsteher das Amt schon wieder verlassen haben. Der letzte Zeitraum ist auch deshalb günstig, weil man bei zeitlich schwer abschätzbaren Aufgaben dann oft zu Ende arbeiten kann und sich nicht mehrmals neu einarbeiten muss.

Unvermeidbare **C-Aufgaben** wie die Bearbeitung von Eingangspost oder die vorge-schriebene Überprüfung fremder Arbeitsergebnisse, können am günstigsten in der Zeit nach der Mittagspause erledigt werden, in der ohnehin ein Leistungstief liegt und schwierige Arbeiten zu zäh verlaufen würden. Die Fairness gebietet es, die Überprüfung fremder Arbeitsergebnisse möglichst zeitnah zu vollziehen, damit die Bearbeiter bei der Rückgabe die Vorgänge noch im Gedächtnis haben. Ein kontaktfreudiger Vorgesetzter wartet mit der Rückgabe auch nicht auf den Postdienst, sondern nutzt die Rückgabe zu einem persönlichen Gespräch, möglichst im Zimmer der Bearbeiter.

Eine wichtige **Entlastungstechnik** kann darin liegen, in der Zeit nach der Mittagspause eine Vielzahl von Aufgaben zu erledigen, die keinen großen Zeitaufwand erfordern, weil dabei weniger Ausdauer notwendig ist. Das Gefühl, dann eine größere Menge an Aufgaben erledigt zu haben, ist eine schöne Selbstbelohnung.

In der **Zeit nach der Mittagspause** haben auch alle Besprechungen den günstigsten Platz, wenn keine zu hohe Konzentration erforderlich ist und keine Konflikte zu erwarten sind. Andernfalls sollte am Vormittag terminiert werden. Rücksprachen mit Mitarbeitern sollten möglichst frühzeitig terminiert werden, um deren Weiterarbeit nicht unnötig zu blockieren.

Aufgaben, die **starke emotionale Belastungen** auslösen oder sehr komplexe rechtliche Überlegungen erfordern, sollten vorrangig angegangen werden, da man gedanklich sofort nach Eingang der entsprechenden Post mit einer Bearbeitung beginnt und dabei meistens auch schon eine sehr gute Argumentation zusammenträgt. Diese Überlegungen sollten sofort, zumindest in Stichworten, festgehalten werden, um den Kopf für weitere Ideen freizube-kommen und die guten Gedanken nicht wieder zu vergessen.

Das Konzept des Zeitmanagements fordert eine Betrachtung unter den Gesichtspunkten der Unterscheidung zwischen Menschen mit Tendenzen zu Dauer und Wechsel nach Tho-mann (s. B. 1.5.4.4) geradezu heraus. Eine Studentin erklärte: »Wenn Sie wissen wollen, ob ich Dauer- oder Wechselmensch bin, brauchen Sie nur meinen Terminkalender anzusehen.« In der Tat scheint eine derart ausgefeilte Planung für Menschen mit Tendenzen zu Dauer ein starkes inneres Bedürfnis zu sein und ihnen Verhaltenssicherheit zu geben. Für Menschen mit Tendenzen zum Wechsel dagegen wäre eine solche exakte Zeitplanung eine ungeheuere Beeinträchtigung ihres Wohlbefindens. Allein der Gedanke, etwas geplant zu haben, das später nicht mit den eigenen Stimmungen übereinstimmen könnte, kann bei ihnen Panik auslösen. Sie bevorzugen es, spontan und intuitiv zu entscheiden, welche Aufgaben oder Arbeiten sie sich vornehmen. Dabei entstehen bei ihnen meistens auch keine größeren Arbeitsrückstände als bei Menschen mit der Tendenz zu Dauer, da sie oft ein gutes Gespür für Schwerpunktbildung haben und nicht so sehr im Risiko sind, sich an Teilproblemen festzubeißen. Solche unterschiedlichen individuellen Bedürfnisse sollten Vorgesetzte auch respektieren und kein gegensätzliches Verhalten aufdrängen, solange keine Leistungsdefizite entstehen. Es lohnt sich daher auch einmal, die Nachteile einer sehr exakten Zeitplanung zu betrachten. Menschen mit einer extremen Tendenz zu Dauer neigen teilweise dazu selbst Phasen von fünf Minuten in einer Unterrichtseinheit gesondert zu planen und können Diskussionen oder Gruppenprozesse abbrechen, um ihre Zeitplanungen einzuhalten. So vorteilhaft die Gewissenhaftigkeit und Genauigkeit vieler Menschen mit der Tendenz zu Dauer bei vielen Arbeitsprozessen auch ist, es darf nicht übersehen werden, dass diese Verhaltensmuster dann problematisch werden, wenn Flexibilität gefordert ist. Dies ist in vielen Lebenssituationen beim Umgang mit anderen Menschen und bei Verhandlungen häufig der Fall.

Für Menschen mit der Tendenz zum Wechsel sollte eine Zeitplanung daher einen genügenden Spielraum für spontane Entscheidungen lassen. Hier kann es besser sein, nur einen Gesamtplan zu erstellen und die konkrete Zeitplanung auf Terminüberwachung und Zwischenziele zu beschränken.

Eine sinnvolle Ergänzung der Zeitplanung sind **Checklisten,** durch die überprüft werden kann, ob alle Teilaufgaben, Arbeitsschritte oder erforderlichen Dokumente oder Akten berücksichtigt worden sind. Dies gilt besonders für wiederkehrende Aufgaben. Checklisten sind ein Hilfsmittel gegen das Vergessen, weil oftmals unnötige Speicherkapazität durch die Speicherung derart einfacher Informationen verschwendet wird, was dann zum Problem wird, wenn unterbewusst Zweifel an der vollständigen Berücksichtigung entstehen, ohne dass die fehlenden Teile identifiziert werden können. Auch kann viel überflüssiger Ärger und unnötiger Zeitaufwand vermieden werden, wenn man solche Bereiche rechtzeitig formal auf Vollständigkeit überprüft. Allerdings gibt es auch hier viele besonders vergessliche Menschen, die durch kein Mittel dazu gebracht werden können, sinnvolle Hilfen gegen ihre Vergesslichkeit zu nutzen.

3 Innovatives Denken

3.1 Nutzen Innovativen Denkens

»Warum benötigt ein Steuerbeamter überhaupt Kreativität?« Diese Frage eines jungen Aufstiegsbeamten zeigt deutlich, dass schon wenige Jahre in der Steuerverwaltung genügen, um ein angepasstes Verhalten zu erzeugen, bei dem junge Menschen überhaupt keine Erwartungen mehr entwickeln, eines Tages eine Funktion ausüben zu können, die es ihnen erlauben würde, Kreativität einzusetzen. Es wird daher ein langer Entwicklungsprozess sein, bis in der Verwaltung ein Bewusstsein entsteht, dass Kreativität von Seiten der Führung überhaupt erwünscht ist und dass dieses System offen ist für kreative Einflüsse von unten. Kreative Veränderungsvorschläge sind natürlich immer auch ein Stück Kritik an bestehenden Zuständen und an Missständen, d. h. Kritikoffenheit der Führungsebenen ist eine Grundvoraussetzung für verwaltungsinterne Kreativitätsprozesse. Die Einführung von Kreativitätsbeauftragten wie in Schleswig-Holstein könnte daher auch in anderen Bundesländern ein guter erster Schritt und ein klares Signal sein.

Kreativität in der Verwaltung hat zwei Zielrichtungen, einmal die Verbesserung der Steuerveranlagung und -erhebung sowie die Verbesserung der internen Bedingungen, wie Organisation, Arbeitsabläufe, EDV-Einsatz und Personalführung. Auf die Bedeutung kreativer Techniken bei der Veranlagung und bei den Prüfungsdiensten wurde oben schon hingewiesen. Nur durch kreatives und innovatives Denken können Steuerhinterziehungen wirksam bekämpft werden. Aber auch die internen Prozesse und Strukturen müssen ständig verbessert werden, um den Bedürfnissen der Beschäftigten und den steigenden Leistungserwartungen der Führung gerecht zu werden. Für die Anwendung innovativen Denkens ergeben sich aus den unterschiedlichen Zielrichtungen keine Besonderheiten.

3.2 Gestaltung innovativer Prozesse

Alle Prozesse und Strukturen in der Verwaltung sollten ständig einer konstruktiv kritischen Beobachtung unterworfen werden. Dabei ist es wichtig zu erkennen, dass kreative Veränderungen nicht nur punktuell von Zeit zu Zeit einmal angestoßen werden können, sondern, dass es sich um durchgängige Prozesse handeln sollte. So ergehen in der Verwaltung z. B. einmal jährlich Aufforderungen, Vorschläge zur Verbesserung der Erklärungsvordrucke zu unterbreiten. Dies hat zur Folge, dass ein Beamter der höheren Führungsebene des Amtes unter Zeitdruck innerhalb der gesetzten Frist schnell einige Vorschläge weitergibt, da er zu diesem Zeitpunkt meistens seine eigenen Ideen längst vergessen hat. Die Gestaltung der Erklärungsvordrucke spiegelt die Erfolglosigkeit solcher Verbesserungsprozesse wider. Ein verbessertes Vorschlagssystem muss daher so gestaltet sein, dass kreative Ideen sofort so abgelegt werden können, dass die verantwortlichen Stellen die Ideen jederzeit zur Kenntnis nehmen und bearbeiten können. Dies könnte zum Beispiel künftig auf internetbasierten Arbeitsplattformen geschehen. Solche gemeinsamen Diskussionsbereiche könnten dann auch viele neue Ideen induzieren. Entscheidungen über die Realisierbarkeit und Umsetzung neuer Ideen und anderer Verbesserungsvorschläge sollten grundsätzlich durch Teamarbeit vorbereitet werden, damit die Entscheidungen nicht von willkürlichen emotionalen und rationalen Präferenzen einzelner Personen abhängig sind.

Im Stoffplan für die neuen Fächer wird davon ausgegangen, Mitarbeitergespräche seien ein geeignetes Mittel, um innovative Ideen in der Steuerverwaltung voran zu bringen. In Anbetracht der Länge der Informationsketten (vgl. B. 3.2) von einem Sachbearbeiter oder Mitarbeiter über den Sachgebietsleiter zum Vorsteher, weiter über die Referenten und Abteilungsleiter in den Oberfinanzdirektionen bis hin zu den zuständigen Referenten und ihren Vorgesetzten im Finanzministerium ist dies ein sehr langer Weg, auf dem selbst die besten Ideen so verändert und verwässert werden, bis sie ganz untergehen. Nur sorgfältige Mitarbeiterbefragungen, kreative Formen der Teamarbeit und ein funktionierendes Vorschlagswesen, das ständig aufnahmebereit ist, können hier Verbesserungen bringen.

Kreativitätsprozesse können sowohl allein als auch in Gruppen durchgeführt werden. Beim Thema Gruppenleistungen oben (B. 4.3) wurde schon ausgeführt, dass die Frage, ob Einzelsituationen oder Gruppensituationen für Kreativitätsprozesse günstiger sind, umstritten ist. Wahrscheinlich lässt sich diese Frage auch nicht allgemein beantworten. Wenn bessere Leistungen erzeugt werden sollen, wird es viel mehr auf die Zusammensetzung, das Vertrauen und andere Qualitätsmerkmale der Gruppen ankommen. Es ist auch nicht so, dass sich beide Möglichkeiten ausschließen. Wenn eine Kreativitätsgruppe nicht nur einmal tagt, können und werden die Gruppenprozesse durch die Aktivitäten der Mitglieder außerhalb der Gruppe ergänzt. Die folgenden Kreativitätstechniken sind überwiegend für Gruppenprozesse konzipiert worden. Dies schließt aber nicht aus, dass viele der dargestellten Prinzipien auch allein angewendet werden können.

3.3 Kreativitätstechniken

3.3.1 Gemeinsame Bedingungen

Für die Anwendung von Kreativitätstechniken ist es typisch und wichtig, dass die Ideenfindung als kreativer Prozess zunächst bewusst von Kritik und von der Frage der realistischen Umsetzbarkeit freigehalten wird, weil man oft auch erst über unrealistische Gedanken zu wirklich kreativen Ideen kommt. Außerdem zerstört Kritik die Qualität der Assoziationen und die Risikobereitschaft der Gruppenmitglieder. Sehr realistischen Menschen fällt es dabei oft schwer, ihre kritische Kontrolle in Bezug auf eine realistische Umsetzung vorübergehend auszuschalten. Entsprechendes gilt für Gruppen. Die Beobachtung von Kreativitätsübungen zeigt, dass untrainierte Gruppen außergewöhnliche Ideen zwar auch formulieren, aber dann nicht in ihre Lösungsübersicht aufnehmen. Diese Filterwirkung führt dazu, dass die Ergebnisse dann oft in sehr konventionellen und ausgetretenen Bahnen verlaufen.

Echte Kreativität entsteht aber nicht auf Kommando und nicht zu vorbestimmten Zeiten. Kreative Ideen entstehen spontan und sind oft zufällige Assoziationen, die bei Tagträumen in völlig anderen Situationen zufließen können. Solche Ideen werden auch schnell wieder vergessen. Es ist daher hilfreich, sich anzugewöhnen, kreative Gedanken sofort zu notieren oder zeitnah im Computer abzulegen. In Gruppensituationen ist eine schriftliche Erfassung der Ideen besonders wichtig, weil die Gefahr des Vergessens und des Übergehens noch größer ist, da viele Ideen auch gleichzeitig oder zeitnah ausgesprochen werden.

Bei Kreativitätsprozessen sollten daher die gesamten Ergebnisse der einzelnen Übungen, also auch die verrückten und unmöglichen Lösungen, schriftlich dargestellt werden. Die Prüfung der realistischen Umsetzbarkeit und die Bewertung der Ideen und Lösungsvorschläge wird dann einem getrennten weiteren Analyseprozess überlassen.

Von der Grundstruktur her können stark assoziative Techniken, die intuitive Denkprozesse anregen, wie Brainstorming und Synektik sowie systematisch-analytische Techniken, wie der Morphologische Kasten und die Sequentielle Morphologie unterschieden werden. Eine Vielzahl von Techniken ergibt sich aus der Kombination der hier dargestellten Grundformen. Die wichtigsten Elemente sind Entwicklung von Alternativen, Assoziationen, kritische Überprüfung der Voraussetzungen, Zerlegung, Umkehrung, Analogien und Zufall.

3.3.2 Brainstorming

Die von Alex F. Osborn (1963) zwischen 1930 und 1940 entwickelte Methode Brainstorming ist wohl die einfachste und bekannteste Kreativitätstechnik. Sie ist von folgenden Regeln geprägt:

- Kritik, insbesondere negative Kritik, ist streng untersagt. Dadurch sollen vorschnelle Diskussionen über die Umsetzbarkeit der Ideen und Killerphrasen vermieden werden.
- Freie Assoziationen sind ausdrücklich erwünscht. Jeder soll spontan und ungehemmt alle Gedanken äußern, die ihm während der Übung durch den Kopf gehen. Hierzu zählen auch unmögliche oder nicht ernst gemeinte Ideen, über die möglicherweise wieder realistischere Ideen induziert werden.
- Alle geäußerten Gedanken sollen von anderen Gruppenmitgliedern aufgegriffen und erweitert oder verbessert werden.
- Es sollen in kurzer Zeit möglichst viele Lösungen produziert werden, um die Spontanität zu erhalten und vorzeitige Bewertungen zu vermeiden.
- Alle Ideen werden schriftlich festgehalten, auch die verrückten und unmöglichen. Die Ideen sollen gut sichtbar präsentiert werden(Pinwand, Tafel, Flipchart), damit sie weitere Ideen anstoßen können.

Diese Form des klassischen Brainstorming ist besonders geeignet für Gruppen mit selbstbewussten Mitgliedern, die auch schon ein Vertrauensverhältnis und damit ein gutes Gruppenklima aufgebaut haben. Bei zurückhaltenden Gruppenmitgliedern und neuen Gruppen können schriftliche Verfahren, so genannte **Brainwriting-Methoden** erfolgreicher sein: Methode 635, Brainwriting-Pool, Collective-Notebook-Methode (CNB).

Methode 635

Sechs Gruppenmitglieder diskutieren und analysieren bei der Methode 635 zunächst das Problem. Dann notiert jeder Teilnehmer (in ca. 5 bis 10 Minuten) drei Lösungsvorschläge auf ein Formular. Jeder Teilnehmer gibt dann sein Formular an seinen Nachbarn weiter, der seinerseits drei Lösungsmöglichkeiten einträgt. Die Formulare werden insgesamt fünf mal weitergegeben, so dass hierdurch theoretisch 6 · 3 · 6 = 108 Lösungsvorschläge produziert werden können, sofern keine Mehrfachnennungen enthalten sind.

Brainwriting-Pool

Beim Brainwriting-Pool werden Formulare verwendet, auf denen 10 Lösungen eingetragen werden können. In der Mitte des Tisches liegen einzelne Formulare auf denen schon mehrere Lösungen eingetragen sind. Jedes Gruppenmitglied nimmt sich ein Formular, fügt eigene Ideen hinzu, legt es zurück und nimmt ein anderes Formular.

CNB-Methode

Bei der Collective-Notebook-Methode werden allen Beteiligten Ideenbücher ausgehändigt, die eine genaue Beschreibung des Problems enthalten. Jeder Teilnehmer ist aufgefordert, täglich seine Ideen und Probleme einzutragen. Nach einem Monat ordnet ein Koordinator die Ergebnisse und stellt sie zur Diskussion. Elektronische internetgestützte Arbeitsplattformen können auch als solche virtuellen Ideenbücher verwendet werden, mit deren Hilfe dann ein optimaler Ideenaustausch organisiert werden kann.

Weitere Abwandlungen von Brainstorming versuchen die Kreativität dadurch zu fördern, dass durch Vorgaben die Gedanken auf unkonventionelle Lösungen gelenkt werden, um vorschnelle Zielfixierungen zu vermeiden: Inverses Brainstorming, Destruktiv-konstruktives Brainstoming, Imaginäres Brainstorming und Ideen-Delphi.

Inverses Brainstorming

Beim inversen Brainstorming, auch als Kopfstand-Methode oder Perspektivenwechsel bezeichnet, werden bewusst zuerst gegensätzliche Fragen beantwortet. Man würde also nicht Projektideen sammeln, sondern Ideen, die sich nicht für Projektarbeit eignen oder anstelle von Maßnahmen zur Verbesserung der Arbeitsmotivation, solche zur Verschlechterung zusammentragen. Durch die spätere Umkehrung negativer Ideen kann dann eine größere Vielzahl positiver Ideen entwickelt werden. Außerdem gewinnt man dadurch auch Entscheidungskriterien für die spätere Bewertung der Ideen, weil die negativen Folgen vermieden werden sollen. Eine sehr intensive Technik mit dieser Grundidee, die über Brainstorming hinausgeht, sind Rollenspiele mit Rollenwechsel, um die Argumentation der Gegenseite zu erfassen und Gegenstrategien entwickeln zu können.

Destruktiv-konstruktives Brainstorming

Bei der Methode des Destruktiv-konstruktiven Brainstorming werden zuerst alle Schwächen der derzeitigen Lösung eines Problems gesammelt, bevor man neue bessere Ideen sucht.

Imaginäres Brainstorming

Beim imaginären Brainstorming werden irreale Bedingungen gesetzt, um so die Assoziationsbereiche zu erweitern, z. B.: »Welche Produkte wären notwendig, wenn die Menschen nur eine Hand hätten?«

SIL-Methode

Eine komplexere Technik ist die SIL-Methode (Sukzessive Integration von Lösungen). Die Teilnehmer der Gruppe notieren zunächst ihre persönlichen Lösungen. Zwei Teilnehmer tragen dann ihre Lösung vor. Die Gruppe entwickelt hieraus einen Lösungsansatz der die Vorteile beider Ideen kombiniert. Danach werden nach und nach die anderen Lösungen integriert und das Modell immer stärker angereichert.

Ideen Delphi

Hierbei werden Experten mit der Frage künftiger Entwicklungen konfrontiert (vgl. Bildungs-Delphi, s. A. 1.1). Nach der ersten Runde werden die Ergebnisse allen Teilnehmern schriftlich mitgeteilt und es wird um erneute Einschätzungen unter dem Eindruck der anderen Meinungen gebeten. Nach mehreren Runden hat sich die Diskussion zunehmend vertieft und auf wenige Problemfelder konzentriert.

CHECKLISTE

Formulierungen nach Osborn (1963), durch die stockende Brainstormingprozesse belebt werden können:

- »Gibt es zum Problem in anderen Erfahrungsbereichen, wie Natur oder Technik, ähnliche Erscheinungen, die wir übertragen und vergleichen können?«
- »Sehen wir andere Anwendungsmöglichkeiten?«
- »Können wir die Ideen an bestimmte Gegebenheiten anpassen?«
- »Entsteht Neues durch Veränderung von Funktionen, Formen oder Eigenschaften? Welche Bereiche sind überhaupt veränderbar?«
- »Können wir vorteilhaft einen Lösungsbestandteil vergrößern oder verkleinern?«
- »Können wir der Lösung etwas hinzufügen, können wir etwas weglassen oder ersetzen?«
- »Gibt es möglicherweise interessante Kombinationen mit anderen Dingen oder von Ideen miteinander?«
- »Gelingt die Lösung des Problems, indem man etwas in das Gegenteil verkehrt oder eine Abfolge verändert?«

3.3.3 Morphologischer Kasten und Sequentielle Morphologie

Der Morphologische Kasten ist eine Problemlösungstechnik mit Hilfe systematischer Analyse, die auf Zwicky (1971) zurückgeht. Dabei wird versucht alle veränderbaren das Ergebnis beeinflussende Faktoren (Parameter) zu erfassen und die Ergebnisse dann in einer Matrix darzustellen. Die Stärke dieser Technik liegt in ihrer starken Zielorientierung und im Versuch, alle Einflussfaktoren zu erfassen. Das Risiko liegt in einer zu großen Lösungsmenge, die möglicherweise nicht mehr überschaubar und überprüfbar ist. Sie hat folgenden **Aufbau:**

- Exakte Zieldefinition oder Umschreibung des Problems. Bestimmung aller Faktoren, von denen die Lösung des Problems oder das Ergebnis beeinflusst werden können, also Erfassung der Parameter und Darstellung in der Vorspalte der Matrix. Dabei sollen sich die Parameter selbst möglichst nicht gegenseitig beeinflussen und keinesfalls ein Faktor die Folge eines anderen Parameters sein.
- Ermittlung aller denkbaren Ausprägungen für jeden Parameter und Anordnung in der zum jeweiligen Parameter gehörenden Zeile. Meistens werden die Ausprägungen selbst wieder beeinflussende Faktoren auf einer tieferen Ebene sein.
- Analyse der erhaltenen Lösungen. Jede Lösung setzt sich aus einer Kombination aller Parameter zusammen. Daher ergeben sich auf Grund der Kombinatorik so viele Lösungsmöglichkeiten. Es ist daher sinnvoll zunächst erst die Einzelelemente zu analysieren.
- Auswahl der besten Lösungen anhand eines Bewertungskatalogs.

BEISPIEL

Ziel: Verbesserung des Studienerfolges

Parameter	Lösung A 1	A 2	A 3	A 4	A 5	A 6
Dozenten	Fachwissen	Vorbereitung	Medieneinsatz	Emotionale Beziehung	Aufbau der Vorlesung	Kontakt zur Gruppe
Studenten	Vorkenntnisse	Fleiß	Arbeitstechnik	Emotionale Situation	Interesse	Mitarbeit
Lehrbücher	Qualität	Verständlichkeit	Darstellung	Aktualität	Beispiele	Grafiken und Tabellen

Die Tabelle enthält nur eine Auswahl der möglichen Parameter und Lösungen. Der einzelne Faktor Medieneinsatz des Dozenten wird dann weiter untersucht. Auch hierfür nur eine kleine Auswahl möglicher Parameter und Lösungen.

Medieneinsatz Dozent	A 3/1	A 3/2	A 3/3	A 3/4
Tafel	Fremdworte u. Fachausdrücke anschreiben	Grafische Darstellungen Fällen	Paragrafenangaben	Lösungen anschreiben
Folien	Tatbestände	Rechtsfolgen	Kurzdarstellung Problem	Grafische Darstellungen
Eigene Arbeitspapiere	Tatbestände	Rechtsfolgen	Musterbeispiele	Übungsfälle

Soweit eine Gruppierung der Spalten unter einem Oberbegriff möglich ist, kann dadurch eine weitere Kontrolle der Vollständigkeit aller denkbaren Lösungen erreicht werden.

Eine Fortentwicklung des morphologischen Kastens ist die **Methode Sequenzielle Morphologie.** Dabei soll der Vielzahl an Lösungen dadurch entgegengewirkt werden, dass die Parameter frühzeitig in ihrer Bedeutung bewertet werden und somit eine Konzentration auf die wesentlichen Parameter und Lösungen erfolgt. Die Methode beginnt mit einer Problemanalyse und -definition sowie der Ermittlung aller potenziellen Parameter. Danach werden Bewertungskriterien für die Parameter und die Lösungen ermittelt und diese gewichtet. Nach verschiedenen quantitativen Analysen wird eine Rangreihe der Parameter ermittelt. Aus den beiden wichtigsten Parametern wird eine Kernstruktur für diejenigen Lösungen entwickelt, die dann nach und nach um weitere nächstwichtige Parameter erweitert wird.

3.3.4 Synektik

Synektik bedeutet das Zusammenfügen scheinbar nicht zusammenhängender Elemente. Die Technik ist den Erfindungsprozessen nachgebildet und geht durch mehrere Hauptphasen:

- intensive Beschäftigung mit dem Problem,
- Entfernung vom Problem mit unterbewusster Denktätigkeit,
- Herstellung von Verbindungen und
- spontane Lösungsideen.

Die Darstellung folgt Schlicksupp (1977, S. 80).

Kreativer Prozess	Verfahrensstufen
Intensive Beschäftigung mit dem Problem • Strukturierung • Information • Problemverständnis • Lösungsversuche	1. Problemübermittlung, -definition und Analyse 2. Spontane Lösungen 3. Eventuell Umformulierungen des Problems aus Sicht der Gruppe
Entfernung vom Problem • Zeitliche und örtliche Entfernung • Wechsel der Tätigkeiten • körperliche Entspannung	4. Bildung direkter Analogien zum Problem (z. B. aus der Natur) 5. Bildung persönlicher Analogien zu einer direkten Analogie (Identifikation) 6. Bildung symbolischer Analogien (Kontradiktionen) zu einer Identifikation 7. Bildung direkter Analogien (z. B. aus der Technik) zu einer Kotradiktion
Herstellung von Verbindungen • ungehemmte Denkprozesse • Assoziationen • unterbewusste Strukturvergleiche	8. Analyse einer direkten Analogie zu 7. 9. Übertragung der festgestellten Strukturelemente auf das Problem (force.fit)
Spontane Lösungsideen, Geistesblitze	10. Entwicklung von Lösungsansätzen aus dem force-fit

Die besonders große Leistungsstärke dieser Technik ergibt sich aus dem radikalen Aufbrechen, der gewohnten Denkstrukturen.

4 Umgang mit Innovationen

4.1 Die Notwendigkeit innovativer Veränderungen

Organisationen, Betriebe und Verwaltungen sind organische Systeme, die auf Grund der technischen, wissenschaftlichen und gesellschaftlichen Entwicklungen, aber auch durch den Wandel interner Zielsetzungen und Aufgaben ständigen Veränderungen unterworfen sind. Die Einsatz der elektronischen Datenverarbeitung ist das beste Beispiel für technische Entwicklungen, die starken Einfluss auf die Arbeitsorganisation, den Informationsaustausch, die Entwicklungs- und Lernprozesse und die Strukturen in den Betrieben und Verwaltungen genommen haben. Diese Veränderungen sind auch in modern ausgestatteten Betrieben längst nicht abgeschlossen, sondern werden mit zunehmender Dynamik weitergehen. Bei den sozialen Veränderungen fällt die immer intensivere Verknüpfung des Berufs mit Freizeitaktivitäten auf. Die Kombination der Berufsrolle mit der Rolle als Mutter, Auszeiten für die Kinderbetreuung, Teilzeitarbeit sowie Heimarbeitsplätze für Betriebsprüfer und andere Funktionen kennzeichnen den Wandel. Ein Bewusstseinswandel in der Gesellschaft (s. B. 5.1), insbesondere die gewandelten Erwartungen der Bürger an die Verwaltungen (s. B 5.2), bei Betrieben die steigenden Ansprüche der Kunden, erzeugen einen zusätzlichen Veränderungsdruck. Beim Führungsverhalten müssen sich die Vorgesetzten in der Wirtschaft und in den Verwaltungen auf immer besser ausgebildete und kritischere Mitarbeiter einstellen, mit der Folge, dass autoritäre und rigide Verhaltensmuster immer problematischer werden, wenn keine Motivationsverluste und Leistungsminderungen durch schlechte Führung entstehen sollen.

Die schnelle Bewältigung der erforderliche Anpassungsprozesse ist für wirtschaftliche Unternehmen überlebensnotwendig, da besser aufgestellte Unternehmen preiswertere und hochwertigere Leistungen erbringen können. Die staatlichen Verwaltungen glauben oft, dass sie sich, mangels Konkurrenz, längere Anpassungszeiten erlauben können. Aber die Kosten staatlicher Leistungen, die sich in der Höhe der Gebühren und der Steuern wiederspiegeln, sind im globalen Wettbewerb Kostenfaktoren, die beim Export und bei Standortentscheidungen eine immer größere Rolle spielen. Dabei wirken sich kurzsichtige Entscheidungen der Politik, bei denen meistens am falschen Ende gespart wird und die finanziellen Mittel für Anpassungen an neue technische Möglichkeiten zu spät bereitgestellt werden, besonders negativ aus. Die Folge ist dann, dass ein zu hoher Personalbestand vorgehalten wird, der sich oft durch die Pensionszahlungen noch jahrzehntelang auswirkt.

Im Gegensatz zum innovativen Denken, bei dem auch starke Einflüsse von unten nach oben möglich sind, ist die Einführung von Innovationen eine Führungsaufgabe, die von der Basis meistens nicht beeinflusst werden kann.

4.2 Häufige Fehler bei Veränderungsprozessen

Obwohl in der betriebswissenschaftlichen und der organisationstheoretischen Literatur umfassende Darstellungen über die Gestaltung von Veränderungsprozessen vorhanden sind, laufen diese in vielen Verwaltungen und schlecht geführten Betrieben häufig noch immer nach folgendem Schema ab: Eine in der Führungshierarchie relativ weit oben angesiedelte Person hat eine Idee für eine Umgestaltung der Arbeitsabläufe oder der organisatorischen Strukturen. Die neuen Ideen werden dann versuchsweise in ausgesuchten Organisationseinheiten ausgetestet. Die mit der Überprüfung der Ideen betrauten Führungskräfte sind meistens jung und ehrgeizig. Sie wollen daher auch beweisen, dass sie in der Lage sind, diese »modernen« Ideen erfolgreich umzusetzen und erstatten entsprechende einseitige und gefilterte Erfolgsberichte nach oben, wo die oberste Führungsebene größte Schwierigkeiten hat, die Rückmeldungen kritisch zu überprüfen. Dadurch werden die Schwachstellen und Fehler der neuen Regelungen lange Zeit verdeckt.

Aus solchen Fehlentwicklungen sollten einige Grundsätze für gute Veränderungsplanung gewonnen werden:

a) Evolutionärer Wandel

Soweit nicht technische Neuerungen der Grund für Veränderungen sind, sollte bedacht werden, dass die bestehenden Arbeitsabläufe und Strukturen das Ergebnis langer Anpassungsprozesse sind, bei denen oft jahrzentelang ständig Verbesserungen vorgenommen worden sind. Radikale Veränderungen sind in ihren Folgen dann meistens so komplex, dass dadurch neue Schwachstellen entstehen, die im Gegensatz zu dem alten System noch unbekannt und nur begrenzt vorhersehbar sind. In der Organisationstheorie wird zwischen revolutionärem und evolutionären Wandel unterschieden, wobei ein revolutionärer Wandel in Notsituationen, wie bei hohen Verlusten eines Unternehmens, durchaus im Einzelfall angebracht sein kann. Wo aber die Zeit für evolutionären Wandel bleibt, ist dieser vorzuziehen.

b) Schwachstellenanalyse durchführen

Erfolgsversprechender als eine willkürliche Veränderung der Prozesse und Strukturen ist es, Veränderungsprozesse durch eine sorgfältige Schwachstellenanalyse bei denen alten Arbeitsabläufen und Strukturen vorzubereiten, um zu echten Verbesserungen zu kommen und danach die Ziele der Veränderung auch klar definieren zu können. Gerade Schwach-stellenanalyse und Zieldefinition werden häufig vernachlässigt oder entfallen ganz. Dadurch nimmt man sich aber die Chance, andere Lösungsalternativen zu erkennen, die mit weniger Aufwand gleiche oder bessere Ergebnisse erzielen könnten.

c) Teamarbeit bei der Planung

Schon bei der Planung von Veränderungen sollte Teamarbeit mit starker Beteiligung von Praktikern an der Basis stattfinden, um praktikable Entscheidungen vorzubereiten, diese sachlich zu begründen und sie nicht von den vermuteten Wünschen einiger Einzelpersonen in führender Stellung abhängig zu machen. Einsame Managementfehlentscheidungen kosten die deutsche Volkswirtschaft jährlich Milliardenbeträge. Allein die durch Versicherungen abgedeckten Schäden für Managementfehler bewegen sich im 100-Millionen-Euro-Bereich jährlich. Entsprechende Risiken im Bereich der öffentlichen Veraltung werden in der Regel überhaupt nicht versichert und von den Steuerzahlern bezahlt.

d) Objektive Überwachung einplanen

Erprobungsphasen müssen objektiv überwacht werden und dürfen nicht durch einseitige Erfolgsberichte der anwendenden Führungskräfte verfälscht werden. Ergebnisoffenheit bei Untersuchungen ist ein Grundprinzip sozialwissenschaftlicher Forschungen und muss auch bei solchen Versuchsphasen von allen Beteiligten gefordert werden.

4.3 Struktur und Ablauf von Veränderungsprozessen

Eine gute Veränderungsplanung setzt ein sorgfältiges methodisches Arbeiten voraus. Die meisten Änderungsplanungen gehen durch die Hauptphasen Beschreibung des Ist-Zustandes mit Schwachstellenanalyse und Zieldefinition, Lösungssuche, Bewertung und Entscheidung, Realisierung sowie Controlling der Ergebnisse.

a) Der Ist-Zustand

Eine sorgfältiger Bestandsaufnahme des Ist-Zustandes mit **Schwachstellenanalyse und Feststellung der Stärken** der bestehenden Ablauf- und der Aufbauorganisation gehört an den Anfang einer sorgfältigen Planung. Die Feststellung der Stärken der alten Lösung ist deshalb so wichtig, weil sonst das Risiko besteht, durch eine Konzentration auf die Behebung der Schwachstellen, einen unbeabsichtigten Abbau von Stärken zu übersehen. Ein solcher Abbau kann aber auch zu deutlichen Verringerungen der Leistungsfähigkeit führen. Im betriebswirtschaftlichen Bereich wird eine SWOT-Analyse (**S**trength, **W**eakness, **O**pportunities, **T**hreats) vorgeschlagen, d. h. über die Stärken und Schwächen hinaus, sollen auch die Chancen und Risiken bedacht werden.

Anzuwendende Verfahren sind Aufgaben – und Arbeitsablaufanalyse, Interviews mit Vorgesetzten und Mitarbeitern, Aktenanalyse, statistische Vergleiche mit Erforschung der Ursachen von Leistungsunterschieden innerhalb einer Behörde, aber auch im Vergleich mit anderen Ämtern.

Die Zieldefinition wird nicht nur durch die Schwachstellenanalyse, sondern auch durch die Gesamtziele des Betriebes oder der Organisation beeinflusst. Im Bereich der Steuerverwaltung ist eine kostengünstige Ausführung der übertragenen Aufgaben ein Organisationsziel. Eine konkrete Zieldefinition. könnte lauten, die normale Veranlagungstätigkeit in einem Amt so zu organisieren, dass sie weitgehend mit Personal im Angestelltenverhältnis oder aus dem mittleren Dienst erledigt werden kann, damit die Beamten des gehobenen Dienstes für Sonderbezirke, Rechtsbehelfsstellen, Außendienst und Führungsaufgaben eingesetzt werden können. Dies würde ihrer Qualifikation durch das Studium auch besser entsprechen. In der Regel werden mehrere Ziele definiert. Dabei sind Unvereinbarkeiten und gegenseitige Abhängigkeiten zu untersuchen und eine Gewichtung der Ziele vorzunehmen.

b) Lösungssuche

Bei der **Lösungssuche** wird häufig der Fehler gemacht, sich frühzeitig für eine emotional bevorzugte Lösung zu entscheiden und nur noch Argumente für die Untermauerung dieser Position zu suchen. Selbst beim Einsatz von Teamarbeit besteht das Risiko, dass sich schnell zwei Lager bilden und nur noch um diese beiden Lösungen gestritten wird. Bei der Komplexität von Organisationsveränderungen ist es aber völlig unwahrscheinlich, dass durch solche Verfahren eine optimierte Lösung gefunden wird. Mehrere der oben erläuterten Kreativitätstechniken sollten daher bei der Lösungssuche eingesetzt werden.

c) Bewertung

Für eine sachgerechte Bewertung der möglichen Lösungen ist die Entwicklung von angemessenen Entscheidungskriterien wichtig. Zielkonflikte, wie zwischen hohen Leistungsanforderungen und der Arbeitszufriedenheit der Mitarbeiter, bedürfen dabei einer besonders sorgfältigen Analyse. Formale quantitative Techniken, wie die Bewertung durch unterschiedlich gewichtete Punktsysteme können eine Hilfestellung sein, bedürfen aber einer kritischen qualitativen Überprüfung.

d) Vorauswahl geeigneter Lösungen

Da es in der Regel keine Patentlösung, die allen anderen Lösungen überlegen ist, gibt, sollten mehrere geeignete Lösungen näher untersucht werden. Bei der konkreten Planung der veränderten Arbeitsabläufe oder Strukturen, zeigen sich dann oft schon Schwächen und Probleme der neuen Lösung, die zuvor nicht bedacht worden sind, sodass sich dadurch die Zahl der geeigneten Lösungen verringern kann.

e) Erprobungsphasen

Durch angemessen lange Erprobungsphasen kann die Praxistauglichkeit der Modelle erprobt werden. Auf die Notwendigkeit ergebnisoffener Untersuchungen wurde oben schon hingewiesen. Dies kann am besten dadurch erreicht werden, dass nicht nur Befürworter, sondern auch Skeptiker mit der Erprobung betraut werden. Es ist dabei aber auch auf die verfälschende Wirkung durch den Hawthorne-Effekt zu achten, der darauf beruht, dass die Arbeitsleistung auch durch die Sonderstellung als Versuchsgruppe gesteigert wird. Ein verfälschender Faktor, der nur sehr schwer auszuschalten ist.

Bei den Hawthorne-Experimenten (1924–1927) wurde versucht, den Zusammenhang zwischen Beleuchtung und Arbeitsleistung zu erfassen. Man variierte daher verschiedene Beleuchtungsformen. Dabei stieg die Arbeitsleistung kontinuierlich an, selbst als man alle Verbesserungen wieder weg nahm.

ERGEBNIS Die Forscher erkannten, dass nicht die Veränderungen der Beleuchtung, sondern die persönliche Zuwendung durch die Forscher und die damit verbundene privilegierte Stellung im Betrieb für die Leistungssteigerungen verantwortlich waren. Diese Erkenntnisse führten dann zu einer stärkeren Beachtung und zu gezieltem Ausbau der »Human relations«, der zwischenmenschlichen Beziehungen und der sozialen Anerkennung als wichtige Faktoren für die Verbesserung von Arbeitsleistung.

f) Endgültige Entscheidung

Die endgültige Entscheidung sollte erst nach sorgfältiger Information über die Ergebnisse der Erprobungen erfolgen. Dabei können im Einzelfall Befragungen der Beschäftigten und Gruppendiskussionen ohne die Vorgesetzten hilfreich sein, um wirklich ein objektives Bild zu gewinnen.

g) Planung der Umsetzung

Die Planung der Umsetzung erfordert sowohl eine angemessene Zeitplanung als auch eine sorgfältige Gestaltung der neuen Arbeitsanweisungen. Häufig sind auch Veränderungen bei der Unterstützung durch EDV und durch andere Sachmittel erforderlich.

h) Information und Motivation

Häufig unterschätzt wird der Bedarf an Information und die Bedeutung der Motivation für erfolgreiche Umgestaltungen. Jede Veränderung der gewohnten Arbeitssituation erzeugt zunächst Ängste und Vorbehalte. Viele dieser Ängste sind unbegründet und verlieren sich bald nach den Umstellungen. Für einen möglichst reibungslosen Übergang sind frühzeitige und umfassende Information der Betroffenen sowie qualifizierte Begründungen für die Notwendigkeit und die Vorteile der Umgestaltung erforderlich.

i) Die Realisierungsphase

Die Realisierung der Organisationsänderung kann durch gute Schulungen, regen Informationsaustausch über Schwierigkeiten und unterschiedliche Lösungsansätze bei Teilproblemen sowie sensible Reaktion auf Schwächen der neuen Gestaltung erheblich erleichtert werden.

j) Kontrolle

Eine sorgfältige Beobachtung und Überprüfung der Folgen der Veränderungen kann helfen, bei Fehlentwicklungen rechtzeitig gegenzusteuern.

5 Probleme bewältigen

Beim Thema Konflikte (s. B. 6.7) und bei den Kreativitätstechniken (s. C. 3.3) wurden schon wichtige Formen der Problembewältigung angesprochen. Hier werden daher nur noch die allgemeinen Methoden der Problemlösung besprochen. Dabei wird auf einer Darstellung von Dörner und Kaminski (1988) aufgebaut.

Probleme sind häufig gekennzeichnet durch einen Anfangszustand, über den Unzufriedenheit besteht, einen Zielzustand, der angestrebt wird und einer dazwischen liegenden Barriere, durch die eine Zielerreichung behindert oder verhindert wird. Man spricht dann von **Interpolationsproblemen**, da es darauf ankommt, den Zwischenbereich zu gestalten. Man kennt zwar die geeigneten Mittel oder Methoden, beherrscht aber eine erforderliche Kombination oder die richtige Anwendung der Mittel nicht. Teilweise können solche Probleme durch Versuch und Irrtum gelöst werden, wenn die Zahl der Kombinationen nicht zu hoch ist.

> **BEISPIEL**
>
> Ein Student kennt in der Klausur den vorgegebenen Sachverhalt (Ausgangssituation). Er entwickelt auch ein gutes Gespür für die richtige Lösung (Endzustand), aber er weiß nicht mit welchem der verschiedenen Tatbestandsmerkmale die ablehnende Entscheidung zu begründen ist.

Syntheseprobleme liegen vor, wenn auch die anzuwendenden Mittel nicht bekannt sind, weil dann völlig neue Operationen entworfen werden müssen. Im juristischen Bereich wird dann meistens mit Analogien gearbeitet. Andere Synthesetechniken kommen ohne Analogien aus.

> **BEISPIEL**
>
> Der Sachverhalt in der Klausur ist so gestaltet, dass keine Rechtsnorm zutrifft.

Dialektische Problemlösungen bieten sich an, wenn auch der Zielzustand nicht klar ist, und nur eine Unzufriedenheit mit dem Anfangszustand vorhanden ist. Diese Unzufriedenheit wird oft »dialektisch« über die Aufhebung von Widersprüchen oder Disharmonien gelöst.

> **BEISPIEL**
>
> Der Student kann sich in der Klausur für keine von mehreren Lösungen entscheiden. Er hat noch keine Zielstruktur entwickelt.

Problemräume umfassen die Gesamtheit der mit dem Problem zusammenhängenden Zustände, Mittel, Sachverhalte Handlungs- und Entscheidungsmöglichkeiten. Dabei stellen sich folgende Fragen:

a) **Wie hoch ist das Maß der Umkehrbarkeit?** Die Verschrottung eines Autos ist nicht umkehrbar. Je höher diese Irreversibilität in einem Problemraum ist, desto vorsichtiger muss man sich darin bewegen. Methoden wie Versuch und Irrtum versagen hier. Es empfehlen sich dann Modellbildungen und die Erprobung von Teillösungen.

b) **Wie transparent ist der Problemraum?** Wie leicht oder schwer kann man die Situationen und die Wirkung der Methoden durchschauen? Bei schlechter Transparenz werden Aufklärungsoperationen notwendig.

c) **Inwieweit bestehen divergente (vielfältige) und effiziente (erfolgsprechende) Handlungsmöglichkeiten?** Mit ihrer Zunahme steigen die Erfolgschancen für die Problemlösung.

d) **Wie hoch ist die Wirkungssicherheit?** Wie sicher kann man sein, den gewünschten Erfolg zu erreichen? Je größer die Unsicherheit ist, umso wichtiger wird die Planung alternativer Strategien.

e) **Welche Dynamik wird sich entwickeln?** Im zwischenmenschlichen Bereich entsteht schnell eine Eigendynamik, die später oft nicht mehr kontrollierbar ist.

f) **Wie groß ist die Komplexität im Problemraum?** Je stärker sich die verschiedenen Faktoren und Variablen wechselseitig beeinflussen, umso schwieriger werden Vorhersagen über die Wirkungen einer Lösungsalternative.

Schlicksupp (1977) geht davon aus, dass sich jedes Problem im eine Vielzahl von Teilproblemen zerlegen lässt und untergliedert diese in folgende Gruppen:

- Suchprobleme,
- Auswahlprobleme,
- Analyseprobleme,
- Konstellationsprobleme und
- Konsequenzprobleme.

Suchprobleme, betreffen nicht nur die Lösungen, sondern alle Strukturmerkmale eines Problems. Dabei stehen Vollständigkeit, Richtigkeit und hoher Aussagewert im Vordergrund. **Auswahlprobleme** beziehen sich auf Bewertungen der Einflussfaktoren und der verschiedenen Handlungs- und Lösungsalternativen. **Analyseprobleme** ergeben sich bei der Klärung der Strukturen und der Kausalitätsbeziehungen. **Konstellationsprobleme** meinen die Schwierigkeiten, Strukturelemente und Handlungsoptionen so zu ordnen, dass sie zur Zielannäherung führen. **Konsequenzprobleme** zielen auf die weitergehenden Folgen der Problemlösungen, wie finanzielle Auswirkungen ab. **Der Problemlösungsprozess** läuft dann durch die Phasen Problemdefinition, Informationsbeschaffung, Bildung von Alternativen, und Auswahl einer Alternative. Im Prinzip eine Technik, die oben bei dem Thema Innovationen schon dargestellt worden ist.

Literaturverzeichnis

Althoff, K. und Thielepape, M. (1995): Psychologie in der Verwaltung. Maximilian-Verlag, Hamburg. 5. überarbeitete und ergänzte Aufl.

Argyle, M. (1975): Bodily Communication. Methuan & Co. Ltd., London.

Argyle, M. (1979): Körpersprache und Kommunikation. Junfermann, Paderborn.

Argyle, M. and Trower, P. (1979): Person to Person. Ways of Communication. Multimedia publications Inc.,Willemstad (Curacao).

Argyle, M. und Trower, P. (1981): Signale von Mensch zu Mensch. Die Wege der Verständigung. Beltz, Weinheim und Basel.

Aronson, E. and Mills, J. (1959): The effect of severity of initiation on liking for a group. In: Journal of Abnormal and Social Psychology 59, 177–181.

Asch, S. E. (1946): Forming impressions of personality. In: Journal of Abnormal and Social Psychology, 41, 258–290.

Asch, S. E. (1956): Studies of Independence and Submission in Group Pressures. In: Psychological Monographs 70, Nr. 416.

Atkinson, R. C. and Shifrin, R. M. (1977): Human Memory: A proposed system and its control process. In Bower, G.: Human memory: Basic Process. Academic Press, New York.

Bandler, R. and Grinder, J. (1975): The Structure of Magic I. Science and Behaviour Books, Inc., Palo Alto.

Bandura, A. (1973): Aggression: a social learning analysis. Prentice Hall, Inc., Eaglewood Cliffs, New Jersey.

Bandura, A. (1979): Aggression. Eine sozial-lerntheoretische Analyse. Klett-Cotta, Stuttgart.

Bavelas, A. (1950): Communication patterns in task-oriented groups. Journal of the acoustical Soc. America. 22, 725–730.

Berkel, K. B. (1999): Konflikttraining. Konflikte verstehen, analysieren, bewältigen. I. H. Sauer-Verlag, Heidelberg. 6. Aufl. 1999.

Berne, E. (1964): Games People Play. Grove Press Inc., New York.

Berne, E. (1970): Spiele der Erwachsenen. Psychologie der menschlichen Beziehungen. Rowohlt, Hamburg.

Birbaumer, N. und Schmidt, R. F. (1999): Biologische Psychologie. Springer Berlin, Heidelberg, New York. 4. Aufl.

Blake, R. R. and Mouton, J. S.(1964/1978.): The New Managerial Grid. Gulf Publishing Company, Houston/Texas.

Blake, R. R. und Mouton, J. S.(1980): Verhaltenspsychologie im Betrieb. Econ, Düsseldorf und Wien.

Blake, R. R., Shepard, H. A. und Mouton, J. S.(1964): Managing intergroup conflict in industry. Gulf Publishing, Houston.

Bleuler, M. und Bleuler, R. (1935): Rorschach's ink-blot tests and racial psychology. In: Character and Personality, 4, 97–114.

Bühler, K. (1934): Sprachtheorie. Die Darstellungsfunktion der Sprache. Fischer, Jena.

Chomsky, N. (1965): Aspects of the Theorie of Syntax. MA: MIT Press, Cambrige.

Cottrell, N. B. (1968): Performance in the presence of other human beings: mere presence audience and affiliation effects. In: Simmel, E.C., Hoppe R. A. and Milton, G. A. (eds.): Social faciliation and Imitative Behavior. 245–250. Allyn & Bacon, Boston.

Craik, F. I. M. and Lockhart, R. S.(1972): Levels of processing: A framework for memory research. Journal of Verbal Learning and Verbal Behavior 11, 671–684.

Delius, J. D. und Todt, E. (1988): Lernen. In: Scherer, K. R., Vogel, C. und Schmook, P. (1988): Psychobiologie. Grundlagen des Verhaltens. Gustav Fischer Verlag, Stuttgart und New York. Psychologische Verlags Union, Weinheim und München.

Deutsch M. (1960): The effect of motivational orientation upon trust and suspicion. In: Human Relations 1960, 13, 122–139.

Deutsch, M. (1973): The resolution of Conflict. Yale University Press, New Haven.

Deutsch, M. (1976): Konfliktregelung. Konstruktive und destruktive Prozesse. Ernst Reinhardt, München und Basel.

Doerner, D. und Kaminski, G. (1988). Handeln-Problemlösen-Entscheiden. In: Immelmann, K., Scherer, K. R., Vogel, C. und Schmook, P. (Hrsg.): Psychobiologie. Grundlagen des Verhaltens. Gustav Fischer, Stuttgart und New York. Psychologische Verlags Union, Weinheim und München, 375–413.

Dollard, J., Doob, W. L., Miller, N. E., Mowrer, O. H. and Sears, R. R. (1939): Frustration and Aggression. Yale University Press, New Haven/Conn.

Dollard, J., Doob, W. L., Miller, N. E., Mowrer, O. H. and Sears, R. R. (1973): Frustration und Aggression. 5. Aufl.

Ekman, P. und Friesen W. V. (1969): The repertoire of nonverbal behavior: categories, origins, usage, and coding. In: Semiotica I: 49–98.

Fengler, J. (1998): Feedback geben. Beltz, Weinheim und Basel.

Festinger, Leon (1957): A Theory of Cognitive Dissonance. Stanford University Press, Stanford Calif.

Festinger, Leon (1978): Theorie der kognitiven Dissonanz. Herausgegeben von Irle, M. und Möntmann, V. Huber, Bern, Stuttgart und Wien.

Festinger, L. and Carlsmith, J. M. (1959): Cognitive consequences of forced compliance. In: Journal of Abnormal and Social Psychology 58, 203–210.

Fiedler, K. (1996): Die Verarbeitung sozialer Informationen für Urteilsbildung und Entscheidungen. In: Stroebe, W., Hewstone M. und Stephenson, G. M. (Hrsg.): Sozialpsychologie. Springer, Berlin, Heidelberg und New York. 3. erweiterte Aufl., 143–175.

Fisher, R. and Ury, W. (1981): »Getting to Yes«. Houghton Mifflin & Co., Boston.

Fisher, R. and Ury, W. (1984): Das Harvard-Konzept: sachgerecht verhandeln – erfolgreich verhandeln. Campus, Frankfurt und New York.

Folkman, S. and Lazarus, R. S. (1984): Stress, appraisal and coping. Springer Publishing Company. New York.

Frey, D. und Irle, M. (1972): Some conditions to produce a dissonance and an incentive effect in a »forced – compliance« situation. In: European Journal of Social Psychology, 2, 45–54.

Fried, E. (1993): Gesammelte Werke. Verlag Klaus Wagenbuch, Berlin.

Glasl, F. (1999): Konfliktmanagement: ein Handbuch für Führungskräfte, Beraterinnen und Berater. Paul Haupt Bern. Freies Geistesleben Stuttgart. 6. ergänzte Aufl.

Goldstein, E. B. (1989): Sensation and Perception. Brooks/Cole, Pacific Grove.

Goldstein, E. B. (2002): Wahrnehmungspsychologie. Spektrum Akademischer Verlag, Heidelberg, Berlin und Oxford, 2. Aufl.

Gordon, T. (1970): Parent Effectiveness Training. The »No-Lose«-Program for Raising Responsible Children. Peter H. Wyden, Inc., New York.

Gordon, T. (1972): Familienkonferenz. Die Lösung von Konflikten zwischen Eltern und Kind. Hoffmann und Campe, Hamburg.

Grunwald, Lilge (1982): Kooperation und Konkurrenz in Unternehmen. Haupt, Bern und Stuttgart

Harris, T. A. (1975): Ich bin o.k. Du bist o.k. Eine Einführung in die Transaktionsanalyse. Rowohlt, Reinbeck bei Hamburg.

Heckhausen, H. (1980): Motivation und Handeln. Lehrbuch der Motivationspsychologie. Springer, Berlin, Heidelberg, New York.

Herkner, W. (1980): Attribution – Psychologie der Kausalität. Hans Huber, Bern.

Herkner, W. (1996): Lehrbuch Sozialpsychologie. 1. Aufl. 5. Aufl. von Herkner W.: Einführung in die Sozialpsychologie. Huber, Bern, Stuttgart, Toronto.

Holland, J. G. und Skinner B. F. (1974): Analyse des Verhaltens. Urban & Schwarzenberg, München, Berlin und Wien. 2. überarbeite Aufl.

Hübler, A. (2001): Das Konzept Körper in den Sprach- und Kommunikationswissenschaften. A. Franke, Tübingen und Basel.

Immelmann, K., Scherer, K. R., Vogel, C. und Schmook, P. (1988): Psychobiologie. Grundlagen des Verhaltens. Gustav Fischer, Stuttgart und New York. Psychologische Verlags Union, Weinheim und München.

Janke, W. (1974): Psychophysiologische Grundlagen des Verhaltens. In: Kerekjarto, M. v. (Hrsg.): Medizinische Psychologie. Springer, Berlin, Heidelberg, New York, 1 – 95.

Korzybsky, A. (1933): Science and Sanity. The International Non-Aristotelian Library Pub. Co. The Science Press Printing Co, Lancaster Pa. and New York City.

Kuwan, H. und Waschbüch, E. (1998): Delphi-Befragung 1996711998. Abschlussbericht zum »Bildungs-Delphi«. München. Auftraggeber: Bundesministerium für Bildung und Forschung.

Lausberg, H. (1990): Handbuch der literarischen Rhetorik. Steiner, Stuttgart. 3. Aufl.

Lawrence, D. H., and Festinger, L. (1962): Deterrents and reinforcement: the psychology of insufficient reward. Stanford, University Press, Stanford, Calif.

Leavitt, H. J. (1951): Some effects of certain communication patterns on group performance. Journal of Abnormal and Social Psychology. 46, 38 – 50.

Leyens, J-P. und Dardenne B. (1996): Soziale Kognition: Ansätze und Grundbegriffe. In Stroebe, W., Hewstone M. und Stephenson, G. M. (Hrsg.): Sozialpsychologie. Springer, Berlin, Heidelberg und New York. 3. erweiterte Aufl., 115 – 141.

Lorenz, K. (1965): Das sogenannte Böse. Zur Naturgeschichte der Aggression. Dr. G. Borotha-Schoeler, Wien.

Luft, J. (1970): Einführung in die Gruppendynamik. Klett, Stuttgart.

Luchins, A. S.(1957): Experimental attempts to minimize the impact of first impressions. In: Hovland, C. I. (Hrsg.): The order of presentation in persuasion. Yale University Press, New Haven.

Maslow, A. H. (1954): Motivation and personality. Harper, New York.

McNeill, D. (1992): Hand and mind. What gestures reveal about thought. University of Chicago Press, Chicago, London.

Müller, E. F. und Thomas, A. (1976): Einführung in die Sozialpsychologie. Hogrefe, Göttingen, Toronto und Zürich, 2. Aufl.

O'Connor, J. and Seymour J. (1990): Introducing Neuro-Linguistic Programming. Psychological skills for understanding and influencing people. Mandala, London.

O'Connor, J. und Seymour J. (1992): Neuro-Linguistisches Programmieren: Gelungene Kommunikation und persönliche Entfaltung. VAK Verlags GmbH, Kirchzarten bei Freiburg.

Osborn, A. F. (1963): Applied Imagination: Principles and procedures of creative problem solving. Charles Scribner's Sons, New York. 31 st Printing, 3. revised edition.

Regnet, E. (1992): Konflikte in Organisationen. Formen, Funktionen und Bewältigungen. Verlag für Angewandte Psychologie, Göttingen und Stuttgart.

Riemann, Fritz (1977): Grundformen der Angst: Eine tiefenpsychologische Studie. Reinhard, München 1975. 12. erweiterte Aufl., Reinhard, München und Basel, 1977.

Rimé, B., Schiaratutra L., Hupet, M. and Ghysselink, A. (1984): Effects of relative immobilization on the speaker's nonverbal behaviour and on the dialogue imagery leval. In: Motivation and Emotions 8. 311 – 325.

Rimé, B. and Schiaratura, L. (1991): Gesture and speech. In: Feldman R. S. und Rimé (eds.): Fundementals of nonverbal behaviour. Cambridge University Press, Cambridge.

Rogers, C. R. (1970): Carl Rogers on Encounter Groups. Harper & Row, Publishers. New York, Evanston and London.

Rogers, C. R. (1974): Encountergruppen – das Erlebnis der menschlichen Begegnung. Kindler, München.

Rogers, C. R. (1976): Entwicklung der Persönlichkeit. Klett, Stuttgart.

Rosenstiel, L. von (1972): Motivation im Betrieb. Wilhelm Goldmann Verlag, München.

Rückriem, G., Stary, J., Franck, N. (1997): Die Technik wissenschaftlichen Arbeitens. Eine praktische Anleitung. Ferdinand Schöningh, Paderborn, München, Wien und Zürich. 10. überarbeitete Aufl.

Rüttinger, R. (1985): Transaktions-Analyse. I. H. Sauer-Verlag, Heidelberg. 3. Aufl.

Sanna, L. J. (1992): Self-efficacy theory: implications for social facilitation and social loafing. Journal of Personality and Social Psychology, 62, 774 – 786.

Selye, H. (1950): The Physiology and Pathology of Exposure to Stress. A treatise based on the concepts of the general-adaptation-syndrome and the deseases of adaption. Acta, Medical Publishers, Montreal, Canada.

Schachter, S. and Singer J. E. (1962): Cognitive, social, and physiological determinants of emotional state. Psychological Review, 1962, 69, 379–399.

Schachter, S. (1964): The interaction of cognitive and physiological determinants of emotional state. In: Berkowitz (Hrsg.) (1964): Advances in Experimental Social Psychology (Vol. I, 49–80). Academic Press New York.

Schlicksupp, H. (1977): Kreative Ideenfindung in der Unternehmung. Walter de Gruyter, Berlin und New York.

Schulz von Thun, F. (1981): Miteinander reden: Störungen und Klärungen. Rowohlt, Hamburg. 9. Aufl., 2002.

Shannon, C. E. and Weaver, W. (1949): The mathematical theory of communication. The University of Illinois Press, Urbana.

Shaw, M. E. (1964): Communication networks. In: Berkowitz L.: Advances in experimental social psychology, Bd. 1. Academic Press, New York and London.

Stahlberg, D. und Frey, D. (1996): Einstellungen: Struktur, Messung und Funktion. In: Stroebe, W., Hewstone M. und Stephenson, G. M. (Hrsg.): Sozialpsychologie. Springer, Berlin, Heidelberg und New York. 3. erweiterte Aufl., 219–252.

Steiner, I. D. (1972): Group Processes and Productivity. Academic Press, New York.

Steiner, I. D. (1976): Task-performing groups. In: Thibault, J. W., SpenceJ. T. and Carson R. C. (eds): Contemporary Topics in Social Psychology (393–422). General Learning Press, Morristown, NJ.

Stroebe, W und Frey B. S. (1982): Self-interest and collective action: the economics and psychology of public goods. British Journal of Social Psychology, 21, 121–137.

Stroebe, W. and Diehl, M. (1994): Why groups are less effective than their members. On productivity loss in idea-generating groups. In: Stroebe, W. and Hewstone, M. (eds): European Review of Social Psychology, Vol. 5, 271–304. Wiley, London.

Stroebe, W., Hewstone M. and Stephenson, G. M. (Hrsg.) (1988): Introduction to Social Psychology. Basil Blackwell Ltd.

Stroebe, W., Hewstone M. und Stephenson, G. M. (Hrsg.) (1996): Sozialpsychologie. Springer, Berlin, Heidelberg und New York. 3. erweiterte Aufl.

Tausch, R. und Tausch, A.-M. (1990): Gesprächspsychotherapie. Hogrefe, Göttingen. 9. ergänzte Aufl.

Thomann Christoph und Friedemann Schulz von Thun (2003): Klärungshilfe – ein Handbuch für Therapeuten, Gesprächshelfer und Moderatoren in schwierigen Gesprächen. Rowohlt, Reinbek bei Hamburg 1998, Neuausgabe 2003.

Tuckman, B. W. (1965) Developmental Sequence in Small Groups. Psychological Bulletin, 63, 1965, 384–399.

Valle, V. A. und Frieze, I. H. (1980): Stabilität von Kausalattributionen als Vermittlervariable für die Änderung von Erfolgserwartungen. In: Herkner, W. (1980): Attribution – Psychologie der Kausalität. Hans Huber, Bern, 347–362.

Watzlawick P., Beaven J. H., Jackson D. D. (1967): Pragmatics of human communication. A Study of interactional patterns, pathologies, and paradoxes. Norton & Co., New York.

Watzlawick P., Beaven J. H., Jackson D. D. (1969): Menschliche Kommunikation. Formen, Störungen und Paradoxien. Huber, Bern, Stuttgart, Wien. 10. Aufl. 2000.

Wenninger, G. (Red.) (2001): Lexikon der Psychologie. Spektrum Akademischer Verlag, Heidelberg und Berlin.

Wertheimer, M (1922, 1923): Untersuchungen zur Lehre von der Gestalt. I,II. In: Psychologische Forschung 1. 1922 S. 47–58, Forschung 4. 1923, 301–350.

Wessels, M. G. (1994): Kognitive Psychologie. Reinhardt, München und Basel. 3. verb. Auflage.

Weisbach, C. R. (2001): Professionelle Gesprächsführung. Beck, München. 5. erweiterte Aufl.

Wilke, H. und Knippenberg, A. van (1997): Gruppenleistung. In: Stroebe, W., Hewstone M. und Stephenson, G. M. (Hrsg.): Sozialpsychologie. Springer, Berlin, Heidelberg und New York. 3. erweiterte Aufl. 455–502.

Zajonc, R. R. (1965): Social facilitation. Science, 149, 269–274.

Zwicky, F. (1971): Jeder ein Genie. Peter Lang-Verlag, Frankfurt.

Stichwortregister

Kompakt und praxisorientiert

Der solide Einstieg in eine Fülle von steuerrechtlichen Themen. Speziell zugeschnitten auf eine
umfassende Prüfungsvorbereitung ist der
Grundkurs ideal für Beamte der Steuerverwaltung, die sich am Anfang ihrer Ausbildung
befinden. Das zeichnet die Bände aus:

- Leicht verständliche Darstellung der
  Grundbegriffe und der systematischen
  Zusammenhänge

- Mit vielen Beispielen, Übungsfällen und
  Lösungen

- Laufende Aktualisierung

Die Bände sind gleichermaßen zur Vorbereitung
auf die Prüfung zum Steuerfachassistenten,
Bilanzbuchhalter, Steuerfachwirt und zum
Steuerberater geeignet.

Band 1: **Abgabenordnung**
12., neu bearb. Auflage 2003. 470 S. Kart.,
€ 24,95/CHF 40,– | ISBN 3-7910-2209-1

Band 2: **Einkommensteuer**
16. Auflage 2004. 470 S. Kart.,
€ 29,95/CHF 48,– | ISBN 3-7910-2366-7

Band 3: **Buchführungstechnik und
Bilanzsteuerrecht**
13. Auflage 2003. 281 S. Kart., € 24,95/CHF 40,–
ISBN 3-7910-2160-5

Band 5: **Bewertungsrecht**
12. Auflage 2004. 280 S. Kart.,
€ 26,95/CHF 44,– | ISBN 3-7910-2308-X

Band 6: **Staatsrecht und Steuerrecht**
6. Auflage 2001. 288 S. Kart., € 23,–/CHF 37,–
ISBN 3-7910-1786-1

Band 7: **Lohnsteuer**
12., neu bearb. Auflage 2003. 299 S. Kart.,
€ 29,95/CHF 48,– | ISBN 3-7910-2167-2

Band 8: **Erbrecht, Erbschaftsteuer,
Schenkungsteuer**
2. Auflage 2005. Ca. 255 S. Kart., ca. € 24,95/CHF 40,–
ISBN 3-7910-2309-8
Erscheint im März 2005.

Band 9: **Bilanzberichtigungen**
7., neu bearb. Auflage 2001. 208 S. Kart.,
€ 23,–/CHF 37,– | ISBN 3-7910-1788-8

Band 10: **Bürgerliches Recht und Steuerrecht**
10. Auflage 2003. 379 S. Kart., € 29,95/CHF 48,–
ISBN 3-7910-2177-X

Band 11: **Körperschaftsteuer und Gewerbesteuer**
12. Auflage 2002. 208 S. Kart., € 24,95/CHF 40,–
ISBN 3-7910-2097-8

Band 12: **Umwandlungssteuerrecht**
2., neu bearb. Auflage 2002. 209 S. Kart.,
€ 24,95/CHF 40,– | ISBN 3-7910-1790-X

Band 13: **Handelsrecht, Gesellschaftsrecht und
Steuerrecht**
7., neu bearb. Auflage 2004. 212 S. Kart.,
€ 24,95/CHF 40,– | ISBN 3-7910-2281-4

Band 14: **Steuerrecht in Übungsfällen**
6. Auflage 2002. 320 S. Kart., € 24,95/CHF 40,–
ISBN 3-7910-2072-2

Band 15: **Klausurentraining**
2001. 136 S. Kart., € 23,–/CHF 37,–
ISBN 3-7910-1955-4

Band 16: **Soziale Kompetenzen**
2004. 250 S. Kart., € 29,95/CHF 48,–
ISBN 3-7910-2164-8

Band 17: **Internationales Steuerrecht**
2005. Ca. 260 S. Kart., ca. € 29,95/CHF 48,–
ISBN 3-7910-2225-3
Erscheint im Januar 2005.

Fax: (07 11) 21 94-119 | info@schaeffer-poeschel.de | www.schaeffer-poeschel.de

**SCHÄFFER
POESCHEL**

mehr wissen
mehr erreichen